中京大学附属中京高等学校

〈収録内容〉

便利な DL コンテンツは右の QR コードから

解答用紙　過去年度 ⇒

※データのダウンロードは 2025 年 3 月末日まで。

※データへのアクセスには、右記のパスワードの入力が必要となります。 ⇒ 029426

〈合格最低点〉

※学校からの合格最低点の発表はありません。

本書の特長

実戦力がつく入試過去問題集

- ▶ 問題 …………… 実際の入試問題を見やすく再編集。
- ▶ 解答用紙 …… 実戦対応仕様で収録。
- ▶ 解答解説 …… 詳しくわかりやすい解説には、難易度の目安がわかる「基本・重要・やや難」の分類マークつき（下記参照）。各科末尾には合格へと導く「ワンポイントアドバイス」を配置。採点に便利な配点つき。

入試に役立つ分類マーク

基本 確実な得点源！
受験生の90％以上が正解できるような基礎的、かつ平易な問題。
何度もくり返して学習し、ケアレスミスも防げるようにしておこう。

重要 受験生なら何としても正解したい！
入試では典型的な問題で、長年にわたり、多くの学校でよく出題される問題。
各単元の内容理解を深めるのにも役立てよう。

やや難 これが解ければ合格に近づく！
受験生にとっては、かなり手ごたえのある問題。
合格者の正解率が低い場合もあるので、あきらめずにじっくりと取り組んでみよう。

合格への対策、実力錬成のための内容が充実

- ▶ 各科目の出題傾向の分析、合否を分けた問題の確認で、入試対策を強化！
- ▶ その他、学校紹介、過去問の効果的な使い方など、学習意欲を高める要素が満載！

解答用紙ダウンロード 解答用紙はプリントアウトしてご利用いただけます。弊社ＨＰの商品詳細ページよりダウンロードしてください。トビラのＱＲコードからアクセス可。

UD FONT 見やすく読みまちがえにくいユニバーサルデザインフォントを採用しています。

中京大学附属中京高等学校

▶交通　地下鉄鶴舞線「いりなか」駅下車徒歩５分

〒466-8525　名古屋市昭和区川名山町122
☎052-761-5311

沿　革

1923年中京商業学校が設立され，1947年中京中学校が開校，翌年に中京商業高等学校となる。1956年に中京大学が開学，1967年に中京高等学校と改称。中部地区屈指の総合学園となった。

1995年から中京大学附属中京高等学校となり，1998年4月から男女共学を開始した。さらに，学校改革を進め，2008年からコース別指導を展開し，高大連携一貫教育『＋ＭＥ（中京大学キャリア発達プログラム）』を推進。2019年度より国際コースを開設。2023年度より通信制課程を開設。

建学の精神

学術とスポーツの真剣味の殿堂たれ

校　訓

真剣味

教育目標

1　建学の精神の四大綱（ルールを守る・ベストを尽くす・チームワークをつくる・相手に敬意を持つ）を体得させ，望ましい社会人としての品性を養成する。

2　自ら学ぶ術を高め，それぞれの個性・適性を重んじた進路の実現を図る。

3　高大連携教育の推進と充実を図る。

4　自主・自立の精神を養い，実社会において主体的に生きる力を育成する。

5　本校の生徒としての誇りと自覚を持ち，自分に厳しい自律心と他には優しい思いやりの心を備え，自他の健康・安全に配慮できる人間を育成する。

教育課程

●普通科

進路目標を明確にしたコース毎に募集し，個々の希望を実現するための合理的なカリキュラムによりコース別指導を展開。

【特進コース】２・３年次より文系，理系ともに34時間を実施する。英語・数学は習熟度別に授業を実施してきめ細かく指導し，国公立大学・難関私立大学合格を目指す。

【国際コース】３年間で英語学習時間1,100時間を確保し，１人１台のタブレット利用による効率的な授業で英語４技能をバランスよく強化。８週間のカナダ語学研修にも全員参加。

【進学コース】中京大学と高大連携一貫教育で結

ばれ，大学の専門的知識・教養に触れることができる。単位認定型先行授業では，中京大学の授業単位を先取って取得可能。

部活動

硬式野球部は通算11回の甲子園優勝を誇る全国区の強豪。また，陸上競技部・水泳部・スケート部もインターハイおよび全国大会に出場する強豪である。

●運動部

硬式野球，陸上競技，スケート，水泳，軟式野球，サッカー，チアリーディング，ダンス，バスケットボール，バレーボール，剣道，テニス，バドミントン，卓球，ゴルフ，ボウリング，アメリカンフットボール同好会

●文化部

書道，美術，写真，吹奏楽，英語，囲碁･将棋，理科，放送，茶道，バンド研究，演劇，文芸，家庭科，eスポーツ

年間行事

４月／新入生オリエンテーション，校外学習
５月／学園創立記念日，キャリアデザイン講演
６月／スポーツフェスタ
７月／芸術鑑賞，特進補習
９月／学園祭（体育祭・文化祭），高大連携学部授業
10月／学園創立者祭の日
11月／キャリア探求（特進），Chukyo Study Tours
12月／個別懇談会，特進補習
２月／３年生を送る会，キャリア探求（特進）
３月／特進補習，進路報告会，キャリアサポートガイダンス

進　路

中京大学の附属高校という特色を生かした進路目標を設定し，コース別指導を展開する。

1. 国公立大学・難関私立大学進学指導（特進コース）

独自のカリキュラムを展開。進路選択のサポートや大学入学共通テスト，二次試験へ向け，一人ひとりのレベルに合わせたきめ細やかな進学指導を行う。また，特進補習・土曜講座・自主学習指導・校外模試などで，受験に必要な学力をバックアップする。

2. 国際系難関大学・海外大学（国際コース）

大学受験や将来の留学を見据え，英語外部試験対策をサポート。ＣＥＦＲ Ｂ２レベル（英検準１級相当）への到達を目標とし，国際系分野への進学指導を展開する。

3. 中京大学進学指導（進学コース）

中京大学と『＋ＭＥ（中京キャリア発達プログラム）』で結ばれ，総合大学の多彩かつ専門的な知識や教養にふれ，進学後の「就職」を見据えたキャリア教育を展開する。中京大学へは附属校推薦制度により基準点を満たしたすべての生徒が進学可能。

●主な合格大学（2023年度）

〈国公立大学〉

名古屋大（医・医），京都大，九州大（薬），弘前大（医・医），東京外国語大，愛知教育大，名古屋市立大，筑波大，金沢大，愛知県立大，東京都立大，神戸市外国語大，信州大，静岡大，岐阜大，三重大　他

〈私立大学〉

中京大，早稲田大，慶應義塾大，上智大，青山学院大，中央大，立教大，明治大，学習院大，法政大，関西学院大，関西大，同志社大，立命館大，南山大　他

◎2024年度入試状況◎

学　　科	普　通
募　集　数	400
応 募 者 数	2865
受 験 者 数	2844
合 格 者 数	非公表

過去問の効果的な使い方

① はじめに　入学試験対策に的を絞った学習をする場合に効果的に活用したいのが「過去問」です。なぜならば，志望校別の出題傾向や出題構成，出題数などを知ることによって学習計画が立てやすくなるからです。入学試験に合格するという目的を達成するためには，各教科ともに「何を」「いつまでに」やるかを決めて計画的に学習することが必要です。目標を定めて効率よく学習を進めるために過去問を大いに活用してください。また，塾に通われていたり，家庭教師のもとで学習されていたりする場合は，それぞれのカリキュラムによって，どの段階で，どのように過去問を活用するのかが異なるので，その先生方の指示にしたがって「過去問」を活用してください。

② 目的　過去問学習の目的は，言うまでもなく，志望校に合格することです。どのような分野の問題が出題されているか，どのレベルか，出題の数は多めか，といった概要をまず把握し，それを基に学習計画を立ててください。また，近年の出題傾向を把握することによって，入学試験に対する自分なりの感触をつかむこともできます。

過去問に取り組むことで，実際の試験をイメージすることもできます。制限時間内にどの程度までできるか，今の段階でどのくらいの得点を得られるかということも確かめられます。それによって必要な学習量も見えてきますし，過去問に取り組む体験は試験当日の緊張を和らげることにも役立つでしょう。

③ 開始時期　過去問への取り組みは，全分野の学習に目安のつく時期，つまり，9月以降に始めるのが一般的です。しかし，全体的な傾向をつかみたい場合や，学習進度が早くて，夏前におおよその学習を終えている場合には，7月，8月頃から始めてもかまいません。もちろん，受験間際に模擬テストのつもりでやってみるのもよいでしょう。ただ，どの時期に行うにせよ，取り組むときには，集中的に徹底して取り組むようにしましょう。

④ 活用法　各年度の入試問題を全問マスターしようと思う必要はありません。できる限り多くの問題にあたって自信をつけることは必要ですが，重要なのは，志望校に合格するためには，どの問題が解けなければいけないのかを知ることです。問題を制限時間内にやってみる。解答で答え合わせをしてみる。間違えたりできなかったりしたところについては，解説をじっくり読んでみる。そうすることによって，本校の入試問題に取り組むことが今の自分にとって適当かどうかが，はっきりします。出題傾向を研究し，合否のポイントとなる重要な部分を見極めて，入学試験に必要な力を効率よく身につけてください。

数学

各都道府県の公立高校の入学試験問題は，中学数学のすべての分野から幅広く出題されます。内容的にも，基本的・典型的なものから思考力・応用力を必要とするものまでバランスよく構成されています。私立・国立高校では，中学数学のすべての分野から出題されることには変わりはありませんが，出題形式，難易度などに差があり，また，年度によっての出題分野の偏りもあります。公立高校を含め，ほとんどの学校で，前半は広い範囲からの基本的な小問群，後半はあるテーマに沿っての数問の小問を集めた大問という形での出題となっています。

まずは，単年度の問題を制限時間内にやってみてください。その後で，解答の答え合わせ，解説での研究に時間をかけて取り組んでください。前半の小問群，後半の大問の一部を合わせて50%以上の正解が得られそうなら多年度のものにも順次挑戦してみるとよいでしょう。

英語

英語の志望校対策としては，まず志望校の出題形式をしっかり把握しておくことが重要です。英語の問題は，大きく分けて，リスニング，発音・アクセント，文法，読解，英作文の5種類に分けられます。リスニング問題の有無(出題されるならば，どのような形式で出題されるか)，発音・アクセント問題の形式，文法問題の形式(語句補充，語句整序，正誤問題など)，英作文の有無(出題されるならば，和文英訳か，条件作文か，自由作文か）など，細かく具体的につかみましょう。読解問題では，物語文，エッセイ，論理的な文章，会話文などのジャンルのほかに，文章の長さも知っておきましょう。また，読解問題でも，文法を問う問題が多いか，内容を問う問題が多く出題されるか，といった傾向をおさえておくことも重要です。志望校で出題される問題の形式に慣れておけば，本番ですんなり問題に対応することができますし，読解問題で出題される文章の内容や量をつかんでおけば，読解問題対策の勉強として，どのような読解問題を多くこなせばよいかの指針になります。

最後に，英語の入試問題では，なんと言っても読解問題でどれだけ得点できるかが最大のポイントとなります。初めて見る長い文章をすらすらと読み解くのはたいへんなことですが，そのような力を身につけるには，リスニングも含めて，総合的に英語に慣れていくことが必要です。「急がば回れ」ということわざの通り，志望校対策を進める一方で，英語という言語の基本的な学習を地道に続けることも忘れないでください。

国語

国語は，出題文の種類，解答形式をまず確認しましょう。論理的な文章と文学的な文章のどちらが中心となっているか，あるいは，どちらも同じ比重で出題されているか，韻文(和歌・短歌・俳句・詩・漢詩)は出題されているか，独立問題として古文の出題はあるか，といった，文章の種類を確認し，学習の方向性を決めましょう。また，解答形式は，記号選択のみか，記述解答はどの程度あるか，記述は書き抜き程度か，要約や説明はあるか，といった点を確認し，記述力重視の傾向にある場合は，文章力に磨きをかけることを意識するとよいでしょう。さらに，知識問題はどの程度出題されているか，語句(ことわざ・慣用句など)，文法，文学史など，特に出題頻度の高い分野はないか，といったことを確認しましょう。出題頻度の高い分野については，集中的に学習することが必要です。読解問題の出題傾向については，脱語補充問題が多い，書き抜きで解答する言い換えの問題が多い，自分の言葉で説明する問題が多い，選択肢がよく練られている，といった傾向を把握したうえで，これらを意識して取り組むと解答力を高めることができます。「漢字」「語句・文法」「文学史」「現代文の読解問題」「古文」「韻文」と，出題ジャンルを分類して取り組むとよいでしょう。毎年出題されているジャンルがあるとわかった場合は，必ず正解できる力をつけられるよう意識して取り組み，得点力を高めましょう。

数学　出題傾向の分析と合格への対策

●出題傾向と内容

出題数は，大問3題，小問数にして17題で，[1]・[2]がマーク解答，[3]が記述解答となっている。

本年度の出題内容は，[1]は数の計算，方程式，平方根，角度，一次関数，平面図形，二次関数，方程式の応用などの独立小問，[2]は図形と関数・グラフの融合問題，[3]は図形と確率の融合問題となっている。

全体として，出題内容は昨年とあまり変わりがなく，レベルも標準である。ただ，マークシートと記述が混じっており，40分という時間内で解答するには，正確さと共にスピードが求められるので十分にトレーニングしておきたい。

学習のポイント

標準レベルのものであれば，どの単元の問題でも解けるようにした上で，関数，図形を重点的に学習していこう。

●2025年度の予想と対策

来年度も，出題の質・量ともに，本年度と同様の傾向が続くと思われる。

関数とグラフは，直線や放物線の式の求め方，交点の座標の求め方，座標上の線分の長さの比の求め方など，基本的なことを完全にマスターしたあと，図形との融合問題に積極的に取り組んでいこう。図形は，さまざまな図形の定理・公式を使いこなせるよう，より多くの問題にあたって柔軟な思考力を養っておきたい。補助線のひき方も重要なポイントである。

数の性質や確率は，教科書範囲内の問題はこなせるようにしておこう。

本校の過去の問題も，本番の試験のつもりで時間を区切って解いてみよう。

▼年度別出題内容分類表 ……

出題内容			2020年	2021年	2022年	2023年	2024年
数と式		数の性質	○	○	○	○	○
数と式		数・式の計算	○	○	○	○	○
数と式		因数分解					
数と式		平方根	○	○	○	○	○
方程式・不等式		一次方程式	○	○	○	○	○
方程式・不等式		二次方程式		○	○	○	
方程式・不等式		不等式					
方程式・不等式		方程式・不等式の応用		○		○	○
関数		一次関数	○	○	○	○	○
関数		二乗に比例する関数	○	○	○	○	○
関数		比例関数	○	○		○	○
関数		関数とグラフ	○	○	○	○	○
関数		グラフの作成					
図形	平面図形	角度		○	○	○	○
図形	平面図形	合同・相似		○			
図形	平面図形	三平方の定理	○		○	○	○
図形	平面図形	円の性質	○	○	○	○	○
図形	空間図形	合同・相似					
図形	空間図形	三平方の定理					
図形	空間図形	切断					
図形	計量	長さ	○	○	○		
図形	計量	面積	○	○	○	○	○
図形	計量	体積	○	○	○		
図形		証明					
図形		作図					
図形		動点					
統計		場合の数					
統計		確率	○	○	○	○	○
統計		統計・標本調査	○	○			
融合問題		図形と関数・グラフ	○		○	○	○
融合問題		図形と確率			○		○
融合問題		関数・グラフと確率				○	
融合問題		その他					
その他							

英語　出題傾向の分析と合格への対策

●出題傾向と内容

語句補充問題が2題，語句整序問題が1題，長文読解問題が2題の構成だった。語句補充問題のうち1題は同音異義語問題であった。解答に，マークシート式と記述式が混在している。

語句整序問題は，さまざまな分野の文法知識を問うものであった。

読解問題はいずれも，語句や文法を問うものと本文の内容を問うものの両方が出題された。

読解問題中にも文法問題が多く，しっかりとした幅広い文法力・語彙力・読解力のすべてを要求する出題だったと言える。

学習のポイント

重要構文，熟語などに重点をおいた学習をし，英文を書く練習をしておこう。

●2025年度の予想と対策

年度により，出題形式に多少の変化は見られるが，出題傾向やレベル，分量などにおいて，特に大きな変化はないと思われる。

長文読解問題の設問内容は幅広い形式にわたることが予想されるが，長文読解の問題集などでできるだけ多くの英文にあたり，内容を把握する練習をしておくとよい。

文法問題への対策としては，教科書を中心に学習しておけば大丈夫であろう。教科書に出てくる基本的な文法事項をよく理解した上で，問題集などで実戦力を養っておくことである。

本年度はリスニングの出題はなかったが，来年度以降，復活する可能性もある。日頃からテレビ・ラジオ・CDなどを利用してできるだけ英語を聞くことに慣れておくとよい。

▼年度別出題内容分類表 ……

	出題内容	2020年	2021年	2022年	2023年	2024年
話し方・聞き方	単語の発音					
	アクセント					
	くぎり・強勢・抑揚					
	聞き取り・書き取り					
語い	単語・熟語・慣用句	○	○	○	○	○
	同意語・反意語					
	同音異義語	○				○
読解	英文和訳（記述・選択）					
	内容吟味	○	○		○	○
	要旨把握	○	○	○	○	
	語句解釈	○	○			○
	語句補充・選択	○	○	○	○	○
	段落・文整序		○			
	指示語		○	○	○	○
	会話文	○	○	○	○	
文法・作文	和文英訳					
	語句補充・選択	○	○	○	○	○
	語句整序	○	○	○	○	○
	正誤問題					
	言い換え・書き換え					
	英問英答					
	自由・条件英作文					
文法事項	間接疑問文			○		○
	進行形	○				○
	助動詞					
	付加疑問文					
	感嘆文					
	不定詞	○		○	○	○
	分詞・動名詞	○	○		○	○
	比較	○	○	○	○	○
	受動態	○		○	○	○
	現在完了	○		○	○	○
	前置詞	○	○	○		○
	接続詞	○	○	○	○	○
	関係代名詞			○		○

中京大学附属中京高等学校

理科 出題傾向の分析と合格への対策

●出題傾向と内容

問題は大問が5題で，大問1が小問集合形式の問題であった。試験時間は社会と合わせて60分である。問題数が多めなので，時間の余裕はない。

ほとんどが基本問題であるが，計算問題が多い。出題分野に偏りはなく，すべての分野からほぼ均等に出題されている。それで理科全般の基礎的な知識を理解していることは重要な点である。苦手分野をつくらないようにすることが大切である。

解答の形式はマークシート方式であり，解答のマークミスのないように注意したい。

学習のポイント

苦手分野をつくらないよう，理科の4分野の知識を広く身につけるようにしよう。

●2025年度の予想と対策

教科書を中心とした学習を行うこと。学習の過程で，理解不足な分野はしっかりと理解するようにしておこう。苦手分野を作らないことが大切である。

具体的には，教科書やワークレベルの問題を多く解き，基礎的な計算や重要語句などをしっかりと覚えることが大切。また，計算問題の出来が合否を大きく左右するので，標準レベルの計算問題はしっかり解けるように練習しておきたい。

時間的な余裕があまりないと思われるので，できる問題から確実に解くように心がけたい。

▼年度別出題内容分類表……

	出題内容	2020年	2021年	2022年	2023年	2024年
第一分野	物質とその変化	○	○		○	○
	気体の発生とその性質		○			
	光と音の性質		○	○		○
	熱と温度					
	力・圧力	○	○		○	
	化学変化と質量	○	○			○
	原子と分子				○	
	電流と電圧		○		○	○
	電力と熱		○			
	溶液とその性質	○		○	○	○
	電気分解とイオン		○	○	○	○
	酸とアルカリ・中和			○	○	
	仕事					
	磁界とその変化	○	○	○		
	運動とエネルギー	○	○		○	
	その他	○	○			
第二分野	植物の種類とその生活	○		○	○	
	動物の種類とその生活		○			
	植物の体のしくみ	○	○	○		
	動物の体のしくみ		○			
	ヒトの体のしくみ	○	○	○	○	○
	生殖と遺伝	○			○	
	生物の類縁関係と進化					○
	生物どうしのつながり					
	地球と太陽系	○			○	○
	天気の変化	○	○		○	○
	地層と岩石	○	○	○	○	
	大地の動き・地震			○	○	○
	その他			○		○

中京大学附属中京高等学校

社会　出題傾向の分析と合格への対策

●出題傾向と内容

本年度は大問が4題で2減り，小問は30問でこちらも2減っている。試験時間が理科と社会で合わせて1時間なので社会に使える時間は30分弱であろうから難易度はかなり高いといえる。分野別の出題割合は昨年同様，歴史がやや多く，地理と公民はほぼ同じ。出題内容は基本的なものも多いが，細かな知識を求めるものや一般的な中学生にはやや難しいものも一部あり，世界史や世界地理の分野が要注意である。

地理分野では世界地理は，オーストラリアに関するもので日本地理は近畿地方関連のもの。どちらもやや難しい小問がある。歴史は古代から現代まで，さまざまな時代のことが問われている。公民は三権に関連するものと，経済では物価や価格変動に関連するものが出され，時事的なことの理解や知識も求められている。

学習のポイント

用語や数字の記述が3題で残りはすべて記号選択問題になっている。記号選択では何が問われているのかを，しっかりと読み取ることが大切。選択肢の細部に注意するよう心がけよう。

●2025年度の予想と対策

来年度も例年通りの出題が予想される。出題数も変わらず内容も基礎的なもの中心であろう。

地理分野では，地図と統計資料を用いて各地域の地形，気候，産業，特色をつかんでおこう。歴史分野では，歴史の流れだけでなく，どのようなことが行われたのかをしっかりと理解しておこう。また日本と外国との関係もおさえておく必要がある。公民分野では語句や数字の正確な理解だけでなく，新聞やテレビのニュース番組などで話題となっている出来事をチェックし，時事問題にも対応できるようにしておこう。

▼年度別出題内容分類表 ……

出題内容			2020年	2021年	2022年	2023年	2024年
地理的分野	（日本）	地形図	○				○
		地形・気候・人口	○	○	○	○	
		諸地域の特色	○	○	○	○	○
		産業	○	○	○	○	○
		交通・貿易		○			
	（世界）	人々の生活と環境		○	○		○
		地形・気候・人口	○	○	○	○	○
		諸地域の特色	○	○	○	○	○
		産業				○	
		交通・貿易	○	○	○	○	
	地理総合						
歴史的分野	（日本史）	各時代の特色	○	○	○	○	○
		政治・外交史	○	○	○	○	○
		社会・経済史	○	○	○	○	○
		文化史	○		○	○	○
		日本史総合					
	（世界史）	政治・社会・経済史	○	○	○	○	○
		文化史			○	○	○
		世界史総合					
	日本史と世界史の関連		○	○	○	○	○
	歴史総合						
公民的分野	家族と社会生活						
	経済生活					○	○
	日本経済					○	○
	憲法（日本）		○	○		○	
	政治のしくみ		○	○	○		○
	国際経済						○
	国際政治						○
	その他			○		○	○
	公民総合						
各分野総合問題							

中京大学附属中京高等学校

国語 出題傾向の分析と合格への対策

●出題傾向と内容

本年度は，論理的文章1題と文学的文章1題という大問構成であった。解答方式は，マークシート方式の解答と記述式解答の併用である。解答欄を間違えないように注意する。漢字は，記述式ではなく，マークシート方式で出題される。

論理的文章は，論説文からの出題で，漢字，脱語補充，文脈を読み取っての内容吟味の問題などが出題された。

文学的文章は，小説からの出題で，古文の内容を含むものであった。漢字，慣用句，脱語補充などのほか，登場人物の心情を問う設問が見られた。

学習のポイント

日々の読書は，読解力を深めるために役立つ。本や新聞など，いろいろな文章を読もう。

●2025年度の予想と対策

例年の傾向から，来年度も論理的文章と文学的文章，古文が1題ずつ。または，古文の内容を含む論説文や鑑賞文などの出題が予想される。和歌を含む古文の出題も考えられるので，対応できるように学習しておきたい。

論理的文章では文脈を追って筆者の主張を把握する力，文学的文章では情景や登場人物の心情を読み取る力の養成を目指して，総合的な問題集での学習を進めておこう。

古文，韻文に関しては，教科書程度の基本的な知識は，最低限身につけておきたい。

また，漢字，語句(慣用句やことわざも含む)，文法，表現技法，文学史などの幅広い分野に対応するためにも，日ごろの学習の積み重ねが大切である。

▼年度別出題内容分類表 ……

出題内容			2020年	2021年	2022年	2023年	2024年
内容の分類	読解	主題・表題		○	○		
		大意・要旨	○	○	○	○	○
		情景・心情	○	○	○	○	○
		内容吟味	○	○	○	○	○
		文脈把握	○	○	○	○	○
		段落・文章構成		○			
		指示語の問題			○		
		接続語の問題	○		○		○
		脱文・脱語補充	○	○	○	○	○
	漢字・語句	漢字の読み書き	○	○	○	○	○
		筆順・画数・部首					
		語句の意味			○		○
		同義語・対義語					
		熟語		○	○		
		ことわざ・慣用句		○	○	○	
	表現	短文作成					
		作文(自由・課題)					
		その他					
	文法	文と文節					
		品詞・用法					
		仮名遣い					
		敬語・その他	○				
	古文の口語訳		○	○	○	○	
	表現技法		○			○	
	文学史		○	○		○	
問題文の種類	散文	論説文・説明文	○	○	○	○	○
		記録文・報告文					
		小説・物語・伝記	○	○	○	○	○
		随筆・紀行・日記					
	韻文	詩					
		和歌(短歌)					
		俳句・川柳					
	古文		○	○	○	○	○
	漢文・漢詩						

中京大学附属中京高等学校

2024年度 合否の鍵はこの問題だ!!

数学 ［2］

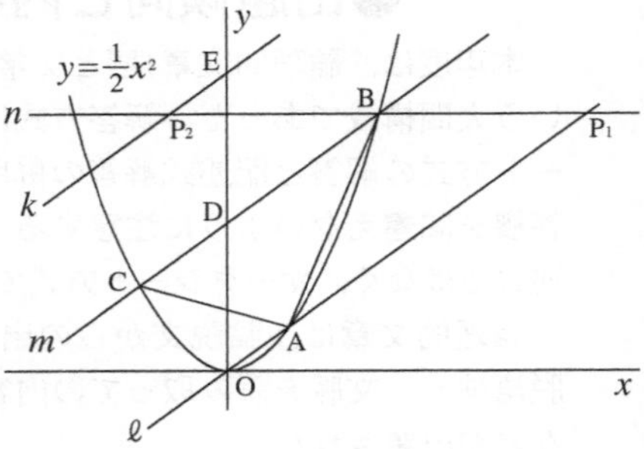

グラフが描かれていないため，適切なグラフを描くことができるかがポイントとなる。また，等積変形の考え方を使い，平行線を引くことができるか，平行線の傾きは等しくなることを知識として持っているかがこの問題を正解できるかどうかの鍵となる。

(1)　$y=\frac{1}{2}x^2$に$x=2$，6をそれぞれ代入すると，$y=\frac{1}{2}\times 2^2=2$，$y=\frac{1}{2}\times 6^2=18$　　よって，A(2, 2)，B(6, 18)である。

(2)　(1)より，A(2, 2)なので，直線ℓの傾きは$\frac{2-0}{2-0}=1$であるから，直線ℓの式は$y=x$である。平行な直線の傾きは等しいので，直線mの傾きも1である。従って，直線mの式を$y=x+b$とおいて，B(6, 18)を代入すると，$18=6+b$　　$b=12$　　よって，直線mの式は$y=x+12$であり，y軸との交点の座標は(0, 12)である。

(3)　解答欄からもわかる通り，解答が2つあることに注意する。ℓ//mであることから，直線ℓ上に任意の点Qをとると，△ABC＝△QBCとなる。よって，直線ℓとnの交点が点Pとなる。この点をP_1とする。B(6, 18)であるから，直線nの式は$y=18$となるので，直線ℓの式$y=x$に$y=18$を代入すると，$18=x$　よって，$P_1(18, 18)$である。また，D(0, 12)とし，y軸上にED＝OD＝12となるようにE(0, 24)をとる。このとき，△ABC＝△OBCであり，△CED＝△COD，△BED＝△BODであることから，△EBC＝△OBCとなるので，△ABC＝△EBCである。点Eを通り，直線mに平行な直線をkとする。直線k上に任意の点Rをとると，△EBC＝△RBCとなるので，直線kとnの交点が点Pとなる。この点をP_2とする。k//mであり，直線mの傾きは1であるから，直線kの傾きも1である。点Eが直線kの切片となるので，直線kの式は$y=x+24$である。ここに，$y=18$を代入すると，$18=x+24$　　$x=-6$　　よって，$P_2(-6, 18)$となる。したがって，点Pのx座標は-6，18である。

社会 〔1〕

今年度の〔1〕は関西に関連する地理と歴史の総合問題。小問数は15で，地理分野が問12，問15でいずれも日本の地理。残りは歴史の問題。歴史の中で世界史の知識が必要なのは問9，問14の2題のみ。この2題には日本史の内容もある。この中で，結構手ごわいのが問1と問14，問15。問1は地図の資料が3つあり，その内容から選択肢の正誤を判断するのだが，地図と合わせても正直わからない。選択肢のみをていねいに読んで知識と照らし合わせると2が誤りであるとわかる。おそらく地図を見て首をひねっていた受験生も多いのではないだろうか。問14は歴史の整序問題。5つの文章を読み時代順に並べるもの。文章の内容が世界史のものもあり，一般的な中学生がまずは知らないであろう言葉を含むものもあるので悩ましい。ただ，知らなそうな言葉のある文章には必ず知っていそうなものも含まれるので，そちらで判断するのが大事。問15は日本地理で近畿の県について考えるもの。説明文の内容が指す県がどこかわかるかがまずポイントだが，ていねいに読んでいけば絞り込めるとは思う。それらの県を統計などの表の中から選ぶのだが，設問の県以外も含めて考えていき，消去法で行けば正答にたどり着くことも可能である。

英語

[2]は語句整序問題である。日本語文が与えられていないので，既に与えられている英文の語句と語群から意味を推測して英文を考えていかなくてはならないので難易度は上がる。この問題の後に丁寧に読み込む必要がある長文読解問題が2題控えているので，この語句整序問題で時間を取られてしまうことなく正答にたどり着けるか否かが合否を分ける。

英文を作る場合，まず主語と動詞を見極めよう。またポイントとなる重要文法事項や重要表現のヒントになりそうな単語を見つけると英文を作りやすくなるので注意してみていこう。

(1)では，語群に比較級 larger と than があることから，比較級の英文を作ればいいとすぐにわかるはずである。

次に何と何を比較するのかを考えていこう。ここでは The population of China がすでに与えられており，語群に Japan があることから中国と日本の人口を比較することがわかる。

The population of China と the population of Japan を比較したいが，語群に the population がないのがこの文のポイント。残っている語は that。そこで that of の用法を思い出そう。that of は繰り返しを避ける時に用いられ前出の名詞句を指す。ここでは the population of を指し，that of Japan ＝ the population of Japan となる。

(4)　Chukyo Senior Hight School がすでに与えられているので，これが主語になる可能性が高いとしながら英文を考えていこう。動詞に使えそうな語句は trying，pursue，is。ここで is と …ing の形があること，また trying と語群に to があることから is trying と現在進行形を作れること，そして try to ～「～しようと努力する」の形が作れることに気づきたい。try to の後は動詞の原形が続くので，is trying to pursue という形を作ってみよう。

ここまでできれば残り語句で，the best environment for students「生徒たちにとって最高の環境」は容易に作れるだろう。

(5)のように関係代名詞が省略されていることもあるので，与えられている語句から全体の意味を想像して英文を作っていこう。

理科　[5]（3），（4），（5）

大問が5題で，[1]が小問集合形式の問題で，その他は各分野から1題ずつの出題であった。問題レベルは全般的には標準的である。教科書の内容を偏りなく広く理解しておくことが大切である。

今回合否を分ける鍵となった問題として，[5]の(3)，(4)，(5)を取り上げる。回路と電流の問題である。

(3)　(1)より電熱線aの抵抗が50Ωとわかっている。図4の2本の直線のうち，直列回路のグラフはBである。抵抗を直列に接続した方が並列の時より回路全体の抵抗値が大きくなるため，同じ電圧での電流が小さくなる。6.0Vの電流を流すと80mAの電流が流れるので，回路全体の抵抗は$6.0\div0.08=75$(Ω)となり，電熱線bの抵抗は25Ωとわかる。

(4)　並列回路では両方の回路にかかる電圧の大きさが等しくなる。よって電熱線aとbの抵抗の比が2：1なので，流れる電流の比は1：2になる。回路全体を流れる電流が300mAなので，電熱線aを流れる電流は$300\times\frac{1}{3}=100$(mA)である。

(5)　体重60kgの人にかかる重力は600Nであり，この人が$0.2\times15=3$(m)の高さを15秒かけて移動するので，この間の仕事率は$600\times3\div15=120$(W)である。

[1]の小問集合での得点も，合否を分ける重要なポイントである。それゆえ理科全般の基本的な知識を身につけていることが大切である。全体に問題のレベルは標準的なので，標準レベルの問題集等で十分な演習を行っておきたい。また試験時間が社会と合わせて60分なので，問題数からして時間の余裕はない。解ける問題から効率よく解答することも大切である。

国語　〔二〕問四

★ なぜこの問題が合否を分けたのか

「譲の影響で静代はどう理解したと考えられるか」という設問意図を正しく理解する力が問われる設問である。この後，静代の考えはどこに示されているかをよく考えて解答しよう！

★ こう答えると「合格できない」！

直後に「非科学的な話のあとさきには，必ずその一言を添えていらした」とあることから，「非科学的」にあてはまるものとして，「たたりや紙の仕業を克服」とある①，または「神話は真実だと教えられた古い世代と異なり」とある④を選ばないようにしよう。「科学の子」に対する静代の「理解」が示されている部分を探してみよう！

★ これで「合格」！

「科学の子」という言葉に対する静代の「理解」は，直後に「飛行機や戦車の時代の子，というふうに理解していたのだが，そういう意味ではないのだと，譲に改めて教えられたようなものだった」とあり，後には「私たちは科学の子なのだから，そういう風に考えなければいけない」とあることに着目する。「そういうふうに」は，直前の「神武天皇の御東征も，熊野からはきっと深い山道をたどったのだろうから，天がにわかにかき曇って氷雨が降り始めたとしてもふしぎではない。長い御弓の先に雷が落ち，その一瞬の輝きに敵も味方も目が眩んだのではあるまいか。そして兵士たちの瞼に灼きついた天のものなる電気の光が，金色の鵄の姿に変わって言い伝えられた」という内容を指す。理にかなった考え方をすることを「科学の子」といっていることが読み取れるので，「筋道を立てて論理的に分析し，物事の本質を見極めようとする『子』」とする⑤を選ぼう！

2024年度

入　試　問　題

2024年度

中京大学附属中京高等学校入試問題

【数　学】（40分）　＜満点：100点＞

【注意】　1　定規，分度器，計算機は使用できません。

2　問題文中の図は概略図であり，必ずしも正確ではありません。

解答の中で，以下の定理を用いてもよい。

三平方の定理

直角三角形の直角をはさむ２辺の長さを a，b，斜辺の長さを c とすると，次の関係が成り立つ。

$$a^2+b^2=c^2$$

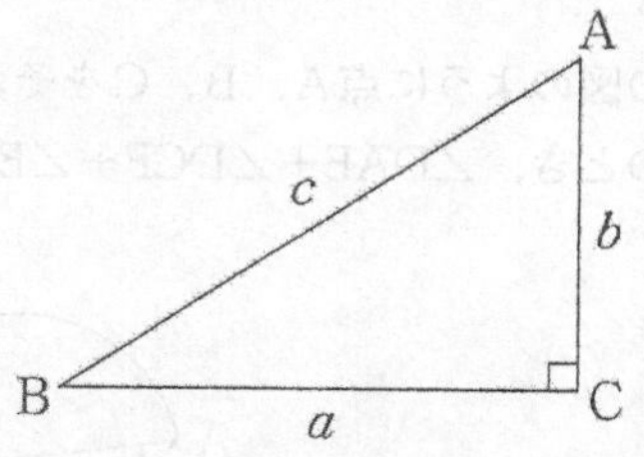

特別な直角三角形の辺の比

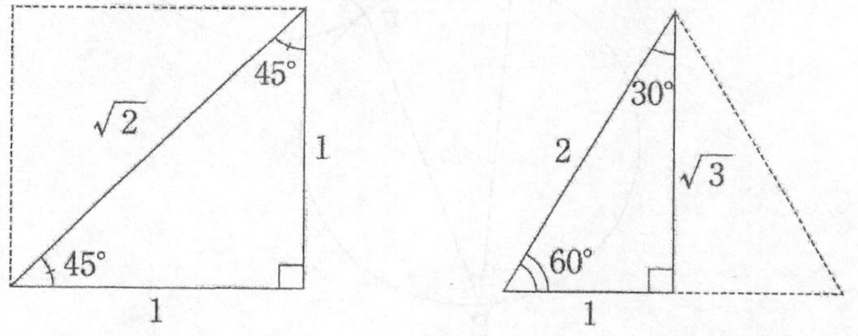

3　問題［1］，［2］の文中の ア ， イ ウ などには，符号（－）または数字（０～９）が入る。それらを解答用紙のア，イ，ウ，…で示された解答欄にマークして答えよ。

例　ア イ ウ に　－24と答えたいとき

ア	●	0	1	2	3	4	5	6	7	8	9
イ	−	0	1	●	3	4	5	6	7	8	9
ウ	−	0	1	2	3	●	5	6	7	8	9

4　問題［1］で分数形で解答する場合，分数の符号は分子につけ，分母につけてはいけない。

例　$\dfrac{\text{エ オ}}{\text{カ}}$ に $-\dfrac{2}{7}$ と答えたいときは，$\dfrac{-2}{7}$ としてマークする。

5　分数形で解答する場合，それ以上約分できない形で答えよ。また，分母に根号を含む場合，分母を有理化せよ。

6　円周率は π を用いること。

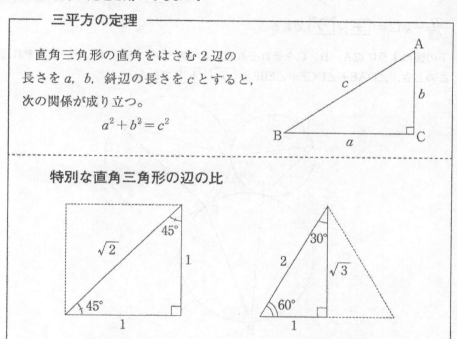

［1］ 次の $\boxed{\text{ア}}$ ～ $\boxed{\text{ホ}}$ に当てはまる適切な符号または数字を選び，マークせよ。

(1) $\dfrac{1}{12}+5\div10\times\left(-\dfrac{1}{3}\right)=\dfrac{\boxed{\text{ア}}\boxed{\text{イ}}}{\boxed{\text{ウ}}\boxed{\text{エ}}}$ である。

(2) $0.41^2-4.59^2=\boxed{\text{オ}}\boxed{\text{カ}}\boxed{\text{キ}}.\boxed{\text{ク}}$ である。

(3) 比例式 $(x+9):3=(x+5):2$ を解くと，$x=\boxed{\text{ケ}}$ である。

(4) 連立方程式 $\begin{cases}-2x+4y=5\\ 9x-7y=-39\end{cases}$ の解は，$x=\dfrac{\boxed{\text{コ}}\boxed{\text{サ}}\boxed{\text{シ}}}{\boxed{\text{ス}}}$，$y=\dfrac{\boxed{\text{セ}}\boxed{\text{ソ}}}{\boxed{\text{タ}}}$ である。

(5) $\dfrac{27}{\sqrt{3}}-\sqrt{12}=\boxed{\text{チ}}\sqrt{\boxed{\text{ツ}}}$ である。

(6) 下の図のように点A，B，Cをそれぞれ通る３つの円が，点D，E，Fでそれぞれ接している。
このとき，$\angle\text{DAE}+\angle\text{DCF}+\angle\text{EBF}=\boxed{\text{テ}}\boxed{\text{ト}}^\circ$ である。

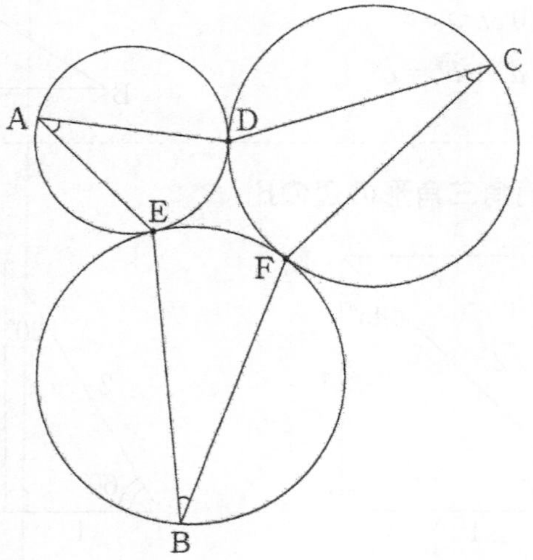

(7) -3，$\dfrac{4}{7}$，$\sqrt{5}$，π，1.4142，0，$\dfrac{\sqrt{2}}{\sqrt{8}}$ の７つの数のうち，有理数は $\boxed{\text{ナ}}$ 個である。

(8) ２点 $(-1,\ 5)$，$(2,\ 14)$ を通る直線を１次関数の式で表すと，$y=\boxed{\text{ニ}}x+\boxed{\text{ヌ}}$ である。

(9) 関数 $y=ax^2$ は，$x=-3$ のとき $y=18$ である。x の値が１から６まで増加するときの変化の割合は $\boxed{\text{ネ}}\boxed{\text{ノ}}$ である。

(10) 次のページの図のように地点A，地点B，地点Cがある。
鷲《わし》男さんと梅子さんは地点Aから同時刻に出発し，地点Bを目指して進む。
鷲男さんは地点Aから地点Bまで，地点Cを経由して向かう。地点Aから地点Cまで分速200mで進み，地点Cで x 分休憩したのち，地点Cから地点Bまで分速100mで進む。
一方，梅子さんは地点Aから地点Bまで，地点Cを経由せず直接向かう。はじめは分速50mで進み，鷲男さんが地点Cを出発した時刻からは地点Bまで分速80mで進む。
梅子さんが地点Bに到着した10分後に鷲男さんも地点Bに到着した。
AB間の距離が4.5㎞，AC間の距離が５㎞，BC間の距離が３㎞であるとき，x の値は $\boxed{\text{ハ}}\boxed{\text{ヒ}}$

である。

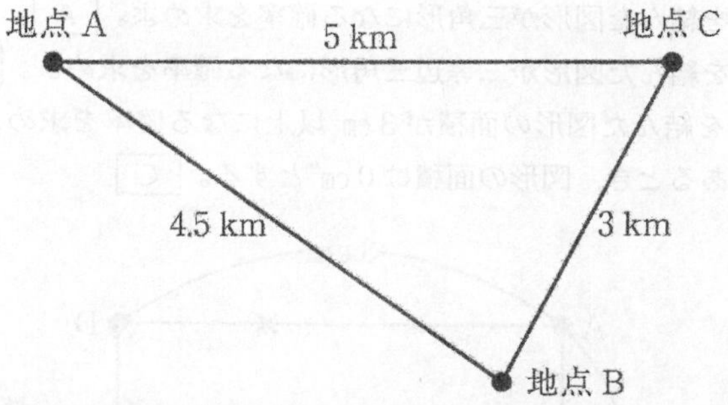

⑾　右の図のように正六角形の各頂点を中心とする半径１の６つの円がそれぞれ隣り合う円と接している。

色のついた部分の面積を求めると [フ] $\sqrt{[ヘ]}$ － [ホ] π である。

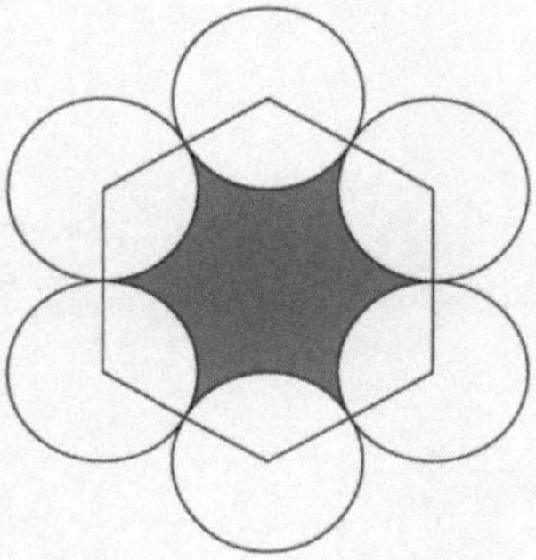

［２］　関数 $y=\frac{1}{2}x^2$ のグラフ上に，x 座標が２である点A，x 座標が６である点Bをとる。
点Aと原点Oを通る直線を l，点Bを通り，直線 l と平行な直線を m，点Bを通り，x 軸と平行な直線を n とする。このとき，次の [マ] ～ [レ] に当てはまる適切な符号または数字を選び，マークせよ。

⑴　点Aの座標は（ [マ] ， [ミ] ）であり，点Bの座標は（ [ム] ， [メ][モ] ）である。

⑵　直線 m と y 軸との交点の座標は（ [ヤ] ， [ユ][ヨ] ）である。

⑶　直線 m と関数 $y=\frac{1}{2}x^2$ のグラフの交点のうち，点Bでない方を点Cとする。
△ABCの面積と△BCPの面積が等しくなるように直線 n 上に点Pをとる。
点Pの x 座標は，x ＝ [ラ][リ] ， [ル][レ] である。
ただし，[ラ][リ] ＜ [ル][レ] とする。

※［３］の解答は解答用紙の「記述解答欄」のＡ～Ｃに記入せよ。

［３］　次のページの図のような縦２㎝，横３㎝の長方形ABCDがある。
大小２つのさいころを１回ずつ投げ，大きいさいころの出た目の数を x，小さいさいころの出た目の数を y とし，以下のルール①，②に従って長方形ABCDの周上に点X，Yを作図する。

ルール
①　点Aから時計回りに x ㎝進んだ位置に点Xを作図する。
②　点Aから反時計回りに $2y$ ㎝　進んだ位置に点Yを作図する。

例えば，x ＝４，y ＝６のとき点Xは辺CDの中点の位置に作図し，点Yは頂点Bの位置に作図する。

以下の問いに答えよ。

⑴ 点Aと点Xと点Yを結んだ図形が三角形になる確率を求めよ。 A

⑵ 点Aと点Xと点Yを結んだ図形が二等辺三角形になる確率を求めよ。 B

⑶ 点Aと点Xと点Yを結んだ図形の面積が3 cm^2 以上になる確率を求めよ。なお，点Aと点Xと点Yが同一直線上にあるとき，図形の面積は0 cm^2 とする。 C

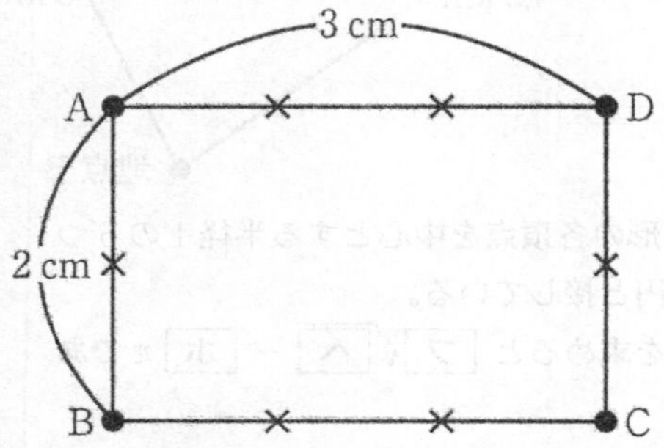

【英　語】（40分）　＜満点：100点＞

［1］　次の問Aと問Bに答えよ。

問A　各文の空所に入る最も適当な語（句）を選び，その番号をマークせよ。

（マーク解答欄）［1］～［5］

(1) The number of car accidents (　　) since 1992. ［1］

① decreasing
② are decreased
③ have been decreasing
④ has been decreasing

(2) How about (　　) a taxi instead of walking there? I'm tired. ［2］

① to taking　② taking　③ to call　④ calling you

(3) I don't want to be a person (　　) bad things. ［3］

① who says　② what speaks　③ which talks　④ whose tells

(4) They followed the instructions they (　　) by their homeroom teacher. ［4］

① was give　② were gave　③ were given　④ were giving

(5) Could you tell me (　　) a ticket? ［5］

① where I can get
② where can I get
③ where to buying
④ how to buying

問B　(　　) に共通して入る語を答えよ。（記述解答欄）［A］～［E］

(1) ［A］

Could you (　　) me the salt?
A lot of cars continued to (　　) by.

(2) ［B］

These albums (　　) back memories, right?
Don't forget to (　　) your lunch tomorrow because you need to stay until 3 p.m.

(3) ［C］

I love (　　) because red leaves are so beautiful.
Be careful! You will (　　) down the stairs.

(4) ［D］

Could you give me a (　　)?
Last summer, I had a chance to (　　) on a horse.

(5) ［E］

I want to (　　) home and listen to music.
The best thing about my (　　) in Canada was that my host parents took great care of me.

［２］［　］内の語を並べ替え，意味の通る文を完成させたとき，［　］内で５番目にくる語の番号を選び，マークせよ。（マーク解答欄）6 ～ 10

(1) The population of China [that / of / than / larger / Japan / is]. 6

① that　② of　③ than　④ larger
⑤ Japan　⑥ is

(2) This small book [we / animals / what / see / shows / can] in New Zealand. 7

① we　② animals　③ what　④ see
⑤ shows　⑥ can

(3) Feel [any / to / free / me / ask / questions]. 8

① any　② to　③ free　④ me
⑤ ask　⑥ questions

(4) Chukyo Senior High School [best / environment / to / trying / pursue / is / the] for students. 9

① best　② environment　③ to　④ trying
⑤ pursue　⑥ is　⑦ the

(5) How [book / the / borrowed / was / you / from] the library? 10

① book　② the　③ borrowed　④ was
⑤ you　⑥ from

［３］次の英文を読み，問いに答えよ。

Wars, environmental issues, and (①) cause *food crisis all over the world. It is said that 10% of the world's population doesn't get enough food. To solve this problem, we need to look for new *food sources. Now, more and more people are paying attention to *veggi-meat.

Veggi-meat is made (②) plants such as soy and wheat, and is also known as plant-based "meat". The idea appeared a long time ago. For example, more than 2,000 years ago, Chinese people developed Tofu from soybeans and enjoyed eating it. Not so many years ago, in the Western world, some companies invented meat-like products using plant-based *ingredients. But they were not popular because (③).

Then, around 2010, technology developed enough to make products which tasted like real-meat In 2016, *Impossible Food* started to sell the first plant-based hamburger. Someone who ate it said, ④<u>"It is not different from the meat that I usually eat."</u>

Another reason which made veggi-meat popular is the fact that it is good for our health. Around 2000, people got interested in their health and started to look for (a) food than traditional meat. Then, some American researchers showed that veggi-meat has less *fat and few calories. As a result, many people began to eat (b) - based food.

In addition, it may be more eco-friendly. As (⑤) *sustainability, a study found that making plant-based meat *generates (c) greenhouse gas. And it uses less land and water compared to making animal-based meat. It is said that if we stop eating animal-based meat and start eating vegetable-based meat, greenhouse gas will be reduced a lot every year.

Veggi-meat looks like a perfect *solution for food crisis. But veggi-meat has one problem. It costs much money to make it. It is getting better, but the price of (d) - based meat is still high.

注）food crisis：食糧危機　food sources：食料源　veggi-meat：ベジミート（代用肉）
ingredient：原料　fat：脂肪　sustainability：持続可能性　generate：～を発生させる
solution：解決策

問１　（①）に入れるのに最も適当な語（句）を次から選び，その番号をマークせよ。
（マーク解答欄） 11
① peaceful world
② bad economic conditions
③ discrimination
④ development in technology

問２　（②），（⑤）に入れるのにそれぞれ最も適当な英語１語を書け。
（記述解答欄）②は F ・⑤は G

問３　（③）に入れるのに最も適当な文を選び，その番号をマークせよ。（マーク解答欄） 12
① many people did not like Tofu
② their taste was not so good
③ they tasted so good and many people wanted to eat more
④ they noticed plant-based meat was not healthy

問４　下線部④の発言の主旨として最も適当なものを選び，その番号をマークせよ。
（マーク解答欄） 13
① Its taste is good enough.
② It is the best meat I have ever eaten.
③ I don't want to eat it again.
④ I wanted to know it was veggi-meat before eating it.

問５　（ａ）～（ｄ）に入る語の組み合わせとして最も適当なものを次のページから選び，その番号をマークせよ。（マーク解答欄） 14

	a	b	c	d
①	unhealthier	plant	less	plant
②	unhealthier	plant	more	animal
③	unhealthier	animal	less	plant
④	unhealthier	animal	more	animal
⑤	healthier	plant	less	plant
⑥	healthier	plant	more	animal
⑦	healthier	animal	less	plant
⑧	healthier	animal	more	animal

問6　本文の内容と一致しているものは①，していないものは②をそれぞれマークせよ。

（マーク解答欄） 15 ～ 18

(1) Wars around the world are the only reason of the high price of plant-based meat. 15

(2) Tofu is a kind of veggi-meat which was invented in an Asian country. 16

(3) People need much water to make veggi-meat, because it comes from plants. 17

(4) The price is one problem for veggi-meat. 18

［4］ 次の英文を読み，問いに答えよ。

Ichiyo Higuchi was a famous Japanese writer who lived during a special time in Japan called the Meiji period. She was born in 1872 in Tokyo, Japan. Higuchi wrote many short stories and *novels that made her very famous and popular. (①), she has been the *portrait on 5,000 yen bills in Japan since 2004.

Higuchi was known for her beautiful and *detailed writing style. ②Her stories showed what life was like for different people, especially women and people who didn't have a lot of money. She wrote about how they survived in the Meiji period, and she was very good at (③) like they were right there with the characters.

One of her most famous stories is called "Takekurabe" (Growing Up). It tells the story of children growing up in Tokyo. Higuchi talked about their friendships, the things they learned, and how they faced the *difficulties of growing up.

Higuchi died when she was only 24 years old, but she *left behind many wonderful stories. Her writing was important because it showed the lives of people who were often not recognized or forgotten. She gave a voice to people who didn't have ④one.

Higuchi was not only a great writer, (⑤) *a role model for other women.

In her time, women didn't have many chances to share stories or what they thought. But Higuchi changed that. (⑥)

Ichiyo Higuchi's stories are still loved and read today. People like and respect her because she wrote *beautifully and talked about important things that affected society. Through her stories, readers can think about and feel the lives of different people.

Higuchi's life was short, but she influenced Japanese *literature so much. Her stories have continued to *impress writers and readers for more than a century. It is sad that she will not be the portrait on 5,000 yen bills after 2024 because another famous woman, Umeko Tsuda, will be shown instead. It will (⑦) to see the new 5,000 yen bills, but Ichiyo Higuchi will always be a great writer; and her stories will be remembered forever.

注）novel：小説　portrait：肖像　detailed：詳細な　difficulty：困難　leave behind：～を残す
a role model：見本　beautifully：美しく　literature：文学　impress：～を感動させる

問１　(①) に入れるのに最も適当なものを次の中から一つ選び，その番号をマークせよ。
(マーク解答欄) 19

① Instead　② On the other hand　③ But　④ As a result

問２　下線部②の表す意味と同じものを次の中から一つ選び，その番号をマークせよ。
(マーク解答欄) 20

① 彼女の物語はいろいろな人，特に女性やお金をあまり持たなかった人々が人生で何を好んでいたのかを示した。
② 彼女の物語は特にお金をたくさん持っていた女性たちがどのように暮らしていたのかを示した。
③ 彼女の物語は様々な人々，とりわけ女性や裕福でない人々の生活がどのようなものであったかを示した。
④ 彼女の物語は異なる人々の異なる暮らしを描き，どのように生きるのが好ましいのかを示した。

問３　(③) に入れるのに最も適当なものを次の中から一つ選び，その番号をマークせよ。
(マーク解答欄) 21

① let readers feel　② let readers feeling
③ letting readers feel　④ letting readers feeling

問４　下線部④の内容を表すものを，本文中から２語の英語で抜き出せ。(記述解答欄) H

問５　本文が自然な流れとなるように，(⑤) に当てはまる語句を次の中から一つ選び，その番号をマークせよ。(マーク解答欄) 22

① however also　② however too　③ but also　④ but too

問６　(⑥) に入れるのに最も適当な文を選び，その番号をマークせよ。(マーク解答欄) 23

① She showed that women were better writers than men.
② She showed that women could be wonderful writers too.
③ She showed that no one could write stories better than her.

④ She showed that it was not important for women to share what they thought.

問7 （⑦）に入れるべき正しいものを次の中から一つ選び，その番号をマークせよ。
（マーク解答欄） 24

① excite ② be excite ③ be exciting ④ be excited

問8 次の問いの解答としてふさわしいものを次の中から一つ選び，その番号をマークせよ。
（マーク解答欄） 25

Q. When did Higuchi die?

① 1848 ② 1872 ③ 1896 ④ 2024

問9 本文の内容と一致するものを一つ選び，その番号をマークせよ。（マーク解答欄） 26

① 樋口一葉が5,000円札の肖像になってから30年経つ。
② 樋口一葉の代表作『たけくらべ』は東京で育つ子供たちの貧困を描いた。
③ 樋口一葉は早くに亡くなったが，『たけくらべ』以外にも多くの名作を残した。
④ 2024年以降，5,000円札の肖像画は津田梅子から樋口一葉に変わる。

【理　科】（社会と合わせて60分）　＜満点：75点＞

［１］　次の⑴～⑽の各問いに答えよ。

⑴　60℃における硝酸カリウム飽和水溶液の質量パーセント濃度を表す数値として最も近いものを，次の①～⑦のうちから一つ選べ。ただし，硝酸カリウムは60℃の水100ｇに110ｇまで溶けるものとする。（マーク解答欄） 1

①　10%　②　30%　③　50%　④　70%　⑤　90%　⑥　100%　⑦　110%

⑵　10℃の硝酸カリウム飽和水溶液100.0ｇを加熱して水を20.0ｇ蒸発させたのち，再び10℃に戻すと溶けきれなくなった硝酸カリウムが結晶となって出現した。冷却後の水溶液に溶けている硝酸カリウムは何ｇか。最も適当なものを，次の①～⑥のうちから一つ選べ。ただし，硝酸カリウムは10℃の水100.0ｇに22.0ｇまで溶けるものとする。（マーク解答欄） 2

①　13.6ｇ　②　13.8ｇ　③　14.0ｇ　④　14.3ｇ　⑤　14.5ｇ　⑥　14.7ｇ

⑶　次のア～ウの文章の内容について，その正誤の組み合わせとして最も適当なものを，下の①～⑧のうちから一つ選べ。（マーク解答欄） 3

ア　炭素電極を用いて塩化銅水溶液に電流を流すと，陽極側に銅が付着する。

イ　炭素電極を用いて塩化銅水溶液に電流を t_1 秒間流す。その後，電源の＋極と－極をつけ替えて白金電極につなぎ，t_2 秒間電流を流すと，t_1 秒後と比べて t_2 秒後の方が水溶液の色が濃くなる。ただし，$t_1 = t_2$ とする。

ウ　マグネシウムリボンに塩酸を加えると，塩素が発生する。

	ア	イ	ウ
①	正	正	正
②	正	正	誤
③	正	誤	正
④	正	誤	誤
⑤	誤	正	正
⑥	誤	正	誤
⑦	誤	誤	正
⑧	誤	誤	誤

⑷　ヒトが食物から摂取したタンパク質を分解するために必要な消化酵素は，次のア～クのうちどれか。それらを**過不足なく含むもの**を，下の①～⓪のうちから一つ選べ。
（マーク解答欄） 4

ア　アミラーゼ　イ　胆汁　ウ　トリプシン　エ　リパーゼ
オ　ペプシン　カ　モノグリセリド　キ　グリコーゲン　ク　尿素

①　ア　②　ウ　③　イ，キ　④　エ，カ　⑤　オ，ク
⑥　ウ，オ　⑦　ウ，キ　⑧　エ，オ　⑨　キ，ク　⓪　イ，ウ，オ

⑸　地球生命の誕生史に関する記述として最も適当なものを，次のページの①～⑤のうちから一つ選べ。（マーク解答欄） 5

① 地球上に最初に生物が誕生したのは，およそ46億年前である。
② 脊椎動物のうち地球上に最初に誕生したのは魚類で，およそ11億年前である。
③ は虫類は両生類よりも先に誕生した。
④ 哺乳類と鳥類は中生代に誕生した。
⑤ ヒトはどのような環境にも適応しているため，最も進化した生物といえる。

(6) 図１の置き時計を用意し，図２のように，水平な机の上に２枚の鏡を90度の角度になるように立てて，置き時計の文字盤が鏡のつなぎ目のちょうど正面になるようにした。置き時計の後方から鏡を見ると，正面と左右それぞれの鏡に置き時計の像が映って見えた。このとき，観測者から見た正面に映る置き時計の像として最も適当なものを，下の①～⑦のうちから一つ選べ。
(マーク解答欄) 6

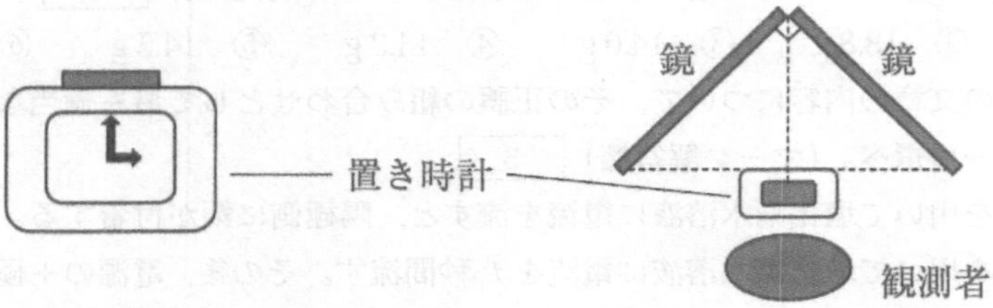

図１　　図２

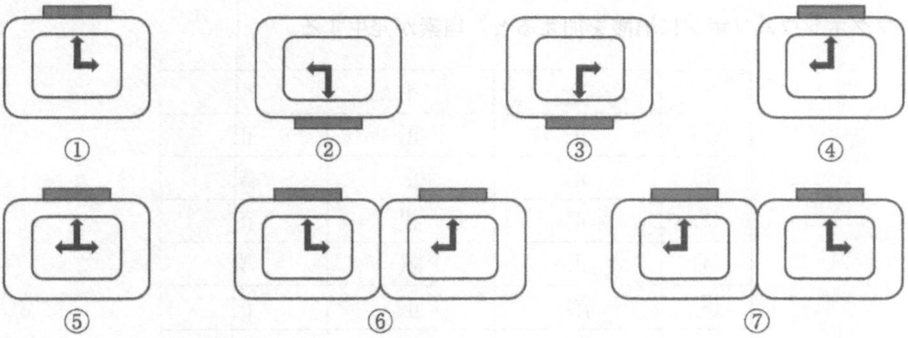

(7) 図３のようなクルックス管に大きな電圧を加えると，蛍光板に光る筋が見えた。光る筋はある粒子の流れである。この光る筋と粒子に関する記述として**誤りを含むもの**を，次のページの①～⑤のうちから一つ選べ。(マーク解答欄) 7

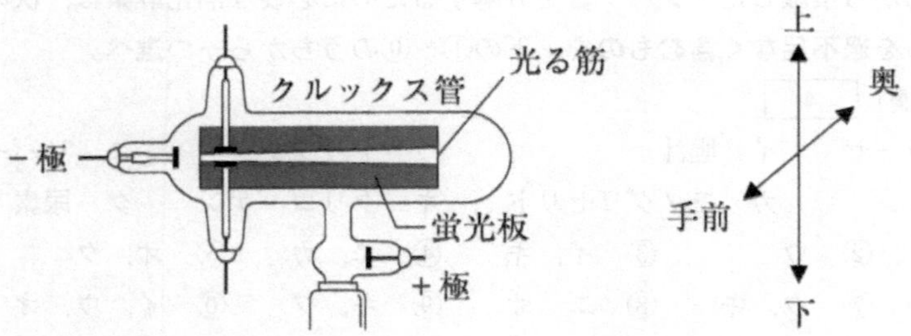

図３

① 粒子は－極から出てくるので陰極線と呼ばれている。
② 陰極線のことを電子線と呼ぶことがある。
③ この粒子は金属中にも含まれている。
④ 光る筋の上下方向に電圧を加えると，加えた電圧の＋極の方に曲がる。
⑤ クルックス管の上方向から，U字型磁石のＳ極を手前にしてクルックス管をはさむように近づけると光る筋は下に曲がる。

(8) 銅粉が1.0kg入った袋を，高さ2.0mの位置から硬い床に落下させ，くり返し衝突させた。次表は落下させた回数とその直後の銅粉の温度を測定し記録したものである。次に，高さを1.0mにして同じ実験を繰り返した場合，7℃上昇させるにはおよそ何回落下させる必要があると推測されるか。最も適当なものを，下の①～⑧のうちから一つ選べ。(マーク解答欄) 8

表

落下回数〔回〕	50	100	150	200	250
温度上昇〔℃〕	1.2	2.4	3.6	4.8	6.0

① 100回 ② 200回 ③ 300回 ④ 400回
⑤ 500回 ⑥ 600回 ⑦ 700回 ⑧ 800回

(9) 天体の動きや地球の自転に関する記述として最も適当なものを，次の①～⑥のうちから一つ選べ。(マーク解答欄) 9
① 日本付近から見た太陽が東の空からのぼり，西の空に沈んでいく理由は，北極上空から見た地球が，時計回りに回転しているからである。
② 日本付近から見た太陽が東の空からのぼり，西の空に沈んでいく理由は，赤道上空から見た地球が，東から西へ回転しているからである。
③ 日本付近から見た太陽が東の空からのぼり，西の空に沈んでいく理由は，南極上空から見た地球が，時計回りに回転しているからである。
④ 日本付近から見た北の空の星の動きは，地球が自転しているため，北極星を中心として時計の針の回転方向と同じ方向に動いて見える。
⑤ 日本付近から見た北の空の星の動きは，地球が公転しているため，北極星を中心として時計の針の回転方向と同じ方向に動いて見える。
⑥ 日本付近から見た北の空の星の動きは，地球が公転しているため，北極星を中心として時計の針の回転方向と反対方向に動いて見える。

(10) 地震が起きると地面が隆起したり，沈降したりすることがある。隆起してできる地形と沈降してできる地形の組み合わせとして最も適当なものを，次の①～⑧のうちから一つ選べ。
(マーク解答欄) 10
① 海岸段丘・リアス海岸 ② 海岸段丘・Ｖ字谷
③ 海岸段丘・三角州 ④ 扇状地・海岸段丘
⑤ 扇状地・Ｖ字谷 ⑥ 三角洲・リアス海岸
⑦ 扇状地・三角州 ⑧ Ｖ字谷・リアス海岸

［2］　次のAさんとB先生の会訳文を読んで，あとの問いに答えよ。

Aさん：元素の周期表を見ていて疑問に思ったことがあるのですが，a水銀は金属なのに液体というのは本当ですか？

B先生：本当だよ。でもそれは水銀以外にも見られることだよ。

Aさん：どういうことでしょうか？

B先生：例えば，身近に使われている鉄は，地球の中心部では液体で存在しているよ。b物質の状態というのは，周囲の温度や圧力などの環境によって変化するんだ。水銀は地表の環境では液体で存在する性質を持っているということだね。ちなみに，地球は鉄の惑星と呼ばれるくらい，鉄資源が豊富なんだ。地球表層部の地殻（岩石帯）に含まれる元素としては4番目に多いと言われているよ。

Aさん：そうなんですね！鉄はいろいろなところに使われているから，無くならないのか心配ですが，たくさんあるということは，地面を掘ればすぐに出てくるのでしょうか？

B先生：いいや，鉄は地中ではFe_2O_3やFe_3O_4のような形で鉄鉱石として存在しているから，溶鉱炉でc化学反応を引き起こすことによって，純粋な鉄に変えているんだ。これをd製錬(せいれん)というよ。鉄は一度製錬すれば，何度もリサイクルして違う製品につくり替えられるところが優れているんだ。

Aさん：鉄以外にも，同じように様々なところで使われている金属にアルミニウムがありますね。鉄と同様にリサイクルも盛んですが，例えば，リサイクル工場に鉄製品とアルミニウム製品が運ばれてきたとき，選別するだけでも大変そうですよね。一つ一つ調べる訳にもいかないですし・・・。

B先生：鉄とアルミニウムは簡単に分けることができるよ。実際に工場でも使われている方法だけど，鉄とアルミニウムの性質の違いから，巨大な［　A　］を使って選別しているんだ。

Aさん：確かに，その方法なら簡単に，しかも瞬時に選別できますね。興味深いお話をありがとうございました。

(1)　下線部aについて，水銀は地表の環境において液体として存在する唯一の金属である。その性質を身近にある物質と比較するため，水銀の他に菜種油と鉄くぎを準備した。菜種油の質量をはかったところ，1Lあたり0.92kgであった。鉄の密度と水銀の密度はそれぞれ$7.87\ g/cm^3$，$13.6\ g/cm^3$である。それらを同時に容器に入れ，しばらく時間が経ったとき，観察される様子として最も適当なものを，次の①～⑥のうちから一つ選べ。(マーク解答欄［11］)

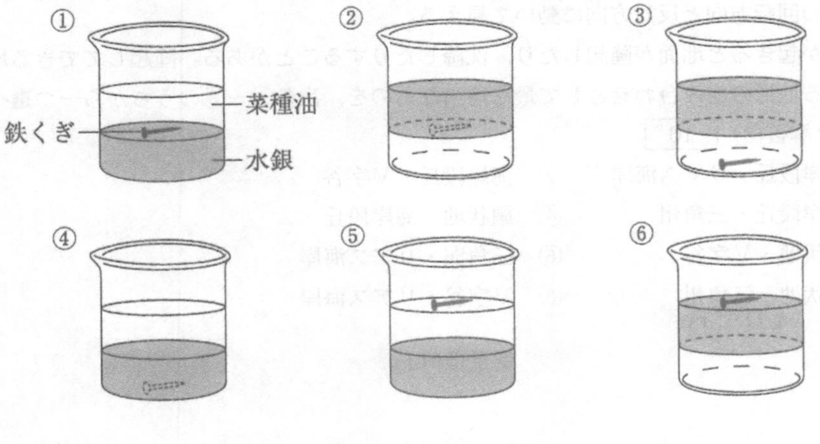

⑵ 下線部ｂについて，次の文章中の（ア）～（ウ）にあてはまる語句の組み合わせとして最も適当なものを，下の①～⑧のうちから一つ選べ。（マーク解答欄） 12

二酸化炭素は－78℃で固体（ドライアイス）となる。今，ドライアイス10ｇを密封できるポリエチレン製の袋に入れ，室温０℃で放置したところすべて気体となった。このとき二酸化炭素の分子はより（　ア　），質量を調べてみると（　イ　）。また，密度は（　ウ　）。

	ア	イ	ウ
①	激しく動き回るようになり	変化していなかった	減少していた
②	激しく動き回るようになり	減少していた	変化していなかった
③	穏やかな動きになり	変化していなかった	減少していた
④	穏やかな動きになり	減少していた	変化していなかった
⑤	サイズが小さくなり	変化していなかった	減少していた
⑥	サイズが小さくなり	減少していた	変化していなかった
⑦	サイズが大きくなり	変化していなかった	減少していた
⑧	サイズが大きくなり	減少していた	変化していなかった

⑶ 下線部ｃについて，鉄鉱石を鉄に変える製錬で起きる化学反応と異なる種類の化学反応として最も適当なものを，次の①～⑤のうちから一つ選べ。（マーク解答欄） 13

① 花火に火をつけると，様々な色の美しい火花が見られる。
② 植物は光合成をする中で二酸化炭素を取り込み，デンプンや酸素を合成している。
③ カイロを袋から取り出すと，だんだん温かくなってくる。
④ 硫酸と水酸化バリウム水溶液を反応させると，硫酸バリウムが得られる。
⑤ 水を電気分解すると，水素と酸素が発生する。

⑷ 下線部ｄの反応の化学反応式は次に示すとおりである。

$$Fe_2O_3 + 3CO \longrightarrow 2Fe + 3CO_2$$

ＣとＯとＦｅの原子の質量比を12：16：56とすると，鉄鉱石1000kgを完全に反応させたとき，発生するCO_2の質量は何kgか。最も適当なものを，次の①～⓪のうちから一つ選べ。ただし，鉄鉱石はFe_2O_3のみからなり，他の物質は含まないものとする。（マーク解答欄） 14

① 175kg　② 183kg　③ 275kg　④ 413kg　⑤ 550kg
⑥ 825kg　⑦ 1000kg　⑧ 1375kg　⑨ 1652kg　⓪ 3000kg

⑸ 会話文中の A は，実際には電流を流すことで効力を発揮する。 A に入る適切な語句を漢字で答えよ。（記述解答欄） A

［３］ 光学顕微鏡を用いてａゾウリムシの観察を行った。次の文章を読んであとの問いに答えよ。

光学顕微鏡を保管ケースから取り出して，水平な台の上に置いた。付属品として×５，×10，×15の接眼レンズと，×４，×10，×40の対物レンズが入っているのを確認した。ｂ光学顕微鏡を使用する準備が完了し，さっそく観察を行うと視野の中の像が小さく，細部が見にくい状態であった。そこで，レンズの倍率を変えて観察をすることにした。その際，ｃ×５と書かれた接眼レンズが破損しており使用できない状態であることが判明した。

最終的に，使用できるレンズの組み合わせのうち，d上から３番目に大きい倍率でゾウリムシの観察を行い，スケッチした。

⑴　下線部ａについて，図１はゾウリムシを観察したときのスケッチである。図中のＡのはたらきとして最も適当なものを，下の①～⑥のうちから一つ選べ。(マーク解答欄) 15

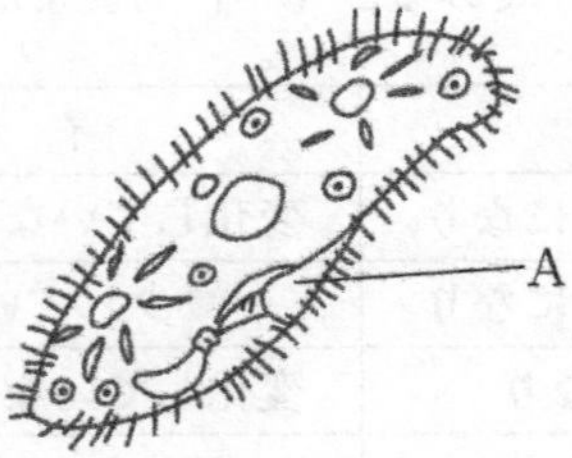

図１

①　光合成　②　食物の摂取　③　運動
④　消化　⑤　光の受容　⑥　水分の調節

⑵　下線部ｂについて，次の光学顕微鏡を使用するための準備操作ア～オを正しく並べたものはどれか。最も適当なものを，下の①～⑥のうちから一つ選べ。(マーク解答欄) 16

ア　プレパラートをステージの上にのせる。
イ　対物レンズを取り付ける。
ウ　接眼レンズを取り付ける。
エ　反射鏡の角度を調整して視野を明るくする。
オ　調節ねじを回してピントを合わせる。

①　ア→エ→イ→ウ→オ　②　ア→エ→ウ→イ→オ　③　イ→ウ→ア→エ→オ
④　ウ→イ→ア→エ→オ　⑤　イ→ウ→エ→ア→オ　⑥　ウ→イ→エ→ア→オ

⑶　次の図は付属品として保管ケースに入っていたレンズを横から見たものである。下線部ｃについて，使用できないレンズとして最も適当なものを，次の①～⑥のうちから一つ選べ。(マーク解答欄) 17

①
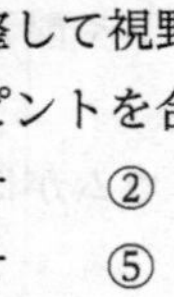
②
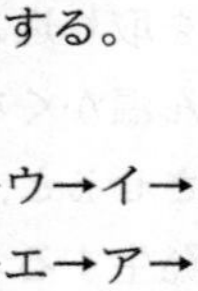
③
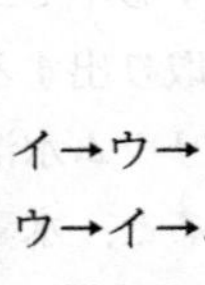

④

⑤

⑥

⑷　下線部ｄの条件で観察を行ったとき，ゾウリムシは一定の速度で移動していた。使用できるレンズの組み合わせのうち最大の能率で観察を行うと，ゾウリムシが視野を横切るのにかかる時間

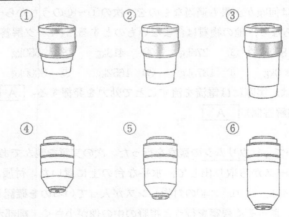

は下線部ｄにおける倍率のときと比べて何倍になるか。数値を小数第２位まで答えよ。
（記述解答欄） B 倍

⑸ ゾウリムシや顕微鏡に関する次のア～オの記述のうち，正しいものはどれか。それらを**過不足なく含むもの**を，下の①～⓪のうちから一つ選べ。（マーク解答欄） 18

ア ゾウリムシは分裂によって増殖する。
イ ゾウリムシのように無性生殖によって生じた個体の集団は，遺伝的に多様な性質をもつ。
ウ 双眼実体顕微鏡は，対象物を立体的に観察することができる。
エ イギリスのロバート・フックは，コルク片を顕微鏡で観察し，小さな部屋のようなものが多数集まってできていることを発見してCell（セル）と名付けた。
オ 顕微鏡で観察したゾウリムシをスケッチするとき，細胞の立体感を表現するためには斜線をひいて影をつけるとよい。

① ア　② イ　③ ウ　④ エ　⑤ オ
⑥ ア，ウ　⑦ イ，エ　⑧ イ，オ　⑨ ウ，エ　⓪ ア，ウ，エ

［４］ 北西太平洋のマリアナ諸島，カロリン諸島や南シナ海で発生する熱帯低気圧のうち，中心付近の最大風速が17.2m/ｓ以上のものを台風という。台風は毎年のように$_a$日本に災害を引き起こしている。あとの問いに答えよ。

⑴ 日本の夏の気候に関する次の文章中の（ア）～（ウ）にあてはまる語句の組み合わせとして最も適当なものを，下の①～⑧のうちから一つ選べ。（マーク解答欄） 19

太平洋高気圧の勢力が強まり，（　ア　）の気圧配置になる。日本列島は（　イ　）の影響を受け，全国的によく晴れて蒸し暑い日が続く。昼間の強い日射によって地表付近の気温が高くなると，上昇気流が生じて（　ウ　）が発達し，雷雨をもたらすことがある。

	ア	イ	ウ
①	西高東低	オホーツク海気団	積乱雲
②	西高東低	小笠原気団	積乱雲
③	西高東低	オホーツク海気団	乱層雲
④	西高東低	小笠原気団	乱層雲
⑤	南高北低	オホーツク海気団	積乱雲
⑥	南高北低	小笠原気団	積乱雲
⑦	南高北低	オホーツク海気団	乱層雲
⑧	南高北低	小笠原気団	乱層雲

⑵ 図１（次のページ）は2023年８月３日９時における天気図である。地点Ａを通る等圧線が表す気圧を，単位を含めて答えよ。（記述解答欄） C

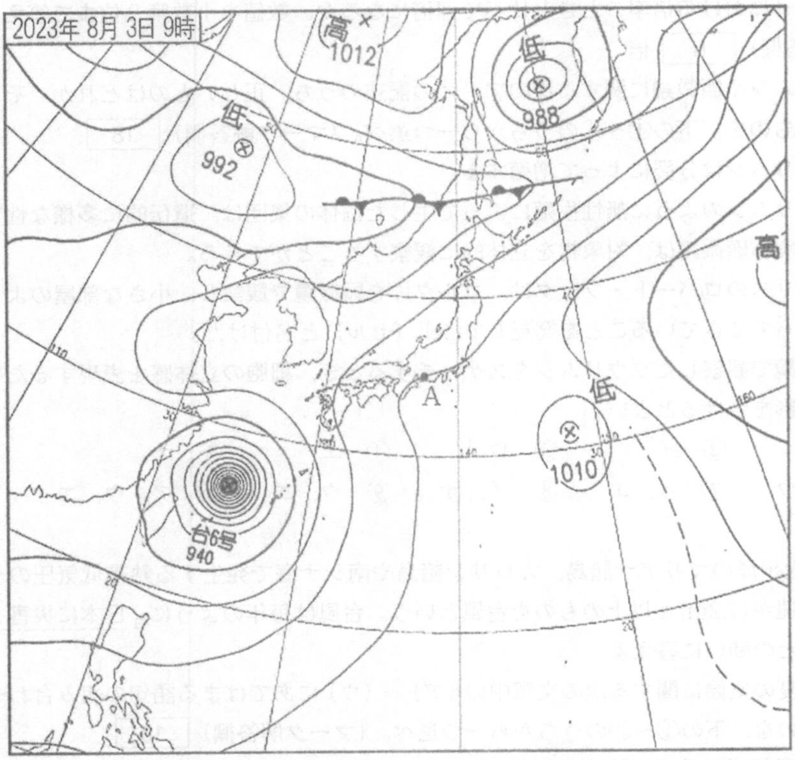

図１

気象庁ホームページより作成

⑶　⑵の図１について，台風６号の今後の進路予想と，地点Ａにおける風向の組み合わせとして最も適当なものを，次の①～④のうちから一つ選べ。（マーク解答欄）　20

	台風６号の今後の進路予想	地点Ａにおける風向
①	北西	北
②	北西	南
③	南東	北
④	南東	南

⑷　台風の発生数・日本への接近数・日本への上陸数について，図２（次のページ）は経年変化，図３（次のページ）は月別の平年値を表している。図２，３に関する記述として**誤りを含むもの**を，下の①～④のうちから一つ選べ。（マーク解答欄）　21

①　台風の発生数の平年値は約20～30個で，そのうち数個が上陸している。

②　台風の発生数・接近数は８月が最も多く，上陸数は９月が最も多い。

③　台風は１年を通して発生しているが，日本には全く上陸しない年もある。

④　2000年以降，台風の発生数・接近数・上陸数ともに，増加傾向にある。

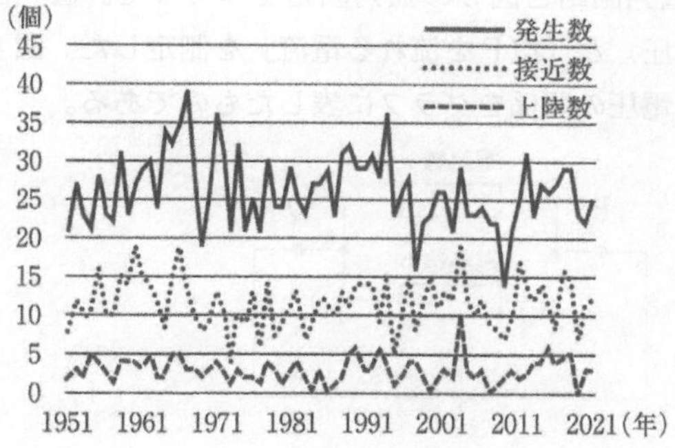

図２

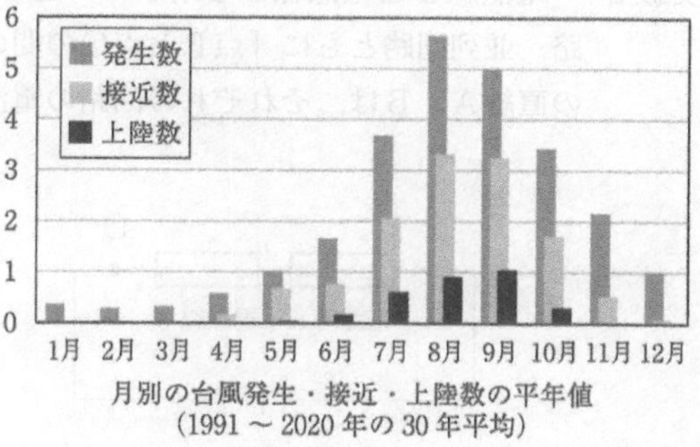

図３

気象庁ホームページより作成

⑸　下線部ａについて，日本の自然災害とその対策に関する記述として**誤りを含むもの**を，次の①～④のうちから一つ選べ。（マーク解答欄）　22

①　台風により高潮が発生すると，海岸の埋め立て地で液状化現象が起こることがある。

②　ハザードマップは，河川の氾濫や土砂災害だけでなく，津波，火山噴火などについても作成されることがある。

③　集中豪雨は，前線に湿った空気が流れ込むなどし，雨雲が同じ場所で発達して起こることが多い。

④　緊急地震速報は，地震発生直後に震源に近い地震計で観測されたデータを即時に分析し，Ｓ波の到着時刻や震度を予測する警報システムであるが，場所によっては速報より先にＳ波が到達する場合もある。

［５］　抵抗の大きさが異なる２本の電熱線ａ，ｂを用いて，次の〔実験１〕・〔実験２〕を行った。あとの問いに答えよ。

〔実験１〕　図１のように，電熱線ａを用いて回路を組み立て，電熱線ａに加わる電圧の大きさを1.0Ｖから6.0Ｖまで上げていき，電熱線ａを流れる電流の大きさを測定した。表１は，その結果をまとめたものである。

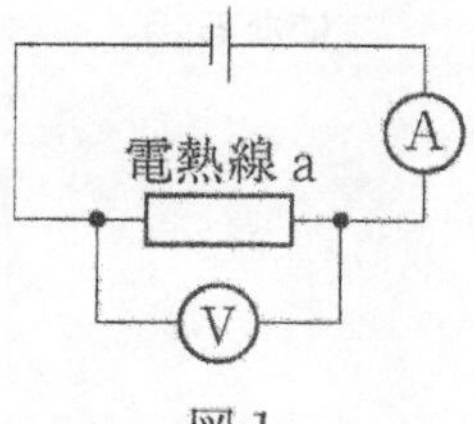

図１

表１

電圧〔V〕	1.0	2.0	3.0	4.0	5.0	6.0
電流〔mA〕	20	40	60	80	100	120

⑴　電熱線ａの抵抗の大きさは何Ωか。最も適当なものを，次の①～⑧のうちから一つ選べ。（マーク解答欄）　23

①　5.0Ω　②　20Ω　③　25Ω　④　50Ω
⑤　100Ω　⑥　200Ω　⑦　250Ω　⑧　500Ω

〔実験２〕　電熱線ａと電熱線ｂを用いて，図２の直列回路と図３の並列回路をつくった。直列回路，並列回路ともに「点Ｐと点Ｑの間の電圧）と「点Ｐを流れる電流」を測定した。図４の直線Ａ，Ｂは，それぞれの回路の電流と電圧の関係をグラフに表したものである。

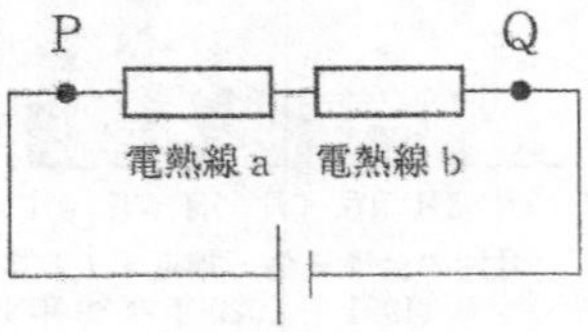

図２

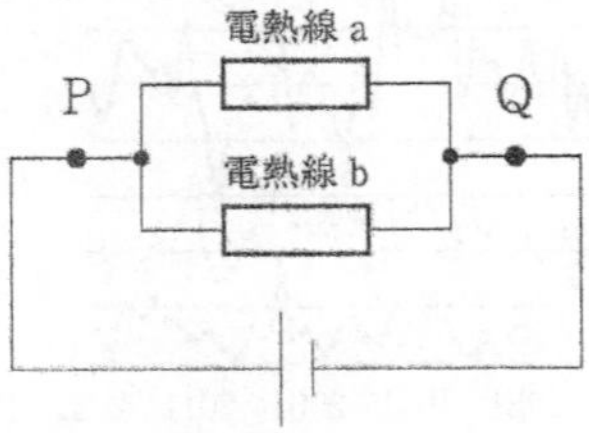

図３

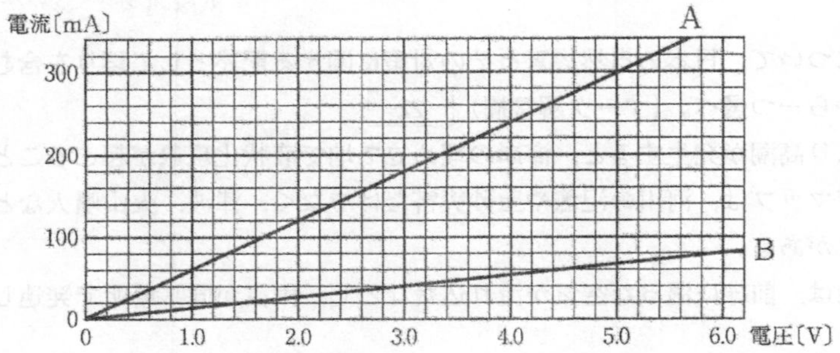

図４

⑵　図４のグラフに関する次のア～ウの文章の内容について，その正誤の組み合わせとして最も適当なものを，下の①～⑧のうちから一つ選べ。（マーク解答欄）［24］

ア　直線Ａは図２の直列回路を測定したものである。

イ　直線Ａの方が直線Ｂに比べて，傾きが大きいので回路全体の抵抗の値が大きい。

ウ　電熱線ａと電熱線ｂの抵抗の大きさをそれぞれ２倍にすると，直線Ａと直線Ｂの傾きは２倍になる。

	ア	イ	ウ
①	正	正	正
②	正	正	誤
③	正	誤	正
④	正	誤	誤
⑤	誤	正	正
⑥	誤	正	誤
⑦	誤	誤	正
⑧	誤	誤	誤

⑶　電熱線ｂの抵抗の大きさは何Ωか。（記述解答欄）［D］Ω

⑷　図３の並列回路で，点Ｐを流れる電流が300mAのとき，電熱線ａを流れる電流は何mAか。最も適当なものを，次のページの①～⑧のうちから一つ選べ。（マーク解答欄）［25］

① 30mA　② 50mA　③ 100mA　④ 150mA
⑤ 200mA　⑥ 250mA　⑦ 300mA　⑧ 流れない（0mA）

(5) 電力の単位にはW（ワット）を用いるが，力学的な仕事率の単位についてもWを用いることがある。ここで，体重60kgの人が，1段の高さ20cmの階段15段を15秒で上がったとする。この間の仕事率は何Wか。最も適当なものを，次の①～⓪のうちから一つ選べ。ただし1kgの物体にはたらく重力の大きさを10Nとする。（マーク解答欄）26

① 5W　② 10W　③ 20W　④ 40W　⑤ 50W
⑥ 60W　⑦ 80W　⑧ 100W　⑨ 120W　⓪ 200W

【社　会】（理科と合わせて60分）　＜満点：75点＞

［１］ 中京大中京高校生のシン君たちは，修学旅行で向かう関西を題材にレポートを作成した。このレポートを読み，以下の問いに答えよ。

レポート１

> シン君のレポート
>
> タイトル：『古代の大阪と海の関わり』
>
> (a)大阪の上町台地には，大阪城をはじめとして古代から近現代にかけてのさまざまな史跡があります。(b)縄文時代の大阪湾は大阪平野の奥深くまで入り込み，東は生駒山西麓にいたる広大な「河内湾」が広がり，上町台地が半島のように突き出ていました。その後「河内湾」は淡水化し，やがて「河内湖」へと姿を変え，この湖は人間の手によって大きく変貌しました。(c)仁徳天皇が行った堀江の開削は，洪水対策と水運発達に役立ったと考えられます。その後，(d)「大化の改新」により大阪は歴史の表舞台となり，難波津は(e)遣隋使・遣唐使など使節往来の拠点として発展しました。

（国土交通省近畿地方整備局「大阪湾環境データベース」をもとに作成）

問１　レポート１の下線部(a)に関連して，次の資料１～３は大阪の上町台地周辺の地図である。これらの資料について述べた文として**誤っているもの**を，以下の①～④から一つ選んで番号で答えよ。（マーク解答欄）［ 1 ］

資料１　現在の大阪の市街地（一部）

（国土地理院「電子国土 Web」より作成）

資料２

上町台地北部の等高線図
（趙哲済ら「上町台地とその周辺低地における地形と古地理変遷の概要」より）

資料３　江戸時代の大阪市街図

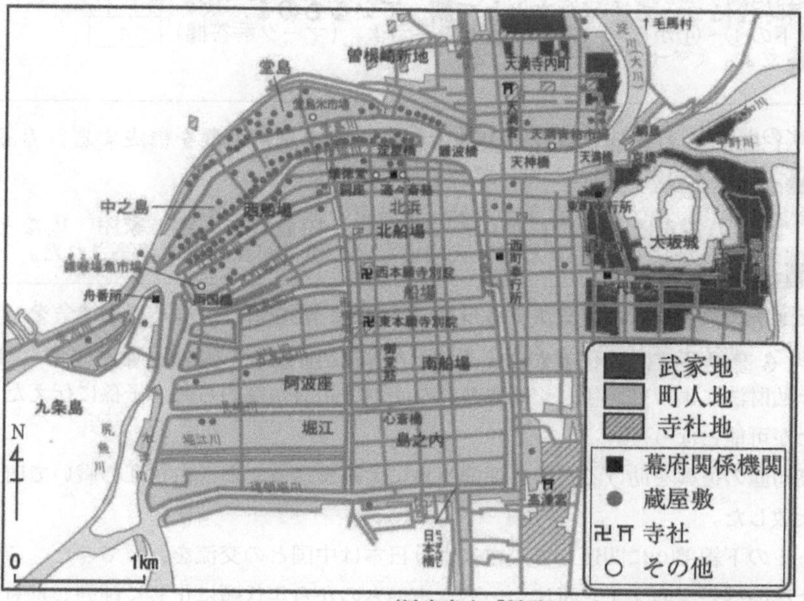

（浜島書店『新詳日本史』デジタルコンテンツより作成）

① 資料２によると，大阪城は上町台地の北端に位置している。

② 資料２・３によると，大阪の商工業者は上町台地上の城下町で生活しており，ここにある倉庫では諸藩の年貢米や特産品が売りさばかれた。

③ 資料１・３によると，城下町に張り巡らされた水路（堀川）は現在では多くが埋め立てられ，道路になっていることが分かる。

④ 資料１・２によると，難波宮跡の周辺地域は比較的，津波や洪水，高潮の被害にあいにくい地域であると考えられる。

問２ レポート１の下線部(b)の縄文時代に関して述べた次の文ａ～ｄについて，正しいものの組み合わせを，以下の①～④から一つ選んで番号で答えよ。（マーク解答欄） 2

ａ 豊かな生産をいのるため土偶がつくられた。

ｂ 木の実を貯蔵するために高床倉庫がつくられた。

ｃ 縄文人は，狩猟や漁労で得た食料を石包丁で調理した。

ｄ 縄文人は，漁で得られるまぐろや鰹なども食料としていた。

① ａ・ｃ　② ａ・ｄ　③ ｂ・ｃ　④ ｂ・ｄ

問３ レポート１の下線部(c)の仁徳天皇は古墳時代に在位した天皇とされる。仁徳天皇及び古墳時代について述べた文として**誤っているもの**を，次の①～④から一つ選んで番号で答えよ。（マーク解答欄） 3

① 仁徳天皇の陵墓とされる大仙古墳は，百舌鳥古墳群を構成する世界最大級の墳墓である。

② 古墳の多くは表面に石がしきつめられ，円筒型や人物，家屋，馬などの形の埴輪が置かれた。

③ 朝鮮半島からの渡来人が伝えた技術により須恵器がつくられた。

④ ６世紀半ばには仏教が伝えられ，全国に国分寺・国分尼寺が建てられた。

問４ レポート１の下線部(d)に関連して，大阪にある難波宮は大化の改新の際に造営された都である。この難波宮に関する次の年表について，この年表で示された時期に起きた出来事として正しいものを，以下の①～④から一つ選んで番号で答えよ。（マーク解答欄） 4

年表

645年	大化の改新が行われ，難波宮に遷都された。
683年	天武天皇により，飛鳥とともに難波を都とされた。
726年	聖武天皇が難波京の造営に着手させ，平城京の副都とした。
784年	桓武天皇が長岡京に遷都すると，大極殿などの建物が長岡京に移築された。

① 全国を支配するために大宝律令がつくられ，その後，唐がこれにならって律令をつくった。

② 難波の地に，聖徳太子（厩戸皇子）により四天王寺がつくられた。

③ 墾田永年私財法によって，新しく開墾された土地は私有が認められ，子孫に伝えたり売ったりすることが可能となった。

④ 日本は高句麗の復興を助けるために朝鮮半島に大軍を送ったが，白村江の戦いで唐と新羅の連合軍に大敗した。

問５ レポート１の下線部(e)に関連して，古来より日本は中国との交流を行ってきた。この交流に関して述べた次のページの文Ⅰ～Ⅲについて，古いものから年代順に正しく配列したものを，あとの①～⑥から一つ選んで番号で答えよ。（マーク解答欄） 5

Ⅰ　皇帝から漢委奴国王といった王の称号や金印などが授けられた。
Ⅱ　勘合を用いた朝貢形式の貿易が行われた。
Ⅲ　朱印船貿易により各地に日本町ができた。

①　Ⅰ－Ⅱ－Ⅲ　②　Ⅰ－Ⅲ－Ⅱ　③　Ⅱ－Ⅰ－Ⅲ
④　Ⅱ－Ⅲ－Ⅰ　⑤　Ⅲ－Ⅰ－Ⅱ　⑥　Ⅲ－Ⅱ－Ⅰ

レポート２

ケン君のレポート

タイトル：『大阪の天神祭』

僕は大阪の夏を彩る天神祭について調べました。天神祭は，東京の神田祭，(f)京都の祇園祭とともに，日本三大祭りの一つです。大阪天満宮にまつられている（　1　）の御神霊に市内の繁栄ぶりを見ていただき，今後のさらなる繁栄を祈願するための祭りです。（　1　）は，歴史の教科書にも載っている有名な人物で，次の資料はこの人物が天皇に提出したものです。

資料　唐に留学している僧の報告書に，唐の衰退が細かく記されています。この僧の報告書を公卿や博士に見せ，遣唐使派遣の可否を定められることを願います。

このように（　1　）は，(g)平安時代の政治家として活躍しただけでなく，漢詩や和歌で多くの名歌を残しています。僕も和歌を詠めるようになったらお祭りの主役になれるのかな…？

天神祭は多くの船が行き交う「船渡御」が有名ですが，その形が整うのは(h)安土桃山時代に豊臣秀吉が大阪城を築いた頃といわれます。(i)元禄時代以降，天神祭は大阪の繁栄のシンボルとして隆盛をきわめ，祭りの豪華さは全国に名を馳せるようになります。(j)幕末の政変や二度の世界大戦で中断があったものの，第二次世界大戦後に船渡御が復活し，現在でも多くの人が集まり，盛り上がりを見せています。

問６　レポート２の下線部(f)の祇園祭は応仁の乱で一時途絶えるものの京都の富裕な町人たちにより復興した祭りである。これに関連して室町時代の商工業の発展について述べた文として正しいものを，次の①～④から一つ選んで番号で答えよ。(マーク解答欄)　6

①　手工業では，京都の西陣や博多などの絹織物が特産品として生産された。
②　定期市が各地に生まれ，宋や明から輸入された和同開珎や永楽通宝などが取引に用いられた。
③　交通の盛んなところでは，物資の陸上輸送をあつかう馬借が登場した。
④　大量の物資の輸送のため，江戸と京都のあいだを菱垣廻船が定期的に往復した。

問７　レポート２の文章中の空欄（1）に当てはまる人物名を漢字で答えよ。
(記述解答欄)　A

問８　レポート２の下線部(g)に関連して，次の資料は（1）の人物が詠んだ有名な和歌である。この和歌に関して述べた次のページの文Ｘ・Ｙについて，その正誤の組み合わせとして正しいものを，あとの①～④から一つ選んで番号で答えよ。(マーク解答欄)　7

資料

東風（こち）吹かば　にほひをこせよ　梅の花　主なしとて　春を忘るな

X　この和歌は，はじめは『万葉集』に収録されており，現在は百人一首の中の一首として人々に親しまれている。

Y　この和歌は（　1　）の人物が，承久の乱に敗れ，隠岐に流されたときの和歌である。

	X	Y
①	正	正
②	正	誤
③	誤	正
④	誤	誤

問9　レポート２の下線部(h)に関連して，安土桃山時代には日本に多くの南蛮人が来航した。南蛮人の来航の背景には，ヨーロッパにおいて宗教改革や大航海時代が到来していたことがある。宗教改革や大航海時代及び南蛮貿易について述べた文として正しいものを，次の①～④から一つ選んで番号で答えよ。(マーク解答欄) 8

① 宗教改革を始めたルターはフランスやスイスで，ローマ教皇の方針を批判した。

② イエズス会は，カトリック教会に反対して改革を進めるプロテスタントの一派である。

③ ヨーロッパ人の植民地となった新大陸では労働力が不足し，アフリカ大陸から奴隷を輸入した。

④ キリスト教を熱心に支持する豊臣秀吉により，天正遣欧使節が派遣された。

問10　レポート２の下線部(i)に関連して，元禄時代の政治・文化・社会について述べた文として誤っているものを，次の①～④から一つ選んで番号で答えよ。(マーク解答欄) 9

① 将軍徳川綱吉により，生類憐みの令が出された。

② 全国の商業・金融の中心となった大阪は「天下の台所」とよばれた。

③ 上方の経済力を背景として豪華絢爛な文化が花開き，『唐獅子図屏風』などの作品が描かれた。

④ 俵屋宗達の影響を受けた尾形光琳が，華やかな装飾画を大成した。

問11　レポート２の下線部(j)に関連して。次の年表は幕末の政変から二度の世界大戦に関するものである。この年表中のXの時期に起きた社会の変化について述べた文として正しいものを，以下の①～④から一つ選んで番号で答えよ。(マーク解答欄) 10

年表

1867年　大政奉還が行われた。
1914年　第一次世界大戦がはじまった。
↕ X
1939年　第二次世界大戦がはじまった。
1945年　日本がポツダム宣言を受諾した。

① ラジオ放送がはじまり，歌謡曲や野球中継などが茶の間の人気を集めた。

② 洗濯機，冷蔵庫などの家庭電化製品が普及した。

③ 太陰暦に代わって太陽暦が採用された。

④ 米などの生活物資が配給制や切符制になった。

レポート３

ミカさんのレポート

タイトル：『大阪の産業とこれから』

大阪などの商業資本と大消費市場，水運を中心とした交通，淀川による用水を背景として発達した(k)阪神工業地帯は，戦前は日本最大の工業地帯であったが，第二次世界大戦により壊滅的打撃をうけた。その後，阪神工業地帯は1950年の朝鮮戦争の特需によって回復し，のちの経済成長へと続いた。

大阪万博は「人類の進歩と調和」をテーマに掲げ，終戦25周年記念として(l)高度経済成長を成し遂げた日本の象徴的な意義を持つイベントとして開催された。この万博ではアポロ計画で持ち帰られたアメリカ館の「(m)月の石」が人気を集めた。2025年には「いのち輝く未来社会のデザイン」をテーマに大阪で万博が再び開催され，大阪にとどまらず(n)関西の魅力をさらに伝えることができるだろう。

問12　レポート３の下線部(k)に関して，次のグラフは三大工業地帯（京浜・中京・阪神）のいずれかの製造品出荷額の構成（2017年）をあらわしている。阪神工業地帯に当てはまるものを，グラフ中の①～③から一つ選んで番号で答えよ。（マーク解答欄） 11

グラフ　　工業地帯の製造品出荷額等の構成（2017 年）

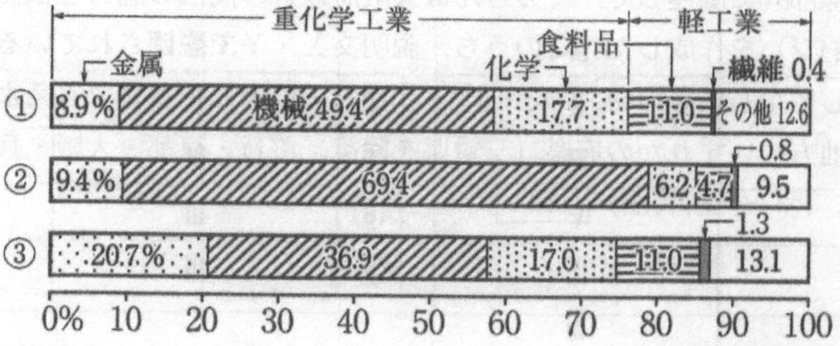

（『日本国勢図会 2020/21』より作成）

問13　レポート３の下線部(l)に関して，高度経済成長期の政治・経済について述べた文として**誤っているもの**を，次の①～④から一つ選んで番号で答えよ。（マーク解答欄） 12

① 池田勇人内閣は，所得倍増計画をかかげて高度経済成長政策を進めた。

② 佐藤栄作内閣は，日ソ共同宣言を結び，国際連合加盟を実現した。

③ オリンピック・パラリンピック東京大会の開催に合わせて，東海道新幹線が開通した。

④ 鉄鋼・船舶・自動車など重化学工業製品の輸出が増加し，太平洋ベルトが形成された。

問14　レポート３の下線部(m)に関連して，古来，月はさまざまなかたちで人類を魅了している。月にまつわる出来事や作品に関して述べた次のページの文Ⅰ～Ⅴについて，古いものから年代順に配列したとき，３番目と４番目になる出来事の組み合わせとして正しいものを，あとの①～⑨から一つ選んで番号で答えよ。（マーク解答欄） 13

Ⅰ　光り輝く竹の中で見いだされ翁夫婦に育てられた少女が月へと戻っていく「かぐや姫の物語」の通称で知られる『竹取物語』は，仮名文字によって書かれた最初期の物語の一つである。

Ⅱ　イタリア人のコロンブスは４回目の航海の途上，船が破損し食料がつきかけると，月食が起きることを利用し，天罰が下ると勘違いした島民から多くの食料を調達した。

Ⅲ　フランスの作家ジュール・ヴェルヌの長編小説『月世界旅行』は，人間の入った砲弾を月に撃ち込もうとする物語であるが，ロケットは南北戦争などの直近の戦争で既に兵器として使用されていた。

Ⅳ　日本で最初の仏教文化における代表的な工芸作品である「天寿国繡帳」には，月で兎が不老長寿の薬をつくっている様子が描かれている。

Ⅴ　雑誌『青鞜』発刊の辞には「今，女性は月である。他に依って生き，他の光によって輝く，病人のような蒼白い顔の月である。」と書かれ，女性の自由解放について高らかに宣言されている。

	３番目	４番目
①	Ⅰ	Ⅱ
②	Ⅰ	Ⅲ
③	Ⅰ	Ⅴ
④	Ⅱ	Ⅰ
⑤	Ⅱ	Ⅲ

	３番目	４番目
⑥	Ⅱ	Ⅴ
⑦	Ⅲ	Ⅱ
⑧	Ⅲ	Ⅳ
⑨	Ⅲ	Ⅴ

問15　レポート３の下線部(n)に関連して，ミカさんは大阪府以外の関西の魅力を伝えるために次の説明文と表（次のページ）を作成した。このうち，説明文Ｘ・Ｙで説明されている県と表中のア～カの組み合わせとして正しいものを，あとの①～⑧から一つ選んで番号で答えよ。なお，表中のア～カには，近畿地方のいずれかの府県（三重県を除く，滋賀・京都・大阪・兵庫・奈良・和歌山）が当てはまる。（マーク解答欄）［14］

説明文

Ｘ	かつて農業が経済の中心であったこの県は高速道路や新幹線が通る南部を中心に工業化が進み，また近隣府県との近さからベッドタウンとして人口も増えてきている県である。古くから歴史の舞台として発達してきたこの県には，織田信長が焼き打ちした寺院が存在している。
Ｙ	県内の人口は南部地域に集中しており，南部に位置する最大都市は港とともに発展してきた。県南東部にある山地の南側には狭い平野が東西に広がっており，山地を削った土で海を埋め立て人工島がつくられた。

表

府県名	2019年の基本データ			観光レクリエーション施設数（2019年4月末）					宿泊施設での宿泊者数（2019年）	
	面積（km²）	人口密度（人/km²）	人口の変化（%）（1980年＝100%）	テーマパーク・レジャーランド	動物園・植物園	水族館	海水浴場	スキー場	のべ宿泊者数（千人泊）	のべ外国人宿泊者数（千人泊）
（例）愛知	5173	1459.9	121	12	18	5	22	1	19338	3634
ア	4017	352	131	3	6	2	12	6	5016	424
イ	1905	4623.6	104	21	13	1	4	—	47428	17926
ウ	4612	560	102	6	9	1	18	—	30750	12025
エ	3691	360.4	110	3	9	—	—	—	2726	535
三重	5774	308.4	106	12	5	4	28	1	8600	389
オ	8401	650.7	106	13	30	4	39	13	14417	1367
カ	4725	195.8	85	9	3	5	24	—	5324	658

（『データでみる県勢 2021』，東京書籍『新しい社会　地理』をもとに作成）

	X	Y
①	ア	オ
②	ア	カ
③	イ	オ
④	イ	カ

	X	Y
⑤	ウ	オ
⑥	ウ	カ
⑦	エ	オ
⑧	エ	カ

［2］　次の会話文と資料1～3（次のページ）を参考に，問いに答えなさい。

会話文

リン：全豪オープンテニスが開催されているね。毎年1月の後半にオーストラリアのメルボルンでおこなわれるよ。

スズ：テニスの四大国際大会の一つだね。このような大きい国際大会を一回で良いから現地に行って観戦してみたいなぁ。

リン：オーストラリアについて何か知っていることはある？

スズ：オーストラリアは年降水量500㎜以下の草原や砂漠が国土の約3分の2を占めていることから，「乾燥大陸」と呼ばれていると聞いたことあるよ。

リン：そうなんだね！ということは，様々な農業がおこなわれているはずだけど…ねぇ，オーストラリアについてもっと調べてみない？

資料１　バンコクの雨温図

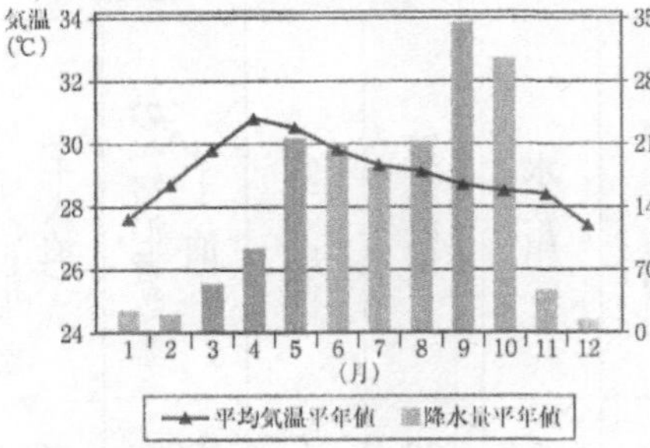

資料２　ケープタウンの雨温図

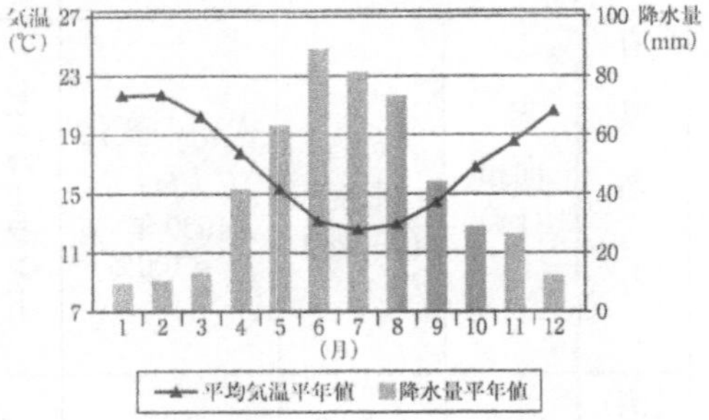

資料３　オーストラリアの降水量

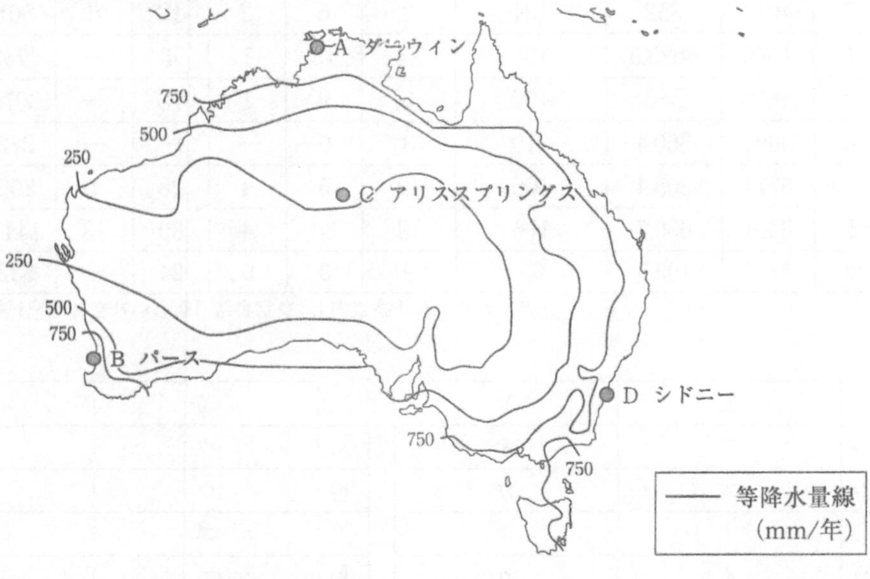

問１　オーストラリアの国旗に入っているユニオンジャックと南十字星について述べた次の文Ｘ・Ｙについて，その正誤の組み合わせとして正しいものを，以下の①～④から一つ選んで番号で答えよ。（マーク解答欄）15

Ｘ　ユニオンジャックは外国の支配を受けず，独立を守ったことを意味している。

Ｙ　南十字星は南半球である誇りを意味している。

	X	Y
①	正	正
②	正	誤
③	誤	正
④	誤	誤

問２　全豪オープンテニスを観戦しに行くと仮定し旅行計画を立てていたが，うっかりインクをこぼしてしまい，メルボルンに到着する時間がわからなくなってしまった。日本は東経135度，メルボルンは東経145度であり，成田空港からメルボルンまでのフライト時間が10時間30分のとき，メルボルンに到着する時間は現地時間で何時何分か。ただし，サマータイムを考慮し，24時間表記で示すこと。（記述解答欄）［B］

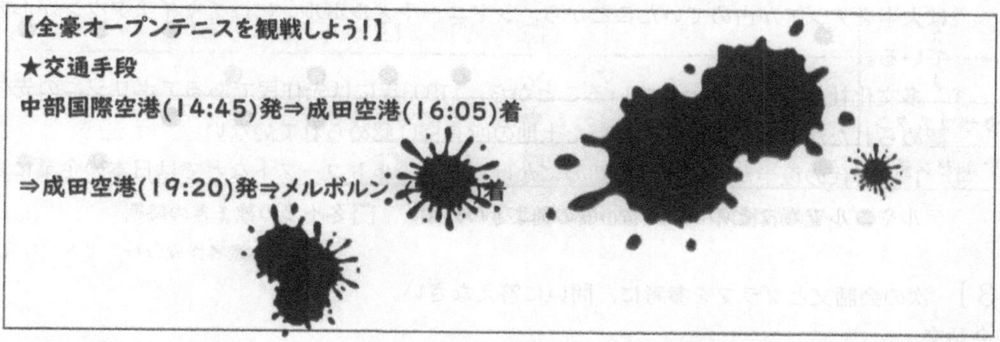
【全豪オープンテニスを観戦しよう!】
★交通手段
中部国際空港(14:45)発⇒成田空港(16:05)着
⇒成田空港(19:20)発⇒メルボルン
着

問３　資料１のバンコク，資料２のケープタウンは，資料３中の地点Ａ～Ｄのいずれかと同じ気候区である。その組み合わせとして正しいものを，次の①～④から一つ選んで番号で答えよ。
（マーク解答欄）［16］

	資料１	資料２
①	Ａ	Ｂ
②	Ａ	Ｄ
③	Ｃ	Ｂ
④	Ｃ	Ｄ

問４　次の表は，いくつかの小麦生産国について，小麦の収穫期，春小麦および冬小麦の種まきの時期を示したものであり，表中の①～④は中国，アメリカ，オーストラリア，ロシアのいずれかである。オーストラリアに当てはまるものを，表中の①～④から一つ選んで番号で答えよ。
（マーク解答欄）［17］

表

	1月	2月	3月	4月	5月	6月	7月	8月	9月	10月	11月	12月
①			▽	▽	●	●	●	●	□	□		
②					▽		●	□●	□●	□		
③	●				□	□	□			●	●	●
④				▽	▽	●	●	●	□●	□		
カザフスタン					▽			●	●	●		
アルゼンチン	●				□	□	□				●	●

●小麦の収穫期　▽春小麦の種まきの時期　□冬小麦の種まきの時期

（農林水産省作成資料を参考に作成）

問５　オーストラリアに関する記述として正しいものを，次の①～④から一つ選んで番号で答えよ。(マーク解答欄) 18

① 18世紀後半から増えていた中国系の移民をはじめとする非ヨーロッパ系の移民を制限することにより，安定した社会を目指す目的で白豪主義という政策をおこなっていた。

② オーストラリアへの移民の出身州を見ると，現在ではヨーロッパが増加しているが，かつては大半をアジアが占めていたことから，シドニーやメルボルンにはチャイナタウンが形成されている。

③ 多文化社会を築こうとしていることから，1993年には先住民であるアボリジニの先住権が認められたが，もともと住んでいた土地の所有権は認められていない。

④ 1980年代の後半から90年代の初めにかけて，ゴールドコーストなどでは日本の企業によるホテルやゴルフ場などの開発が活発におこなわれた。

［３］ 次の会話文とグラフを参考に，問いに答えなさい。

会話文

リン：全豪オープンテニスに行きたいと思ったけど，以前に比べると円安が進んで海外に行きづらくなったね。

スズ：そうだね。2020年のCOVID-19以降，様々な要因が重なってインフレーションが加速しているみたいだよ。

リン：春闘での賃金上昇率は30年ぶりに高水準を記録したみたいだね。長年，デフレーションが続いていたけれど，物価と賃金が連動して上昇する好循環が生まれるといいね。

スズ：物価の動きについて，少し調べてみようか。物価とは，さまざまな商品の価格をひとまとめにして平均したものを指すよ。

リン：グラフの10大費目は光熱・水道，食料，家具・家事用品，被服及び履物，住居，交通・通信，教養娯楽，保健医療，諸雑費，教育の10項目だよ。

グラフ

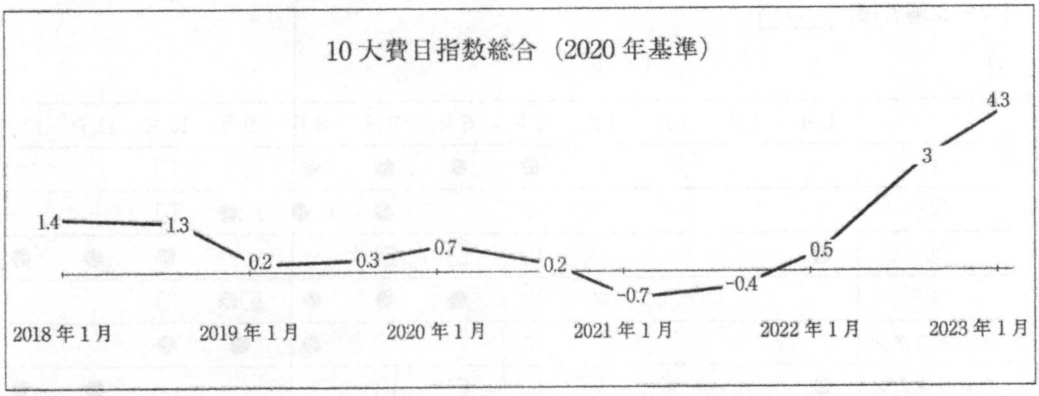

問１　物価がグラフのような動きを見せた要因と結果として，正しいと推測できるものを，次の①～⑤から一つ選び番号で答えよ。(マーク解答欄) 19

① 2021年はコロナ禍の影響で物流が滞り，世界的に輸送費が下落した。

② 2022年２月にはロシアのウクライナ侵攻を受け，エネルギー産業が活発化し，価格の下落につながった。

③ 2022年に上昇したエネルギー価格はロシアのウクライナ侵攻の終結を受け，2023年には大きく下落した。

④ 少子高齢化の影響によって労働力を確保することが難しくなり，賃上げに踏み切る企業が多くあった。

⑤ 円高による輸入物価の上昇を背景に，電気代や食料価格が大きく上がった。

問２ 近年の物価高騰の一例として，「卵」の価格高騰があげられるが，「卵」の価格高騰の理由としてふさわしくないものを，次の①～④から一つ選び番号で答えよ。

（マーク解答欄） 20

① 日本だけでなく，世界各地で鳥インフルエンザが広がったため，卵の供給量が少ないから。

② 中国がアメリカからトウモロコシの輸入を増やしたため，日本が輸入するトウモロコシの価格に影響したから。

③ ウクライナが戦地になったことでトウモロコシの作付面積が減少したから。

④ アメリカでは日本以上に物価の上昇が進んでおり，それを抑制するためにおこなった政策が円高を招いたから。

問３ インフレーションとデフレーションに関して述べた次の文Ｘ・Ｙについて，その正誤の組み合わせとして正しいものを，以下の①～④から一つ選び番号で答えよ。

（マーク解答欄） 21

Ｘ インフレーションになるとお金の価値が下がるため，預貯金や年金に頼る高齢者が打撃を受けやすい。

Ｙ デフレーションになると従業員の賃金が下がり，消費者の購買意欲が低下する。

	Ｘ	Ｙ
①	正	正
②	正	誤
③	誤	正
④	誤	誤

問４ ある財について，生産者と消費者がともに多数存在する完全競争市場であると仮定するときの需要・供給を示した図（次のページ）が以下の通りである。この図についての説明として**誤っているもの**を，以下の①～④から一つ選び番号で答えよ。（マーク解答欄） 22

① 価格がＰ１のとき，供給できる数量はＱ２しかないため， Ｑ４－Ｑ２だけ品不足になる。

② 価格がＰ２のとき，供給側と需要側の数量は共にＱ３となる。このように，需要量と供給量が一致し，市場が均衡状態になる価格を均衡価格という。

③ 価格がＰ３のとき，需要側の数量はＱ２となるため，Ｑ４－Ｑ２だけ売れ残る。

④ 技術革新が起こると供給曲線が左に移動するため，均衡点はＱ２となる。

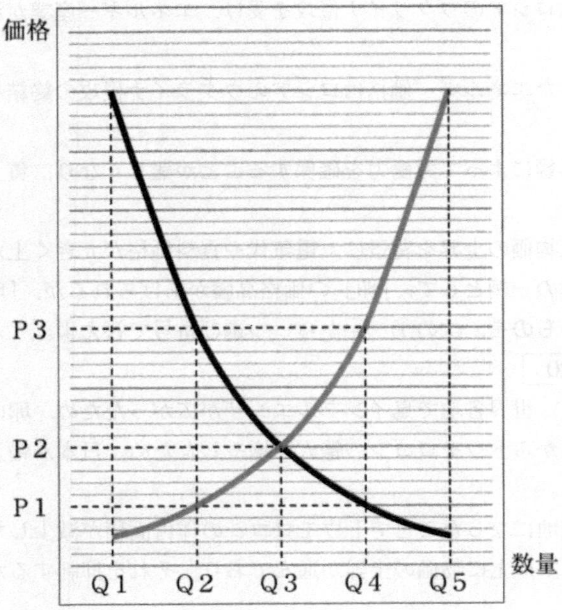

問5　市場での公正かつ自由な競争を促進し，事業者が自主的な判断で自由に活動できるようにすることを目的とする法律名を答えよ。（記述解答欄）［C］

［4］　次の図は，衆議院が先議の場合の法律の成立過程を示した図である。この図を参考に，問いに答えなさい。

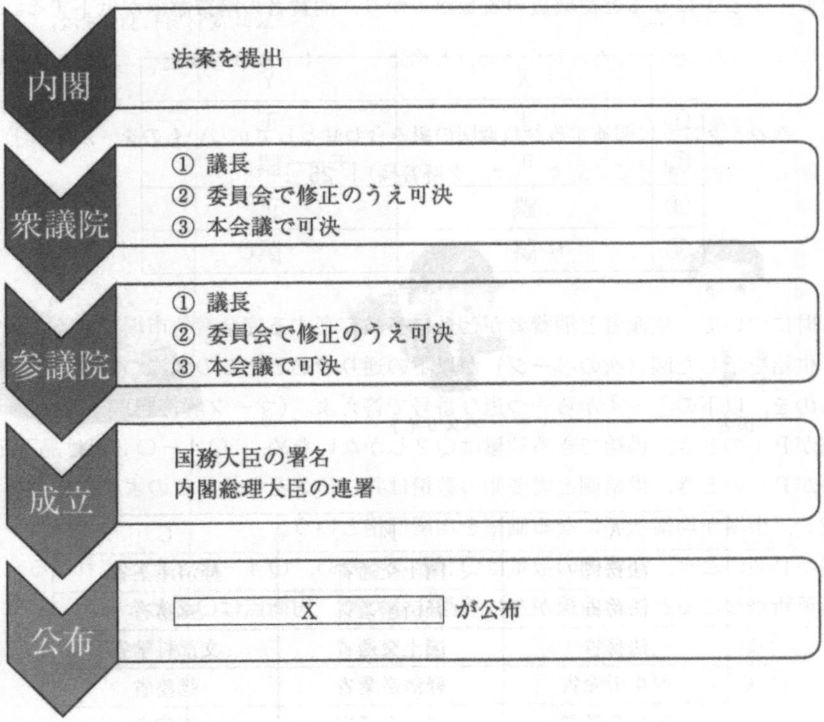

問１　国会に関する記述として正しいものを，次の①～④から一つ選び番号で答えよ。
（マーク解答欄） 23

① 衆議院と参議院では参議院の方が任期が短く解散もあるため，国民の意見が反映されやすいとされている。

② 衆議院のみに認められている権限の一つに，緊急集会の招集がある。

③ 国会審議の中心になるのが常会で，毎年１月１日に開かれており，会期は150日である。

④ 衆議院では与党が過半数の議席を持ちながら，参議院では野党が議席の過半数を占めている状態を「ねじれ国会」という。

問２　次の選択肢①～④のうち，内閣の仕事**ではないもの**を，一つ選び番号で答えよ。
（マーク解答欄） 24

① 条約の承認　　② 最高裁判所長官の指名

③ 天皇の国事行為に対する助言と承認　　④ 政令の制定

問３　次のイラストに関連する行政機関の組み合わせとして正しいものを，以下の①～⑥から一つ選び番号で答えよ。（マーク解答欄） 25

A

医者

B

バスガイド

C

台風

	A	B	C
①	法務省	国土交通省	経済産業省
②	法務省	経済産業省	総務省
③	法務省	国土交通省	文部科学省
④	厚生労働省	経済産業省	総務省
⑤	厚生労働省	国土交通省	総務省
⑥	厚生労働省	経済産業省	文部科学省

問４　図中の空欄 X に当てはまるものを，次の①～⑤から一つ選び番号で答えよ。
（マーク解答欄） 26

① 内閣総理大臣　② 天皇　③ 国務大臣　④ 官僚　⑤ 裁判官

問５　小泉内閣以降の規制緩和として**誤っているもの**を，次の①～④から一つ選び番号で答えよ。
（マーク解答欄） 27

① 民泊の解禁　　② コンビニエンスストアでの一部の医薬品の販売

③ 認定こども園の導入　　④ 郵便事業の国営化

あるかぐや姫さえも自分の意のままにできない「ただの人」として描かれていて、どちらも人間以上の存在としては描かれていないね。

③【日本書紀】では、人知を超えたものが力を与えることで天皇を神格化し、その正統性を主張していて、【竹取物語】でも、不思議な光の力で月の使者たちでさえもしりぞけてしまう最高の存在として描かれていて、どちらもすばらしい存在として描かれているね。

④【日本書紀】では、偶然の気象変化に頼らなければ勝てない存在として扱われているけど、【竹取物語】では、多くの兵を動員し、天上の人と互角にはり合える、地上で唯一の存在として描かれていて、【竹取物語】の方が天皇をより特別な存在として描いているね。

念じて射むとすれども、外ざまへ行きければ、荒れも《荒々しく》戦はで、心地ただしれにしれて《ぼんやりして》、まもり合へり。

《生徒たちの話し合い》

田中　まず【日本書紀】と【竹取物語】の両方とも、「不思議な」こと、【小説】の表現では「[Ⅰ]」なことが起こっているね。

鈴木　【日本書紀】にも、「不思議な」という意味の古語「[Ⅱ]」があるね。

中川　【竹取物語】は、月の使者がかぐや姫を迎えに来る場面だけど、C<u>これも不思議な描写がたくさんあるよ</u>。

鈴木　共通するのは、「光」が争いの雌雄を決している点だね。

田中　D<u>両方とも「天皇」が登場するけれども……</u>

中川　異なる時代の作品を読み比べることによって、それぞれの作品が成立した時代の人々の考え方を知ることができるね。

鈴木　そういう意味で私たちも「科学の子」でなければならないと思う。【小説】の作者のメッセージを改めて確認できたね。

《問い》

(1)　空欄[Ⅰ]に当てはまる四字の語句を【小説】の48行目以降から抜き出せ。（記述解答欄）[B]

(2)　空欄[Ⅱ]に当てはまる四字の古語を【日本書紀】の中からそのままの形で抜き出せ。（記述解答欄）[C]

(3)　傍線部C「これも不思議な描写がたくさんあるよ」とあるが、「不思議な描写」として最も適当なものを、次の①～⑤のうちから一つ選べ。（マーク解答欄）[17]

①　家の中を守っていた女たちも外に出て戦おうとしたが、月の使者の前では身体が動かず、ただ見守ることしかできなかった。

②　戦意を失う者の多い中、心のしっかりした兵がなんとかこらえて射ようとするが、矢は見当違いの方向に飛んで行ってしまった。

③　月にかかっていた雲は真夜中ごろには晴れ、十個並んだ満月の強烈な光が翁の家に当たって反射し、昼間のように明るくなった。

④　雲に乗って現れた月の使者たちは、毛穴まではっきりと見えるくらい輝き、地上約一・九メートルあたりに隙間なく並んで立った。

⑤　竹取の翁は、かぐや姫を月の使者から守るため帝から派遣された四千人の大軍勢を率いて、家人とともに交替で守備についた。

(4)　傍線部D「両方とも『天皇』が登場するけれども……」とあるが、この後に続く田中さんの発言として最も適当なものを、次の①～④のうちから一つ選べ。（マーク解答欄）[18]

①　【日本書紀】では、自然までもが力を与える人知を超えた存在として扱っているけど、【竹取物語】では、命令一つで兵を動員できる権力者として描かれているものの、不思議な光の前では「無力な人」として扱われていて、【日本書紀】の方が天皇への敬意が感じられるね。

②　【日本書紀】では、超常現象に頼らないと一介の豪族にも勝てない存在として扱われていて、【竹取物語】でも、月の世界の人で

問四　傍線部B「君たちは科学の子よ」という浅井先生の発言を、譲の影響で静代はどう理解したと考えられるか。最も適当なものを、次の①〜⑤のうちから一つ選べ。（マーク解答欄）16

① たたりや神の仕業などという迷信を信じる心の弱さを克服し、科学の恩恵を疑うことなく、素直に受け入れる「子」。

② 人の好き嫌いで事の善悪を判断せず、相手の境遇を自分に置き換えて考えることのできる、想像力豊かな「子」。

③ 国に献身的でなければならない風潮の中でも、人の発言の言外の意味を理解し、戦争の理不尽さに気づける、思慮深い「子」。

④ 神話は真実だと教えられた古い世代と異なり、現代が生み出した「技術」の力を信じ、使いこなせる、新しい時代の「子」。

⑤ 疑問に思ったことは自分の頭でしっかりと考え、筋道を立てて論理的に分析し、物事の本質を見極めようとする「子」。

問五　この【小説】を読んだ生徒たちが、【小説】の中で静代の語る神話の【日本書紀】の原文と、【竹取物語】の一部分を読み比べて、話し合っている場面について、後の問いに答えよ。なお、引用された古文については傍破線部の注釈を参考にすること。

【日本書紀】

十有二月の癸巳の朔丙申に《十二月四日》、皇師《天皇の軍》つひにナガスネヒコを撃つ。しきりに《何度も》戦ひて勝つこと能《あた》はず。時に、忽然《たちまち》に天暗く氷雨《あられ・みぞれ》降る。すなはち《突然》金色のあやしき鵄有りて、飛び来たりて皇弓のはすにとまれり。その鵄照り輝き、かたち稲光のごとし。これによりて、ナガスネヒコの軍卒《兵士》、皆迷ひ眩えて《まぶしくて》また力戦はず。

【竹取物語】

（帝《みかど》は）かの十五日《八月十五日》、司々《多くの役所》に仰せて《命令して》、勅使少将高野の大国《おほくに》といふ人をさして、六衛の司《宮中の警護》あはせて二千人の人を、竹取の翁《おきな》が家に遣はす。家にまかりて、築地《土塀》の上に千人、屋の上に千人、家の人々いと多かりけるに合はせて、あける隙もなく守らす。この守る人々も弓矢を帯して、母屋の内には、女どもを番にをりて守らす。女　《竹取の翁の妻》、塗籠《納戸》の内に、かぐや姫を抱へてをり。

（　中　略　）

かかるほどに宵うち過ぎて、子の時《午前〇時ごろ》ばかりに、家のあたり昼の明かさにも過ぎて《昼間より明るくなり》光りわたり、望月《もちづき》の明かさを十あはせたるばかりにて、ある人の毛の穴さへ見ゆるほどなり。大空より、人、雲に乗りて、おり来て、地より五尺《約一・九メートル》ばかり上りたるほどに、立ちつらねたり《立ち並んだ》。これを見て、内外なる《家の内や外にいる》人の心ども、もの《何か》におそはるるやうにて、あひ戦はむ《対戦しようとする》心もなかりけり。からうじて思ひ起こして、弓矢を取り立てむとすれども、手に力もなくなりて、萎えかがりたり。中に心さかしき者、

（※7）ニニギノミコト…日本神話で天照大神の孫。
（※8）熊野…和歌山県南部から三重県南部にかかる地域の総称。
（※9）搦め手…敵の背面。
（※10）氷雨…あられ。みぞれ。また、みぞれに近い、きわめてつめたい雨。
（※11）在郷軍人…郷里に予備役として控えている軍人。有事の際には召集される。
（※12）御東征…神武天皇が、日向国《ひゅうがのくに》（現在の宮崎県）から大和国に向けて兵を進め、はじめて天皇の位についた一連の神話をさす。
（※13）今上陛下…当代の天皇。ここでは昭和天皇のこと。
（※14）鵄…トンビ。タカ目タカ科の鳥。

問一　二重傍線部（ア）・（イ）と傍線部が同じ漢字であるものを、それぞれ次の①～⑤のうちから一つずつ選べ。（マーク解答欄）（ア）は 12 、（イ）は 13

（ア）コウフン
①　大会記録をコウシンする。　②　身柄をコウソクする。
③　国家のコウボウをかけた一戦だ。　④　権力にテイコウする。
⑤　ゼッコウの遠足日和だ。

（イ）エンガワ
①　試合はエンチョウ戦になった。
②　地中海エンガンの国々を訪れる。
③　文化祭でエンゲキを発表する。
④　エンギのいい知らせが届く。
⑤　味方のエンゴをする。

問二　この文章から読み取れる「譲」の性格について**適当でないもの**を、次の①～⑤のうちから一つ選べ。（マーク解答欄） 14
①　天皇陛下からいただいた恐れ多い立派な金鵄勲章を見て、食事中にふれてはいけないと自重する、礼儀正しくまじめな性格。
②　親しみを感じていた静代が神話を話すことに戸惑いながらも、自分の考えをはっきりと口にすることのできる、直情的な性格。
③　勉強のできる年上の子に脱帽したり、学校の先生を尊敬したりする気持ちを言葉や態度で示すことのできる、素直な性格。
④　知っている話をわざとせがんで静代を試し、それを真正面から否定して自分の正しさを示そうとする、自己中心的な性格。
⑤　本当は稲光が怖いのに、自分の恐怖心をおさえ、雷を怖がる静代を安心させようと努める、健気《けなげ》な性格。

問三　傍線部A「老婆の手が静代の膝を押さえつけた」とあるが、このときの老婆の心情の説明として最も適当なものを、次の①～⑤のうちから一つ選べ。（マーク解答欄） 15
①　息子を失った悲しみを勲章で慰めようと必死に努めているのに、本心を代弁してしまう譲に憤りを感じている。
②　嫌いな大人たちと同じふるまいをしていることを譲に指摘され、怒る静代に、年下の子にむきにならなくていいと諭している。
③　老婆への思いやりから、不本意ながらも譲をたしなめる静代の優しさに感謝し、無理をしなくてもいいと思っている。
④　譲の短絡的な発言も、大人の言うことをそのまま信じてしまう子どもの無知のせいだから、しかたがないとあきらめている。
⑤　周囲を思いやる気持ちの欠けた譲に怒りを覚えるが、声の出ない自分の代わりに、譲を戒めてくれた静代に感謝している。

少し考えるふうをしたあとで、譲はぽつりとつぶやいた。

「何だ、知ってたの」

「小山先生がおっしゃるにはね、こういうものはみんな作り話だから、正しい歴史じゃないんだって」

「生意気なことお言いでないよ。おばあちゃんの宝物なんだから」

A老婆の手が静代の膝を押さえつけた。意味はわからないが、その顔はやさしげに微笑《ほほえ》んでいて、いいよいいよとでもいうように肯《うなず》き続けていた。

そういえば浅井先生も、小山先生と同じようなことをおっしゃっていたと思う。まさか作り話だとまでは言わなかったが、歴史の教科書の最初の部分は、詳しい説明をなさらなかった。

B君たちは科学の子よ、というのが浅井先生の口癖だった。非科学的な話のあとさきには、必ずその一言を添えていらしたように思う。飛行機や戦車の時代の子、というふうに理解していたのだが、そういう意味ではないのだと、譲に改めて教えられたようなものだった。

(イ)エンガワを大粒の雨が叩《たた》き始めたとみる間に、唐松の影を倒して稲光が閃《ひらめ》いた。

頭の中で神様を穢《けが》してしまった罰かもしれない。思わず老婆の膝に打ち臥《ふ》して、静代は耳を被《おお》った。

「大丈夫だよ、おねえちゃん」

譲が背中をさすってくれた。やっぱり男の子はちがう。

疎開先でまず驚かされたのは、山里の天候の変わりやすさだった。夏は日に一度の行事のように雷が鳴り、冬はお日様をにわかに翳《かげ》らせて吹雪がやってきた。東京ではありえぬ、まったく油断大敵の気候だった。

神武天皇の御東征も、熊野からはきっと深い山道をたどったのだろうから、天がにわかにかき曇って氷雨が降り始めたとしてもふしぎではない。長い御弓の先に雷が落ち、その一瞬の輝きに敵も味方も目が眩《くら》んだのではあるまいか。そして兵士たちの瞼《まぶた》に灼《や》きついた天のものなる電気の光が、金色(※14)の鵄《とび》の姿に変わって言い伝えられた。

私たちは科学の子なのだから、そういうふうに考えなければいけない。人間が大昔から積み上げてきた科学の結論は、けっして飛行機や戦車ばかりではない。

ひときわ鋭い稲妻が走り、間を置かずにどしんと地面が揺れた。静代は悲鳴を上げて老婆の膝にしがみついた。電気も消えてしまった。

「大丈夫だってば。雷は高いところに落ちるんだよ。だから森の中なら安全なんだ」

やっぱり男の子はちがう。だがそう言って励ます譲の手も声も震えていた。

（浅田《あさだ》次郎《じろう》『終わらざる夏』より）

語注

（※1）疎開…空襲・火災などの被害を少なくするため、集中している人口や建造物を分散すること。

（※2）金鵄勲章…武功抜群の陸海軍軍人に授けられた勲章。一九四七年廃止。

（※3）神武天皇…伝承上の初代天皇。

（※4）ナガスネヒコ…神話上の人物。大和国（現在の奈良県）の豪族。

（※5）そらんじている…暗記している。

（※6）天照大神…日本神話において天津神《あまつかみ》が住む高天原《たかまがはら》の主神で、皇室の祖神とされた。

「キンシクンショウよ」と言っただけで、譲は箸も茶碗《ちゃわん》も置いて背筋を伸ばした。

「昔むかし、(※3)神武《じんむ》天皇が(※4)ナガスネヒコの軍と戦をなさったとき、金色のトンビが御弓《おゆみ》の先に止まってみんなをふるい立たせたの」

耳にたこのできるほど聞かされている昔話だが、静代にはその神話の意味がよくわからなかった。

「もっと聞かせてよ」

譲にせがまれて、静代は(※5)そらんじている物語を話し始めた。

「葦原《あしはら》の千五百秋《ちいほあき》の瑞穂《みつほ》の国は、是《これ》、吾《あ》が子孫《うみのこ》の王《きみ》たるべき地《くに》なり。爾皇孫《いましすめみま》、就《い》でまして治《しら》せ。行矣《さきくませ》。宝祚《あまのひつぎ》の隆《さか》えまさむこと、当《まさ》に天壌《あめつち》と窮《きはま》り無《な》けむ――」

暗誦《あんしょう》させられた日本書紀の一文を口ずさむと、譲はぎょっとして、「おねえちゃん、すごいや」と言った。

「(※6)天照大神《あまてらすおおみかみ》のそのご命令を受けて、(※7)ニニギノミコトが九州の高千穂の峰にお降りになったの。そのニニギノミコトのひい孫にあたられる神武天皇は、東の国が乱れていることに大御心《おおみこころ》を痛められて、兵を挙げるご決心をなさったの。そのころ大和地方にはナガスネヒコという国神《くにつかみ》がいて、神武天皇に戦を挑んできたのよ。ナガスネヒコはたいそう強くて、神武天皇はお兄君を失うほどの苦戦をしいられ、とうとう船に乗って(※8)熊野に上がり、(※9)搦《から》め手からナガスネヒコを討とうとなされたの。それでもナガスネヒコをなかなか打ち破ることができずに往生なさっていたところ、ある日にわかに天がかき曇って(※10)氷雨《ひさめ》が降り始め、そのまっくらな空のきわみから一羽の金色のトンビが飛んできて、天皇の御弓の先に止まったの。そのトンビの輝きといったら稲光のようで、天皇の軍勢は大いにふるい立ち、ナガスネヒコの軍勢は目がくらみ怖《おそ》れをなしてしまったのよ。金鵄勲章というのは、その昔話にちなんで、大手柄を立てた兵隊さんに授けられるの」

あまり好きな話ではない。いや、神話そのものはとても勇ましく美しいとは思うのだけれど、語り聞かせてくれた校長先生や(※11)在郷《ざいごう》軍人の口調が、静代はどうしても好きになれなかった。

神武天皇の御戦《みいくさ》も戦争にはちがいないのだから、大勢の兵隊さんが死んだと思う。その兵隊さんたちには、親も子もいたのではないかと考えれば、神話の美しさも勇ましさもたちまちくすんでしまった。

尊い人の命をないがしろにする戦争には、良いも悪いもないと思う。戦争そのものが悪いことにちがいないのに、神武天皇のなさった戦だからすばらしいことのように言われるのが、静代には理解できなかった。

そういう話を聞いて家に帰れば、その聖戦とやらで片腕をもがれた父がおり、父になりかわってなりふりかまわず働く母がいた。神話と現実とを秤《はかり》に載せれば、結論は知れ切っていた。

神武天皇の(※12)御東征《ごとうせい》も、(※13)今上陛下《きんじょうへいか》がなさっているこの戦争も、静代にとってはけっして聖戦ではなかった。そしてその聖戦とやらが、とうとう母の命まで奪ってしまった。

48行目 「そういうお話よ。わかったかしら」

校長先生や在郷軍人のように、ことさら話を大げさにしたつもりはなかった。話しながら(ア)コウフンしたわけでもなかった。だが、知識をひけらかすように話してしまったことを、静代は恥じた。譲は勇み立つでも憧れるでもなく、むしろ暗い顔になってしまった。

「小山先生より上手だね」

わせておらず、唯一の正解のみが存在しているものであるから。

④ ある「作品」に対する「読み」は、文学教育が教える「一般的な読み」に大きく左右されるものであるから。

⑤ ある「作品」に対する「読み」は、複数性を持っており、「何でもありのアナーキズム」とは一致しないものであるから。

問五 空欄 X に当てはまる語として最も適当なものを、次の①～⑤のうちから一つ選べ。（マーク解答欄） 10

① セオリー　② シンパシー　③ ストーリー
④ アナーキー　⑤ レパートリー

問六 次の文を本文に挿入するならば、最も適するところはどこか。挿入すべき部分の前の六字（句読点・記号を含む）を記せ。（記述解答欄） A

文学もまた、「倒壊」だけでなくこのような「構築」の機能も果たしてきたのではないだろうか。

問七 本文の内容と合致するものを、次の①～⑤のうちから一つ選べ。（マーク解答欄） 11

① 「自己倒壊」が生じないときの責任を「読み手」と「作品」に強制してしまうことが、「読み」の多様性の問題点である。

② 文学教育は、想像力を拡げ、人生や社会の多様性を理解し、個人の成長と豊かな人間性の発展を促進する役割を果たす。

③ 社会構成主義は、解釈共同体を否定することで現実の相対性を現実の可変性と捉え直し、それを積極的に活用した。

④ 「読み」にひとつの正解を求めることは論理的に不可能だと知ることができるという点で、高校までの国語教育は評価に値する。

⑤ 「自己物語」が倒壊して新たな物語が生まれることが、ドミナント・ストーリーがオルタナティブ・ストーリーへと書き換えられるきっかけとなる。

〔二〕 次の文章【小説】を読んで、後の問いに答えよ。ただし、設問の都合上、表記を変えた部分がある。

【小説】

あらすじ　一九四五年夏、信州の寺に疎開（※1）していた静代《しずよ》（小学六年生、担任は浅井先生）は、東京の実家が空襲で焼け、母が亡くなったことを、父からの手紙で知り、いても立ってもいられず、疎開先を脱《ぬ》け出した。別の寺で疎開していた譲《じょう》（小学四年生、担任は小山先生）もまた「おとうさんが出征した」という母からの手紙に動揺し、脱走した。二人はひょんなことから出会い、きょうだいを装《よそお》って一緒に歩いて東京を目指すことになったが、空腹と疲労で進めなくなり、農家に迷い込んだ。そこには、四人の息子を戦争で失い、悲しみのあまり声を失った一人の老婆が住んでいた。

お芋とお米を炊いたお粥《かゆ》は、ほっぺたが落ちるほどおいしかった。

老婆はお粥を食べずに、白く濁ったお酒を飲んで少し酔っ払った。

宝物を見せていただいた。四人のうちの誰のものかはわからないが、大手柄を立てた兵隊さんに授けられる金鵄勲章（※2）だった。

そんなたいそうなものは、静代も写真でしか見たためしはなかった。

れぞれ次の①～⑤のうちから一つずつ選べ。ただし、同じものを二度以上選んではいけない。（マーク解答欄）Ⅰ は 4 、Ⅱ は 5 、Ⅲ は 6

① もちろん　② すなわち　③ さらに　④ なぜなら
⑤ むしろ

問三　傍線部A「『読み』の機能は他にもいくつか考えられる」とあるが、筆者が考える「『読み』の機能」に関する説明として**適当でないもの**を、次の①～⑤のうちから一つ選べ。（マーク解答欄）7

① 登場人物の生き方に読み手自身を投影させることで、読み手を励まし、自信を持たせる機能。

② 物語を通じて、忘れていた感覚や過去の経験を読み手に再び鮮明に思い出させる機能。

③ 今まで当たり前だと思っていた読み手の意識や世界観を揺さぶり、他者の存在を尊重させる機能。

④ 登場人物に共感させ、読み手が今抱えている感情を理解しやすくさせる機能。

⑤ 未知の世界にふれることで自分自身を相対化し、異質な存在としての他者を認めさせる機能。

問四　傍線部B「むしろ、原理的にはアナーキーであるはずなのに現実はそうなっていないのはなぜか」とあるが、これについて、次の（ⅰ）・（ⅱ）の問いに答えよ。

（ⅰ）「原理的にはアナーキーであるはずなのに現実はそうなっていない」とはどういうことか。その説明として最も適当なものを、次の①～⑤のうちから一つ選べ。（マーク解答欄）8

① 「正しい読み」に向かう読者を惑わせるような「読みの多様性」は本来排除すべきだが、実際には多くの解釈が一つの「作品」の「読み」として受け入れられる場合もあるということ。

② 解釈共同体のなかに見出される「読み」は、「一般的な読み」を基準に派生していくべきだが、現実の「読み」には秩序が存在していないということ。

③ 「作品」は本来多様な解釈が許容されるべきだが、実際には解釈共同体のなかで共有されている、一定の枠組みから逸脱しない「読み」という秩序が存在しているということ。

④ 本来はその「作品」に対して「一般的な読み」や「深読み」といった無秩序な「読み」が存在するはずだが、現実にはそのような「読み」のすべてが、唯一の「真正」な「読み」へと収束してしまうということ。

⑤ 経験的に考えれば、ある「作品」に対する「読み」は、いくつか存在する「読み」の類型に当てはめることができるはずだが、現実には多様で無秩序な「解釈」が存在するということ。

（ⅱ）「原理的にはアナーキーであるはずなのに現実はそうなっていないのはなぜか」という問いかけに対する答えとして最も適当なものを、次の①～⑤のうちから一つ選べ。（マーク解答欄）9

① ある「作品」に対する「読み」は、その「作品」が読まれている社会や時代に影響を受けるものであるから。

② ある「作品」に対する「読み」は、現代日本における高校までの国語教育では学ぶことができないものであるから。

③ ある「作品」に対する「読み」は、そもそも多様性など持ち合

この意味で、文学教育はこれまでも重要な役割を果たしてきたのではないだろうか。それは、さまざまな物語の形式にふれ、生き方のレパートリーを増やすこと、意味が生成するさまざまな場面に関する想像力を豊かにすること、そして、人生という「正解」のないものと向き合うとき「物語」という形式が大きな支えになることを教えてきたはずである。人生も社会も「物語」という形式なしには存立しない。「物語」のもつこうした強大な力を伝えることが文学教育の重要な役割のひとつであろう。「物語」はいま、文学以外の領域、とりわけ臨床の領域で熱い視線を集めている。それは、われわれがいま X では解けない数多くの問題に直面しており、ナラティヴのもつ力が再発見されていることを意味している。このこともまた文学教育が(ウ)ニナうべき重要な課題を示唆しているように思われる。

（野口裕二《のぐちゆうじ》『ナラティヴと共同性　自助グループ・当事者研究・オープンダイアローグ』より　ただし一部変更した箇所がある）

語注

（※1）田中実…日本近代文学研究者（一九四六―）。

（※2）解釈共同体…アメリカの文芸評論家、スタンリー・フィッシュ（一九三八―）による理論用語。あるテクスト（言葉によって書かれたもの）についての解釈を共有している社会集団のこと。

（※3）ナラティヴ・セラピー…一九九〇年代に始まった、「ナラティヴ（語り、物語）」という概念を用いる新しい臨床実践の方法。

（※4）ドミナント・ストーリー…ある現実を支配し、疑う余地のないものとして存在している強固な物語のこと。

（※5）オルタナティブ・ストーリー…ドミナント・ストーリーを客観視し、新たな意味づけを行うことで生まれる、代わりの物語のこと。

（※6）アナーキズム…無政府主義。ここでは、無秩序な状態（アナーキー）のこと。

（※7）社会構成主義…全ての現象は様々な社会的関係性の中で成り立っていると考える立場。

（※8）ポストモダニズム…近代の進歩主義的傾向を超えようとする立場。

問一　二重傍線部（ア）～（ウ）と傍線部が同じ漢字であるものを、それぞれ次の①～⑤のうちから一つずつ選べ。
（マーク解答欄）（ア）は 1 、（イ）は 2 、（ウ）は 3

（ア）カタヨリ
① 彼は極度のヘンショクだ。　② フヘン的な考え。
③ 経済成長イッペントウの政策。　④ 動画をヘンシュウする。
⑤ テンペンチイの前兆。

（イ）ショウテン
① 利害がショウトツする。　② ショウソウに駆られる。
③ パーティーへのショウタイ。　④ ショウガイのパートナー。
⑤ 別紙をサンショウする。

（ウ）ニナう
① タンジュンな仕掛け。　② タンテキな説明。
③ ガンタンを迎える。　④ ゴウタンな性格。
⑤ 将来世代のフタン。

問二　空欄 I ～ III に当てはまる語として最も適当なものを、そふれておこう。ナラティヴ・セラピーでは、ドミナント・ストーリー(※4)からオルタナティブ・ストーリー(※5)への書き換えが支援される。この場合、それまでの自己物語が倒壊して新たな物語が生まれるといってよい。しかし、そのような場合だけではなく、「自己物語」がうまく物語としてまとまらない、物語の体をなさないことが問題となるような場合もすくなくない。この場合、「混沌《こんとん》の語り」を「ひとつの物語」にまとめていくことが支援のショウテン(イ)となる。すなわち、自己の「倒壊」ではなく「構築」である。

「読み」の機能をこのように広く考えるとき、文学教育に求められるのは、むしろ、「読み」の多様性を教えることにあるといえるのではないだろうか。経験的に考えてみても、いくつかの「読み」が現実に存在する。「一般的な読み」、「深読み」、「ちょっと変わった読み」、「独創的な読み」、そして、「明らかな誤読」等々である。「読み」のアナーキズム(※6)は原理的にはそのとおりだが、現実には上のようないくつかの類型的な「読み」が解釈共同体のなかに見出《みいだ》される。B むしろ、原理的にはアナーキーであるはずなのに現実はそうなっていないのはなぜかを問うべきではないか。

社会構成主義(※7)の視点から見えてくるのは、「読み」の「多義性」でも「一義性」でもなく、「現実的な複数性」である。「読み」にひとつの正解を求めることは論理的に不可能であり、また、何でもありのアナーキズムは論理的には正しいが現実と一致しない。現実に存在するのはいくつかの類型的な「読み」である。筆者自身、高校までの国語教育に感謝しているのは、このような意味での「一般的な読み」を教えてもらったことである。それが唯一の正解というわけではないが、一般的にはこのような「読み」がなされているという社会的現実を教えてもらったと思っている。この「一般的な読み」という基準を知ることで「独創的な読み」も可能になる。「一般」がわからなければ「独創」もありえない。

こうした視点に立つと、「文学」と「読み」はそれ自体、社会を構成する重要な要素であることに気づく。たとえば、ある作品がある時代に生まれ、そのとき、ひとびとはある「読み方」をしていた。その作品はいまも読み継がれているが、ひとびとの「読み方」はかつてとは変わっているという場合がある。「一般的な読み」は時代の産物であり時代とともに変わりうる。［　Ⅲ　］、時代を超えて変わらない場合もある。しかし、いずれにせよ、ある「作品」があり、ある「読み」があるということそれ自体がまさにある時代や社会を構成している。ある時代の「一般的な読み」が「別の読み」にとって代わられる過程こそが、社会の変化、時代の変化を表している。したがって、「一般的な読み」は常に時代との緊張関係をはらむもの、現在という文脈が生み出すものとして理解される必要がある。

社会構成主義は、ポストモダニズム(※8)の影響を強く受けながらも、アナーキズムへと向かうのではなく、むしろ、そうした現実の相対性を現実の可変性と捉え直して、それを積極的に活用する方向へと向かった。唯一の正解はないが、だからといって、何でもありなのではなく、現実は限られた複数性でできあがっている。だとすれば、いまよりもすこしでもましな現実を共同で構成する方向に賭けるというのが社会構成主義の基本的なスタンスである。その際、文学は、われわれの想像力を広げ、より魅力的な世界へと至る物語を構想するための重要な資源となるはずである。

【国語】（四〇分）〈満点：一〇〇点〉

［一］次の文章を読んで、後の問いに答えよ。

(※1)田中実《たなかみのる》は「読み」の重要な機能として「自己倒壊」をあげている。ここで、「自己倒壊とは何か」という厳密な定義論をおこなうことは専門外の筆者の能力を超える。そこで、「読み手の意識や世界観の倒壊と自己変容」という意味あいをここでの暫定的な定義として議論を進めたい。

ここでまず抱かざるをえない素朴な疑問は「読み」の機能ないし意義は「自己倒壊」にのみあるのかということである。経験的に考えてみて、A「読み」の機能は他にもいくつか考えられる。

その第一は、「自己の(ア)カタヨリや他者との違いに気づき、多様な他者を「承認」すること」である。読み手の知らなかった世界にふれ、自己のカタヨリや他者との違いが明らかになる。読み手の世界観は揺らぐかもしれないが「倒壊」するわけではない。［ Ⅰ ］、視野が広がるというほうが近い。そして、そこで出会った「他者」を承認する。そのような「他者」が存在することを認め、その存在を尊重する。このような「読み」は経験的に決して珍しいことではないと思われるが、「自己倒壊」を「読み」の要件のように考えてしまうと、このような「読み」は排除されてしまう。

第二は、「自分の生き方や考え方が間違いではなかったと思い、自己を「補強」すること」である。物語の登場人物の生き方に自分を重ね合わせ、やはりこれでよかったのだと思い、これからも頑張ろうと勇気づけられることがある。この場合、自己は「倒壊」するどころか、「補強」されている。われわれが文学に接するとき、このような「読み」は真正《しんせい》な「読み」ではないと言われてしまうとしたら、それは読書の楽しみのひとつを奪われることになるであろう。

第三は、「忘れていた感覚を思い出させて、自己を「再発見」すること」である。これも経験的によくあることで、少年の頃の瑞々《みずみず》しい感覚や青年の頃の真《ま》っ直《す》ぐな感覚など忘れていた感覚を読書によって思い出させられた経験は多くの人にあるはずである。ここでも、自己は「倒壊」するわけではなく「再発見」されるだけである。「自己物語」のうちの忘れていた部分に光が当たって輝き出すのだが、「自己物語」が大きく書き換わるわけではない。

このように、「読み」には現実にさまざまな場合がありうる。にもかかわらず、ひとつの「読み」だけを「真正」なものとしてしまうと、それ以外の読みは「真正」ではないということになってしまう。「読み」における「自己倒壊」を強調する議論は、「読み」の多様な可能性を切り詰めてしまう危険性があるのではないか。もちろん、「自己倒壊」をもたらすような「読み」があることはまったく否定しない。しかし、それは果たして「読み」において絶対的要件となりうるのだろうか。

［ Ⅱ ］、この問題はもうひとつの厄介な問題をもたらす。「自己倒壊」が生じないとき、それは「読み手」の問題なのか、それとも「作品」の問題なのかという問題である。この判定はどうすればできるのだろうか。結局のところ、この決着もまた、なんらかの(※2)「解釈共同体」のなかでおこなう以外に手はないのではないか。そんな疑問も湧いてくる。

もうひとつ、(※3)ナラティヴ・セラピーと「自己倒壊」の関係についても

2024年度

解 答 と 解 説

《2024年度の配点は解答欄に掲載してあります。》

＜数学解答＞

[1] (1) ア − イ 1 ウ 1 エ 2 (2) オ − カ 2 キ 0 ク 9
(3) ケ 3 (4) コ − サ 1 シ 1 ス 2 セ − ソ 3 タ 2
(5) チ 7 ツ 3 (6) テ 9 ト 0 (7) ナ 5 (8) ニ 3 ヌ 8
(9) ネ 1 ノ 4 (10) ハ 3 ヒ 3 (11) フ 6 ヘ 3 ホ 2

[2] (1) マ 2 ミ 2 ム 6 メ 1 モ 8 (2) ヤ 0 ユ 1 ヨ 2
(3) ラ − リ 6 ル 1 レ 8

[3] (1) A $\frac{25}{36}$ (2) B $\frac{2}{9}$ (3) C $\frac{7}{36}$

○推定配点○
各5点×20 計100点

＜数学解説＞

[1] （数・式の計算，方程式，平方根，円周角の定理，数の性質，1次関数の式，2次関数の変化の割合，方程式の応用，平面図形の面積の計量）

(1) $\frac{1}{12}+5\div10\times\left(-\frac{1}{3}\right)=\frac{1}{12}+5\times\frac{1}{10}\times\left(-\frac{1}{3}\right)=\frac{1}{12}-\frac{1}{6}=-\frac{1}{12}$

基本 (2) 乗法公式$x^2-y^2=(x+y)(x-y)$を使って，$0.41^2-4.59^2=(0.41+4.59)\times(0.41-4.59)=5\times(-4.18)=-20.9$

(3) $(x+9):3=(x+5):2$より，$3(x+5)=2(x+9)$　$3x+15=2x+18$　$x=3$

(4) $-2x+4y=5$…①，$9x-7y=-39$…②とする。①×9+②×2より，$22y=-33$　$y=-\frac{3}{2}$　①に$y=-\frac{3}{2}$を代入すると，$-2x-6=5$　$-2x=11$　$x=-\frac{11}{2}$　よって，連立方程式の解は$x=-\frac{11}{2}$，$y=-\frac{3}{2}$である。

(5) $\frac{27}{\sqrt{3}}-\sqrt{12}=\frac{27\sqrt{3}}{3}-2\sqrt{3}=9\sqrt{3}-2\sqrt{3}=7\sqrt{3}$

重要 (6) 円周上に頂点A，D，Eがある円の中心をO，円周上に頂点B，E，Fがある円の中心をP，円周上に頂点C，F，Dがある円の中心をQとする。このとき，点D，E，Fはそれぞれ線分QO，OP，PQ上にある。三角形の内角の和は180°なので，△OPQにおいて，∠QOP＋∠OPQ＋∠PQO＝180°　円周角の定理より，円周角は中心角の$\frac{1}{2}$なので，∠DAE＝$\frac{1}{2}$∠DOE，∠EBF＝$\frac{1}{2}$∠EPF，∠FCD＝$\frac{1}{2}$∠FQDであるから，∠DAE＋∠EBF＋∠FCD＝

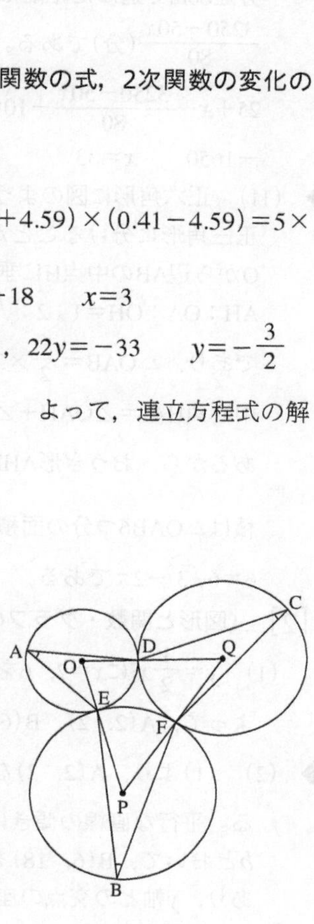

$\frac{1}{2}\angle \mathrm{DOE}+\frac{1}{2}\angle \mathrm{EPF}+\frac{1}{2}\angle \mathrm{FQD}=\frac{1}{2}(\angle \mathrm{DOE}+\angle \mathrm{EPF}+\angle \mathrm{FQD})=\frac{1}{2}\times 180=90^\circ$

(7)　有理数は分母・分子ともに整数の分数として表すことができる実数である。$-3=-\frac{3}{1}$，$1.4142=\frac{14142}{10000}=\frac{7071}{5000}$，$0=\frac{0}{1}$，$\frac{\sqrt{2}}{\sqrt{8}}=\frac{\sqrt{2}}{2\sqrt{2}}=\frac{1}{2}$であるから，有理数は$-3$，$\frac{4}{7}$，1.4142，0，$\frac{\sqrt{2}}{\sqrt{8}}$の5つである。

(8)　求める直線の傾きは$\frac{14-5}{2-(-1)}=\frac{9}{3}=3$である。求める直線の式を$y=3x+b$とおいて，$(-1,\ 5)$を代入すると，$5=-3+b$　　$b=8$　　よって，求める直線の式は$y=3x+8$

基本　(9)　$y=ax^2$に$x=-3$，$y=18$を代入すると，$18=a\times(-3)^2$　　$18=9a$　　$a=2$　　よって，2次関数の式は$y=2x^2$であるから，ここに，$x=1$，6をそれぞれ代入すると，$y=2\times1^2=2$，$y=2\times6^2=72$　　したがって，xの値が1から6まで増加するときの変化の割合は$\frac{72-2}{6-1}=\frac{70}{5}=14$となる。

重要　(10)　鷲男さんが地点Aから地点Cまで進むのにかかる時間は$5000\div200=25$(分)，地点Cから地点Bまで進むのにかかる時間は$3000\div100=30$(分)である。よって，鷲男さんが地点Aから地点Cまで進み，地点Cで休憩したのち地点Bまで進むのにかかった時間は$25+x+30=55+x$(分)である。梅子さんは鷲男さんが地点Cを出発するまでは分速50mで進むので，分速50mで進んだ時間は$25+x$(分)，進んだ距離は$50(25+x)=1250+50x$(m)である。その後，分速80mで地点Bまで進むので，分速80mで進んだ距離は$4500-(1250+50x)=4500-1250-50x=3250-50x$(m)，かかった時間は$\frac{3250-50x}{80}$(分)である。梅子さんが地点Bに到着した10分後に鷲男さんも地点Bに到着したので，$25+x+\frac{3250-50x}{80}+10=55+x$となるから，$2000+80x+3250-50x+800=4400+80x$　　$-50x=-1650$　　$x=33$

基本　(11)　正六角形に図のように補助線を引くと，△OABと合同な6つの正三角形に分けることができる。△OABは1辺2の正三角形で，点Oから辺ABの中点Hに垂線を引くと，$\angle \mathrm{OAH}=60^\circ$より，△OAHは$\mathrm{AH}:\mathrm{OA}:\mathrm{OH}=1:2:\sqrt{3}$の直角三角形となる。よって，$\mathrm{OH}=\sqrt{3}$であり，$\triangle\mathrm{OAB}=\frac{1}{2}\times2\times\sqrt{3}=\sqrt{3}$である。また，おうぎ形AHIは中心角$\mathrm{HAI}=\angle\mathrm{OAH}+\angle\mathrm{OAI}=60^\circ+60^\circ=120^\circ$，半径$\mathrm{AH}=\mathrm{AI}=1$であるから，おうぎ形$\mathrm{AHI}=1\times1\times\pi\times\frac{120}{360}=\frac{1}{3}\pi$となる。求める面積は△OAB6つ分の面積からおうぎ形AHI6つ分の面積を引いたものになるので，$\sqrt{3}\times6-\frac{1}{3}\pi\times6=6\sqrt{3}-2\pi$である。

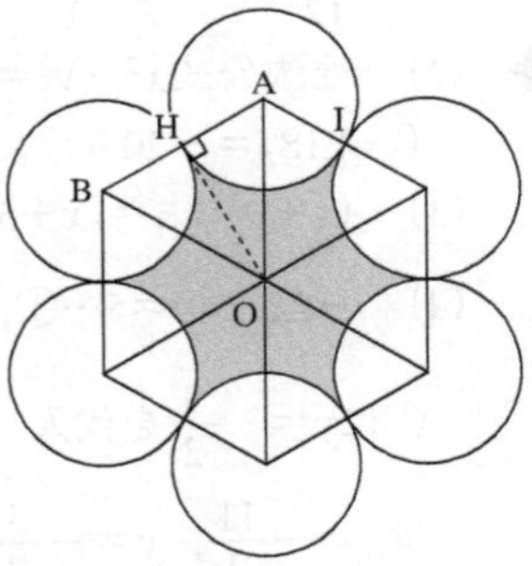

[2]　(図形と関数・グラフの融合問題)

(1)　$y=\frac{1}{2}x^2$に$x=2$，6をそれぞれ代入すると，$y=\frac{1}{2}\times2^2=\frac{1}{2}\times4=2$，$y=\frac{1}{2}\times6^2=\frac{1}{2}\times36=18$　よって，A(2，2)，B(6，18)である。

基本　(2)　(1)より，A(2，2)なので，直線ℓの傾きは$\frac{2-0}{2-0}=\frac{2}{2}=1$であるから，直線$\ell$の式は$y=x$である。平行な直線の傾きは等しいので，直線$m$の傾きも1である。したがって，直線$m$の式を$y=x+b$とおいて，B(6，18)を代入すると，$18=6+b$　　$b=12$　　よって，直線mの式は$y=x+12$であり，y軸との交点の座標は(0，12)である。

重要 (3)　$\ell /\!/ m$であることから，直線ℓ上に任意の点Qをとると，△ABC＝△QBCとなる。よって，直線ℓとnの交点が点Pとなる。この点をP_1とする。B(6, 18)であるから，直線nの式は$y=18$となるので，直線ℓの式$y=x$に$y=18$を代入すると，$18=x$　よって，$P_1(18, 18)$である。また，D(0, 12)とし，y軸上にED＝OD＝12となるようにE(0, 24)をとる。このとき，△ABC＝△OBCであり，△CED＝△COD，△BED＝△BODであることから，△EBC＝△OBCとなるので，△ABC＝△EBCである。点Eを通り，直線mに平行な直線をkとする。直線k上に任意の点Rをとると，△EBC＝△RBCとなるので，直線kとnの交点が点Pとなる。この点をP_2とする。$k /\!/ m$であり，直線mの傾きは1であるから，直線kの傾きも1である。点Eが直線kの切片となるので，直線kの式は$y=x+24$である。ここに，$y=18$を代入すると，$18=x+24$　$x=-6$　よって，$P_2(-6, 18)$となる。したがって，点Pのx座標は-6，18である。

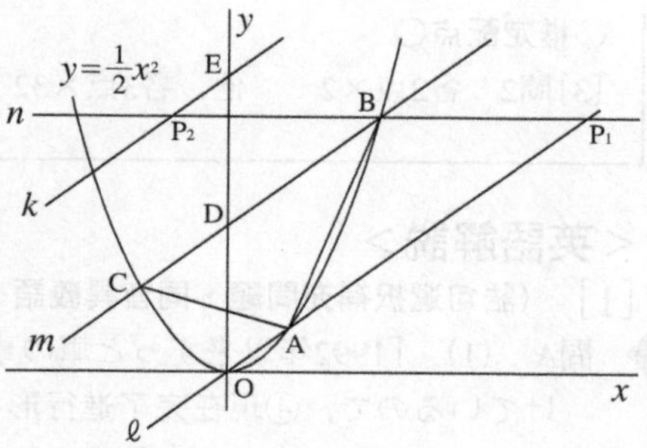

[3]　(図形と確率の融合問題)

基本 (1)　2つのさいころを同時に投げるときの場合の数は6×6＝36(通り)　点A，X，Yを結んだ図形が三角形になるのは，$(x, y)=(1, 1)$，(1, 2)，(1, 3)，(1, 6)，(2, 1)，(2, 2)，(2, 3)，(2, 6)，(3, 1)，(3, 2)，(3, 3)，(3, 6)，(4, 1)，(4, 2)，(4, 4)，(4, 6)，(5, 1)，(5, 2)，(5, 3)，(5, 4)，(5, 6)，(6, 1)，(6, 3)，(6, 4)，(6, 6)の25通りである。よって，求める確率は$\frac{25}{36}$である。

重要 (2)　点A，X，Yを結んだ図形が二等辺三角形になるのは，$(x, y)=(2, 1)$，(2, 2)，(2, 6)，(4, 1)，(4, 6)，(6, 1)，(6, 4)，(6, 6)の8通りである。よって，求める確率は$\frac{8}{36}=\frac{2}{9}$である。

重要 (3)　点A，X，Yを結んだ図形の面積が3cm²以上になるのは，$(x, y)=(3, 1)$，(3, 2)，(3, 6)，(4, 1)，(4, 6)，(5, 1)，(5, 6)の7通りである。よって，求める確率は$\frac{7}{36}$である。

★ワンポイントアドバイス★

基本的な知識や解法を確実に使えるようにしておくことが肝心である。

＜英語解答＞

[1]　問A　(1) ④　(2) ②　(3) ①　(4) ③　(5) ①
　　問B　(1) pass　(2) bring　(3) fall　(4) ride　(5) stay
[2]　(1) ②　(2) ⑥　(3) ①　(4) ⑦　(5) ③
[3]　問1 ②　問2 ② from ⑤ for[to]　問3 ②　問4 ①　問5 ⑤
　　問6 (1) ②　(2) ①　(3) ②　(4) ①
[4]　問1 ④　問2 ③　問3 ③　問4 a voice　問5 ③　問6 ②　問7 ③
　　問8 ③　問9 ③

○推定配点○
[3]問2　各2点×2　　他　各3点×32　　計100点

＜英語解説＞

[1]　(語句選択補充問題・同音異義語：現在完了，動名詞，関係代名詞，受動態，間接疑問文)

重要　問A　(1)「1992年以来ずっと車の事故は減少し続けている」1992年から今までずっと減少し続けているので，④現在完了進行形 has been decreasing を入れる。主語は cars ではなく the number なので，受ける動詞は has と単数扱いになることに注意。

(2)「そこまで歩く代わりにタクシーに乗るのはどう？　私は疲れている」How about …ing? で「…するのはどう？」という勧誘表現。②動名詞 taking を入れる。take ＋交通機関で「～に乗る[利用する]」の意味。

(3)「私は悪いことを言う人にはなりたくない」関係代名詞を入れる。先行詞は the person で「人」なので用いる関係代名詞は who。① who says を入れる。

(4)「彼らは担任の先生から与えられた指示に従った」the instructions (that) they were given と関係代名詞が省略されている。彼らは指示を与えられたので were given と受動態〈be動詞＋過去分詞〉の形にする。

(5)「どこでチケットを買えるか教えてくれませんか？」「どこで買えるか」の部分は tell の目的語になるので間接疑問文。間接疑問文は〈疑問詞＋主語＋動詞～〉の語順になることに注意。① where I can get を入れる。

基本　問B　(1)　pass　上の文：「塩を取ってくれませんか？」pass「手渡す[取る]」の意味。直訳すると「私に塩を手渡してください」／下の文：「たくさんの車が通り過ぎ続けた」pass by「通り過ぎる」

(2)　bring　上の文：「これらのアルバムは懐かしいよね？」bring back memories「思い出をよみがえらせる」という意味で「懐かしい」ということ。／下の文：明日は午後3時までいなければならないので昼食を持ってくるのを忘れないように」bring「持ってくる」Don't forget to ～「～するのを忘れないように」

(3)　fall　上の文：「紅葉がとてもきれいなので私は秋が好きだ」fall「秋」／下の文：「気を付けて！　階段から落ちてしまう」fall down「落ちる[転ぶ，倒れる]」

(4)　ride　上の文：「私を乗せてくれる？」〈give ＋人＋ a ride〉で「人を乗せる」この ride は名詞。／下の文：「去年の夏に私は馬に乗る機会があった」ride「乗る」という意味の動詞。

(5)　stay　上の文：「私は家にいて音楽を聴きたい」stay home「家にいる」この stay は「留まる[滞在する]」という意味の動詞。／下の文：「カナダ滞在で最もよかったことは，ホストファミリーの両親がとてもよく世話をしてくれたことだった」stay「滞在」という意味の名詞。

重要　[2]　(語句整序問題：比較，間接疑問文，不定詞，進行形，関係代名詞)

(1)　(The population of China) is larger than that of Japan.「中国の人口は日本よりも多い」The population of China と the population of Japan を比較する文を作る。that of は前出の名詞句の代わりとなるので that of Japan で the population of Japan の意味になる。

(2)　(This small book) shows what animals we can see (in New Zealand.)「この小さな本は，ニュージーランドでは何の動物を見ることができるかを教えてくれる」主語は This small book，動詞は shows。what animals we can see「何の動物を見ることができるか」の部分は shows の目的語となるので間接疑問文。間接疑問文では〈疑問詞＋主語＋動詞…〉の平叙文の語順になることに注意。ここでは what animals はひとまとまり，その後に主語＋動詞を続ける。

(3) (Feel) free to ask me any questions.「どんな質問も自由に私にしてください」 be free to ～ で「自由に～する」の意味。〈ask ＋人＋もの〉の語順で「人にものをたずねる」。any には「いかなる…でも」という意味があり，any questions で「いかなる質問でも[どんな質問でも]」という意味になる。

(4) (Chukyo Senior High School) is trying to pursue the best environment (for students.)「中京高等学校では，生徒たちにとっての最高の環境を追求しようとしている」 try to pursue「追求しようとしている」を現在進行形にし，is trying to pursue とする。the best environment for students「生徒たちにとって最高の環境」

(5) (How) was the book you borrowed from (the library?)「図書館からあなたが借りた本はどうでしたか？」 How was the book～?「本はどうでしたか？」 the book (that) you borrowed from the library と関係代名詞が省略されている。(that) you borrowed from the library の部分が先行詞 the book を修飾する。

重要 [3] (長文読解問題・論説文：適語補充・適語選択補充問題，内容把握，内容正誤判断)

(全訳) 戦争，環境問題そして①経済状況の悪化は世界中の食糧危機を招く。世界人口の10%が十分な食料を得られていないと言われている。この問題を解決するために私たちは新しい食料源を探す必要がある。今ではベジミートに関心を寄せる人が増えている。

ベジミートは大豆や小麦のような植物から②作られ，植物性由来の「肉」としても知られている。この考えははるか昔に登場した。たとえば，2000年以上前に中国の人々は大豆から豆腐を開発し，食べることを楽しんだ。少し前に西欧諸国のいくつかの企業が植物性由来の原料を使った肉のような製品を開発した。しかし，③それらの味はあまり良くなかったので人気がなかった。

その後2010年頃には本当の肉のような味がする製品を作れるだけ技術は発展した。2016年にインポッシブル・フードが初の植物性由来ハンバーガーを売り始めた。これを食べたある人は「④普段私が食べている肉と何も変わらない」と言った。

ベジミートが人気になったもう一つの理由は，健康に良いという事実である。2000年頃に人々は自分たちの健康に興味を持ち始め伝統的な肉aよりも健康的な物を探し始めた。その後何人かのアメリカの研究者たちがベジミートは低脂肪で低カロリーであることを示した。結果として多くの人たちがb植物性由来の食べ物を食べ始めた。

加えて，これはより環境に良いかもしれないのだ。持続可能性に⑤関しては，植物性由来の肉を作ることはcより少ない温室効果ガスを発生させるということが研究でわかった。そして動物性由来の肉を作ることと比べると，より少ない土地と水の使用で済む。もし私たちが動物性由来の肉を食べるのをやめ野菜由来の肉を食べ始めたら，温室効果ガスは毎年大きく減少するだろうと言われている。

ベジミートは食糧危機に対する完璧な解決策のように見える。しかしベジミートには問題が一つある。それは作るのに多額の費用がかかるのだ。それは改善されてきてはいるが，d植物性由来の肉の価格はまだ高い。

問1 食糧危機を招く原因が主語となるので②「経済状況の悪化」が適当。 ①「平和な世界」 ③「差別」 ④「技術開発」

基本 問2 ②「ベジミートは植物から作られる」という意味にするため from を入れる。be made from ～「～から作られる」材料が見た目からわからない場合に使う。be made of ～「～でできている」見た目でわかる時に使う表現と混同しないよう注意。 ⑤ as for ～ または as to ～ で「～に関しては」という意味になる。

問3　植物性由来の原料を使った肉のような製品の人気がない理由なので②「それらの味はあまり良くなかった」が適当。この they は meat-like products using plant-based ingredients を指す。　①「多くの人は豆腐が好きではなかった」③「それらはとてもおいしくてたくさんの人がもっと食べたいと思った」④「彼らは植物性由来の肉は健康的ではないことに気づいた」

問4　「普段私が食べている肉と何も変わらない」動物性由来の肉で作られたハンバーガーと変わらない」＝「美味しい」ということなので①「その味は十分に美味しい」と同じ。　②「これまで食べた肉の中で一番だ」③「もう二度と食べたくない」　④「食べる前にそれがベジミートだと知りたかった」

基本　問5　正解は⑤。　a「自分たちの健康に興味を持ち始めた」に続くので，探し始めたのは「肉よりも健康的な食べ物」のはず。healthier「より健康」を入れる。⇔ unhealthier「より不健康な」　b　前文参照。ベジミート（＝plant-based food）は低脂肪低カロリー。その結果として多くの人が食べ始めたものは「植物由来の食べ物」plant-based food である。animal-based food「動物性由来の食べ物」　c　同じ段落最終文参照。vegetable-based meat「野菜由来の食べ物」を食べることで greenhouse gas「温室効果ガス」を減らせることがわかる。空所には less を入れ「より少ない温室効果ガスを発生させる」とする。　d　この段落はベジミートの問題が書かれている。問題は作るのにお金がかかるということ。したがって植物性由来の肉はまだ価格が高いという流れにする。plant を入れる。

問6　(1)「世界の戦争が植物性由来の肉が高価な唯一の理由だ」本文最初と最後の文参照。戦争は食糧危機の原因となるもので，植物性由来の肉が高価な理由は作るのに多額の費用かかるから。よって不一致。　(2)「豆腐はアジアの国で発明されたベジミートの一種である」第2段落第2文に一致。　(3)「人々はベジミートを作るのにたくさんの水を必要とした，なぜならそれは植物からなるものだからである」最後から2段落目第3文に不一致。　(4)「価格がベジミートの問題の1つである」最終段落第2，3文に一致。

重要　[4]　（長文読解問題・伝記：適語・適文選択補充問題，内容把握，内容正誤判断）

（全訳）樋口一葉は明治時代と呼ばれる日本の特別な時代に生きた有名な日本人作家である。彼女は日本の東京で1872年に生まれた。樋口は彼女を有名に，そして人気者にした短編や小説をたくさん書いた。①その結果，2004年から彼女は日本の5000円札の肖像となった。

樋口は美しく詳細な作風で知られている。②彼女の物語は様々な人々，とりわけ女性や裕福ではない人々の生活がどのようなものであったかを示した。彼女は彼らがどのように明治時代を生き延びたかについて書き，あたかも登場人物と一緒にそこにいるかのように③読者に感じさせるのが得意だった。

彼女の最も有名な物語の一つは「たけくらべ（成長）」と呼ばれるものである。これは東京で成長していく子供たちの物語である。樋口は彼らの友情や学んだこと，成長することの困難にどのように直面したかについて語った。

樋口はわずか24歳で亡くなったが，たくさんの素晴らしい物語を残した。あまり認識されることもなく，忘れられてしまうような人たちの生活を示したので彼女の文章は重要だった。彼女は④声を持たなかった人たちに声を与えたのだ。

樋口は偉大な作家だった⑤だけではなく，他の女性たちの見本だった。彼女の時代には女性たちは話や思ったことを共有する機会は多くなかったのだ。しかし樋口はそれを変えた。⑥彼女は女性たちも素晴らしい作家になれるのだということを示したのだ。

樋口一葉の物語は今でも愛され読まれている。彼女は美しく文章を書き，社会に影響を与えた重要なことについて語ったので，人々は彼女のことが好きで尊敬するのである。彼女の物語を通して読者は様々な人たちの生活を感じそのことについて考えることができるのだ。

樋口の人生は短かったが，彼女は日本文学に多大な影響を与えた。彼女の物語は作家たちや読者たちを一世紀以上感動させ続けている。2024年以降は彼女が5000円札の肖像でなくなるのは悲しい。なぜなら代わりに別の有名な女性津田梅子が登場するからだ。新しい5000円札を見るのは⑦わくわくするが，樋口一葉はいつまでも偉大な作家だ；そして彼女の物語は永遠に忘れられることはないだろう。

問1　前文で樋口一葉はとても有名で人気があると書かれているので，その結果5000円札の肖像になったという流れにしたい。④ As a result「その結果(として)」が適当。　①「代わりに」 ②「その一方で」 ③「しかし」

問2　全訳参照。③が正解。　what life was like「生活がどのようなものであったか」 show の目的語となる間接疑問文。この like は「～のような」という意味。different people「様々な人々」 different には「異なる」という意味の他「様々な」という意味がある。people who don't have a lot of money「お金をたくさん持っていない人々」 who 以下は people を修飾する関係代名詞節。「お金をたくさん持っていない人々」＝「裕福ではない人々」

問3　be good at ～「～が得意だ」 前置詞 at の後なので「～」には名詞相当語句が入るので動名詞 letting を続ける。〈let ＋人＋動詞の原形〉で「人を～させる」という意味。let は使役動詞なので動詞の原形を続ける。ここでは readers が「人」③ letting readers feel が正解。

問4　one は不定代名詞で前出の不特定の名詞を指す。ここでは a voice を指す。She gave a voice to people who didn't have a voice.「彼女は声を持たなかった人たちに声を与えた」ということ。

問5　〈not only A but also B〉「AだけでなくBも」に当てはめ，but also を入れる。A＝ a great writer，B＝ a role model for other women

問6　⑥を含む段落で，女性たちが話や考えを共有できなかった時代に，それを変え女性たちの見本となったことがわかる。したがって②「彼女は女性たちも素晴らしい作家になれることを示した」が適当。　①「女性たちの方が男性たちよりも良い作家だということを示した」 ③「彼女は誰も彼女よりも良い物語を書くことはできないということを示した」 ④「彼女は女性たちが自分たちの考えを共有することは重要ではないことを示した」

基本　問7　be exciting で「わくわくする[興奮する]」という意味。物が主語の時には be exciting を使う。人が主語の時には be excited が使われる。excite ～ は「～を興奮させる」という意味の動詞になりここでは不適。

基本　問8　「樋口はいつ亡くなりましたか？」 第一段落第2文，第4段落第1文参照。1872年に生まれ24歳でなくなっていることがわかるので，③1896年が答えとなる。

問9　①第1段落最終文，最終段落最後から2文目参照。2004年に肖像になり2024年に津田梅子に代わるので不一致。　②第3段落第2文参照。子供たちの成長の物語とあるので不一致。　③第4段落第1文に一致。　④最終段落最後から2文目参照。樋口一葉から津田梅子に代わるので不一致。

★ワンポイントアドバイス★

長文読解2題は，いずれも長さは標準的だが細かい内容が問われている。まず設問に目を通してから丁寧に読んでいこう。答えは必ず本文の中から見つけること。どこにどのようなことが書かれているかを素早く正確に把握することがポイント！

＜理科解答＞

[1]　(1)　1　③　(2)　2　①　(3)　3　⑧　(4)　4　⑥　(5)　5　④
　　(6)　6　①　(7)　7　⑤　(8)　8　⑥　(9)　9　③　(10)　10　①
[2]　(1)　11　①　(2)　12　①　(3)　13　④　(4)　14　⑥　(5)　磁石［電磁石］
[3]　(1)　15　②　(2)　16　⑥　(3)　17　③　(4)　0.25(倍)　(5)　18　⓪
[4]　(1)　19　⑥　(2)　1012hPa　(3)　20　②　(4)　21　④　(5)　22　①
[5]　(1)　23　④　(2)　24　⑧　(3)　25(Ω)　(4)　25　③　(5)　26　⑨

○推定配点○

[1]　各3点×10　[2]　(5)　3点　他　各2点×4　[3]　(4)　3点　他　各2点×4
[4]　(2)　3点　他　各2点×4　[5]　(3)・(5)　各3点×2　他　各2点×3　計75点

＜理科解説＞

重要 [1]　(理科総合―小問集合)

(1)　60℃の水100gに硝酸カリウムは110gまで溶けるので，飽和溶液の質量パーセント濃度は$(110 \div 210) \times 100 = 52.3$(％)である。最も近いものを選ぶ。

(2)　初めの飽和溶液中に溶けている硝酸カリウムの質量は$100 \times \frac{22.0}{122} = 18.03$(g)である。蒸発した水20g中に溶けていた硝酸カリウムは$22.0 \times \frac{20.0}{100} = 4.4$(g)であり，これが析出する。冷却後に溶けている硝酸カリウムの質量は$18.03 - 4.4 = 13.63 \fallingdotseq 13.6$(g)である。

(3)　ア　×　銅は陰極側に付着する。　イ　×　炭素電極でも白金電極でも，陰極には銅が析出する。t_1秒後からさらにt_2秒間で銅イオンの濃度が小さくなるので色はさらに薄くなる。
ウ　×　水素が発生する。

(4)　タンパク質の分解酵素は，ペプシンとトリプシンである。

(5)　46億年は地球ができてからのおよその年代である。魚類の出現は約5億年前である。は虫類より両生類が先に現れた。④が正しい。人は知能面では最も進化した生物といえるが，その他の能力が人より優れた動物が存在する。

(6)　2枚の合わせ鏡を90°の角度で組み合わせ，図2のように置いた時計を観察すると，2回反射されるので図1と同じ向きの像が映る。

(7)　陰極線の正体は電子の流れであり，磁力で曲げられることはない。

(8)　質量の同じ物体の持つ位置エネルギーは高さに比例する。2.0mの位置から銅を落下させて7℃温度を上げるには，$\frac{7.0}{1.2} \times 50$(回)落下させる必要がある。高さを1.0mにすると回数が2倍になるので，$\frac{7.0}{1.2} \times 50 \times 2 = 583$　最も近いものは600回である。

(9)　地球の自転の方向は，北極上空から見て反時計回りである。よって，南極の上空から見ると時計回りに回る。

(10)　海岸段丘は波の作用などで削られた地形が地面の隆起によってできる地形であり，リアス式海岸は地面が沈降し海面が上昇して海水が深い谷に入り込んでできた地形である。

[2]　(化学総合―密度・化学反応と質量)

基本 (1)　菜種油の密度は$0.92 g/cm^3$であり，密度の大きいものほど重いので下側になる。よって下側に水銀，その表面に鉄が浮き，水銀の上側に菜種油が層になる。

重要 (2)　気体分子は激しく飛び回っている。しかし状態変化では物質の質量は変化しない。密度は，体積が大きくなるので減少する。

(3)　鉄鉱石を鉄に変える変化は酸化還元反応である。④以外は酸化還元反応であるが，④はイオンの組み合わせが変化する沈殿生成の反応である

重要 (4)　Fe_2O_3の原子量合計は160であり，CO_2は44である。160gのFe_2O_3から44×3＝132(g)のCO_2が生じるので，1000kgのFe_2O_3から$x$kgのCO_2が生じるとして，160：132＝1000：x　x＝825kgである。

(5)　鉄は磁石にくっつくがアルミニウムはくっつかない。この性質の違いを利用する。電流を流すことで効力を発揮するので電磁石である。

[3]（その他―顕微鏡の使い方）

(1)　図のAは細胞口と呼ばれ，食物の摂取を行う。

(2)　初めに接眼レンズを取りつけ，その後対物レンズを取りつける。反射鏡の角度を調節して視野を明るくし，プレパラートをステージにのせ，調節ねじを回してピントを合わせる。

重要 (3)　①～③が接眼レンズであり，④～⑥が対物レンズである。接眼レンズは倍率が高いほど短くなり，対物レンズは倍率が高いほど長くなる。破損していた接眼レンズは倍率が一番低いものなので③である。

(4)　使用できるレンズの組み合わせで，1番大きな倍率は15×40＝600(倍)である。2番目に大きい倍率は10×40＝400(倍)であり，3番目は15×10＝150(倍)である。下線部dの条件の時に比べて，最大倍率では倍率が4倍になる。ゾウリムシの移動速度は変わらず，視野の幅は4分の1になるので，横切るのにかかる時間は1÷4＝0.25(倍)になる。

(5)　イ　×　無性生殖によって生じる個体の遺伝子型は親と同じである。　オ　×　生物のスケッチでは輪郭を1本の線で描き，斜線などを使わず濃淡は点描する。

[4]（天気の変化―日本付近の気象）

基本 (1)　日本の夏の典型的な気圧配置は南高北低型であり，小笠原気団が日本列島を覆い晴れて気温の高い日が続く。地表の温度が上がると，上昇気流が生じて積乱雲が発生する。

(2)　等圧線の間隔は太い線では20hPa間隔，細い実線は4hPa間隔で描かれる。太平洋上の低気圧のまわりの等圧線が1010hPaでその東側の等圧線が1014hPaであり，Aを通る等圧線は1012hPaになる。

(3)　太平洋上の高気圧の影響で日本列島上空は気圧が高く，台風は気圧の低い北西方向に進むと予想される。A地点では台風に向かって南寄りの風が吹き込む。

(4)　④　台風の発生数・接近数・上陸数ともに，2000年以降いったん減少傾向になりその後増加している。

(5)　①　液状化現象は地震で生じ，高潮では生じない。

[5]（電流と電圧―回路と電流）

基本 (1)　抵抗＝電圧÷電流より，1.0÷0.02＝50(Ω)

重要 (2)　同じ電圧で直線AはBより電流が大きいので，Aの回路は並列回路の方である。縦軸に電流値を取っているので，抵抗が大きいほど直線の傾きは小さくなる。抵抗の大きさを2倍にすると直列回路では全体の抵抗も2倍になり，直線の傾きは2分の1になる。

(3)　Bのグラフが直列回路であり，全体の抵抗の大きさは6.0Vで80mAの電流が流れるので6.0÷0.08＝75(Ω)　電熱線aの抵抗が50Ωなので，bは75－50＝25(Ω)である。

重要 (4)　並列回路では電熱線aにもbにも同じ大きさの電圧がかかる。電熱線aとbの抵抗の大きさの比は2：1なので，流れる電流の大きさの比は1：2になる。よって全体の電流が300mAのとき，電熱

線aを流れる電流は$300\times\frac{1}{3}=100$(mA)である。

重要 (5) 仕事率は体重60kgの人にかかる重力が600Nなので，$\frac{600\times0.2\times15}{15}=120$(W)になる。

★ワンポイントアドバイス★

基本問題が大半である。基礎知識をしっかりと持ったうえで，応用問題も問題集などで練習しておきたい。問題数に対して試験時間が短いので，できる問題から確実に解答するようにしたい。

＜社会解答＞

［1］ 問1 ② 問2 ② 問3 ④ 問4 ③ 問5 ① 問6 ③ 問7 菅原道真
問8 ④ 問9 ③ 問10 ③ 問11 ① 問12 ③ 問13 ② 問14 ⑤
問15 ①

［2］ 問1 ③ 問2 7時50分[経度差で求めた7時30分も正答] 問3 ① 問4 ③
問5 ④

［3］ 問1 ④ 問2 ④ 問3 ① 問4 ④ 問5 独占禁止法[独禁法]

［4］ 問1 ④ 問2 ① 問3 ⑤ 問4 ② 問5 ④

○推定配点○

［1］ 問3，問6，問7，問14 各3点×4 他 各2点×11 ［2］ 各3点×5 ［3］ 各3点×5
［4］ 問4 3点 他 各2点×4 計75点

＜社会解説＞

［1］ （総合問題―関西に関連する地理と歴史の総合問題）

やや難 問1 各藩の蔵屋敷は国元で集めた年貢米や特産物を蓄えてあり，これらを各藩と取引のある札差という商人が売りさばいて現金化し，さらに国元で必要とする品々を調達し，国元へ送っていた。蔵屋敷が商売の場になってはいないので誤り。

問2 a・dは縄文時代の記述として正しい。bの高床倉庫は弥生時代になり農耕が行われるようになると収穫物を保存する場としてつくられるようになるので誤り。cの石包丁は弥生時代に米を収穫するために稲穂を刈り取る穂首刈りに使っていたとされるものなので誤り。

基本 問3 仏教が百済から伝えられたのは538年の6世紀のことだが，国分寺，国分尼寺が全国に建てられるのは奈良時代の聖武天皇の頃なので誤り。

重要 問4 ①は唐の律令をもとに大宝律令をつくったので誤り。②は聖徳太子は622年に亡くなっているので誤り。④は白村江の戦いは百済の再興のために日本が派兵したものなので誤り。

問5 Ⅰは紀元後1世紀の57年。→Ⅱは室町時代の1404年。→Ⅲは安土桃山時代の16世紀末から江戸初期。

重要 問6 ①は綿織物ではなく絹織物。②の永楽通宝は室町時代に明から流入したが和同開珎は708年に日本で鋳造したものなので誤り。④の菱垣廻船は江戸と京都ではなく大阪との間の物流に最初用いられたもの。のちに樽廻船にとってかわられる。

基本 問7 天満宮，天神とされる神社は菅原道真にゆかりのもの。

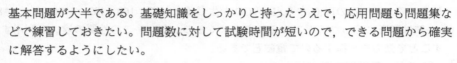

問8　菅原道真は9世紀後半に活躍した人物で894年に菅原道真の建議で遣唐使が廃止されるが，政敵の藤原時平に謀られて大宰府に左遷されてしまった。Xの万葉集は奈良時代のものなので，菅原道真の歌は入っていない。Yの承久の乱の時代には菅原道真はいない。承久の乱で隠岐に流されるのは後鳥羽上皇。

問9　①のルターが宗教改革を行ったのはドイツ。フランスやスイスはカルヴァン。②のイエズス会はプロテスタントに対抗しカトリックを広めるために設立されたもの。④の豊臣秀吉はキリスト教の支持者ではなく，貿易の実利をとってキリスト教をとりあえずは許していたが，のちに布教を禁じる。

問10　『唐獅子図屏風』は狩野永徳の作で，安土桃山時代のもの。

問11　①のラジオ放送が始まるのが1925年。②の洗濯機や冷蔵庫，白黒テレビなどの家電製品が広く普及するのは1950年代末の岩戸景気の頃。③の太陽暦に切り替わるのは明治初期。④の切符制や配給制が採られるのは太平洋戦争の頃。

重要　問12　阪神工業地帯はこの中では機械工業の比率が低いのが今の特徴。かつては機械工業が阪神でも比率が高かったが，家電製品を中心とする機械工業の工場が，人件費の安い東南アジアなどへ動いた結果，阪神工業地帯は機械工業の比率が下がっている。①は京浜工業地帯，②は中京工業地帯。

問13　1956年の日ソ共同宣言に調印したのは鳩山一郎首相。佐藤栄作首相の在任期間は1964年から72年まで。1972年に田中角栄に代る。

問14　Ⅳ　日本最初の仏教文化は飛鳥文化。「天寿国繍帳」は法隆寺に隣接する中宮寺にある。→Ⅰ『竹取物語』は平安時代の伝奇物語。→Ⅱ　コロンブスが新大陸のそばのサンサルバドル島に到達したのが1492年の15世紀末。→Ⅲ　南北戦争は1861年から65年までの19世紀中ごろ。→Ⅴ　『青鞜』が発刊されるのは1911年の明治時代末期。

やや難　問15　アが滋賀県で，Xの織田信長が焼き討ちしたのは比叡山延暦寺。オは兵庫県でYの埋め立て地は神戸の六甲アイランドやポートアイランド。イが大阪府，ウが京都府，エが奈良県，カが和歌山県。

［2］（地理―オーストラリアに関する問題）

基本　問1　X　ユニオンジャックが国旗にある国は，基本的にかつてイギリスの植民地となっていた国々。Y　南十字星は南半球に行かないと見えない星で，国旗に南十字星があしらわれているのはオーストラリアの他にニュージーランドもそうである。

重要　問2　成田空港を19時20分に発つ飛行機が，10時間30分かけてメルボルンに着くとすると，到着時間は成田の日本時間のままで翌日の5時50分になる。日本とメルボルンとでは1時間の時差があり，さらにオーストラリアでサマータイムをとっているとなると，日本時間より2時間先に進んでいることになるので，到着時間はメルボルンの時間で翌日の7時50分となる。

問3　バンコクは気温が18度よりも高く，降水量は多い時期と少ない時期が分かれているので，サバナ気候になり，オーストラリアは南半球なので北が熱帯で南が温帯になり，Aがサバナ気候になる。ケープタウンは気温と降水量の変化が逆になっている地中海性気候で，オーストラリアではBのパースが地中海性気候になる。アリススプリングは乾燥帯の砂漠気候，シドニーは温暖湿潤気候。

やや難　問4　冬小麦は秋の終わりから冬の初めの頃に種をまき，翌年の春を過ぎたころに収穫期を迎える。したがって冬小麦の種まきの時期から③だけが南半球と判断できる。①，②，④の中で2が冬小麦の種まき時期が早いので，冬が寒いロシアと判断でき，アメリカと中国では，アメリカの方が小麦の栽培地域が中国よりも温暖なところが多いので，春小麦の種まきが早い①がアメリカで，

④が中国と判断できる。

問5　①は18世紀ではなく19世紀。②はオーストラリアへの移民はかつてはヨーロッパ系に限られていたが，白豪主義が撤回されてからはアジア系が増えてきている。③は1993年の法律で，アボリジニの土地の権利も認められるようになっている。

［3］（経済―物価，インフレ，デフレなどに関する問題）

やや難　問1　①　コロナ禍で経済の動きが停滞し物流も滞ったが，燃料費の高騰などで輸送費は上がっていた。　②　ロシアのウクライナ侵攻でロシアからの原油や天然ガスの供給が滞り，これらの価格は上昇した。　③　2024年の2月の段階でもまだロシアのウクライナ侵攻は終わっていない。　⑤　円高になれば輸入品の価格は下がる。

問2　ここ数年日本円とドルの関係でいえば円安の傾向が続いている。円高になれば，輸入飼料の価格は普通なら下がるので，卵の価格は下がる。

問3　X，Yともに正しい。インフレで貨幣価値が下がれば物価は上昇する。デフレになると賃金が下がり，収入が減れば購買意欲は否応なしに低下せざるを得なくなる。

重要　問4　グラフの右上がりのものが供給曲線，右下がりのものが需要曲線。技術革新が起これば供給曲線は右に動き，その段階で均衡価格は下がる。

基本　問5　独占禁止法は同業種の企業が協定などを結び，共存共栄を図り，他社を市場から締め出そうとするカルテルなどを主に取り締まる法律。公正取引委員会が運用し違反企業を摘発する。

［4］（政治―三権に関する問題）

基本　問1　①は任期が短く解散があるのは参議院ではなく衆議院。②は緊急集会は衆議院が解散中に国に緊急の必要がある場合に参議院だけで審議を行うもの。③は通常国会は1月に召集されるが1日に召集するという規定はなく，早くても1月の2週目あたりから。

問2　条約は内閣が締結し，国会がそれを承認する。

重要　問3　A　医療に関することは厚生労働省が主に扱う。　B　旅行・観光業者に関することは国土交通省が主に扱う。　C　災害などに関することは総務省が扱う。

問4　法律案が国会で成立すると関係大臣の署名と天皇が御名御璽といって押印，署名をして公布される。

重要　問5　規制緩和は基本的に特定の業者のみに限られていた業務を他の企業でもできるようにしたり，国がやっていたものを民営化した。その中で考えると④の郵便業務はもともと国のやっていたものを民営化したので誤り。

★ワンポイントアドバイス★

理科と社会科とで合わせて60分の試験時間で全てを解くのは忙しいが，それぞれの設問の内容を正しく把握し，選択肢をよく見ていくこと。特に正誤問題は注意が必要。全体に，文章をていねいに読み込むことがポイント。

＜国語解答＞

〔一〕 1 ①　2 ②　3 ⑤　4 ⑤　5 ③　6 ①　7 ④　8 ③　9 ①
10 ①　11 ②

〔二〕 12 ③　13 ④　14 ④　15 ③　16 ⑤　17 ②　18 ①
A 築」である。　B 非科学的　C あやしき

○推定配点○
〔一〕 1～6 各3点×6　他 各6点×5　〔二〕 12・13・B・C 各4点×4　他 各6点×6　計100点

＜国語解説＞

〔一〕（論説文―漢字，脱文・脱語補充，接続語，文脈把握，内容吟味，語句の意味，要旨）

問一 （ア） 偏り　① 偏食　② 普遍的　③ 一辺倒　④ 編集　⑤ 転変
（イ） 焦点　① 衝突　② 焦燥　③ 招待　④ 生涯　⑤ 参照
（ウ） 担う　① 単純　② 端的　③ 元旦　④ 豪胆　⑤ 負担

問二 Ⅰ 直前に「読み手の世界観は揺らぐかもしれないが，『倒壊』するわけではない」とあり，直後で「視野が広がるという方が近い」としているので，どちらかといえば，という意味の「むしろ」が入る。 Ⅱ 直前に「しかし，それは果たして『読み』において絶対的要件となりうるだろうか」とあり，直後で「この問題はもうひとつの厄介な問題をもたらす」とつけ加えているので，累加を表す「さらに」が入る。 Ⅲ 直後の「時代を超えて変わらない場合もある」を修飾する語としては，言うまでもなく，という意味の「もちろん」が適切。

問三 「『読み』の機能」については，直前に「『自己倒壊』」とあり，この他に考えられることとして，直後に「他者との違いに気づき，多様な他者を『承認』すること」「自分の生き方や考え方が間違いではなかったと思い，自己を『補強』すること」「忘れていた感覚を自己を『再発見』すること」という四点が示されているので，「感情を理解しやすくさせる機能」とある④はあてはまらない。

やや難 問四 （ⅰ） 同様のことは，直後で「『読み』にひとつの正解を求めるは論理的に不可能であり，また，何でもありのアナーキズムは論理的に正しいが現実と一致しない。現実に存在するのはいくつかの類型的な『読み』である」と説明されている。本来「読み」はアナーキー(無秩序)であるはずなのに，現実に存在するのは類型的ないくつかの「読み」である，と説明されているので，③が適切。 （ⅱ） この後，「類型的な読み」について，「それが唯一の正解というわけではないが，一般的にはこのようなこの『読み』がなされているという社会的現象を教えてもらった」「この『一般的な読み』という基準を知ることで，『独創的な読み』も可能になる」とし，さらに「『文学』と『読み』はそれ自体，社会を構成する重要な要素であることに気づく。たとえば，ある作品がある時代に生まれ，そのとき，ひとびとはある『読み方』をしていた。その作品はいまも読み継がれているが，ひとびとの『読み方』はかつてとは変わっているという場合がある。『一般的な読み』は時代の産物であり時代とともに変わりうる」と筆者の考えが述べられているので，①が適切。

問五 直後に「～では解けない数多くの問題」とあるので，定説，という意味の「セオリー」が適切。「シンパシー」は共感，「ストーリー」は物語，「アナーキー」は無秩序，「レパートリー」は，いつでも示せる自信のある分野，という意味。

問六 「このような『構築』」とあるので，「構築」という語を探すと，「もうひとつ……」で始まる

段落の最後に「自己の『倒壊』ではなく『構築』である。」に着目できる。直前に示された「構築」を直後で「このような『構築』」と受ける文脈である。

やや難 問七　②は，最終段落に「文学教育はこれまでも重要な役割を果たしてきたのではないだろうか。……。人生も社会も『物語』という形式なしには存立しない。『物語』のもつこうした強大な力を伝えることが文学教育の重要な役割のひとつであろう」とあることと合致する。

〔二〕（小説・古文―漢字，情景・心情，文脈把握，内容吟味，脱語補充，大意）

〈口語訳〉【日本書紀】十二月四日に，天皇の軍がついにナガスネヒコを破る。何度も戦ったが(ナガスネヒコは)勝つことができなかった。その時，たちまち空が暗くなり，あられ・みぞれが降った。突然，金色の不思議なトビが現れ，飛んできて皇弓に止まった。そのトビは光り輝き，形は稲妻のようである。これで，ナガスネヒコの兵士はみな乱され，まぶしくて抗戦できなかった。

【竹取物語】(帝は)八月十五日に，多くの役所に命令して，勅使少将高野の大国という人を指名し，宮中の警護合わせて二千人の人を，竹取の翁の家に派遣される。家に到着して，土塀の上に千人，建物の上に千人，家の使用人などがもともと多かったのとあわせて，あいている隙もないほどに守らせる。この守っている人々も弓を持って，母屋の中では，当番として嫗たちを守らせる。竹取の翁の妻は，納戸の中でかぐや姫を抱えて座っている。

(中略)

こうしているうちに宵も過ぎ，午前〇時ごろになると，家の周辺が昼間より明るくなり，光り輝き，満月の明るさを十も合わせたほどの明るさで，そこにいる人の毛の穴まで見えるほどである。大空から，人が雲に乗って下りて来て，地面から一・五メートルほど上がった高さのところに立ち並んだ。これを見て，家の内や外にいる人の心は，なにかにおそわれるような気持になって，対戦しようとする心もなくなったのである。やっとのことで思い起こして，弓に矢をつがえようとするけれども，手に力が入らなくなり，萎えている。その中で気丈な者が，無理にこらえて弓を射ようとするけれども，矢は外れてあらぬ方へ行ったので，荒々しく戦うこともなく，気持ちがぼんやりして，ただお互いの顔を見合わせるばかりであった。

問一　(ア)　興奮　①　更新　②　拘束　③　興亡　④　抵抗　⑤　絶好
　　　(イ)　縁側　①　延長　②　沿岸　③　演劇　④　縁起　⑤　援護

問二　④の「自己中心的な性格」はあてはまらない。稲妻が走り地面が揺れたことを怖がる静代を安心させようと「『大丈夫だってば。……安全なんだ』」と言いながら「譲の手も声も震えていた」とあることから，譲の性格は，思いやり，やさしさのあるものだと推察できる。

やや難 問三　この時の「おばあちゃん」の様子は，直後に「その顔はやさしげに微笑んでいて，いいよいいよとでもいうように肯き続けた」とある。「『小山先生がおっしゃるにはね，こういうものはみんなつくり話だから，正しい歴史じゃないんだって』」と言う譲を「『生意気なことをお言いでないよ。おばあちゃんの宝物なんだから』」とたしなめる静代に対し，「いいよいいよとでもいうように」肯いているので，「静代のやさしさに感謝し，無理をしなくてもいいと言っている」とする③が適切。

問四　直後に「非科学的な話のあとさきには，必ずその一言を添えていらしたように思う。飛行機や戦車の時代の子，というふうに理解していたのだが，そういう意味ではないのだと，譲に改めて教えられたようなものだった」とあり，後に「私たちは科学の子なのだから，そういうふうに考えなければいけない」とある。「そういうふうに」が指すのは，直前の「神武天皇の御東征も，熊野からはきっと深い山道をたどってきたのだろうから，天がにわかにかき曇って氷雨が降り始めたとしても不思議ではない。長い御弓の先に雷が落ち，その一瞬の輝きに敵も味方も目が眩んだのではあるまいか。そして，……金色の鵄の姿に変わって言い伝えられた」というものなので，

「筋道を立てて論理的に分析し，物事の本質を見極めようとする」ある⑤が適切。

問五　(1)　『日本書紀』や『竹取物語』に描かれる「不思議な」ことについては，「君たちは科学の子よ……」で始まる段落に「非科学的な話」と表現されているので，「非科学的(4字)」を抜き出す。　(2)　【日本書紀】の中の「金色のあやしき鵄有りて」の「あやしき」は，「不思議な」という意味。　(3)　②は，【竹取物語】の中に「からうじて思ひ起こして，弓矢を取り立てむとすれども，手に力もなくなりて，萎えかがりたり」とあることと合致する。①は「月の使者の前では身体が動かず」，③は「翁の家に当たって反射し」，④は「隙間なく並んで立った」，⑤は「あはせて二千人の人を，竹取の翁が家に遣はす」とあることと合致しない。

やや難　(4)　①は，【日本書紀】に「皇師つひにナガスネヒコを撃つ。しきりに戦ひて勝つこと能はず」とあり，【竹取物語】には，(帝は)「六衛の司あはせて二千人の人を，竹取の翁が家に遣はす」「大空より，人，雲に乗りて，おり来て，……ものにおそはるるやうにて，あひ戦はむ心もなかりけり」とあることと合致する。

★ワンポイントアドバイス★

現代文の読解は，言い換え表現に着目し，文脈を丁寧に追って解答する練習をしよう！　現代文に含まれる形で出題される古文は，注釈を追いながら口語訳する力をつけよう！

MEMO

大切なことはメモしておこうネ！

2023年度

★★★★★★★★★★★★★★★★★★★★★★★★

入　試　問　題

2023年度

中京大学附属中京高等学校入試問題

【数　学】（40分）　　＜満点：100点＞

【注意】　1　定規，分度器，計算機は使用できません。

2　問題文中の図は概略図であり，必ずしも正確ではありません。

解答の中で，以下の定理を用いてもよい。

三平方の定理

直角三角形の直角をはさむ2辺の長さを a，b，斜辺の長さを c とすると，次の関係が成り立つ。

$$a^2+b^2=c^2$$

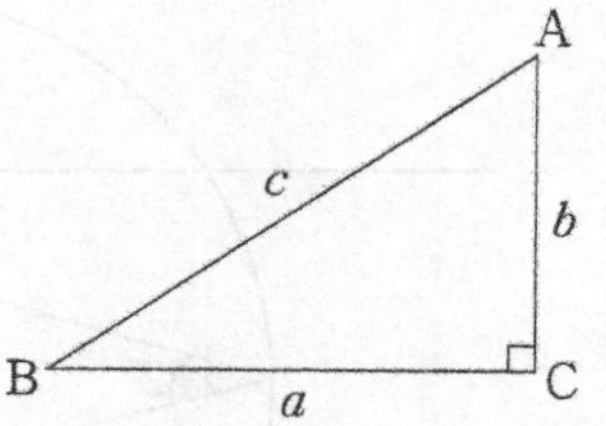

特別な直角三角形の辺の比

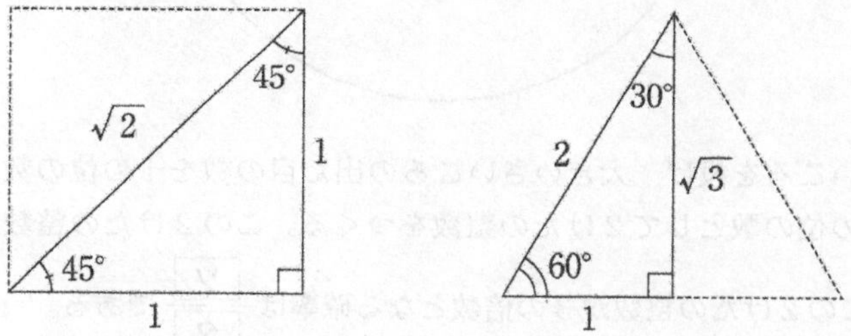

3　問題［1］，［2］の文中の ア ，イ ウ などには，符号（－）又は数字（0～9）が入る。それらを解答用紙のア，イ，ウ，…で示された解答欄にマークして答えよ。

例　ア イ ウ に　－24と答えたいとき

ア	●	⓪	①	②	③	④	⑤	⑥	⑦	⑧	⑨
イ	⊖	⓪	①	●	③	④	⑤	⑥	⑦	⑧	⑨
ウ	⊖	⓪	①	②	③	●	⑤	⑥	⑦	⑧	⑨

4　問題［1］，［2］で分数形で解答する場合，分数の符号は分子につけ，分母につけてはいけない。

例　$\dfrac{\boxed{エ}\ \boxed{オ}}{\boxed{カ}}$ に $-\dfrac{2}{7}$ と答えたいときは，$\dfrac{-2}{7}$ としてマークする。

5　分数形で解答する場合，それ以上約分できない形で答えよ。また，分母に根号を含む場合，分母を有理化せよ。

6　円周率は π を用いること。

［1］ 次の ア ～ ミ に当てはまる適切な符号または数字を選び，マークせよ。

(1) $36\div(-2)\div\left(-\dfrac{1}{3}\right)=$ ア イ である。

(2) $\dfrac{-3^2+(-2)^2}{2^2-3^2}=$ ウ である。

(3) $\left(\dfrac{2}{\sqrt{2}}+\dfrac{5}{\sqrt{5}}\right)\left(\dfrac{1}{\sqrt{5}}-\dfrac{1}{\sqrt{2}}\right)=\dfrac{\text{エオ}\sqrt{\text{カキ}}}{\text{クケ}}$ である。

(4) 二次方程式 $x^2-4x-221=0$ の２つの解の和は コ である。

(5) 下の図のように２本の平行線が，円と交わっている。このとき，∠Aの大きさは サ シ °である。

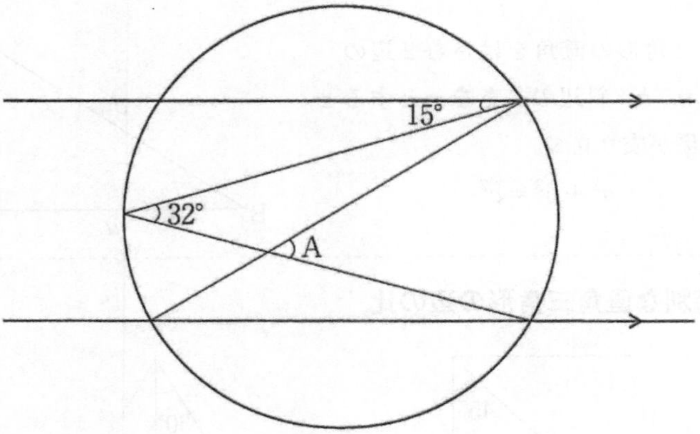

(6) 大小２つのさいころを投げ，大きいさいころの出た目の数を十の位の数，小さいさいころの出た目の数を一の位の数として２けたの整数をつくる。この２けたの整数が偶数となる確率は $\dfrac{\text{ス}}{\text{セ}}$ であり，この２けたの整数が３の倍数となる確率は $\dfrac{\text{ソ}}{\text{タ}}$ である。

(7) $x=5-\sqrt{3}$，$y=5+\sqrt{3}$ のとき，$x+y=$ チ ツ，$xy=$ テ ト，
$x^2+y^2=$ ナ ニ である。

(8) $\sqrt{20.5}$ に最も近い整数は ヌ である。

(9) 連立方程式 $\begin{cases} 3x+y=11 \\ 2x+5y=16 \end{cases}$ の解は，$x=$ ネ，$y=$ ノ である。

(10) 次の空欄 a ， b に当てはまる値の組として正しいものを，①～④の選択肢から番号で選ぶと， ハ である。

ある部活の合宿が，合計3000本の「お茶」と「スポーツドリンク」のペットボトル飲料を準備して実施された。合宿終了時には，「お茶」の99.5％，「スポーツドリンク」の95％が消費され，未開封のペットボトル飲料は，合計69本であった。はじめに準備された「お茶」の本数は a 本であり，「スポーツドリンク」の本数は b 本である。

① a：1200　b：1800　② a：1800　b：1200
③ a：1400　b：1600　④ a：1600　b：1400

⑾　x の変域が $1 \leqq x \leqq a$ であるとき，y の変域が $-2 \leqq y \leqq 3$ である一次関数のうち，グラフの切片が4であるものは $y = \boxed{ヒ}\,x + 4$ である。

⑿　AB＝1，BC＝2である長方形ABCDがある。辺AB，辺CDの中点をそれぞれE，Fとする。円Oが点E，Fで長方形ABCDに接するとき，斜線部の面積を求めると

$\boxed{フ} - \dfrac{\sqrt{\boxed{ヘ}}}{\boxed{ホ}} - \dfrac{\boxed{マ}}{\boxed{ミ}}\pi$ である。

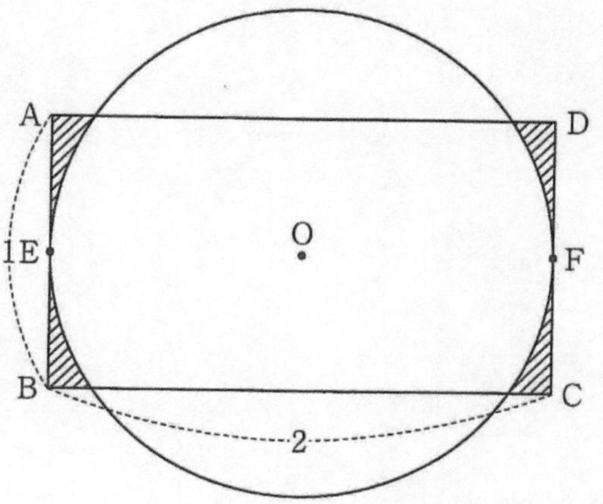

［2］　2つの関数 $y = -x^2$……① と $y = x - 2$……② について，次の $\boxed{ム}$ ～ $\boxed{ヨ}$ に当てはまる適切な符号または数字を選び，マークせよ。

(1)　x の値が a から $a + 4$ まで増加するとき，関数①と関数②の変化の割合が等しくなる。このとき，$a = \dfrac{\boxed{ム}\boxed{メ}}{\boxed{モ}}$ である。

(2)　x の値が b から $b + 5$ まで増加するとき，関数①と関数②の変化の割合が等しくなる。関数①のグラフ上で，x 座標が(1)における a の点を点A，x 座標が b の点を点B，x 座標が $b + 5$ の点を点Cとする。このとき，三角形ABCの面積は $\dfrac{\boxed{ヤ}\boxed{ユ}}{\boxed{ヨ}}$ である。

※［3］の解答は解答用紙の「記述解答欄」のA～Cに記入せよ。

［3］　座標平面上に直線 $l : y = ax + b$ と次の4つの点

A（3，3），B（$3 + c$，3），C（$3 + c$，$3 + c$），D（3，$3 + c$）

を頂点とする正方形ABCDをかく。

a，b，c の数の数値については，2つの袋X，Yを用意し，それぞれ整数が書かれた何枚かのカードを入れ，袋X，Yからカードを1枚ずつ無作為に取り出して定めるものとする。このとき，後の各問いに答えよ。

(1)　袋X，Yにそれぞれ1から3までの異なる整数が書かれた3枚のカードを入れた。

(i)　$b = 0$ とし，袋Xから取り出したカードに書かれた数を a，袋Yから取り出したカードに書かれた数をcとする。このとき，直線 l が正方形ABCDの辺または頂点を通る確率を求めよ。

$\boxed{A}$

(ii)　$a=1$とし，袋Xから取り出したカードに書かれた数をb，袋Yから取り出したカードに書かれた数をcとする。このとき，直線lが正方形ABCDの辺または頂点を通る確率を求めよ。　B

(2)　袋X，Yにそれぞれ-3から3までの異なる整数が書かれた7枚のカードを入れた。$c=3$とし，袋Xから取り出したカードに書かれた数をa，袋Yから取り出したカードに書かれた数をbとする。このとき，直線lが正方形ABCDの辺または頂点を通る確率を求めよ。　C

【英　語】（40分）　＜満点：100点＞

［1］次の問Aと問Bに答えよ。

問A　上の文の意味と同じ意味の文を作るとき，各文の空所に入る最も適切な語（句）を選び，その番号をマークせよ。（マーク解答欄）[1] ～ [5]

(1) That little girl has no clothes. [1]
That girl has (　　) wear.
① no things　② nothing to　③ no one to　④ nothing

(2) My grandfather used to say to me "Be nice to your friends." [2]
My grandfather used to tell me (　　) nice to my friends.
① be　② being　③ to be　④ been

(3) Somebody stole her wallet last week. [3]
Her wallet (　　) last week.
① was stolen　② to steal　③ stolen　④ was stealing

(4) I have been in Nagoya for ten years. [4]
Ten years (　　) since I came to Nagoya.
① have been passed　② were passing
③ have passed　④ passed

(5) Why did you come to Nagoya? [5]
(　　) you to Nagoya?
① Why brought　② What bring　③ Why are　④ What brought

問B　(　) に共通して入る語を答えよ。ただし，文頭に来る語も解答用紙には小文字で書くこと。

（記述解答欄）[A] ～ [E]

(1) [A]
It will (　　) fifteen minutes to get to the station on foot.
The school festival is going to (　　) place on September 30th.

(2) [B]
Risa runs in the park (　　) weekends.
We should pass (　　) this tradition to the next generation.

(3) [C]
Every student has to (　　) their best in the championship.
This chemical will (　　) serious damage to the forest.

(4) [D]
Every citizen has the (　　) to vote. It is important.
It's getting dark. We must leave (　　) away.
Turn left. You'll find the bank on your (　　).

(5) [E]
"(　　) about going skiing this winter?" "That sounds good."
I don't know (　　) made her angry.

［2］［ ］内の語（句）を並べ替え，意味の通る文を完成させたとき，［ ］内で5番目に来る語（句）の番号を選び，マークせよ。ただし，文頭に来るべき語も小文字にしてある。

（マーク解答欄） 6 〜 10

問1 My report [as many / twice / about / mistakes / SDGs / Mark's / had / as]. 6

① twice ② mistakes ③ had ④ as many

問2 [looking / going / to / I'm / abroad / for / forward] sightseeing this summer. 7

① looking ② to ③ going ④ for ⑤ forward

問3 [is / found / I / on / this / a / picture / the] Internet. 8

① is ② found ③ I ④ on ⑤ this

⑥ a ⑦ picture ⑧ the

問4 Chukyo Senior High School [students / as / wear / allows / female / to / pants] uniforms. 9

① students ② as ③ pants ④ wear ⑤ allows

⑥ female ⑦ to

問5 Let [this / me / to / introduce / machine] you. 10

① this ② me ③ to ④ introduce ⑤ machine

［3］次の英文を読み，問いに答えよ。

Dogs and cats have been our best friends for many years. You may be surprised to know that there is some *evidence which shows dogs lived with humans 15,000 years ago. The dogs had a role as hunting dogs. On the other hand, cats joined us after we started rice farming. They were good hunters, and so it is said that people in Egypt kept cats in order to protect their crops from mice. In Japan, *monks in Buddhist temples started ①doing so for almost the same reason. They wanted to keep mice away from their precious *Buddhist scriptures.

(②) the long history, people found the wonderful abilities of dogs, and used them as rescue dogs, watch dogs, and police dogs. But, these days some people started paying attention to another *aspect of dogs. (③)

The history of animal *therapy is long and ④*ancient Romans used horses to help injured soldiers recover from their injuries more quickly. In the 18th century, they found that people who had some problems felt better after they had spent some time with dogs. This was the start of dog therapy. Later in the 2000s, scientists found the cause. When we are with animals, a chemical called *oxytocin is released in our brain. It can *lower our stress level and make us feel happy. The other best friend of ours also has the same effects, and cat

(⑤) was born. Although their number is still small, they are working for us in a new way.

The times have changed and the environment has changed, too. According to a survey, the number of dogs kept in Japan (⑥) since around 2008. Then, there were about 13 million dogs in Japan. Now only about 7 million dogs live with us. On the other hand, the number of cats has increased to 9 million. That means there are (⑦) million more cats than dogs now. We don't know [8], but one thing is clear; keeping a dog or a cat makes us happy.

注）evidence：証拠　monk：僧侶　Buddhist scripture：お経　aspect：側面
therapy：セラピー，治療　ancient Roman：古代ローマ人　oxytocin：オキシトシン
lower：～を下げる

問１　下線部①の内容と同じものを選び，その番号をマークせよ。（マーク解答欄）[11]

① making rice　② keeping cats
③ living with dogs　④ spreading Buddhism

問２　（②）に入れるべき正しいものを次の中から一つ選び，その番号をマークせよ。
（マーク解答欄）[12]

① While　② For　③ At　④ In

問３　（③）に入れるべき正しいものを次の中から一つ選び，その番号をマークせよ。
（マーク解答欄）[13]

① They can help elderly people.
② They can also protect something from other animals.
③ They have great healing ability.
④ More and more people find them cute.

問４　下線部④の表す意味と同じものを次の中から一つ選び，その番号をマークせよ。
（マーク解答欄）[14]

① 古代ローマ人は馬を使って負傷兵をより早く運搬していた。
② 古代ローマ人は馬を使って負傷した兵士がより早く治癒するようにしていた。
③ 古代ローマ人は馬の力を借りて兵士がより素早く敵を負傷させるようにしていた。
④ 古代ローマ人は馬がより早く負傷から復帰する方法を改善した。

問５　本文が自然な流れとなるように，本文の中から（⑤）に入る語を英語１語で答えよ。
（記述解答欄）[F]

問６　（⑥）に入れるべき正しいものを次の中から一つ選び，その番号をマークせよ。
（マーク解答欄）[15]

① has been increasing　② were increased
③ has been decreasing　④ were decreased

問７　（⑦）に入れるべき数字を答えよ。（記述解答欄）[G]

問８　[8] で述べられる内容として正しいものをあとから一つ選び，その番号をマークせよ。
（マーク解答欄）[16]

① what dogs and cats did for us
② whether we should produce more therapy animals
③ why the number of dogs decreased in Japan
④ how we can decrease the number of dogs kept in Japan

問9 本文の内容と一致するものを一つ選び，その番号をマークせよ。（マーク解答欄）17
① 犬と猫は同じくらい人間との長い歴史を持っている。
② 人を「幸せ」にする脳内物質の存在に気付いた人々が動物による治療を始めた。
③ オキシトシンが分泌されると，ストレスが軽減される。
④ 猫は優秀なハンターであり，人間の狩猟との関わりも深い。

［4］次の英文を読み，問いに答えよ。

Food Origins

【Popcorn】

People started growing corn for food about 8,000 years ago in *Central America. They（ ア ）the corn in many ways. They ate it fresh and あ（ ① it / ② used / ③ bread / ④ to / ⑤ make / ⑥ they ）and soup. Did you know that they also（ イ ）popcorn? In 1948, *archaeologists found popcorn in a *cave. It was about 5,500 years old!

Native Americans made popcorn by cooking the corn over a fire. People enjoyed（ ウ ）the hot popcorn. They also used it to make *decorations and popcorn necklaces!

【Chocolate】

The native people of Central America also（ イ ）chocolate about 2,000 years ago. They made a spicy drink from the *seeds of the cacao tree. First they dried the cacao seeds and *crushed them to make a paste. Then they *added *chili pepper and water. The chocolate drink wasn't sweet. It was bitter!

Spanish *explorers learned about chocolate when they（ エ ）in America, and it soon became a popular drink in Spain. Spanish people liked their chocolate hot, with sugar and *cinnamon. Hot chocolate later became popular all over Europe, and chocolate factories started making chocolate candy, too. い In 1867 a Swiss chocolate maker named（ ① with / ② Daniel Peter / ③ invented / ④ made / ⑤ milk / ⑥ a chocolate candy ）. Now milk chocolate is very popular, and cacao trees are（ オ ）in many places.

【Ice Cream】

About 2,000 years ago the *ancient Romans brought ice and snow from the mountains and mixed it with fruit and honey. About 1,500 years ago people in China made desserts with ice and milk. The soft ice cream that we eat today was probably （ イ ） in Europe about 400 years ago.

【前の英文を読んだ後のAさんとBさんの会話】

A: I had no idea that both popcorn and chocolate were made in（ カ ）.

B: Neither did I! I was also surprised to know that the first cocoa tasted more like（ キ ）than the cocoa we know!

A: I would love to try it sometime.

B:（ ク ）I think it would be interesting!

A: I also need to（ ケ ）the Romans and Chinese because I love ice cream.

B: Well, this topic is making me hungry!

A:（ コ ）get something to eat?

注）Central America：中央アメリカ　archaeologist：考古学者　cave：洞穴　decoration：かざり　seed：種　crush：つぶす　add：加える　chili pepper：チリ唐辛子　explorer：探検家　cinnamon：シナモン（香料の一種）　ancient Roman：古代ローマ人

問1　本文の流れが自然になるように，本文中の（ア）～（オ）に当てはまる語をそれぞれ一つずつ選び，その番号をマークせよ。選択肢は一度しか使えない。（マーク解答欄）18 ～ 22

① grown　② use　③ arrived　④ used　⑤ invented
⑥ inventing　⑦ arriving　⑧ eating　⑨ eaten

（ア）18　（イ）19　（ウ）20　（エ）21　（オ）22

問2　以下のA～Dの各文について，本文の内容と一致している場合は①を，矛盾している場合は②を，本文からは判断できない場合は③とマークせよ。（マーク解答欄）23 ～ 26

A　Popcorn has been eaten for a longer time than chocolate.　23

B　People who were born before 1948 probably did not eat popcorn.　24

C　The taste of chocolate 2,000 years ago was different from the chocolate most people eat now.　25

D　More people enjoyed chocolate in 1867 than in 2000.　26

問3　下線部あ，いを意味の通る文になるよう並べかえ，（ ）内で2番目と5番目に来る部分を選び，その番号をマークせよ。（マーク解答欄）27 ～ 30

下線部あ　2番目：27　5番目：28

下線部い　2番目：29　5番目：30

問4　空欄（カ）に入れるのに適切な語（句）を次の中から一つ選び，その番号をマークせよ。

（マーク解答欄）31

① North America　② Europe
③ Native American　④ Central America

問5　空欄（キ）に入れるのに適切な語（句）を次の中から一つ選び，その番号をマークせよ。

（マーク解答欄）32

① coffee　② lemon　③ honey　④ tooth paste

問6　空欄（ク）に入れるのに適切な表現を次のページの中からすべて選び，その個数をマークせよ。

（マーク解答欄）33

A　Me too!　　　　　　　B　That's a great idea!
C　No way!　　　　　　　D　Are you sure?

問7　空欄（ケ）に入れるのに適切な語を次の中から一つ選び，その番号をマークせよ。
（マーク解答欄）34

① think　② thank　③ misunderstand　④ glad

問8　空欄（コ）に入れるのに適切でない句を次の中から一つ選び，その番号をマークせよ。
（マーク解答欄）35

① Why don't we　　　　② Shall we
③ Would you like to　④ Can you

【理　科】（社会と合わせて60分）　＜満点：75点＞

［1］　次の(1)～(10)の各問いに答えよ。

(1)　図1は，ある火成岩を双眼実体顕微鏡で観察したときのスケッチである。この火成岩の特徴として最も適当なものを，次の①～⑥のうちから一つ選べ。（マーク解答欄）1

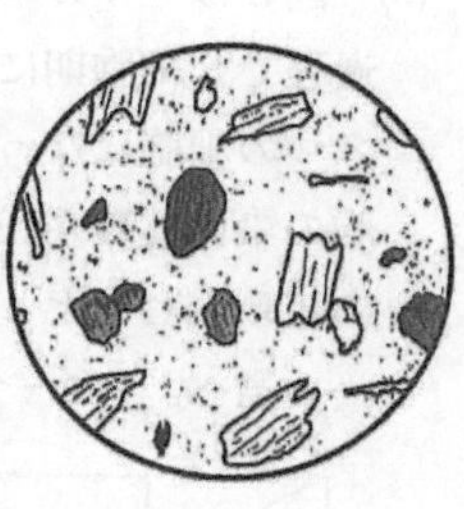

図1

①　マグマが地下深くでゆっくりと冷えて固まるため，石基とよばれる部分ができる。

②　マグマが冷やされる速度が速いほど，石基とよばれる部分の粒は小さくなる。

③　大きな黒い鉱物は黒雲母であり，火山ガラスともよばれる。

④　炭酸カルシウムを多く含み，うすい塩酸をかけると二酸化炭素を生じる。

⑤　色は全体的に白っぽいので，石英や長石を多く含む花こう岩である。

⑥　火山灰が固まってできた岩石で，軽石などのかけらを多く含む。

(2)　表1は，気温と飽和水蒸気量との関係を示したものである。

花子さんは，帰宅して部屋に入ると暖房と加湿器をつけた。帰宅直後の部屋は気温5℃，湿度20％であったが，30分後には気温20℃，湿度60％になった。暖房と加湿器をつける前と比べて，部屋の空気中の水蒸気は，1 m^3 あたり何g増えたか。最も適当なものを，下の①～⑥のうちから一つ選べ。（マーク解答欄）2

表1

気温〔℃〕	0	5	10	15	20	25	30	35
飽和水蒸気量〔g/m^3〕	4.8	6.8	9.4	12.8	17.3	23.1	30.4	39.6

①　1.1g　②　2.1g　③　6.3g　④　9.0g　⑤　10.5g　⑥　16.7g

(3)　図2は，ある地震について，P波とS波の到達時間と震源からの距離を示したものである。ある地点での初期微動継続時間は30秒であった。この地点の震源からの距離は何 km か。最も適当なものを，次の①～⑥のうちから一つ選べ。

（マーク解答欄）3

①　120km　②　133km

③　167km　④　200km

⑤　240km　⑥　280km

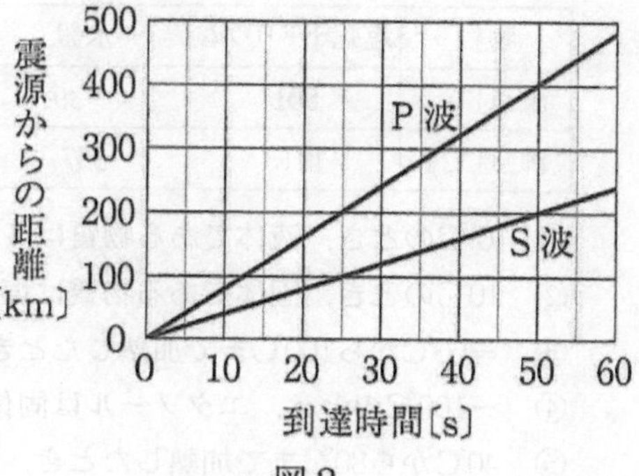

図2

(4)　被子植物を子葉の数に着目して2つのグループに分けたとき，イネと同じなかまは次のア～クのうちどれか。それらを過不足なく含むものを，次のページの①～⓪のうちから一つ選べ。

（マーク解答欄）4

ア　ホウセンカ　イ　サクラ　ウ　タンポポ　エ　アブラナ

オ　トウモロコシ　カ　エンドウ　キ　ツユクサ　ク　ツツジ

① オ　② ア，キ　③ イ，オ　④ ア，オ　⑤ ウ，エ
⑥ イ，キ　⑦ エ，カ　⑧ オ，キ　⑨ カ，ク　⓪ ア，オ，キ

(5) 図３はアマガエルの卵と精子が受精して受精卵となり，発生過程で８細胞期になったところ（受精卵が３回細胞分裂をして８つの細胞になっている）を表している。アマガエルの生殖細胞の染色体数が12本であるとき，図のア～ウの細胞の染色体数の組み合わせとして最も適当なものを，次の①～⑨のうちから一つ選べ。（マーク解答欄） 5

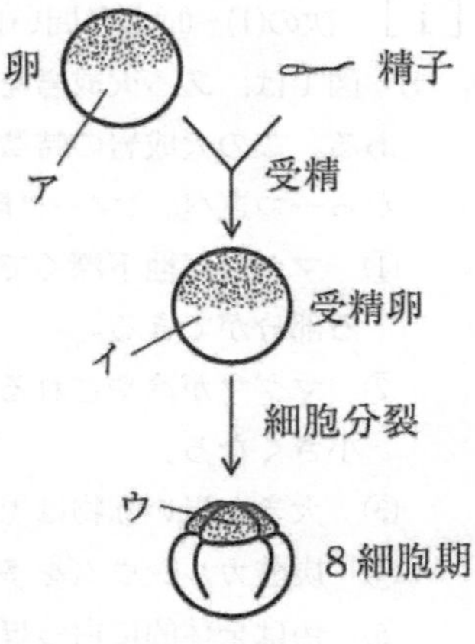

図３

	ア	イ	ウ
①	6本	12本	12本
②	6本	12本	24本
③	6本	12本	48本
④	12本	24本	3本
⑤	12本	24本	12本
⑥	12本	24本	24本
⑦	24本	48本	6本
⑧	24本	48本	24本
⑨	24本	48本	48本

(6) 表２はさまざまな物質の融点と沸点をまとめたものである。この表をもとにして考えたとき，表中の物質に関する記述として最も適当なものを，下の①～⑤のうちから一つ選べ。

（マーク解答欄） 6

表２

物質	塩化ナトリウム	水銀	パルミチン酸	酢酸	エタノール	酸素
融点〔℃〕	801	−39	63	17	−115	−219
沸点〔℃〕	1413	357	351	118	78	−183

① 0℃のとき，液体である物質は３種類ある。
② 10℃のとき，固体である物質は塩化ナトリウムとパルミチン酸のみである。
③ −60℃から100℃まで加熱したとき，状態変化が起こる物質は４種類ある。
④ −100℃のとき，エタノールは固体である。
⑤ 40℃から80℃まで加熱したとき，状態変化が起こる物質は，エタノールのみである。

(7) 図４のような同じ長さのレールを３本用意し，図５のようにそれぞれを曲げ，スタートの高さが同じになるように設置した。スタートの位置で小球を同時に静かに放したとき，最初にゴールするものはどれか。最も適当なものを，あとの①～⑦のうちから一つ選べ。ただし，小球はレールの上を滑らかに転がるものとし，空気抵抗やレールとの摩擦は考えないものとする。

（図４・図５は次のページにあります。）

（マーク解答欄） 7

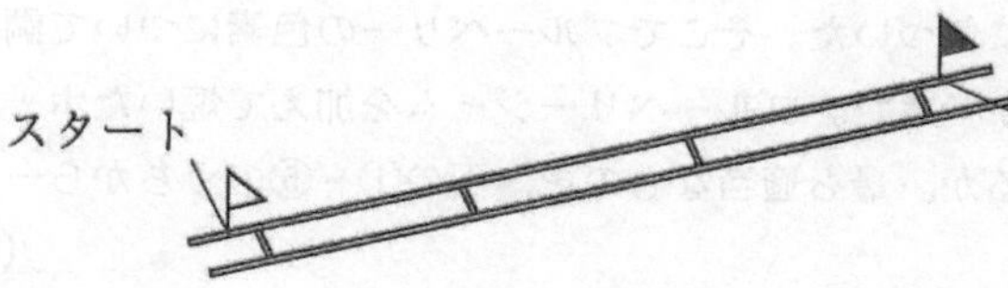

図4

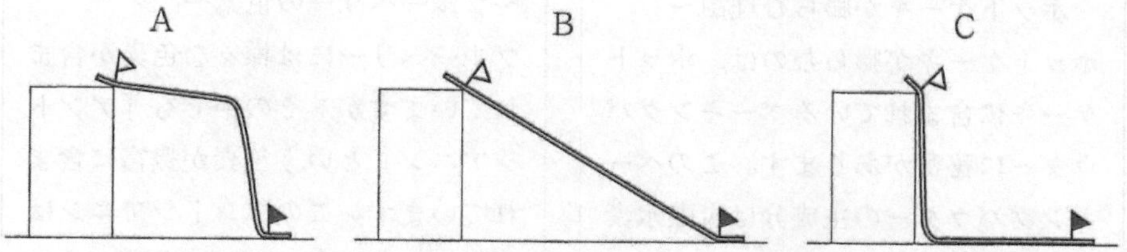

① A　② B　③ C　④ AとB　⑤ BとC
⑥ AとC　⑦ すべて同時にゴールする

(8) 100gの水に溶ける硝酸カリウムの質量は，20℃のとき31.6g，40℃のとき63.9gである。水15gを入れたビーカーに硝酸カリウムを溶かし，40℃の飽和水溶液を用意した。飽和水溶液の温度を20℃まで下げ，ビーカーのようすを観察すると，溶けていた硝酸カリウムが固体として出てきた。固体として出てきた硝酸カリウムの質量として最も適当なものを，次の①～⑥のうちから一つ選べ。（マーク解答欄）8

① 2.6g　② 4.8g　③ 9.6g　④ 13g　⑤ 20g　⑥ 32g

(9) 図6のような回路がある。この回路の点Xを流れる電流の大きさとして最も適当なものを，下の①～⑧のうちから一つ選べ。（マーク解答欄）9

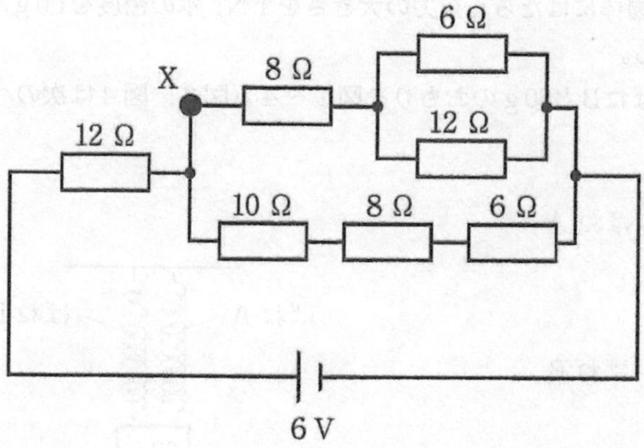

図6

① 0.1A　② 0.2A　③ 0.3A　④ 0.6A
⑤ 1.2A　⑥ 2.4A　⑦ 3.6A　⑧ 6.0A

(10) ホットケーキを焼いていた花子さんは，ホットケーキが膨らむことを不思議に思い，調べてみると次のページの資料1の記述を見つけることができた。また，花子さんは同じ材料で作ったホットケーキの生地に，大好きなブルーベリージャムを加えて焼いたところ，予想した色とは異なる色になっていることに気づいた。そこでブルーベリーの色素について調べてみたところ資料2の記述を見つけることができた。ブルーベリージャムを加えて焼いたホットケーキの色は何色になっていたと考えられるか。最も適当なものを，下の①～⑤のうちから一つ選べ。

（マーク解答欄）10

資料1

～ホットケーキが膨らむ理由～
ホットケーキが膨らむのは，ホットケーキに含まれているベーキングパウダーに秘密があります。このベーキングパウダーの主成分は炭酸水素ナトリウムで，炭酸水素ナトリウムが分解すると二酸化炭素が発生するため，それによってホットケーキが膨らみます。

資料2

～ブルーベリーの色素～
ブルーベリーには様々な色素が含まれていますが，その中でも「アントシアニン」という色素が豊富に含まれています。このアントシアニンは紫色の色素ですが，pH の影響によって色が変わります。中性では紫色ですが，酸性では赤色，アルカリ性では青緑色になるという特徴があります。

① 紫色　② 赤色　③ 青緑色　④ 白色
⑤ 紫色が消え，もとの生地の色になった

［2］ おもり，ばね，滑車を用いて実験を行った。ばねAとばねBは同じ長さであり，ばねAは20ｇのおもりをつるすと２㎝のび，ばねBは20ｇのおもりをつるすと１㎝のびる。あとの問いに答えよ。ただし，100ｇの物体にはたらく重力の大きさを１N，水の密度を$1.0\,g/cm^3$とし，ばねの質量は無視できるものとする。

［実験１］ ばねA，ばねBと60ｇのおもりを図１～４（図３，図４は次のページ）のようにつないだ。

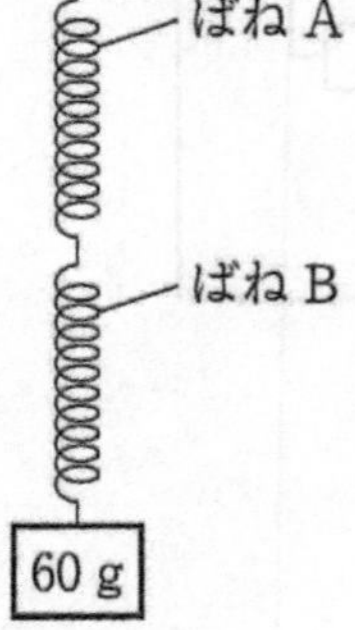

図１

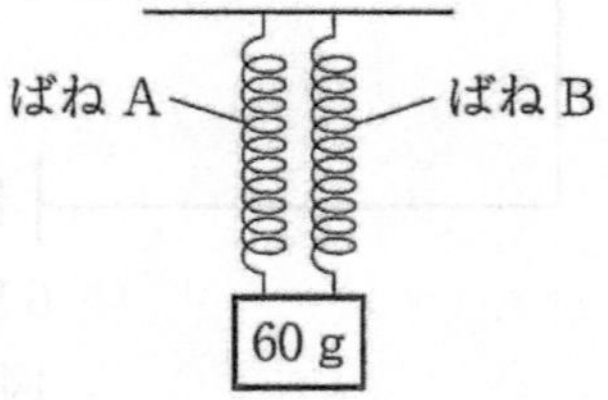

図２

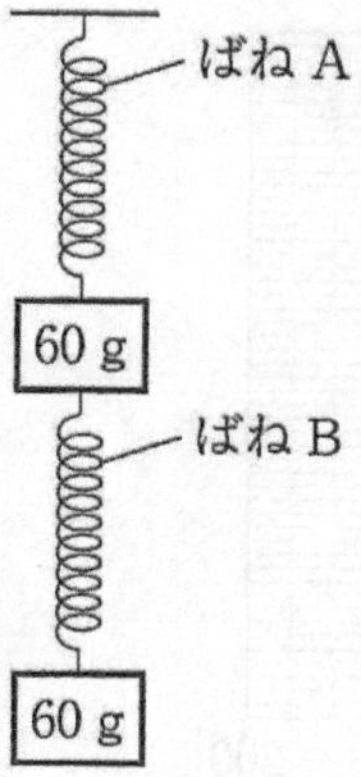

図3

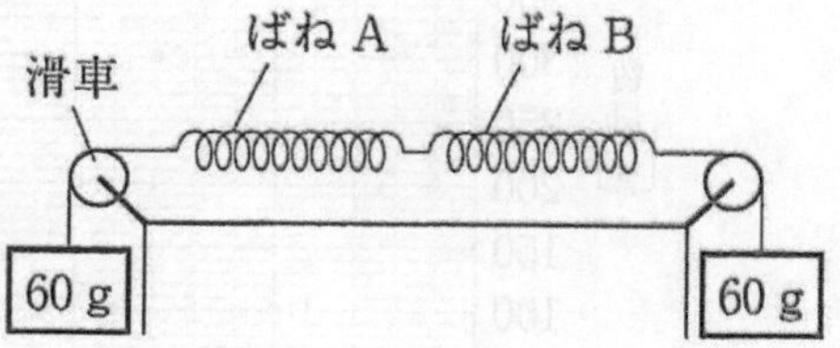

図4

(1) 前のページの図1～4のうち，ばねAとばねBののびの長さの合計が最も大きいものはどれか。最も適当なものを，次の①～⑤のうちから一つ選べ。ただし，おもりは水平につるされており，滑車は滑らかに動くものとする。(マーク解答欄) 11

① 図1　② 図2　③ 図3　④ 図4　⑤ どれも同じ

〔実験2〕 図5のような直方体の物体XをばねBにつるしたところ，ばねBののびは10㎝になった。

(2) 物体XをYの面を下にして机の上に置いたとき，机にはたらく圧力は何Paになるか。最も適当なものを，次の①～⑧のうちから一つ選べ。(マーク解答欄) 12

① 0.125Pa　② 0.320Pa　③ 12.5Pa
④ 32.0Pa　⑤ 1250Pa　⑥ 3200Pa
⑦ 125000Pa　⑧ 320000Pa

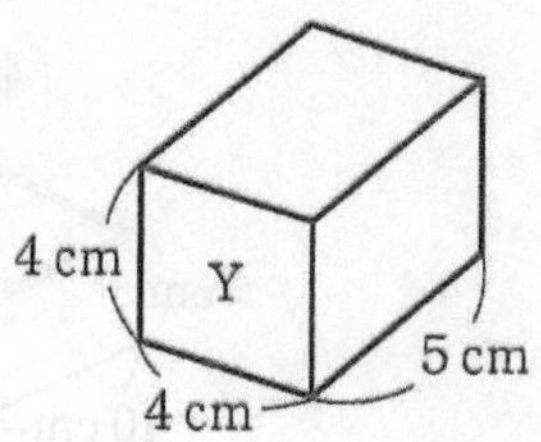

図5

(3) 物体にはたらく浮力の大きさは，その物体がおしのけた液体にはたらく重力の大きさに等しくなることが知られており，アルキメデスの原理とよばれる。そこで，ばねBに物体Xをつるした状態で，図6のように水に沈めた。このときのばねBののびは何㎝になるか。最も適当なものを，下の①～⑤のうちから一つ選べ。

(マーク解答欄) 13

① 6㎝　② 8㎝　③ 14㎝　④ 25㎝　⑤ 125㎝

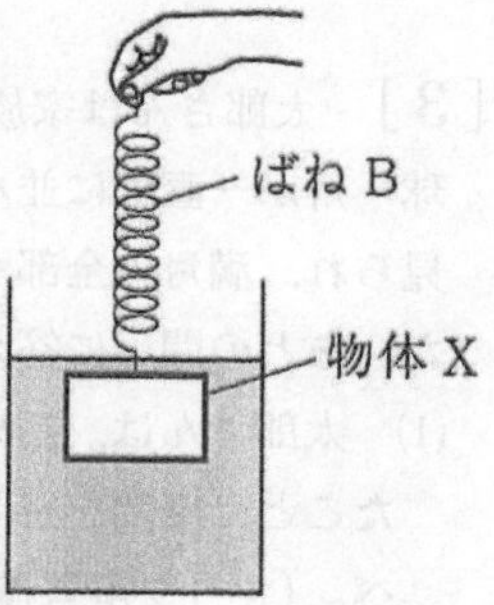

図6

(4) 次のページの図7は物体a～fの質量と体積を調べてグラフにしたものである。物体Xと同じ物質でできていると考えられるものはどれか。過不足なく含むものを，下の①～⓪のうちから一つ選べ。ただし，物体a～fおよび物体Xは内部に空洞がないものとする。

(マーク解答欄) 14

① a　② b　③ c　④ d　⑤ e
⑥ f　⑦ d，e　⑧ a，f　⑨ c，f　⓪ 一つもない

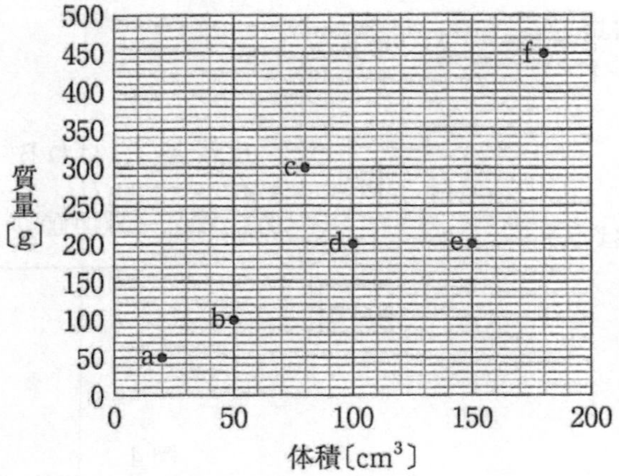

図 7

(5) 物体Zは物体Xと同じ物質でできており，質量も物体Xと同じである。ただし，図8のような箱の形状をしていて，箱の外側の高さは，どこも6㎝で同じである。この物体Zを図9のように，内側に水が入らないようにして水に浮かべたとき，水の中に入っている部分の高さは何㎝になるか。割り切れない場合は，小数第2位を四捨五入して，小数第1位まで答えよ。

(記述解答欄) A ㎝

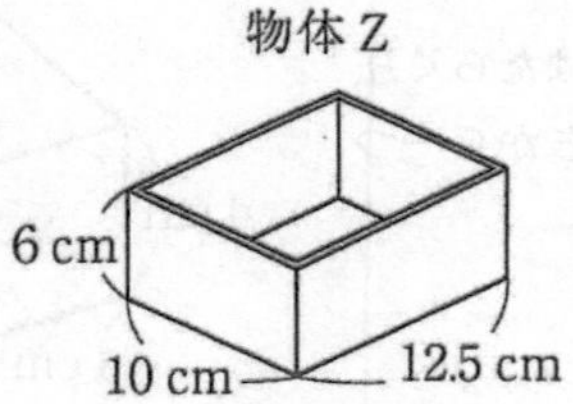

図 8

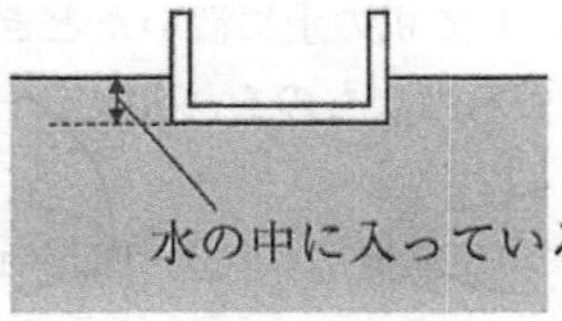

図 9

［3］ 太郎さんは家族と一緒に，2022年11月8日の皆既月食を観察した。皆既月食とは，太陽－地球－月が一直線に並んだときに，太陽からの光によってできた地球の影の中を月が通過するときに見られ，満月の全部が隠される現象である。名古屋では19時16分から20時42分まで見ることができた。あとの問いに答えよ。

(1) 太郎さんは，初めて見た皆既月食にとても感動したが，地球の影に隠れたはずの月が赤く見えたことに疑問を感じた。赤く見えた理由として最も適当なものを，次の①～⑤のうちから一つ選べ。(マーク解答欄) 15

① 月の表面は，酸化鉄を含んだ赤褐色の砂や岩石で覆われているため。

② 太陽からの光のうち，赤色の光を地球の大気が吸収しているため。

③ 月の表面温度が他の天体と比較して低い温度のため。

④ もともと月は赤色の光を発しているが，太陽からの強い光が当たっているときには見えていないため。

⑤ 太陽からの光が地球の大気中を通過するとき，波長の長い赤色の光は散乱されにくく，さらに大気中で屈折して月を赤く照らすため。

(2)　図1は，皆既月食を観察した当日の名古屋での月の動きを天球上に示したものである。同じ日のオーストラリアのシドニーでの天球上の月の動きとして最も適当なものを，下の①～⑥のうちから一つ選べ。（マーク解答欄）16

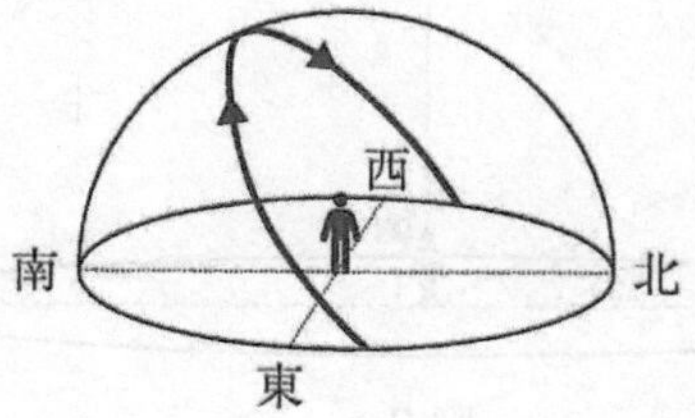

図1

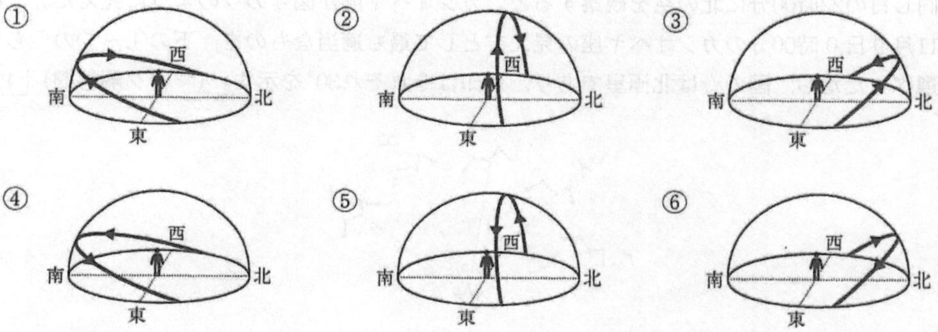

(3)　皆既月食を見終わった21時ごろ，東の空に冬の星座として代表的なオリオン座が出現し，図2のように見えた。星Aと星Bの名称の組み合わせとして最も適当なものを，下の①～⑧のうちから一つ選べ。（マーク解答欄）17

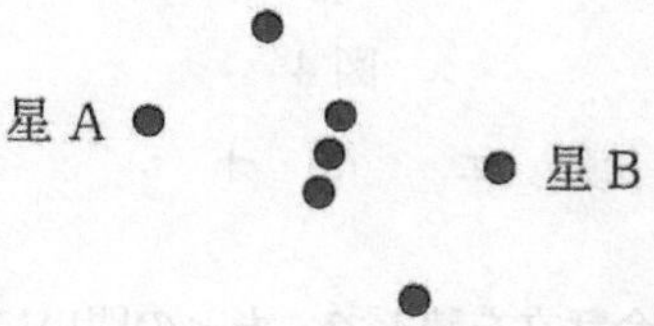

図2

	星A	星B		星A	星B
①	プロキオン	シリウス	②	リゲル	シリウス
③	リゲル	ベテルギウス	④	アルデバラン	ベテルギウス
⑤	アルデバラン	プロキオン	⑥	シリウス	プロキオン
⑦	ベテルギウス	リゲル	⑧	アルデバラン	リゲル

(4)　オリオン座を22時00分に観察すると，星Aが次のページの図3のアの位置に見えた。星Aがイの位置にくる日時として最も適当なものを，下の①～⑥のうちから一つ選べ。

（マーク解答欄）18

①　11月8日23時40分　　②　11月9日0時10分
③　11月9日1時00分　　④　11月9日2時00分
⑤　11月9日2時20分　　⑥　11月9日4時00分

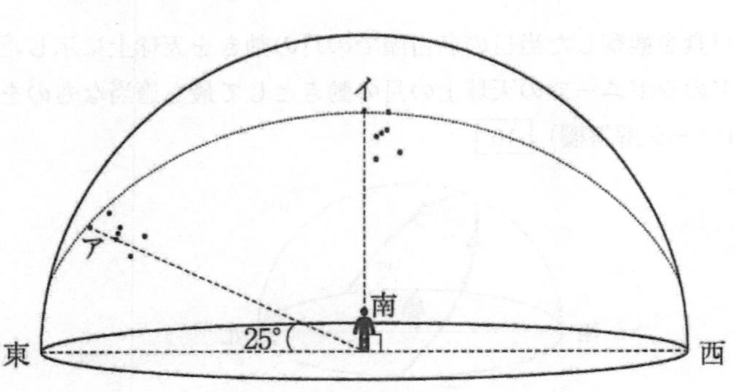

図３

(5)　同じ日の22時00分に北の空を観察すると，カシオペヤ座が図４のウのように見えた。２時間後の11月９日０時00分のカシオペヤ座の見え方として最も適当なものを，下の①～⑤のうちから一つ選べ。ただし，図の☆は北極星であり，○印はそれぞれ30°を示す。（マーク解答欄）19

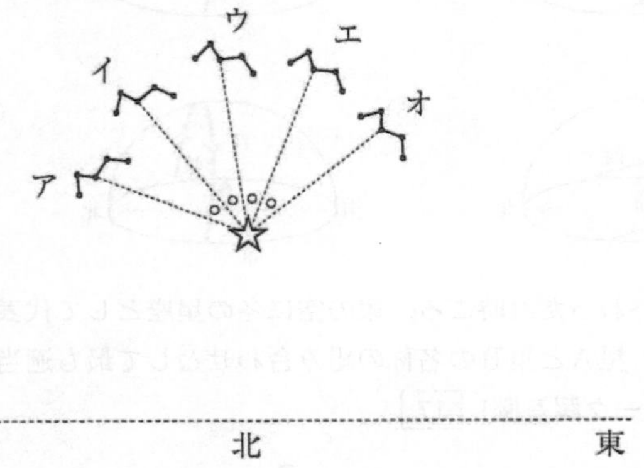

図４

①　ア　　②　イ　　③　ウ　　④　エ　　⑤　オ

［４］　次の花子さんと太郎さんの会話文を読んで，あとの問いに答えよ。

花子：まず，水の電気分解からやってみよう。この装置に水酸化ナトリウム水溶液を入れれば水の電気分解ができるね。太郎君，水酸化ナトリウム水溶液を作ってくれる？

太郎：いいよ！…あれ？水酸化ナトリウムを水で溶かしてみると，水酸化ナトリウム水溶液の温度が上がってきたよ！

花子：水酸化ナトリウムを水に溶かしたときは$_{a}$発熱反応が起こるらしいよ。水酸化ナトリウム水溶液を作ってくれてありがとう。それじゃあ早速，水の電気分解を始めよう。

太郎：両極から小さい泡がたくさん出ているね。装置の上の方に気体がたまり始めたよ（図１）。

花子：$_{b}$水の電気分解では水から水素と酸素が発生するけど，逆の化学変化を利用した$_{c}$電池が燃料電池だよね。

太郎：電気分解はおもしろいね。他の水溶液でもやってみよう

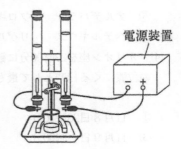

図１

よ。

花子：次は別の装置を使って塩化銅水溶液を電気分解してみよう。

太郎：塩化銅水溶液を電気分解してみると，d [A] 極の方では気体が発生したけれど，[B] 極の方では気体が発生しなかったよ。[B] 極をよく見てみると赤茶色の物質が付着しているよ。

花子：[B] 極の赤茶色の物質を取り出して薬さじでこすってみると金属光沢が出てきたよ。

太郎：電気分解をすると，水溶液の中から e 金属も取り出すことができるんだね。やっぱり電気分解はおもしろいなぁ！

(1) 下線部ａについて，次の操作１～４を行ったとき，発熱反応が起こるものはどれか。**過不足なく含むもの**を，下の①～⑨のうちから一つ選べ。(マーク解答欄) [20]

操作１　鉄と硫黄を混ぜて加熱する。
操作２　鉄と活性炭を混ぜ，食塩水を数滴加える。
操作３　炭酸水素ナトリウムとクエン酸を混ぜ，水を数滴加える。
操作４　塩化アンモニウムと水酸化バリウムを混ぜ，水を数滴加える。

①　操作１　②　操作２　③　操作３　④　操作４
⑤　操作１，２　⑥　操作３，４　⑦　操作１，２，３　⑧　操作２，３，４
⑨　一つもない

(2) 下線部ｂについて，水の電気分解を行ったとき，水分子が120個反応したとすると，陽極，陰極で発生する気体分子はそれぞれいくつになると考えられるか。最も適当なものを，次の①～⑧のうちから一つ選べ。(マーク解答欄) [21]

	陽極で発生する気体分子の数〔個〕	陰極で発生する気体分子の数〔個〕
①	40	80
②	60	120
③	120	240
④	80	40
⑤	120	60
⑥	240	120
⑦	60	60
⑧	120	120

(3) 下線部ｃについて，1800年に水溶液と２種類の金属からなる電池を発明し，電圧の単位の由来となったイタリアの物理学者は誰か。カタカナで答えよ。(記述解答欄) [B]

(4) 下線部ｄについて，[A]，[B] に当てはまる語句と，[A] 極から発生した気体の特徴の組み合わせとして最も適当なものを，次のページの①～⑥のうちから１つ選べ。

(マーク解答欄) [22]

	A	B	気体の特徴
①	陽	陰	火を近づけると爆発的に燃える。
②	陽	陰	下方置換法で集めるのが良い。
③	陽	陰	上方置換法で集めるのが良い。
④	陰	陽	脱色作用がある。
⑤	陰	陽	石灰水を白く濁らせる。
⑥	陰	陽	有毒な気体である。

(5) 下線部ｅについて，金属の陽イオンへのなりやすさは金属の種類によって異なる。次の実験１～４の結果をもとに，鉛，鉄，銅，亜鉛，マグネシウムの５種類の金属を陽イオンへなりやすいものから順に並べたときに，４番目になる金属はどれか。最も適当なものを，下の①～⑤のうちから一つ選べ。（マーク解答欄） 23

実験１　鉛イオンが含まれる水溶液に鉄片を入れると，鉄片の表面に鉛が付着した。

実験２　鉛イオンが含まれる水溶液に銅片を入れたが，何も変化が起こらなかった。

実験３　鉄イオンが含まれる水溶液に亜鉛片を入れると，亜鉛片の表面に鉄が付着した。

実験４　マグネシウムイオンが含まれる水溶液に亜鉛片を入れたが，何も変化が起こらなかった。

① 鉛　② 鉄　③ 銅　④ 亜鉛　⑤ マグネシウム

［５］ 花子さんと太郎さんは，刺激に対するヒトの反応を調べるために次の実験を行った。図１のように，花子さんがものさしの上端を持ち，ものさしの０の目盛りを太郎さんの手の位置に合わせた。太郎さんは目を閉じて，いつでもものさしをつかむことができるように待機した。そして図２のように，花子さんは笛を吹くと同時に手を放し，太郎さんは笛の音が聞こえたらすぐにものさしをつかんだ。太郎さんがつかんだ位置の目盛りを読み，ものさしが落ちた距離を測定した。次のページの表１は，合計５回測定した結果である。あとの問いに答えよ。

図１

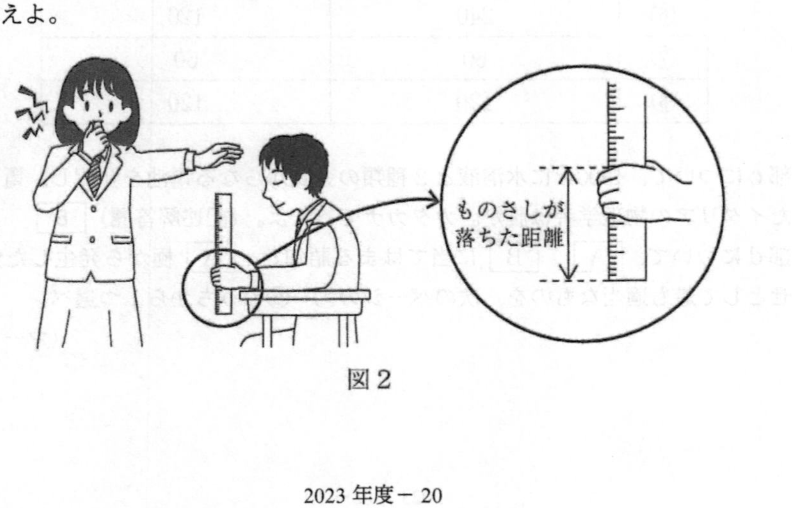

図２

表1

	1回目	2回目	3回目	4回目	5回目
ものさしが落ちた距離〔cm〕	20.5	19.8	20.0	19.5	18.2

(1) 花子さんと太郎さんは，ものさしをつかむまでの時間は何秒なのかが気になり，図書館で調べてみた。すると，重力だけによって落下する運動のことを自由落下といい，公式があることがわかった。ｔ秒後の落下距離ｙ〔m〕を表す式は，$y = gt^2$（ｇは重力加速度，$g = 9.8$）と書いてあった。t^2からｔにするには，電卓の「√」ボタンを押すと計算できることを教えてもらい，この公式に代入して，ものさしをつかむまでの時間を計算した。表2は5回分の計算結果である。ものさしをつかむまでの時間の平均を求めよ。割り切れない場合は，小数第3位を四捨五入して，小数第2位まで答えよ。(記述解答欄) [C] 秒

表2

	1回目	2回目	3回目	4回目	5回目
ものさしをつかむまでの時間〔秒〕	0.2045	0.2010	0.2020	0.1995	0.1927

(2) 笛の音が聞こえてからものさしをつかむまでの反応経路として最も適当なものを，次の①～⑤のうちから一つ選べ。(マーク解答欄) [24]

① 感覚器官 → 感覚神経 → 脊髄 → 脳 → 脊髄 → 運動神経 → 筋肉
② 感覚器官 → 感覚神経 → 脳 → 脊髄 → 運動神経 → 筋肉
③ 感覚器官 → 感覚神経 → 脊髄 → 脳 → 運動神経 → 筋肉
④ 感覚器官 → 感覚神経 → 脳 → 運動神経 → 筋肉
⑤ 感覚器官 → 感覚神経 → 脊髄 → 運動神経 → 筋肉

(3) 感覚器官である耳に音が入ると，刺激を受け取る細胞で神経を伝わる信号に変えられる。花子さんは，(1)で計算した時間を信号の伝わる時間と考え，(2)の経路の長さを１ｍと仮定して信号が伝わる速さを計算した。命令を出すのにかかる時間など，信号の伝わる時間のほかにかかる時間は無視できるものとしたとき，花子さんの計算結果は何km/hか。最も適当なものを，次の①～⑥のうちから一つ選べ。(マーク解答欄) [25]

① 0.2km/h　② 0.3km/h　③ 1.8km/h
④ 3.6km/h　⑤ 7.2km/h　⑥ 18.0km/h

(4) 図3は，ヒトの耳のつくりを模式的に表したものである。最初に空気の振動をとらえる部分として最も適当なものを，下の①～⑤のうちから一つ選べ。

(マーク解答欄) [26]

① ア　② イ　③ ウ
④ エ　⑤ オ

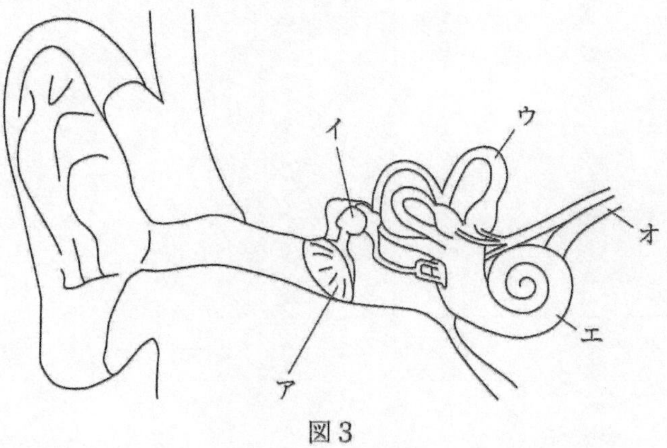

図3

(5)　太郎さんは骨伝導イヤホンに興味があったので調べると，通常のイヤホンとは異なり，耳周辺の骨を振動させて，その振動が刺激を受け取る細胞がある部分へと届く仕組みであることが分かった。刺激を受け取る細胞があるのはどこか。最も適当なものを，(4)の①～⑤のうちから一つ選べ。（マーク解答欄）27

(6)　花子さんは，突然太郎さんに目の前で手をたたかれたので，思わず目をつぶった。このように刺激に対して意識とは関係なく起こる反応を何というか。漢字で答えよ。（記述解答欄）D

(7)　次のア～カのうち，(6)の例として正しいものはどれか。それらを過不足なく含むものを，下の①～⓪のうちから一つ選べ。（マーク解答欄）28

ア　ひざの下をたたくと足がはね上がった。
イ　レモンを見たらだ液が出てきた。
ウ　暗いところで目のひとみが大きくなった。
エ　寒かったので上着を着た。
オ　食べ物を口に入れるとだ液が出てきた。
カ　昆虫が出てきたので目を背けた。

①　ア　　②　ウ　　③　ア，ウ　　④　ア，オ　　⑤　ウ，エ
⑥　イ，オ　　⑦　エ，カ　　⑧　イ，エ，カ　　⑨　ア，ウ，オ　　⓪　ア，イ，ウ，オ

【社　会】（理科と合わせて60分）　＜満点：75点＞

〔１〕 次の文章を読み，以下の問いに答えよ。

１）1923（大正12）年〔あ〕午前11時58分，相模湾北西部を震源としてマグニチュード7.9の大地震が発生し，中央気象台の地震計の針はすべて吹き飛ばされた。地震と火災で東京市・横浜市の大部分が廃墟と化したほか，東京両国の陸軍被服廠《しょう》跡の空き地に避難した罹災《りさい》者約4万人が猛火で焼死したのをはじめ，死者・行方不明者は10万人以上を数えた。全壊・流失・全焼家屋は57万戸にのぼり，被害総額は60億円をこえた。

関東大震災後に起きた２）朝鮮人・中国人に対する殺傷事件は，自然災害が人為的な殺傷行為を大規模に誘発した例として日本の災害史上，他に類を見ないものであった。流言により多くの朝鮮人が殺傷された背景としては，日本の植民地支配に対する抵抗運動への恐怖心と，民族的な差別意識があったとみられる。さらに，亀戸警察署構内で警備にあたっていた３）軍隊によって４）社会主義者10人が殺害され，16日には憲兵により大杉栄と伊藤野枝，大杉の甥が殺害された。市民・警察・軍がともに例外的とは言い切れない規模で武力や暴力を行使したことがわかる。

（山川出版社『詳説日本史Ｂ』より）

問１　下線部１）に関連して，この前後に起こった出来事に関する説明Ａ・Ｂについての正誤を，次の①～④から１つ選んで番号で答えよ。（マーク解答欄）［1］

Ａ　大正時代にはラジオ放送がはじまるなど，多くの娯楽が大衆に受け入れられた。

Ｂ　1925年には25歳以上の男子に選挙権を与える普通選挙法が成立したが，同時に成立を目指した治安維持法は反対多数で否決された。

	Ａ	Ｂ
①	正	正
②	正	誤
③	誤	正
④	誤	誤

問２　下線部２）について述べた文Ａ・Ｂについての正誤を，次の①～④から１つ選んで番号で答えよ。（マーク解答欄）［2］

Ａ　1919年に朝鮮では，「独立万歳」を叫びながら日本への抵抗を示した三・一独立運動が起こった。

Ｂ　1919年に中国では，日本が南京などを占領する行動をとったために北京の学生がこれに抗議し，反日運動である五・四運動がおこった。

	Ａ	Ｂ
①	正	正
②	正	誤
③	誤	正
④	誤	誤

問３　下線部３）に関連して，昭和期に軍部が起こした事件について述べた文Ａ・Ｂについての正誤を，次の①～④から１つ選んで番号で答えよ。（マーク解答欄） 3

Ａ　1932年５月，陸軍将校が大臣の斎藤実や高橋是清らを殺傷して，一時東京中心部を占拠する五・一五事件が発生した。

Ｂ　1936年２月，海軍の青年将校らが首相官邸などを襲撃し，犬養毅首相を暗殺する二・二六事件が起こった。

	Ａ	Ｂ
①	正	正
②	正	誤
③	誤	正
④	誤	誤

問４　第一次世界大戦中，日本に広まった民主主義の風潮や動きの名称を答えよ。

（記述解答欄） A

問５　今年は，関東大震災から100年経つ年であるが，文中［あ］に当てはまる関東大震災の日にちとして最も適切なものを，次の①～④から１つ選んで番号で答えよ。（マーク解答欄） 4

①　３月11日　②　８月15日　③　９月１日　④　12月８日

問６　下線部４）に関連して，ロシア革命からソビエト社会主義共和国連邦を結成する際に，ソビエトという労働者と兵士の代表者会議の指導者であった人物として最も適切なものを，次の①～⑤から１つ選んで番号で答えよ。（マーク解答欄） 5

①　ウィルソン　②　レーニン　③　スターリン

④　ルーズベルト（ローズベルト）　⑤　ムッソリーニ

〔**2**〕 次の会話文は，中京大中京高校に通う凜さんと蘭さんが先生とやりとりをしているものである。文章を読み，以下の問いに答えよ。

会話文

凜　：2023年は梅村学園が100周年を迎えるのですね。

先生：そうです。学園100周年のはじまりは，この１）学校が創立されたところから始まっているのですよ。

蘭　：じゃあ，この学校は100年前からあったのですね。100年前もこの場所に学校があったのでしょうか。

先生：いいえ，昔は別の場所にありました。この場所に出来てから100年経ったわけではないのですよ。100年前の２）愛知県はどんな感じだったのでしょうね。何か知っていますか。

凜　：100年前というと1923年ですね。私の曽祖父の時代ですから，何があったかなかなか思いつきません。

蘭　：３）名古屋城はあったのではないでしょうか。

先生：もちろんありましたよ。他にはどうでしょうか。
凛　：名古屋駅はあったんじゃないかな。
蘭　：愛知県で一番大きい駅ですし，愛知県では一番古い駅なんじゃないかな。
先生：そうですね，名古屋駅は100年前にはありましたが，実は県内で一番古い駅は名古屋駅ではないのです。
凛　：そうなのですか。一体どこの駅が一番古いのですか。
先生：一番古いのは知多半島に走っている武豊線にある駅です。
蘭　：なぜ4）知多半島で一番初めに鉄道が出来たのですか。
先生：目的は，海から運ばれてくる沢山の荷物を運ぶためですね。
凛　：なるほど，車のない時代は5）船が一番速い乗り物だったのですね。

問１　会話文中の下線部１）に関連して，江戸時代に「読み・書き・そろばん」を学ぶために民衆が通った施設として最も適切なものを，次の①～⑤から１つ選んで番号で答えよ。

（マーク解答欄）6

①　株仲間　　②　蔵屋敷　　③　寺子屋　　④　出島　　⑤　五人組

問２　会話文中の下線部２）に関連して，1871年にすべての藩を廃止し，知藩事を罷免する代わりに県令（のちの県知事）を任命した出来事として最も適切なものを，次の①～⑤から１つ選んで番号で答えよ。（マーク解答欄）7

①　版籍奉還　　②　富国強兵　　③　殖産興業　　④　廃藩置県　　⑤　琉球処分

問３　会話文中の下線部３）に関連して，朝廷は東北地方を支配するために，647年の渟足柵の建設から803年の志波城建設をおこなったが，その際に坂上田村麻呂が任命された役職として最も適切なものを，次の①～⑤から１つ選んで番号で答えよ。（マーク解答欄）8

①　摂政　　②　管領　　③　守護　　④　征夷大将軍　　⑤　執権

問４　会話文中の下線部４）に関連して，知多半島は，大阪と江戸を結ぶいわゆる「南海路」の港があったが，それに関連して，平清盛が中国の宋王朝と交易をおこなっていた港として最も適切なものを，次の①～⑤から１つ選んで番号で答えよ。（マーク解答欄）9

①　平戸　　②　新潟　　③　大津　　④　坊津　　⑤　兵庫

問５　会話文中の下線部５）に関連して，1522年に世界一周を達成し，地球は丸いことを証明した一行の船隊を率いていた人物として最も適切なものを，次の①～④から１つ選んで番号で答えよ。（マーク解答欄）10

①　コロンブス　　②　バスコ・ダ・ガマ　　③　マゼラン　　④　フランシスコ・ザビエル

〔3〕 次の地図1を見て，以下の問いに答えよ。

地図1

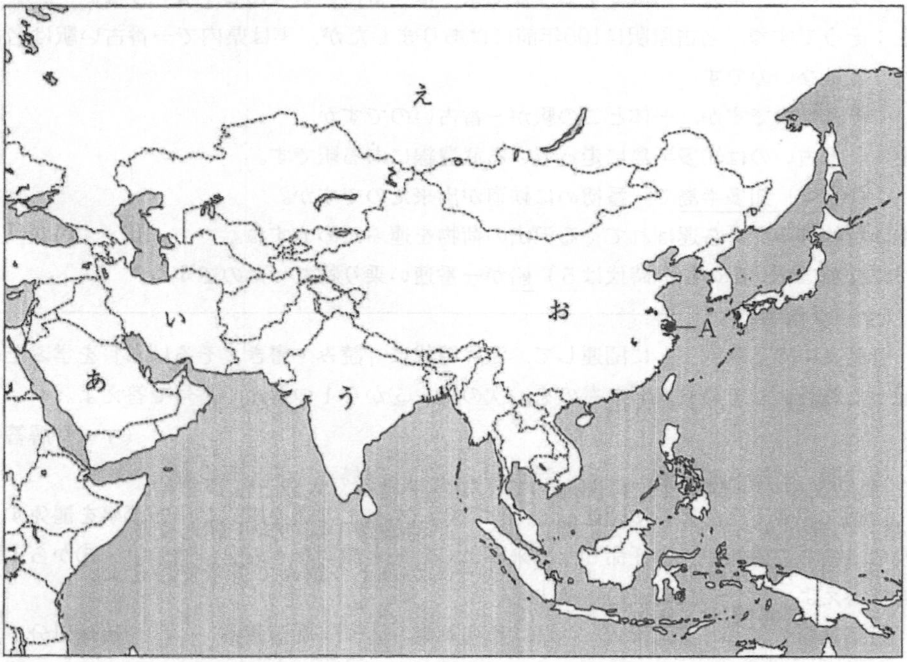

問1　地図1中のあ～えの中で，1番人口が多い国として最も適切なものを，次の①～④から1つ選んで番号で答えよ。(マーク解答欄) 11

①　あ　　②　い　　③　う　　④　え

問２　前のページの地図１中の「お」の国の地点Ａはシャンハイ（上海）であるが，この都市の年間降水量を示すグラフとして最も適切なものを，次の①～④から１つ選んで番号で答えよ。

（マーク解答欄）12

①
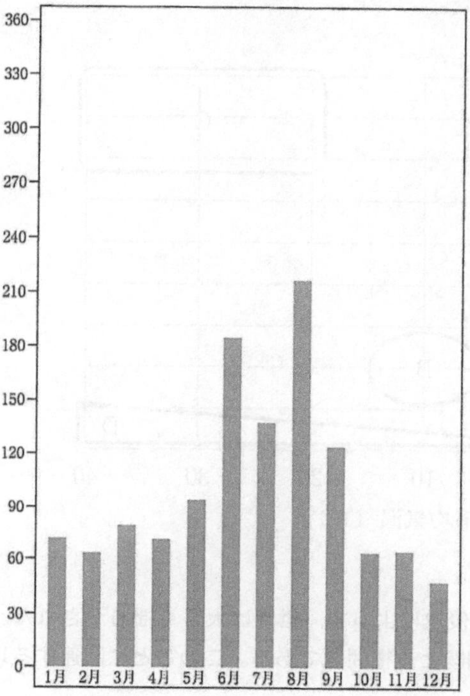

②
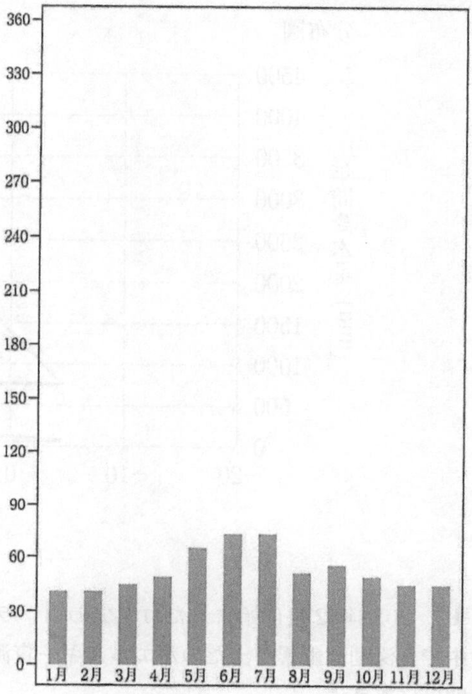

③
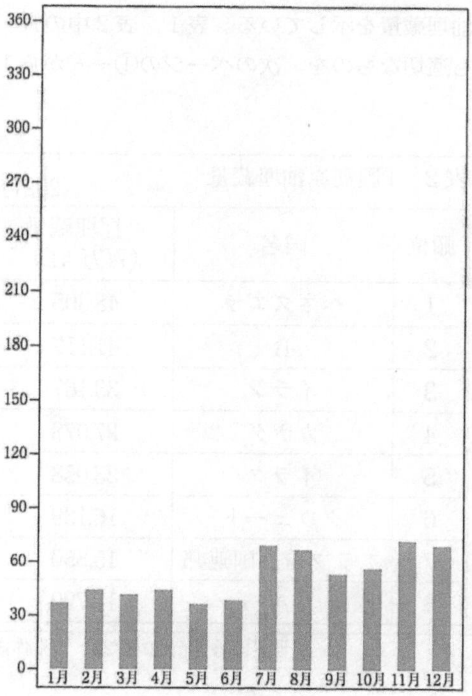

④
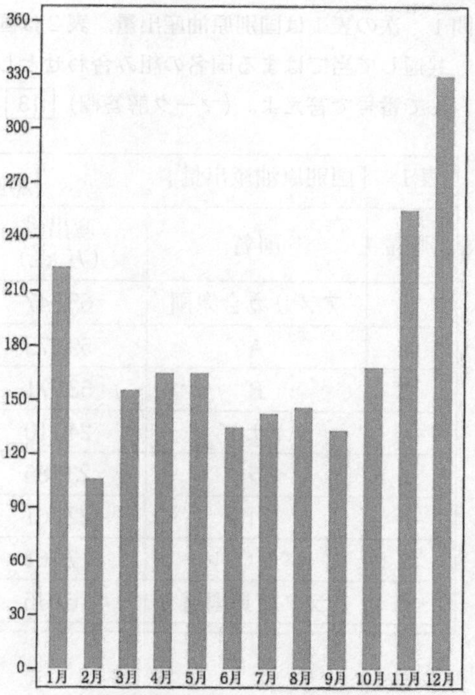

（『理科年表 2022』より作成。単位：mm）

問3　次の分布図は「年間降水量および年間平均気温」と植生の関係を示している。分布図中の図形A～Dにはそれぞれ「広葉樹林」「針葉樹林」「砂漠」「熱帯雨林」が当てはまる。そのうち，図形Aに当てはまる植生の，ロシアでの呼称をカタカナで答えよ。（記述解答欄）B

分布図

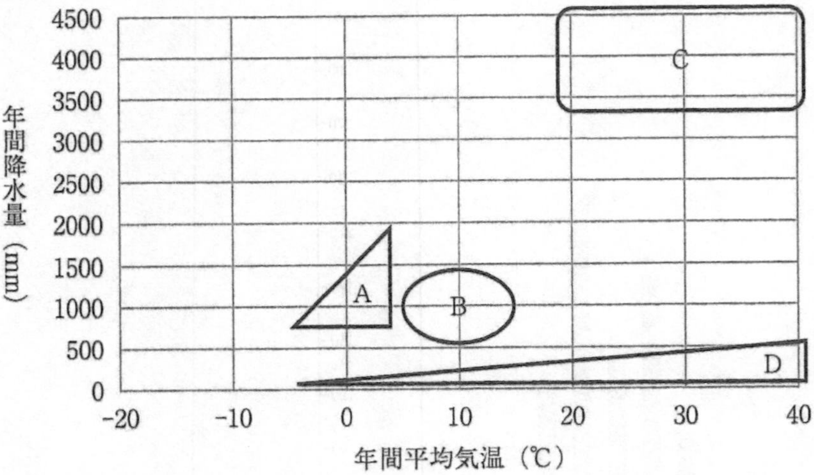

〔4〕2022年2月に始まったロシアのウクライナ侵攻によって，世界は大きく揺るがされた。その中でも深刻な影響が出たのがエネルギー資源の問題と食糧問題である。このことに関連する以下の問いに答えよ。

問1　次の表1は国別原油産出量，表2は国別原油埋蔵量を示している。表1，表2中のA・Bに共通して当てはまる国名の組み合わせとして最も適切なものを，次のページの①～⑥から1つ選んで番号で答えよ。（マーク解答欄）13

表1　「国別原油産出量」　(2020)

順位	国名	産出量（万 kL）
1	アメリカ合衆国	65,847
2	A	59,672
3	B	53,771
4	カナダ	24,110
5	イラク	23,586
6	中国	22,661
7	ブラジル	17,161
8	アラブ首長国連邦	16,946

表2　「国別原油埋蔵量」　(2021)

順位	国名	可採埋蔵量（百万 kL）
1	ベネズエラ	48,305
2	B	41,117
3	イラン	33,167
4	カナダ	27,078
5	イラク	23,058
6	クウェート	16,139
7	アラブ首長国連邦	15,550
8	A	12,720

（『世界国勢図会 2021/22』より作成）

	A	B		A	B
①	ロシア	イギリス	②	サウジアラビア	ロシア
③	イギリス	サウジアラビア	④	ロシア	サウジアラビア
⑤	イギリス	ロシア	⑥	サウジアラビア	イギリス

問２　次の表は国別小麦の生産量を示している。表３中のＡ・Ｂに当てはまる国名の組み合わせとして最も適切なものを，次の①～⑥から１つ選んで番号で答えよ。(マーク解答欄) 14

表３

順位	国名	生産量（千 t）
1	A	133,596
2	インド	103,596
3	ロシア	74,453
4	アメリカ合衆国	52,258
5	フランス	40,605
6	カナダ	32,348
7	B	28,370
8	パキスタン	24,349

(「世界国勢図会 2021/22」より作成)

	A	B		A	B
①	中国	オーストラリア	②	フィンランド	ウクライナ
③	オーストラリア	日本	④	中国	日本
⑤	中国	ウクライナ	⑥	フィンランド	中国

問３　次の地図２の黒丸は，日本のある部門の主要な電力発電所の所在地を示しているが，その発電方法は何か。「～発電」という形式で答えよ。（記述解答欄）C

地図２

（2022『データブックオブザワールド』より作成）

〔５〕次の会話文は，中京大中京高校に通うカエデくんとハルコさんが『男女共同参画白書 令和4年度版』に関連する議論をしているものである。文章を読み，以下の問いに答えよ。

会話文

カエデ：新型コロナウイルスは，３年経った今でも猛威を振るっているね。この夏の感染者は第６波を上回る数だったよね。

ハルコ：そうね。カナダでは“with コロナ”を掲げているから，マスクをして生活している人はほとんどいないそうよ。日本も早くそうならないかしら。

カエデ：政府は１）経済を回すために，濃厚接触者の自宅待機期間も短縮したけど，これは“with コロナ”への一歩かもしれないね。今では頻繁に緊急事態宣言や蔓《まん》延防止等重点措置が発令されることはなくなったよね。でも，かつてはこれらの発令により，飲食や宿泊業では大きな影響が出ていたよね。

ハルコ：2）飲食や宿泊業をはじめとするサービス業では女性の就業率が高く，非正規雇用労働者を中心に雇用が急速に悪化したね。

カエデ：新型コロナウイルスによって，3）男女の格差が可視化されたということだね。就業者数，賃金ともに，女性は男性を下回る結果となっているよ。

ハルコ：少し前まで待機児童数が問題視されていたけど，今は4）保育の受け皿の整備拡大を背景に，それも解消しつつあって，女性は働きやすくなったと思っていたんだけどな。実際，M字カーブの解消にもつながっているよね。

カエデ：しかし，5）女性の就業形態をみると，女性の正規雇用労働者比率が20代後半でピークを迎えた後，低下を続けるという新たな課題が見つかっているよ。それに，保育の受け皿が増えても，女性の就業者数が増加すれば，再び待機児童が増える可能性があるね。

ハルコ：解決したかと思えば，また新たな課題が出てくるね…。社会問題って本当に難しいなぁ。

（『男女共同参画白書 令和４年度版』をもとに作成）

問１　会話文中の下線部１）とは，人間の生活に必要なものを生産・分配・消費する行為についての，一切の社会的関係のことを指す。次の図１は３つの経済主体（政府・企業・家計）の役割を表したものである。Ａ～Ｃに当てはまる経済主体の組み合わせとして最も適切なものを，次の①～⑥から１つ選んで番号で答えよ。（マーク解答欄）15

図１

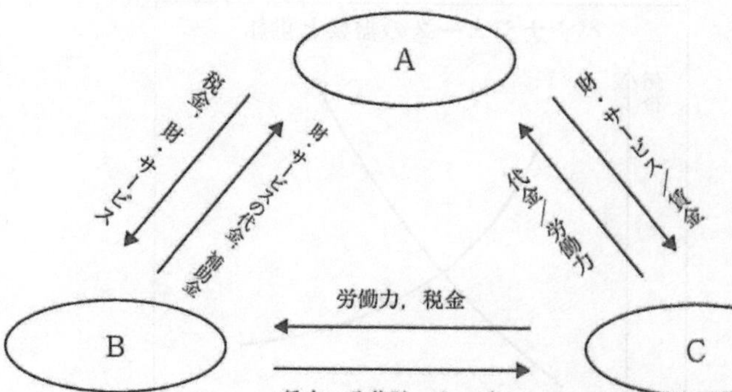

① Ａ　政府　Ｂ　家計　Ｃ　企業　　② Ａ　政府　Ｂ　企業　Ｃ　家計
③ Ａ　家計　Ｂ　政府　Ｃ　企業　　④ Ａ　家計　Ｂ　企業　Ｃ　政府
⑤ Ａ　企業　Ｂ　家計　Ｃ　政府　　⑥ Ａ　企業　Ｂ　政府　Ｃ　家計

問２　新型コロナウイルスは日本経済へ大きな影響を及ぼした。次のページの図２は，2020年3月の家計支出の増減率（対前年）を表したものである。（Ａ）に当てはまる品目として最も適切なものを，次の①～④から１つ選んで番号で答えよ。（マーク解答欄）16

①　ガソリン　②　炊事用電気器具　③　ゲーム機　④　鉄道運賃

図２

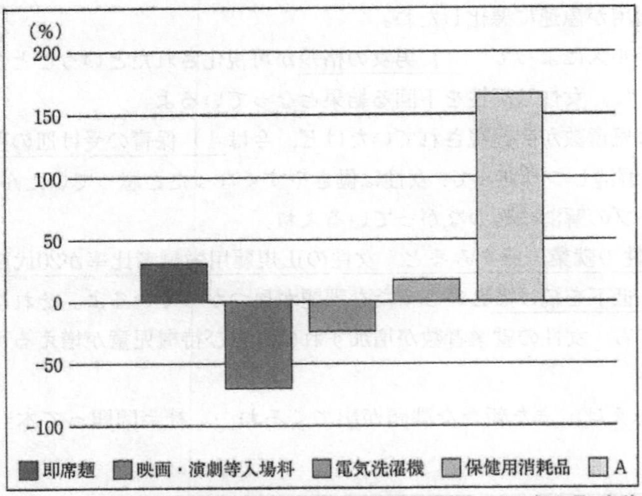

〔「総務省 家計調査年報（家計収支編）2020年３月 家計の概要」より作成〕

問３　次の図３は，バナナジュースの需要供給曲線を示したものである。この世の飲み物がバナナジュースとイチゴジュースしかない世界を考えたとき，このグラフの供給曲線が右に動くときの理由として最も適切なものを，次の①～④から１つ選んで番号で答えよ。ただし，バナナジュースはバナナと牛乳のみ，イチゴジュースはイチゴと牛乳のみで作られているとする。

（マーク解答欄）17

図３

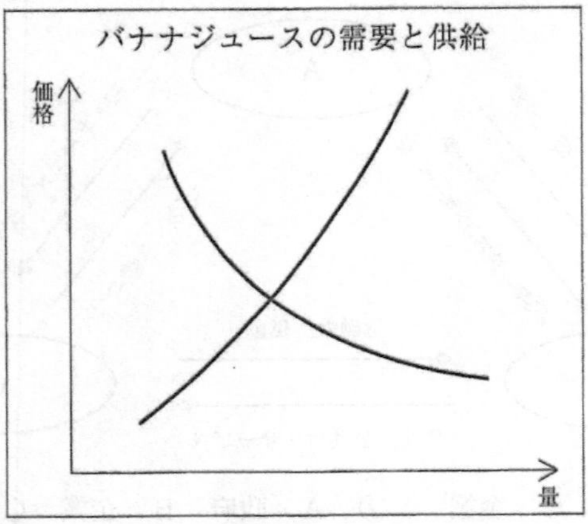

①　バナナの価格が上がり，イチゴの価格が下がった。

②　バナナの価格が下がり，イチゴの価格が上がった。

③　バナナとイチゴの価格がそれぞれ同じだけ上がった。

④　牛乳の価格が上がった。

問４　産業を分類したとき，会話文中の下線部２）は第三次産業に分類される。同じ第三次産業に分類される産業として最も適切なものを，次の①～⑤から１つ選んで番号で答えよ。

（マーク解答欄）18

①　農業　　②　建設業　　③　金融業　　④　漁業　　⑤　製造業

問５　問４に関連して，産業別人口構成割合を見たとき，第三次産業従事者の占める割合が多い上位５都道府県を示したものとして最も適切なものを，次の①～④から１つ選んで番号で答えよ。

（マーク解答欄）19

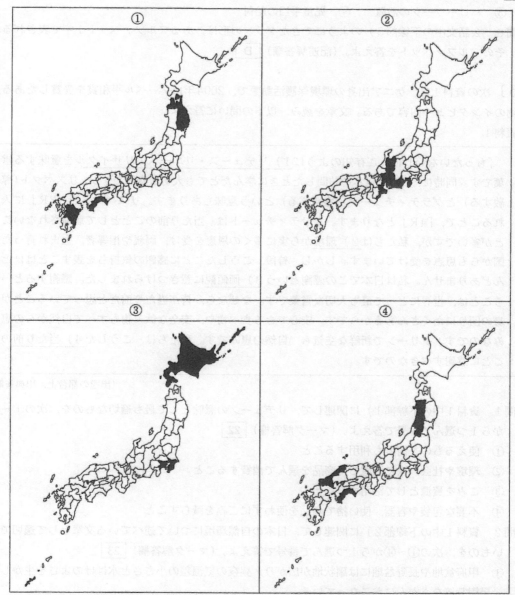

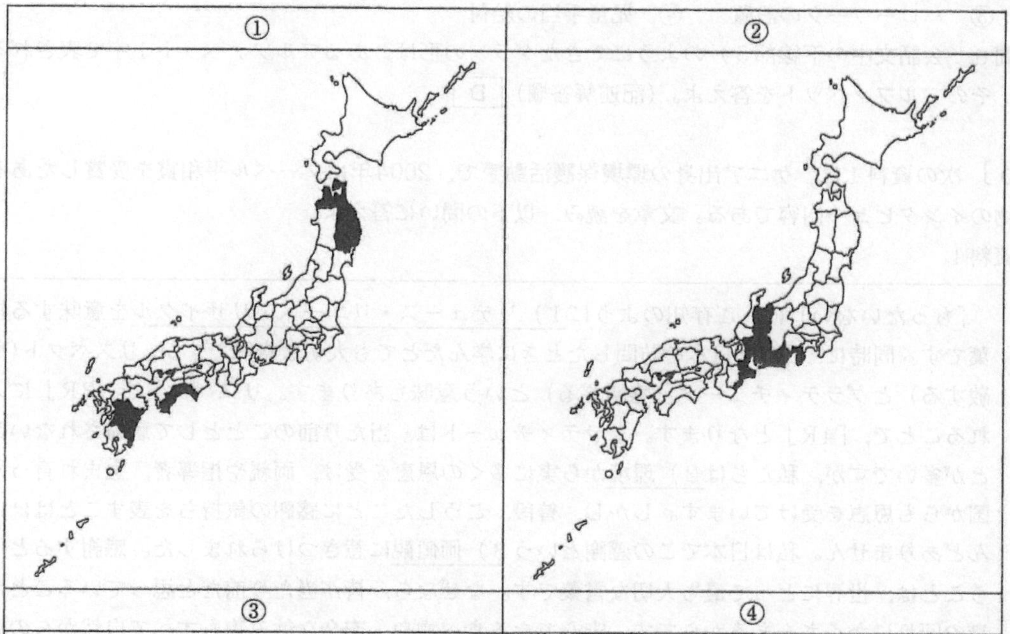

（「地理 統計要覧 2022 年度版」などにより作成）

問６　会話文中の下線部３）に関連して，「社会的・文化的に形成された性別」を意味する語句として最も適切なものを，次の①～⑤から１つ選んで番号で答えよ。（マーク解答欄）20

①　インクルージョン　　②　LGBTQ　③　パートナーシップ

④　SDGs　　⑤　ジェンダー

問7　会話文中の下線部4）の取り組みとして最も適切なものを，次の①～④から１つ選んで番号で答えよ。（マーク解答欄）21

①　認定こども園の設立　　②　テレワークの推進

③　ハローワークの設置　　④　児童手当の給付

問8　会話文中の下線部5）のようにできたグラフの形は，あるアルファベット１字で表される。そのアルファベットを答えよ。（記述解答欄）D

〔6〕次の資料１は，ケニア出身の環境保護活動家で，2004年にノーベル平和賞を受賞したある人物のインタビュー内容である。文章を読み，以下の問いに答えよ。

資料１

「もったいない」は，ご存知のように1）リデュース・リユース・リサイクルを意味する言葉です。同時に，これは日本を訪問したときに学んだとても大切な意味ですが，リスペクト（尊敬する）とグラティチュード（感謝する）という意味もあります。リスペクトを「3R」に入れることで，「4R」となります。グラティチュードは，当たり前のこととして意識されないことが多いですが，私たちは2）環境から実に多くの恩恵を受け，両親や指導者，生まれ育った国からも恩恵を受けています。しかし，普段，こうしたことに感謝の気持ちを表すことはほとんどありません。私は日本でこの感謝という3）価値観に惹《ひ》きつけられました。感謝するということは，世界にとって最も大切な言葉です。なぜなら，皆が当たり前だと思っていることが身の回りにたくさんあるからです。安心できる食べ物や，安全な飲み物もすべて自然からの恵みなのです。クリーンで新鮮な空気も，自然の恵みです。私たちは，こうした4）当たり前のことに感謝すべきなのです。

（出題の都合上，出典省略）

問１　資料１中の下線部１）に関連して，リデュースの意味として最も適切なものを，次の①～④から１つ選んで番号で答えよ。（マーク解答欄）22

①　使えるものを何度も利用すること

②　環境や社会，人に配慮した商品を選んで消費すること

③　ごみを資源として活用すること

④　不要な包装や容器，使い捨て商品を使わずにごみを減らすこと

問２　資料１中の下線部２）に関連して，日本の自然環境について述べている文章として**適切でないもの**を，次の①～④から１つ選んで番号で答えよ。（マーク解答欄）23

①　甲府盆地や長野盆地には扇状地が広がり，昼夜の気温差の小ささと水はけのよさを生かして果樹栽培をさかんにおこなっている。

②　東日本の太平洋の沖合には，赤道付近から北上する暖流の黒潮と，千島列島から南下する寒流の親潮とがぶつかる潮目（潮境）があり，豊かな漁場となっている。

③　火山は様々な被害を与える一方で，地下にある高温の熱水や蒸気が地熱発電に利用されたり，温泉に利用されたりするなど，様々な恩恵を与える。

④　瀬戸内海はおだやかであることから，沿岸には広大な工業用地が整備されており，複雑な海岸線に囲まれた海域は魚介類の養殖がさかんである。

問3　次の資料2～4が共通して示している都道府県として最も適切なものを，次の①～⑤から1つ選んで番号で答えよ。(マーク解答欄) 24

資料2　この都道府県の漁港にはある国の漁船が立ち寄り，取引がおこなわれている。

資料3　漁獲量の変化（農林水産省）

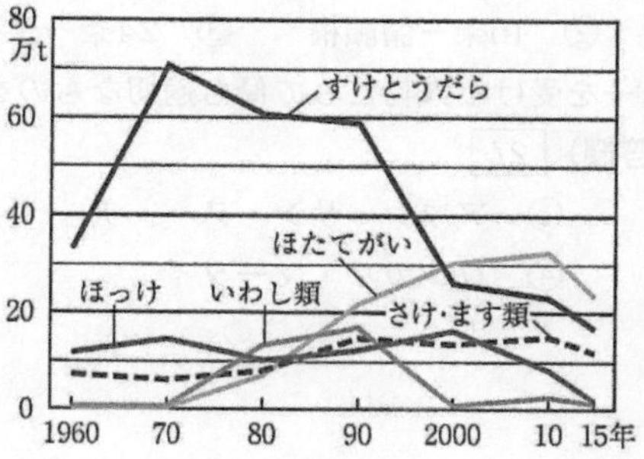

資料4　二重になった家の窓や，断熱性の高い壁で寒さを防ぎ，室内の暖かさを外へ逃がしにくくしている。

①　三重県　　②　熊本県　　③　青森県　　④　茨城県　　⑤　北海道

問4　人権は誰もがもつ権利であるために，自分と他者の考えや，前のページの資料1中の下線部3）の違いによって衝突する場合は常に認められるわけではない。次の主張のうち，人権が制限されうる例として**適切でないもの**を，あとの①～④から1つ選んで番号で答えよ。

(マーク解答欄) 25

①「僕たちには表現の自由があるはずなのに，社会に悪影響があるからといって，国から本の出

販を禁止されたよ。」

② 「僕たちには労働基本権があるはずなのに，公務員だからといって，ストライキを禁止されたよ。」

③ 「僕たちには職業選択の自由があるはずなのに，価格競争を促すためといって，独断で生産量や価格を決めることを禁止されたよ。」

④ 「僕たちには財産権があるはずなのに，近隣住民に危険が及ぶ可能性があるからといって，好きな家を建てることを禁止されたよ。」

問５　近年ではダイバーシティ（多様性）の尊重が広まってきており，自分の中の常識を，34ページの資料１中の下線部４）と捉えるべきではないとされている。このように，考え方や価値観の異なる人々が，互いの文化のちがいを認め合い，対等な関係を築きながら，ともに生活していく社会を何というか。「～社会」という形式で答えよ。（記述解答欄）［E］

問６　産業や情報化などの科学技術の発展に伴い，日本国憲法には直接的に規定されていない権利である「新しい人権」が主張されるようになってきた。この根拠となる条数と権利名の組み合わせとして最も適切なものを，次の①～④から１つ選んで番号で答えよ。（マーク解答欄）［26］

①　13条－幸福追求権　②　16条－請願権　③　24条－生存権　④　29条－財産権

問７　資料１のインタビューを受けた人物として最も適切なものを，次の①～④から１つ選んで番号で答えよ。（マーク解答欄）［27］

①　バラク・オバマ　②　アウン・サン・スー・チー

③　マララ・ユスフザイ　④　ワンガリ・マータイ

問九　傍線部Ｅ「その時、わずかに、ごくごくわずかだが、彼の太い黒眉が微妙に動いた。眉のあたりにもやがかかったような感じだった」とあるが、ここからうかがえる「花村」の様子として最も適当なものを、次の①～⑤のうちから一つ選べ。（マーク解答欄）17

①「美希喜」の問いをきっかけに、「ファイヤー後の生活」について自分が語るべき内容がないことに気づき、とまどっている様子。
②「美希喜」の問いをきっかけに、「ファイヤー後の生活」について具体的に考えていないことに気づき、慌てている様子。
③「美希喜」の問いをきっかけに、「ファイヤー後の生活」についての想像が一気に膨らみ、夢見心地で会話に集中できていない様子。
④「美希喜」のぶしつけな問いに対し、初対面の人間と話す内容ではないと考え、この場をやり過ごそうと言葉を選んでいる様子。
⑤「美希喜」の遠慮のない問いに対し、初対面の人間にどこまで自分の密かな計画を話すべきか、慎重に考えている様子。

問十　空欄 Ⅳ に入る最も適当な表現を、次の①～⑤のうちから一つ選べ。（マーク解答欄）18

①『それなら金は稼げないね』
②『それなら働いていることと同じだね』
③『それなら自分には価値がないね』
④『それなら今でもやってることだね』
⑤『それなら金はいらないね』

（イ）興味シンシン

①　深　②　津　③　針　④　森　⑤　進

問二　空欄 Ⅰ に入る表現として最も適当なものを、次の①～⑤のうちから一つ選べ。（マーク解答欄） 12

①　好青年ぶりをアピールするため

②　卑屈な気持ちをごまかすため

③　気持ちを切り換えるため

④　当たり障りのないことを言うため

⑤　それとなく皮肉を伝えるため

問三　傍線部Ａ「きびすを返そうとした」の意味として最も適当なものを、次の①～⑤のうちから一つ選べ。（マーク解答欄） 13

①　帰ろうとした　②　振り返ろうとした

③　返事をしようとした　④　説明しようとした

⑤　挨拶をしようとした

問四　傍線部Ｂ「あたしは彼女の服をそっと引っ張った」とあるが、「あたし」はなぜこのような行動を取ったのか。その理由として最も適当なものを、次の①～⑤のうちから一つ選べ。（マーク解答欄） 14

①　店員でもなく専門的な知識も無い「美希喜」が、口をはさむべきではないと注意するため。

②　「花村」に勢い込んでまくし立てる「美希喜」の、言葉や態度をたしなめるため。

③　「本の分類法」について、出版社に勤務する「花村」には言及するまでもないと知らせるため。

④　自分も「花村」に対して同じ気持ちを抱いていることを「美希喜」に知らせ、応援するため。

⑤　「美希喜」のめずらしい行動に驚き、彼女の真意を探ろうと思ったため。

問五　空欄 Ⅱ に入る語を、漢字一字で答えよ。（記述解答欄） B

問六　空欄 Ⅲ に当てはまる最も適当な語を、次の①～⑤のうちから一つ選べ。（マーク解答欄） 15

①　不安　②　卑劣　③　痛快　④　当然　⑤　得意

問七　傍線部Ｃ「萎縮した」とあるが、ここではどのようなことを表しているか。次の空欄に入る表現を、本文から三字（句読点・記号を含まない）で抜き出せ。（記述解答欄） C

この古書店の雰囲気や数々の本に［　　］していること。

問八　傍線部Ｄ「それと一緒に肩が少し下がった」とあるが、ここからうかがえる「美希喜」の様子として最も適当なものを、次の①～⑤のうちから一つ選べ。（マーク解答欄） 16

①　「花村」に対するぎこちなさがうすれ、はりつめていた気持ちが解けた様子。

②　「花村」の気持ちを知り、それまでの怒りが少しずつ解けている様子。

③　「花村」に馬鹿にされていると思い込んでまくし立てたことを恥じ入る様子。

④　「花村」の言葉を「敗北宣言」と受け止め、好戦的な気持ちが和らぐ様子。

⑤　「花村」がこの古書店の本に興味がないことを知り、落胆する様子。

Eその時、わずかに、ごくごくわずかだが、彼の太い黒眉が微妙に動いた。眉のあたりにもやがかかったような感じだった。

「……そうですねえ。たぶん、緑の多い、空気のいいところに住んで、毎日、好きな本を読んで、少し畑でも作って、犬を飼って、のんびり暮らしたいですねえ」

「畑が好きなの？」

あたしは思わず、尋ねてしまった。

「え？」

「あなたがやりたいことって畑なの？　結局。だって、緑の多い、空気のいいところに住みたいなら、いまだって、少し郊外に住めばかなうでしょ。ちょっと時間はかかるけど、通勤できなくもない。辻堂出版はそんなにブラック(※1)じゃないし」

「犬も飼えるし」と美希喜ちゃんが言葉を重ねた。

「まあそうですけど」

「本は今でも読んでるでしょ。仕事柄いくらでも読めるじゃない」

「はあ」

「私、こんな話を聞いたことある」と美希喜ちゃんが何かを思いついたように話し出した。

「ある田舎の港街に漁師さんが住んでいた。彼はたくさん魚を釣って、家族に食べさせ、人に売ったりしていた。そこに都会の起業家がやってきて、会社を作って、あなたの魚の捕り方を人々に教え、フランチャイズ(※2)化しませんか、と言った」

いったい、急に何を話し出したのだろう、とあたしは美希喜ちゃんの顔を見つめた。しかし、彼女はほとんど無表情だった。

「漁師さんが尋ねた。『そうするとどうなるんだい？』すると起業家が『お金がいっぱい稼げます』『金がいっぱい稼げるとどうなるんだい？』『働かずに暮らせます』『働かずに何をするんだい？』『景色のいいところに家でも買って、毎日、魚でも釣ってのんびり暮らしたらどうですか？』漁師は答えた。［Ⅳ］」

「なるほど」

彼は今度は「馬鹿にしてる」とは言わず、じっと考えこんだ。

美希喜ちゃんが思わず謝るほど、彼の沈黙は長かった。

「ごめんなさい」

（原田《はらだ》ひ香《か》『古本食堂』より　ただし一部変更した箇所がある）

語注（※1）ブラック…「ブラック企業（長時間労働など、従業員に劣悪な状況での労働を強制する企業）」のこと。

（※2）フランチャイズ…親業者が契約店に与える、一定区域内での一手販売権。

問一　二重傍線部（ア）は傍線部が同じ漢字であるものを、（イ）は傍線部を漢字に直した時に正しいものを、それぞれ次の①～⑤のうちから一つずつ選べ。（マーク解答欄）（ア）は［10］、（イ）は［11］

（ア）ケイハツ

① 偉大な人物にケイイを表する。

② 長い年月がケイカする。

③ 「一筆ケイジョウ」と手紙にしたためる。

④ 反則をした者にケイコクする。

⑤ 試合の途中でケイセイが逆転する。

手の本ですね！」

「ほら。さっきは馬鹿にされた、とか言っていたのに、あなたこそ、そう言って馬鹿にする」

今度は彼の方が少し好戦的に、美希喜ちゃんを指さした。

「だから嫌なんですよ。皆さんみたいな、読書家の人に本の話するの。うちの会社の人もそうだけど、文芸とか研究書以外の本を読むやつは資本主義に魂を売ったダメ人間、邪道だと思ってる」

「馬鹿になんてしていませんよ。私はただ」

「確かに今のは美希喜ちゃんが悪いわよ。あたしはどんな本にも学びがあると思う」

「僕はファイヤーがしたいんです」

言ってしまってから、彼ははっとして口に手を当てた。

「ああ、これ、誰にも言ったことがないのに」

なんで、言っちゃったんだろうとうつむく。

「ファイヤー？　ファイヤーってなんですか。火事ですか」

美希喜ちゃんは興味（イ）シンシンで尋ねた。

「違います。いや、ちょっと同じだけど、ファイヤーというのはまさに火事のファイヤー、Ｆ、Ｉ、Ｒ、Ｅ。ファイナンシャル・インディペンデンスとリタイア・アーリーの略で、経済的自立と早期退職を意味します。つまりお金を貯めたり、効果的な投資をしたりすることで、経済的に自立し、早めに退職してのんびり暮らすことを指します」

あたしと美希喜ちゃんは顔を見合わせた。

「珊瑚さん、知ってた？」

「いえ、初めて聞いた」

「それで、僕はお金を貯めると同時に、投資の勉強もして、なんとか三十代の間にＦＩＲＥすることを目論《もくろ》んでいるわけです」

「なるほど」

だから、本を買わずに図書館で借りて、お金を貯めているわけだ、と思った。

「ありがたいことに、幸い、最近の株高のおかげで、かなり、目標に近づいてきました」

「それは良かった」

しかし、なんで話しちゃったのかなあ、と彼はつぶやいた。

「親にも会社の人にも話したことがないんです、この気持ち。だから、絶対に誰にも言わないでください」

「はい」

「なんというか……お二人がそういうこととはまったくかけ離れた存在だったから口が滑ったんですね」

かけ離れてるのか、あたしたち、とあたしと美希喜ちゃんは目で話す。

でも、とあたしは心の中で思う。今聞いた話だと、滋郎兄がまさにそのふぁいやーとやらなんじゃないだろうか。退職はしてなかったものの、完全に経済的に自立して、のんびり好きなことをしていたのだから。

「……それで、もしも、そのお金が貯まって、ファイヤーですか、できたらどうするんですか」

と美希喜ちゃんが尋ねた。

「どうする？」

「つまり、仕事をする必要がなくなったら、何をして毎日過ごすんですか」

「……いろいろ読みますね」

表情とは逆に、彼の心のシャッターがしゃーっと閉じていくのをあたしは感じた。

本は読む、だけど、きっとその書名を口にしても、この人たちにはわかるまい、そんな気持ちが「いろいろ」という言葉だけで伝わってきた。

「いろいろ……」

「ええ、まあ。それでは……」

彼がAきびすを返そうとした時だった。

「いろいろってなんですか。例えば」

美希喜ちゃんのぴしっとした声が響いた。

「え」

「いろいろって例えばなんですか。小説ですか？　実用書ですか？　経済？　社会学？」

「いえ、だから……」

「哲学宗教、歴史伝記地理、社会科学、自然科学、技術工学家政学、産業交通通信、芸術スポーツ、言語、そして、文学」

美希喜ちゃんは建文さんを見つめながら並べた。それは本の分類法だとあたしも途中から気づいた。

「本というだけで、ざっとこれだけあるんですよ。この中のどれかには当てはまりますよね。もっと詳しく言うと……」

「美希喜ちゃん」

Bあたしは彼女の服をそっと引っ張った。普段彼女は、あたしとお客さんが話をしている時、ほとんど口をはさまないのにめずらしいことだった。

「図書の十進分類法ですね。僕だって出版社に勤めていますから、そのくらいはわかります」

「いえ、だから、なんの本を読んでいるんですかってお聞きしているんです」

美希喜ちゃんはにこりともしないで言った。

「いろいろなんて、Ⅱで鼻をくくったような返事じゃないですか。なんか、馬鹿にされているみたい」

彼は困ったように、あたしと美希喜ちゃんの顔を交互に見た。申し訳なく思ったが、あたしも彼女と同じように感じていたから、どこかⅢでもあった。

「もし、失礼があったらすみません」

彼は素直に頭を下げる。

「ただ、あの……ここにある本があまりにも僕がいつも読んでいるような本とは違いすぎて、なんだか気後れしちゃって」

一度閉まったシャッターがほんの少し上がった気がした。

彼がどこか取り澄ました表情で「いろいろ読みます」と言ったのは、決して、あたしたちを話ができない人間としてハイジョしようとしたわけではなくて、むしろ、古本にC萎縮《いしゅく》した結果なのかもしれなかった。

美希喜ちゃんは小さく息を吐いた。Dそれと一緒に肩が少し下がった。

「いろいろというのは、主に経済書とか、自己(ア)ケイハツ本とか、株式投資とか……」

「あー、あれですね。本屋に入るとすぐのところに山積みになっている、『貯金十万が株式投資でみるみるうちに一億に！』とかいう、あのえる「見る」という行為に通じるものがあると考えている。

④ 現代では、「見る」という行為はものを書くときに重要であるからこそ、その範囲は個人に任され、作品の個性となるものだとされているが、本来は芭蕉のいう「不易」の境地を追究すべきだと考えている。

〔二〕 次の文章を読んで、後の問いに答えよ。

あらすじ 「あたし」（珊瑚《さんご》）は亡き兄「滋郎《じろう》」の遺《のこ》した古書店を一時的に営んでいる。そこには珊瑚の甥《おい》の娘である、大学生の「美希喜《みきき》」がしばしば訪ねてくる。あるとき珊瑚は、古書店と同じビルに入る「辻堂《つじどう》出版」の辻堂社長から、「何を考えているのかわからない」「花村《はなむら》」という社員に本を選んでほしいと頼まれた。

「辻堂からこちらにお邪魔して、いろいろ勉強させてもらえ、と言われました。よろしくお願いします」

確かに、辻堂さんが言うように素直で真面目な人なのだろうと思った。老人に言われてすぐに来てくれるなんて。一方で、本心から「勉強したい」と思っているわけではないようだな、と思った。なぜなら、それだけ言うと、あとは何を話したらいいのかわからない様子でもじもじしたからだ。

「こちらはあたしの甥の娘で、鷹島《たかしま》美希喜と言います。あたしがいない時には店番することもあると思うので、お見知りおきください」

横にいた美希喜ちゃんのことも紹介した。

「ああ」

若い二人はぎこちなく頭を下げあった。

「ああ、そうだ。失礼しました」

彼はスーツのポケットをごそごそと探ると、名刺入れを出してあたしと美希喜ちゃんに一枚ずつくれた。

――花村建文。

「花村たけふみさん？」

「はい。だけど、けんぶん、て呼んでください」

「あら……」

「皆に、けんぶん、けんぶんって呼び捨てにされてますからそう呼んでください」

あたしは彼の名前をじっと見たあと、名刺から顔を上げた。

「建文《けんぶん》さんは読書家だって社長からお聞きしたけど、どんな本をお読みになるの？」

「あ、あの……」

彼は目を泳がせ、あたしの横や上にある本棚を見回した。ここは古書店だ。当たり前だけど、本がたくさんある。

だけど、今、あたしや美希喜ちゃんがいるところ……鷹島古書店の心臓部分と言ってもいい、奥の方の本棚はほとんど希少本や絶版になった研究書、骨董《こっとう》価値が出てきている江戸や明治の文献ばかりで、彼が読んでいるような本はないのだろう。入ってきた時、多少は目の中にあった関心や好奇心が、彼から急速に失われていくのが見えた。

彼は小さくため息をつき、そして、笑顔を作った。何かこう、［ I ］の笑顔を。

えば自然であったという気がする」とあるが、なぜ筆者はそう思うのか。その理由として最も適当なものを、次の①～⑤のうちから一つ選べ。（マーク解答欄）7

① 被爆体験で、自分の内部にはたしかに存在するものを、それを知らない第三者に「ある」とうまく伝えることができず、理解してもらえないことに悲しみや憤りを感じたから。

② ついさっきまであったものが一瞬にしてなくなることを目の当たりにし、「あり」と「なし」との仕切りがわからなくなり、災害を記した古典の中にその答えを求めたから。

③ 芭蕉は優れた作品を残したのに俳諧の作法や指導の書を残さず、弟子たちの書物から探るしか方法のないことが、筆者の抱えていた「ありなし」の問題と通じるものがあったから。

④ 十代では目まぐるしく環境が変化したので、変わらないものが一番価値があると信じ、生涯をかけて「不易」を追究した芭蕉の生き方が理想だと思ったから。

⑤ 環境の急激な変化で、「ありなし」の基準を見失ったが、目に見えないものもなくなったのではなく自分の内部にたしかに存在していると気づかせてくれたから。

問六 筆者の考えとして最も適当なものを、それぞれの選択群のうちから一つずつ選べ。（マーク解答欄）［選択群Ⅰ］は 8 、［選択群Ⅱ］は 9

［選択群Ⅰ］

① 去来や土芳と同様、「不易」と「流行」の二つの概念を大切だとしているが、それらはまったく同じ事柄の表裏にすぎず、時代の「流行」によって違って見えるだけだと考えている。

② 芭蕉の俳諧は「不易」と「流行」に帰着するが、その根本は一つで、流行に左右されない「不易」を大事にしたうえで万物がさまざまに変化する自然の原理を取り入れていくことが重要だとする、土芳の解釈に共感している。

③ 「不易」と「流行」のどちらもきちんと理解しないと両方とも成立しなくなるが、特に刻々と変化する「流行」はしっかり観察しないとたちまち作風が古くなってしまうので「不易」より重要だという、去来の解釈に賛成している。

④ 「コップがあると言わないでコップを在らせる」ということに通じる「不易」は、「流行」よりも優れていて、さまざまな時代の「流行」を包含する宇宙運行の大法則だとする芭蕉に共感している。

［選択群Ⅱ］

① 「見る」という行為はその根底に流れる「不易」を追究するために重要だが、何を、どこまで、どのように見るかについては、時代によって「流行」があり、現代の文学者にとっても難しい問題だと考えている。

② 見えるものとは芭蕉のいう「流行」のことで、自分が深く心を動かされた体験を重視したオリジナリティを「流行」とし、優れた先人の作風を「不易」とすべきだという、土芳の解釈に共感している。

③ 「流行」を否定せず、むしろ進んで変化を起こし、あらゆる変化をこえて統べる「不易」を見ようと努力した芭蕉は、筆者の考

　又後の世には、あはれといふに、哀の字を書きて、ただ悲哀の意とのみ思ふめれど《思うようだが》、あはれは、悲哀にはかぎらず、うれしきにも、おもしろきにも、たのしきにも、をかしきにも、すべて「ああはれ」と思はるるは、みなあはれなり。さればあはれにをかしくとも、あはれにうれしくとも、連ねていへり《連続して言っている》。そは《それは》をかしきにもうれしきにも、「ああはれ」と感じたるを、あはれにとはいへるなり。ただし又、をかしうれしきなどと、あはれとを、対へていへる《対立したものという》ことも多かるは、人の情のさまざまに感ずる中に、うれしきことおもしろき事などには、感ずること深からず。ただかなしき事うき《つらい》こと、恋しきことなど、すべて心に思ふにかなはぬすぢ《思いを満たすことができない方面》には、感ずることこよなく深きわざなるが故《ゆゑ》に、しか《そのように》深き方をとりわきても、あはれといへるなり。俗に悲哀をのみいふも、その心ばへなり。

(1)本居宣長の言う「あはれ」の説明として最も適当なものを、次の①～⑤のうちから一つ選べ。（マーク解答欄）5

① 昔は「あはれ」を「AWARE」と発音していたが、後世には「AWARE」と発音するようになったので、「あはれ」に「哀」の漢字をあてはめて悲哀の意味だけを表すように変化した。

② 「あはれ」は、思い通りにならなかったときの感情が思わずこぼれ出た言葉なので、「あはれにをかし」「あはれにうれし」という表現は間違いである。

③ 「ああ」も「はれ」も副詞で、思わず口からもれる嘆息の声であるが、「あはれ」は「ああ」と「はれ」を重ねてできたものなので、より強い感情をあらわすことができる。

④ 「あはれ」は本来「をかし」や「うれしき」の意を含んでいたが、「をかし」や「うれしき」は感じることがあまり深くはないので、「あはれ」と「をかし」「うれしき」は対立する概念とされることが多い。

⑤ 「あはれ」は最初「ああはれ」だったが「あはれ」に変化し、やがて後世には「あつはれ」と発音されるようになった。さらに強調されて「あつぱれ」となり、「天晴《あっぱ》れ」の語源となった。

(2)空欄 甲 にあてはまる、平安時代の作り物語の名を漢字四字で答えよ。この物語の絵巻は、国宝として名古屋市の徳川美術館などに収蔵されている。（記述解答欄）A

問四　傍線部C「凹凸乏しい図絵」とあるが、どういうことか。その説明として最も適当なものを、次の①～⑤のうちから一つ選べ。

（マーク解答欄）6

① 戦災によって町が焼き尽くされ、全ての建造物が破壊されて平らな土地になったということ。

② 見慣れた町が一瞬にしてなくなり、そこに広がる光景が生気のない無機質なものになったということ。

③ 実際に生活していた人々の活気に満ちた町が一斉に失われ、誰もいなくなってしまったということ。

④ 戦災によってすべて焼き尽くされ、跡形もなくなった町が黒一色の味気ない世界になってしまったということ。

⑤ 思い出深い生まれ故郷が戦災に遭ってすっかり変わってしまい、町が静止画のように見えたということ。

問五　傍線部D「その頃手にした書物の中で、岩波文庫の『去来抄・三冊子・旅寝論』（潁原退蔵校訂）に惹かれていったのは今になって思

⑤ 表面チョウリョクの実験。

(イ) キョヨウ

① ヨウリョウよく仕事をする。　② ヨウギが晴れる。

③ 国旗をケイヨウする。　④ ドウヨウを隠せない。

⑤ スイヨウ性の物質。

(ウ) ハイジョ

① ジョコウ運転をする。　② ネンコウジョレツ。

③ 技術エンジョを行う。　④ ジジョ伝を出版する。

⑤ カゲンジョウジョの四則。

問二 傍線部A「わずかながら小説や評論、随想を書いてきて、今更のように思うことの一つは、日々ものを見るという行為の重さである」とあるが、なぜ筆者はそう思うのか。その説明として最も適当なものを、次の①～⑤のうちから一つ選べ。(マーク解答欄) 4

① 「見る」という行為は「感じる」、「思う」、「考える」にも通じる行為であり、確かに目や耳で感じることのできる対象だけが「書く」ことを支えているから。

② ものを書くという行為は「コップがあると言わないでコップを在らせる」行為なので、もののありなしの区別の基準を知ることは自分には無理だとあきらめてしまったから。

③ ものを書くという行為は、世間一般に共通な平易な言葉を非凡な組み合わせにしなければならないので、対象を深く理解することでその核心にせまることが求められるから。

④ ものを書くということは、ひとりの人間が生きているしるしとして、生きていることの感動をあらわすものであるため、常識にとらわれず感動した対象の核心にせまるほど観察しなければならないから。

⑤ 「見る」という行為は大切だが、いつも気をつけているわけではないので、いいかげんにしか見ていないかもしれないという不安や恐ろしさを常に伴うものだから。

問三 傍線部B「『歌よむは物のあはれにたへぬ時のわざなり』。『石上私淑言』でこう記したのは本居宣長である」とあるが、本居宣長は別の書で「あはれ」について次のように述べている。これを読んで、次の(1)・(2)に答えよ。

【本居宣長『 甲 玉の小櫛《おぐし》』】

物のあはれを知るといふ事、まづすべてあはれといふはもと、見る物聞く物ふるる事に、心の感じて出《いづ》る、嘆息の声にて、今の俗言にも、「ああ」といひ、「はれ」といふ是なり。たとへば月花を見て感じて、「ああみごとな花ぢや」、「はれよい月かな」などいふ、あはれといふは、この「ああ」と「はれ」との重なりたるものにて、漢文に「嗚呼」などある文字を、「ああ」とよむもこれなり。古言に、「あな」又「あや」などいへる「あ」も同じ。又「はや」とも「はも」ともいへる「は」も、かの「はれ」の「は」と同じ。又後の言に、「あつはれ」といふも、「ああはれ」と感ずる詞《ことば》にて、同じことなり。さて後の世には、「あはれ」の「は」文字を、音便にて、「わ」といへども、いにしへはすべてかやうのところ《このようなところ》もみな、本の音のままに、「は」文字は、葉・歯などのごとくとなへしなり。ことにこの「あはれ」といふ言は、嘆く声にて、「ああ」と「はれ」との重なりたるなればさらなり《言うまでもない》。

(中略)

土芳は「三冊子」（赤冊子）の中で次のように言う。

師の風雅《俳諧》に万代不易あり。一時の変化あり。この二つに究《きは》まり、その基一なり。その一といふは風雅の誠《真実の心》なり。不易を知らざれば実《まこと》に知れるにあらず。

また千変万化するものは自然の理《ことわり》なり。変化に移らざれば風あらたまらず、これにおし移らず《これに従って変化していかないと》といふは、一端《一時》の流行に口質時を得たる《詠みぶりがもてはやされる》ばかりにて、その誠を責めざるゆゑなり。責めず心をこらさざる者、誠の変化を知るといふことなし。

かりにも古人のよだれをなむることなかれ。

（中　略）

穎原退蔵氏ほか多くの先人の研究にも助けられながら私は今こう思っている。芭蕉は、絶対、永遠、普遍などという言葉こそ使わなかったけれども、自力を尽くすことにおいて絶えず自力以上のものを見上げ、「流行」「変化」の具体的な姿においてしか顕《あらわ》れない「不易」に想い到《いた》る目の精進に励んだ人であった、と。土芳の師説享受を通して想像する芭蕉に、変化し続ける具象をさしおいて到り着くべき不易の観念はなさそうである。変化に添い、すすんで変化を起こし、あらゆる変化をこえて統《す》べる大いなる何かへの畏敬と畏怖があるからこそ、限りある具象に見入る目の養いと訓練にたゆみはゆるされなかったのであろう。

冒頭に立ち戻れば、書く、は、具象の見ように始まる。私は見ているのか。まだ見てはいないのか。不易を、予感においてのみある宇宙運行の大法則とみたい後代の一読者に、芭蕉の不易流行の説の促しは今も新しい。それはすべての事物の見方の広さと高さと深さに関わって、何を、どこまで、どのように見てあの大法則に繫《つなが》るかという表現の根幹に関する促しだと思うからである。

（竹西寛子《たけにしひろこ》『「あはれ」から「もののあはれ」へ』より　ただし一部変更した箇所がある）

語注
（※1）石上私淑言…本居宣長の歌論書。
（※2）本居宣長…江戸時代の国学者。
（※3）去来抄…向井去来が著した。
（※4）三冊子…服部土芳が著した。「白冊子」「赤冊子」「わすれ水」から成る。
（※5）旅寝論…向井去来が著した。
（※6）新約聖書…キリスト教の聖典のひとつ。イエス・キリストやその弟子たちの言行の記録など。
（※7）向井去来…江戸時代の俳諧師。松尾芭蕉の教えを受けた。
（※8）服部土芳…江戸時代の俳諧師。松尾芭蕉の教えを受けた。
（※9）「さび」「しをり」「軽み」…芭蕉俳諧の理念。

問一　二重傍線部（ア）～（ウ）と傍線部が同じ漢字であるものを、それぞれ次の①～⑤のうちから一つずつ選べ。

（マーク解答欄）（ア）1、（イ）は2、（ウ）は3

（ア）キンチョウ
①　予定時間のチョウカ。
②　レンラクチョウに記入する。
③　不安をジョチョウする。
④　チョウレイボカイ。

したところで見ているのは何程のものか。あってないような核心を思うことと思わないことはどう違うのか。永遠に連なる表現とはどういうものなのか。このあたりで躓《つまず》き逡巡《しゅんじゅん》し始めた私は、やはり十代後半に立ち戻らねばならない。十代後半で私が強く求めていたのは、もののありなしについての区別の基準であった。それをはっきり知りたくて焦《あせ》っていた。

　多くの日本人がそうであったように、私も戦災に遭《あ》った。広島で被爆した。見馴れていた環境のながめが夏の朝突然変貌《へんぼう》した。あったはずのものが一斉に失われ、代わってあらわれた奇怪な、黒々としたC凹凸《おうとつ》乏しい図絵に動転した。取り返すべもなく、記憶の中にしかなくなった事物を追う日が始まった。

　二度とこの目で見ることも手で触れることも出来なくなった事物を、第三者に向かってためらいなく、ある、とはとても言えない。言えないけれども、自分の内部にはあるのである。愛着において、それまで経験したこともないかなしみにおいて、憤りにおいてそれまで以上に強くあるのである。

　環境の変貌の素早さに、ありなしについての私のそれまでの通念の基準が崩れた。ありとなしは、どこでどう仕切られるのか。私はどうすればいいのか。変化と不変についての幼稚な問いの始まりであった。Dその頃手にした書物の中で、岩波文庫の『(※3)去来抄《きょらいしょう》・(※4)三冊子《さんぞうし》・(※5)旅寝論』(潁《え》原退蔵《ばらたいぞう》校訂)に惹《ひ》かれていったのは今になって思えば自然であったという気がする。

　松尾芭蕉は、歌を詠み、歌学や歌論の書を残した古典和歌の先人達《たち》とは異なり、自分で俳諧の作法や指導の書を残していない。従って今日論じられている芭蕉の俳論の大方は、門弟達の伝えるわが師の教えであって、(※6)新約聖書のようなもの。門弟による理解、解釈の同異は避けられないが、(※7)向井去来《むかいきょらい》と(※8)服部土芳《はっとりとほう》が伝えるわが師の教えの書の中に、たまたま「不易」と「流行」の語を見出《みいだ》した時ははっとなった。

　十代の私は答えを求めて焦っていた。不安のあまり、不可能、傲慢《ごうまん》にも気づかず、不変なるものに憧《あこが》れた。俳諧についての学びもほとんどなかったので、去来（「去来抄・旅寝論」）と土芳（「三冊子」）の、師説理解の差については読み込み不足であったし、自分の存在論的関心に結びつけすぎたという反省もある。ただ、(※9)「さび」「しをり」「軽み」よりも「不易」「流行」に反応したところにあの頃の自分がいたとは言えそうである。

　去来が何くれと心やさしく芭蕉に尽くしたさまは記録にも残されている。師への敬愛の深さは疑うべくもない。しかし、師説の伝えとなると、説の享受の論理的な明晰《めいせき》さは土芳に譲らざるを得ない。読み返してそう思う。

「去来抄」から引用する。

　蕉門に千歳不易の句、一時流行の句といふあり。是《これ》を二つに分けて教へ給《たま》へる、その元は一つなり。不易を知らざれば基たちがたく《成立しがたく》、流行を知らざれば風《作風》新たならず。不易は古《いにしへ》によろしく《優れていて》、後に叶ふ《後世に優れている》句なる故、千歳不易といふ。流行は一時一時の変にして、昨日の風今日宜《よろ》しからず、今日の風明日に用ひ難《がた》き故、一時流行とはいふ。はやる事をする《いう》なり。

【国　語】（四〇分）〈満点：一〇〇点〉

〔一〕次の文章を読んで、後の問いに答えよ。なお、引用された古文については、傍破線部の注釈を参考にすること。

A わずかながら小説や評論、随想を書いてきて、今更のように思うことの一つは、日々ものを見るという行為の重さである。すべては見るに始まると言いたいほど、「書く」は「見る」に支えられている。そうは言っても夜も昼も(ア)キンチョウし通せるものではないし、見る程度にきりがあるわけでもない。それゆえ見ることの重さも時によってはまったく無視し、時には又なおざりにしかものを見ていない不安や恐ろしさにゆれている。

見る、は感じる、思う、考えるにも通じている。ただ、何を、どのように、どこまで、となると、その内容の範囲はとても簡単には仕切れない。それに耳目に確かな対象があって、そこから感じる、思う、考えるに及んでいく場合はまだいいとして、直接には耳目に明らかでない対象も見る対象の外ではないから、そこのところが難しい。直接見えなくても、聞こえなくても、同じ対象として言葉でよく見据えなければならない。言葉で考えなければならない。

私自身、句作も詠歌も詩作もしていないのにこう言うのは烏滸《おこ》がましいが、総じての詩作も見るに始まると言えるのではないか。四十代のある日、かねがね古今の詩人についての発言に聞き入る折の多かった年上の男性にたずねたことがある。「詩とはどういうものでしょうか」と。彼はしばらく黙っていたが、そのうち一言一言区切るような話し方でこう言った。「このテーブルの上にコップがありますね。コップがある、と言わないでコップを存在させるのが詩だと、僕はそう思っているんです」。

今この人に、詩についてもう一度、今度は存分にたずねてみたいと思うのは、彼がすでに故人であるためかもしれない。ただあの時から三十年余もすぎた今になって、コップがあると言わないでコップを在らせるということに、及ばずと知りつつ切実感を強めているのは、表現における見る行為の重さが、自分に切実感を増しているからに相違ない。

B「歌よむは物のあはれにたへぬ時のわざなり」(※1)。「石上私淑言《いそのかみささめごと》」でこう記したのは本居宣長(※2)である。このもののあわれにたえぬ時の作業として、つまり感動のしずめとして私の中では詩作も小説も対等であるが、通念だけによりかからずに生者としての感動を、他の誰でもないひとりの人間の生きているしるしとしてあらわすには、感動を促した対象の核心に進入する拭《ぬぐ》われた目が必要になる。通念頼みの言葉の組み合わせだけで対象の表面にとどまり、どこまで見ているのかにも気がつかないとすればそれは恥ずかしい状態である。

むろん約束事としての言葉の運用を認めなければ、共有財産としての言葉のはたらきを生かすことは出来ない。そうだとしても、「コップ」の使用はどこまでが(イ)キョヨウの範囲か。自分から平静を奪った対象への反応をどのようにあらわすにしても、対象との馴《な》れ合いだけで核心を見たと錯覚している物言いが果たして表現であるのかどうか。発言と表現の違いもよくは意識せず、怠惰《たいだ》な目をもって書き続ける気味悪さと恐ろしさに、しかし私は早々と気づいたのではなかった。

山川草木はもとより、人の心理も見る対象であれば、古文、古歌、古句いずれも見る対象としては対等である。目に見えない事物を(ウ)ハイジョ

2023年度

解 答 と 解 説

《2023年度の配点は解答欄に掲載してあります。》

＜数学解答＞

[1] (1) ア 5 イ 4 (2) ウ 1 (3) エ − オ 3 カ 1 キ 0
ク 1 ケ 0 (4) コ 4 (5) サ 4 シ 9 (6) ス 1 セ 2
ソ 1 タ 3 (7) チ 1 ツ 0 テ 2 ト 2 ナ 5 ニ 6
(8) ヌ 5 (9) ネ 3 ノ 2 (10) ハ 2 (11) ヒ −
(12) フ 2 ヘ 3 ホ 2 マ 1 ミ 3

[2] (1) ム − メ 5 モ 2 (2) ヤ 4 ユ 5 ヨ 8

[3] (1) (i) A $\frac{4}{9}$ (ii) B $\frac{2}{3}$ (2) C $\frac{13}{49}$

○推定配点○
[1] 各5点×15((6) ス・セ，ソ・タ，(7) チ・ツ，テ・ト，ナ・ニがそれぞれ5点)
[2] 各5点×2 [3] 各5点×3 計100点

＜数学解説＞

[1] (数・式の計算，平方根，二次方程式，円周角の定理，確率，式の値，連立方程式，一次関数，平面図形の面積の計量)

(1) $36\div(-2)\div\left(-\frac{1}{3}\right)=36\times\frac{1}{2}\times3=54$

(2) $\frac{-3^2+(-2)^2}{2^2-3^2}=\frac{-9+4}{4-9}=\frac{-5}{-5}=1$

基本 (3) $\left(\frac{2}{\sqrt{2}}+\frac{5}{\sqrt{5}}\right)\left(\frac{1}{\sqrt{5}}-\frac{1}{\sqrt{2}}\right)=(\sqrt{2}+\sqrt{5})\left(\frac{\sqrt{5}}{5}-\frac{\sqrt{2}}{2}\right)=\frac{\sqrt{10}}{5}-\frac{2}{2}+\frac{5}{5}-\frac{\sqrt{10}}{2}=\frac{2\sqrt{10}}{10}-1+1-\frac{5\sqrt{10}}{10}=\frac{-3\sqrt{10}}{10}$

重要 (4) 二次方程式$x^2-4x-221=0$を解くと，$(x-17)(x+13)=0$ $x=17$，-13 よって，2つの解の和は，$17+(-13)=17-13=4$ (別解)2つの解を$x=a$，bとすると，二次方程式$x^2-4x-221=0$は$(x-a)(x-b)=0$と表せる。左辺を展開すると，$x^2-(a+b)x+ab=0$となるので，xの係数を比較して，$-(a+b)=-4$ $a+b=4$

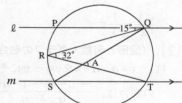

重要 (5) 右図のように，直線l，mと点P，Q，R，Sを定める。l//mなので，円周角の定理より，∠PQS＝∠QST＝∠QRT＝32° よって，∠RQS＝∠PQS－∠PQR＝32°－15°＝17° △QRAにおいて，内角と外角の関係より，∠A＝∠RQS＋∠QRT＝17°＋32°＝49°

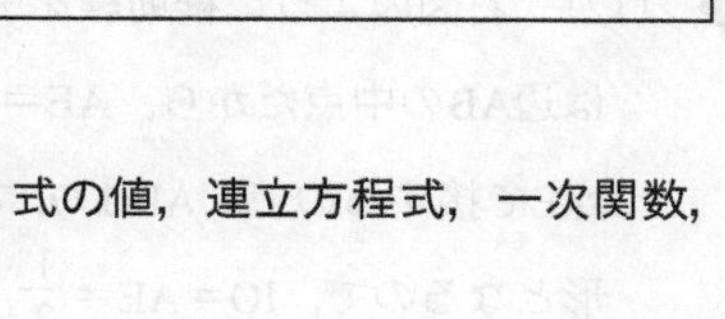

基本 (6) 大小2つのさいころを投げたときの出る目の組み合わせは，6×6＝36(通り) 2けたの整数が偶数であるとき，一の位の数は偶数である。よって，小さいさいころの目が2，4，6のいずれかであればよい。従って，つくった2けたの整数が偶数になる

ときの場合の数は，$6\times3=18$(通り)であり，確率は，$\frac{18}{36}=\frac{1}{2}$　また，つくった2けたの整数が3の倍数になるのは，十の位の数と一の位の数の和が3の倍数となるときなので，12，15，21，24，33，36，42，45，51，54，63，66の12通りであるから，その確率は，$\frac{12}{36}=\frac{1}{3}$

重要 (7)　$x+y=(5-\sqrt{3})+(5+\sqrt{3})=5-\sqrt{3}+5+\sqrt{3}=10$　$xy=(5-\sqrt{3})(5+\sqrt{3})=5^2-(\sqrt{3})^2=25-3=22$　$x^2+y^2=(x+y)^2-2xy=10^2-2\times22=100-44=56$

重要 (8)　$4.5=\sqrt{20.25}<\sqrt{20.5}<\sqrt{25}=5$なので，$\sqrt{20.5}$に最も近い整数は5

(9)　$3x+y=11$…①　$2x+5y=16$…②とおいて，①×5－②より，$13x=39$　$x=3$　①に$x=3$を代入して，$3\times3+y=11$　$9+y=11$　$y=2$

重要 (10)「お茶」のペットボトルをa本，「スポーツドリンク」のペットボトルをb本とする。初め，合計で3000本あったので，$a+b=3000$…①　合宿修了時には，「お茶」の99.5%，「スポーツドリンク」の95%が消費されていたので，「お茶」が0.5%，「スポーツドリンク」が5%未開封であった。よって，$0.005a+0.05b=69$より，$5a+50b=69000$　$a+10b=13800$…②　②－①より，$9b=10800$　$b=1200$　①に$b=1200$を代入して，$a+1200=3000$　$a=1800$

(11)　もし，この直線の傾きが0以上であったとすると，切片が4であるから，$1\leqq x$で$4\leqq y$となる。問題に適さないので，傾きは負であることがわかる。よって，この直線は(0，4)，(1，3)，(a，-2)を通るので，傾きは，$\frac{3-4}{1-0}=\frac{-1}{1}=-1$

重要 (12)　右図のように補助線を引き，点G，H，I，Jを定める。点Eは辺ABの中点だから，$\mathrm{AE}=\mathrm{BE}=\frac{1}{2}\mathrm{AB}=\frac{1}{2}\times1=\frac{1}{2}$　円Oが点Eで接するので，AB⊥OEであり，四角形AEOI，EBJOは長方形となるので，$\mathrm{IO}=\mathrm{AE}=\frac{1}{2}$，$\mathrm{JO}=\mathrm{BE}=\frac{1}{2}$　円の半径なので，$\mathrm{OG}=\mathrm{OH}=\mathrm{EO}=1$　△IOGと△JOHにおいて，三平方の定理より，$\mathrm{GI}=\mathrm{HJ}=\sqrt{1^2-\left(\frac{1}{2}\right)^2}=\sqrt{1-\frac{1}{4}}=\sqrt{\frac{3}{4}}=\frac{1}{2}\sqrt{3}$　IO：GO：GI＝JO：HO：HJ＝$\frac{1}{2}:1:\frac{1}{2}\sqrt{3}=1:2:\sqrt{3}$となるから，$\angle\mathrm{IOG}=\angle\mathrm{JOH}=60°$　よって，$\angle\mathrm{GOH}=180°-(\angle\mathrm{IOG}+\angle\mathrm{JOH})=180°-(60°+60°)=180°-120°=60°$　斜線部分の面積は，{四角形ABJI－(△IOG＋△JOH＋おうぎ形GOH)}×2＝$\left\{\mathrm{AB}\times\mathrm{EO}-\left(\frac{1}{2}\times\mathrm{GI}\times\mathrm{IO}+\frac{1}{2}\times\mathrm{HJ}\times\mathrm{JO}+\mathrm{OG}\times\mathrm{OG}\times\pi\times\frac{60°}{360°}\right)\right\}\times2=\left\{1\times1-\left(\frac{1}{2}\times\frac{1}{2}\times\frac{1}{2}\sqrt{3}+\frac{1}{2}\times\frac{1}{2}\times\frac{1}{2}\sqrt{3}+1\times1\times\pi\times\frac{60°}{360°}\right)\right\}\times2=\left\{1-\left(\frac{1}{8}\sqrt{3}+\frac{1}{8}\sqrt{3}+\frac{1}{6}\pi\right)\right\}\times2=\left\{1-\left(\frac{1}{4}\sqrt{3}+\frac{1}{6}\pi\right)\right\}\times2=\left(1-\frac{1}{4}\sqrt{3}-\frac{1}{6}\pi\right)\times2=2-\frac{\sqrt{3}}{2}-\frac{1}{3}\pi$

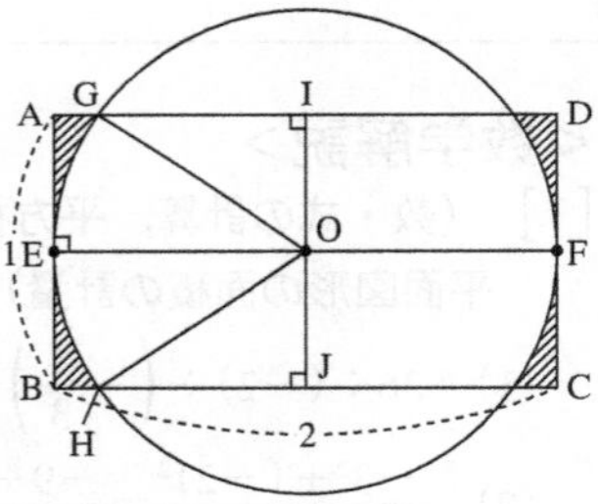

重要 [2]　(図形と関数・グラフの融合問題)

(1)　$x=a$，$a+4$を$y=-x^2$にそれぞれ代入すると，$y=-a^2$，$-(a+4)^2$となるので，関数①の変化の割合は，$\frac{-(a+4)^2-(-a^2)}{a+4-a}=\frac{-(a^2+8a+16)+a^2}{4}=\frac{-a^2-8a-16+a^2}{4}=\frac{-8a-16}{4}=-2a-4$　関数②は一次関数であり，変化の割合は傾きに等しいので，1である。よって，2つの関数の変化の割合が等しいとき，$-2a-4=1$　$-2a=5$　$a=-\frac{5}{2}$

(2)　$x=b$, $b+5$を$y=-x^2$にそれぞれ代入すると，$y=-b^2$, $-(b+5)^2$となるので，関数①の変化の割合は，$\frac{-(b+5)^2-(-b^2)}{b+5-b}=\frac{-(b^2+10b+25)+b^2}{5}=\frac{-b^2-10b-25+b^2}{5}=\frac{-10b-25}{5}=-2b-5$　よって，2つの関数の変化の割合が等しいとき，$-2b-5=1$　$-2b=6$　$b=-3$　$y=-x^2$に$x=-\frac{5}{2}$, -3, 2をそれぞれ代入すると，$y=-\frac{25}{4}$, -9, -4となるから，$\mathrm{A}\left(-\frac{5}{2},\ -\frac{25}{4}\right)$, $\mathrm{B}(-3,\ -9)$, $\mathrm{C}(2,\ -4)$　点Aを通るy軸に平行な直線を引き，線分BCとの交点をDとする。直線BCの傾きは，$\frac{-4-(-9)}{2-(-3)}=\frac{-4+9}{2+3}=\frac{5}{5}=1$であるから，直線BCの式を$y=x+c$とおき，$\mathrm{C}(2,\ -4)$を代入すると，$-4=2+c$　$c=-6$　よって，直線BCの式は，$y=x-6$となり，$x=-\frac{5}{2}$を代入すると，$y=-\frac{5}{2}-6=-\frac{17}{2}$　したがって，$\mathrm{D}\left(-\frac{5}{2},\ -\frac{17}{2}\right)$となり，$\mathrm{AD}=-\frac{25}{4}-\left(-\frac{17}{2}\right)=-\frac{25}{4}+\frac{17}{2}=\frac{9}{4}$　$\triangle\mathrm{ABC}=\triangle\mathrm{ABD}+\triangle\mathrm{ADC}=\frac{1}{2}\times\frac{9}{4}\times\left\{-\frac{5}{2}-(-3)\right\}+\frac{1}{2}\times\frac{9}{4}\times\left\{2-\left(-\frac{5}{2}\right)\right\}=\frac{1}{2}\times\frac{9}{4}\times\left(-\frac{5}{2}+3\right)+\frac{1}{2}\times\frac{9}{4}\times\left(2+\frac{5}{2}\right)=\frac{1}{2}\times\frac{9}{4}\times\frac{1}{2}+\frac{1}{2}\times\frac{9}{4}\times\frac{9}{2}=\frac{9}{16}+\frac{81}{16}=\frac{90}{16}=\frac{45}{8}$

やや難　[3]　**(関数・グラフと確率の融合問題)**

(1)　XとYの袋から取り出すカードの出方は，それぞれ1, 2, 3の3通りであるから，その組み合わせは，$3\times3=9$(通り)

(ⅰ)　図1のように，$a=1$とすると，直線lは必ず頂点A，Cを通るので，$c=1$, 2, 3の3通り。$a=2$とすると，直線1は，$y=2x$となり，$x=3$を代入すると，$y=2\times3=6$なので，頂点Dのy座標が6以上となればよいから，$3+c\geqq6$より，$c\geqq3$　よって，$c=3$の1通り。$a=3$とすると，直線1は，$y=3x$となり，$x=3$を代入すると，$y=3\times3=9$なので，頂点Dのy座標が9以上とならなければいけないから，$3+c\geqq9$より，$c\geqq6$　よって，適するcの値は存在しない。従って,求める確率は，$\frac{3+1}{9}=\frac{4}{9}$

(ⅱ)　図2のように，$b=1$とすると，直線1は，$y=x+1$となり，$x=3$を代入すると，$y=3+1=4$なので，頂点Dのy座標が4以上となればよいから，$3+c\geqq4$より，$c\geqq1$　よって，$c=1$, 2, 3の3通り。$b=2$とすると，直線1は，$y=x+2$となり，$x=3$を代入すると，$y=3+2=5$なので，頂点Dのy座標が5以上となればよいから，$3+c\geqq5$より，$c\geqq2$　よって，$c=2$, 3の2通り。$b=3$とすると，直線1は，$y=x+3$となり，$x=3$を代入すると，$y=3+3=6$なので，頂点Dのy座標が6以上となればよいから，$3+c\geqq6$より，$c\geqq3$　よって，$c=3$の1通り。従って,求める確率は，$\frac{3+2+1}{9}=\frac{6}{9}=\frac{2}{3}$

(2)　XとYの袋から取り出すカードの出方は，それぞれ-3, -2, -1, 0, 1, 2, 3の7通りであるから，その組み合わせは，$7\times7=49$(通り)　図3のように，$a<0$のとき，直線1の傾きは負となる。また，このとき，直線1が頂点A，Cを通る直線の間にあれば，直線1が正方形ABCDの辺または頂点を通るが，aがどのような値であっても，切片は3より大きくなるので，$b>3$　よって，問題に適さない。$a=0$のとき，直線1は，$y=b$となり，x軸に平行な直線となる。よって，$b=3$であれば，直線1が正方形ABCDの辺または頂点を通る。$a>0$のとき，直線1の傾きは正となる。また，このとき，直線1が頂点B，Dを通る直線の間にあれば，直線1が正方形ABCDの辺または頂点を通る。$a=1$とすると，直線1は，$y=x+b$となり，$\mathrm{B}(6,\ 3)$を代入すると，$3=6+b$　$b=$

-3, D$(3,\ 6)$を代入すると，$6=3+b$　$b=3$であるから，$-3\leqq b\leqq 3$　よって，$b=-3,\ -2,\ -1,\ 0,\ 1,\ 2,\ 3$の7通り。$a=2$とすると，直線1は，$y=2x+b$となり，B$(6,\ 3)$を代入すると，$3=2\times 6+b$　$3=12+b$　$b=-9$，D$(3,\ 6)$を代入すると，$6=2\times 3+b$　$6=6+b$　$b=0$であるから，$-9\leqq b\leqq 0$　よって，$b=-3,\ -2,\ -1,\ 0$の4通り。$a=3$とすると，直線1は，$y=3x+b$となり，B$(6,\ 3)$を代入すると，$3=3\times 6+b$　$3=18+b$　$b=-15$，D$(3,\ 6)$を代入すると，$6=3\times 3+b$　$6=9+b$　$b=-3$であるから，$-15\leqq b\leqq -3$　よって，$b=-3$の1通り。したがって，求める確率は，$\dfrac{1+7+4+1}{49}=\dfrac{13}{49}$

図1

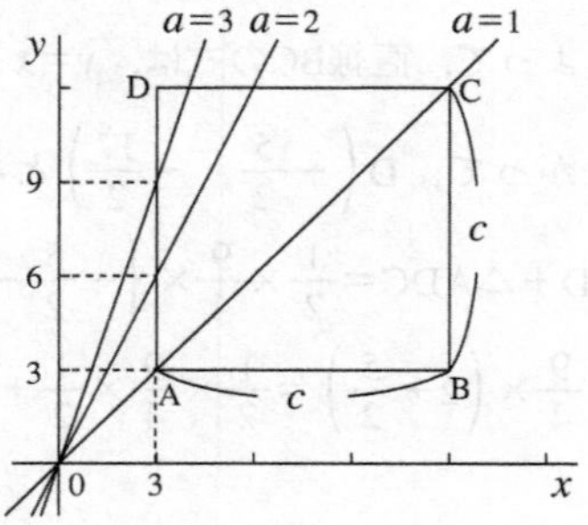

図3（$a<0$のとき）

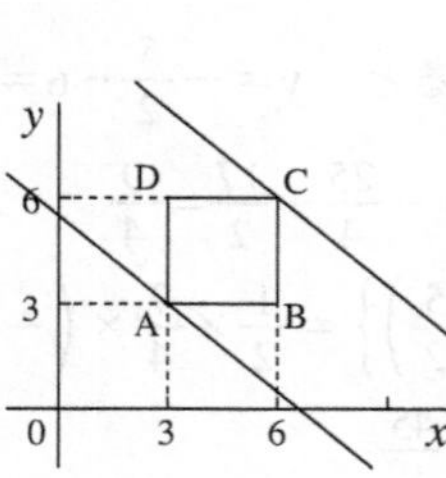

図2

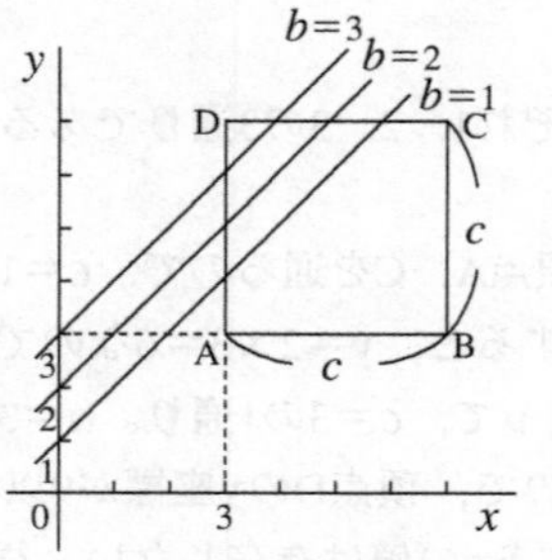

図3（$a>0$のとき）

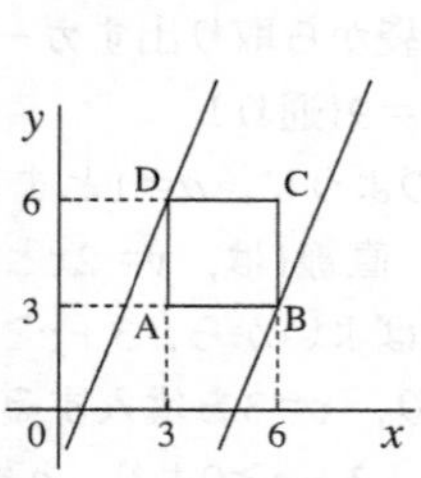

★ワンポイントアドバイス★

マーク解答問題は，標準的なレベルの問題であり，確実に得点につなげたい。

＜英語解答＞

［1］ 問A　(1)　②　(2)　③　(3)　①　(4)　③　(5)　④

問B　(1)　take　(2)　on　(3)　do　(4)　right　(5)　what

［2］ 問1　④　問2　③　問3　③　問4　④　問5　③

［3］ 問1　②　問2　④　問3　③　問4　②　問5　therapy　問6　③　問7　2

問8　③　問9　③

［4］ 問1　(ア)　④　(イ)　⑤　(ウ)　⑧　(エ)　③　(オ)　①

問2　A　①　B　②　C　①　D　③

問3　あ　(2番目，5番目)　②，⑤　い　(2番目，5番目)　③，①　問4　④

問5　①　問6　②　問7　②　問8　④

○推定配点○

［1］ 各1点×10　他　各3点×30(［4］問3各完答)　計100点

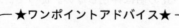

＜英語解説＞

基本 [1] 問A （語句補充問題：不定詞，受動態，現在完了）

(1) nothing to ～「～するためのものはない」という不定詞の形容詞的用法である。

(2) 〈tell ＋人＋ to ～〉「人に～するように言う」

(3) 〈be動詞＋過去分詞〉で受動態となる。

(4) 〈期間 have passed since ～〉「～から…経った」

(5) 「なぜあなたは名古屋に来たの」＝「何があなたを名古屋に連れてきたの」

重要 問B （語句補充問題：単語，熟語）

(1) 〈It takes ＋時間〉「～かかる」 take place「起こる」

(2) on weekends「週末に」 pass on「伝える」

(3) do one's best「最善を尽くす」 do damage「損害を与える，傷つける」

(4) right「権利，右側」 right away「すぐに」

(5) What about ~ing?「～するのはどうですか」 What made A ＋ B?「何がAをBにしたの」＝「なぜAはBだったの」

重要 [2] （語句整序問題：比較，動名詞，接続詞，不定詞）

問1 (My report) about SDGs had twice as many mistakes as Mark's(.) 〈twice as ~as …〉「…の2倍の～」

問2 I'm looking forward to going abroad for (sightseeing this summer.) look forward to ~ing「～するのを楽しみに待つ」

問3 I found this is a picture on the (Internet.) I find that ～「～だということに気づく」

問4 (Chukyo Senior High School) allows female students to wear pants as (uniforms.) 〈allow ＋人＋ to ～〉「人が～するのを許す」

問5 (Let) me introduce this machine to (you.) 〈Let me ＋原形不定詞〉「私に～させてください」

[3] （長文読解問題・説明文：指示語，語句補充，要旨把握，内容吟味）

（全訳） 犬と猫は長年私たちの親友だ。犬が15000年前に人間と一緒に住んでいたことを示すいくつかの証拠があることを知って驚くかもしれない。犬は狩猟犬としての役割を持っていた。一方，猫は稲作を始めてから加わった。彼らは優れたハンターだったので，エジプトの人々は作物をネズミから守るために猫を飼っていたと言われている。日本では，仏教寺院の僧侶もほぼ同じ理由で①そうすることを始めた。彼らはネズミを貴重な仏教の経典から遠ざけたかったのだ。

長い歴史の②中で，人々は犬の素晴らしい能力を見つけ，救助犬，番犬，警察犬として使用した。しかし，最近，一部の人々は犬の別の側面に注意を向け始めた。③彼らは素晴らしい癒しの能力を持っている。

動物療法の歴史は長く，④古代ローマ人は負傷した兵士がより早く怪我から回復するのを助けるために馬を使用した。18世紀に，彼らは犬としばらく過ごした後，問題を抱えている人々が気分が良くなることを発見した。これがドッグセラピーの始まりだった。2000年代後半，科学者たちは原因を発見した。私たちが動物と一緒にいるとき，オキシトシンと呼ばれる化学物質が私たちの脳に放出される。それは私たちのストレスレベルを下げ，私たちを幸せに感じさせることができる。私たちの他の親友も同じ効果があり，猫⑤療法が生まれた。彼らの数はまだ少ないが，彼らは私たちのために新しい方法で働いている。

時代も変わり，環境も変わった。ある調査によると，日本で飼われている犬の数は2008年頃から⑥減少傾向にある。そのとき，日本には約1300万匹の犬がいた。現在，約700万匹の犬だけが私たちと一緒に住んでいる。一方，猫の数は900万匹に増えた。つまり，現在，犬よりも⑦200万匹多い猫がいるということだ。8なぜ日本で犬の数が減ったのかは分からないが，犬や猫を飼うことは私たちを幸せにするということは明らかだ。

問1　前の文の kept cats を指している。

問2　in the long history「長い歴史の中で」

問3　もう1つの側面については，次の段落で述べられている。次の段落は，動物療法に関する内容であることから判断する。

問4　兵士が早く回復するために馬が利用されたとある。

問5　空らんの前の部分に，「同じ効果がある」と書かれている。猫にもストレスレベルを下げ私たちを幸せに感じさせるので，therapy が適切。

問6　since があるので現在完了進行形を用いる。当時は1300万匹いたが，700万匹に減っていることから，decrease を用いたものが適切である。

問7　犬は700万匹で猫は900万匹なので，猫が200万匹多いとわかる。

問8　第4段落では，犬や猫の頭数について書かれていることから判断できる。

問9　第3段落第5文，第6文参照。オキシトシンが私たちの脳に放出されると，ストレスレベルを下げ，幸せに感じさせるとある。

重要 [4]　(長文読解・説明文：語句補充，語句整序問題[不定詞，分詞]，内容吟味)

(全訳)　食品の起源

【ポップコーン】

人々は約8000年前に中央アメリカで食用のトウモロコシを栽培し始めた。トウモロコシをさまざまな方法でア使用した。それを生で食べたり，あパンやスープを作るためにそれを使ったりした。彼らがポップコーンをイ発明したことも知っているだろうか？　1948年，考古学者は洞窟でポップコーンを発見した。約5500年前のものだった！

ネイティブアメリカンは，トウモロコシを火で調理してポップコーンを作った。人々は温かいポップコーンをウ食べるのを楽しんだ。彼らはまた，装飾やポップコーンネックレスを作るためにそれを使用した！

【チョコレート】

中央アメリカの先住民はまた約2000年前にチョコレートをイ発明した。彼らはカカオの木の種から辛い飲み物を作った。まず，カカオの種を乾燥させ，粉砕してペーストを作った。それから彼らは唐辛子と水を加えた。チョコレートドリンクは甘くなかった。苦かった！

スペインの探検家はアメリカにエ到着したときにチョコレートについて学び，すぐにスペインで人気のある飲み物になった。スペインの人々は，砂糖とシナモンを使ったチョコレートが好きだった。その後，ホットチョコレートはヨーロッパ中で人気を博し，チョコレート工場もチョコレート菓子を作り始めた。い1867年，ダニエルピーターというスイスのチョコレートメーカーがミルクと共に作られたチョコレートキャンディーを発明した。現在，ミルクチョコレートは非常に人気があり，カカオの木は多くの場所でオ栽培されている。

【アイスクリーム】

約2000年前，古代ローマ人は山から氷と雪を持ってきて，果物と蜂蜜と混ぜた。約1500年前，中国の人々は氷と牛乳でデザートを作った。今日私たちが食べているソフトクリームは，おそらく約400年前にヨーロッパでイ発明された。

【上の英文を読んだ後のAさんとBさんの会話】

A：ポップコーンもチョコレートもカ中央アメリカで作られているとは知らなかったよ。

B：私も！　最初のココアは，私たちが知っているココアよりもキコーヒーのような味がしたことを知って驚いたな！

A：いつか試してみたいね。

B：ク私も試してみたいな(いいアイデアだね)！　おもしろいと思うな！

A：アイスクリームが大好きなので，ローマ人と中国人にもケ感謝しなきゃ。

B：さて，この話のせいでお腹がすいちゃった！

A：何か食べるものあるコかな？

問1　ア　この後で，トウモロコシをどのように使ったかについて書かれている。

イ　invent「発明する」　ウ　enjoy eating「食べて楽しむ」　エ　arrive in ～「～に到着する」

オ　grow「栽培する」

問2　A「ポップコーンはチョコレートよりも長い間食べられている」　ポップコーンは8000年前に，チョコレートは2000年前に発明されているので，本文の内容に一致している。

B「1948年以前に生まれた人々は，おそらくポップコーンを食べなかった」　5500年前のポップコーンが見つかっているので，本文の内容に一致しない。

C「2000年前のチョコレートの味は，現在多くの人が食べるチョコレートの味とは異なる」当初のチョコレートは苦かったので，本文の内容に一致する。

D「2000年よりも1867年の方が，より多くの人々がチョコレートを楽しんだ」　1867年と2000年のチョコレートを楽しんだ人数については触れられていないので，本文からは判断できない。

問3　あ　(They ate it fresh and) they used it to make bread (and soup.)　to make は不定詞の副詞的用法である。

い　(In 1867 a Swiss chocolate maker named) Daniel Peter invented a chocolate candy made with milk(.)　made with milk は前の名詞を修飾する分詞の形容詞的用法である。

問4　ポップコーンもチョコレートも中央アメリカで発明された。

問5　最初のチョコレートドリンクは苦かったとあるので，苦い飲み物であるコーヒーが適切。

問6　同意する表現が適切なので，Me too! や That's a great idea! が適切である。

問7　Aさんはアイスクリームが好きなので，アイスクリームを発明したローマ人や中国人に感謝する必要があるのである。

問8　Can you ～?「～してくれませんか」と依頼する文になる。

★ワンポイントアドバイス★

文法問題は比較的，基本的な問題が多く出題されている。教科書に載っている単語や熟語を身につけ，過去問で数多く練習をしたい。

＜理科解答＞

[1]　(1)　1　②　(2)　2　④　(3)　3　⑤　(4)　4　⑧　(5)　5　⑥
　　(6)　6　③　(7)　7　③　(8)　8　②　(9)　9　②　(10)　10　③
[2]　(1)　11　③　(2)　12　⑤　(3)　13　①　(4)　14　⑧　(5)　A　1.6
[3]　(1)　15　⑤　(2)　16　③　(3)　17　⑦　(4)　18　⑤　(5)　19　②
[4]　(1)　20　⑤　(2)　21　②　(3)　B　ボルタ　(4)　22　②　(5)　23　①
[5]　(1)　C　0.20　(2)　24　②　(3)　25　⑥　(4)　26　①　(5)　27　④
　　(6)　D　反射　(7)　28　⑨

○推定配点○
[1]　各2点×10　[2]　各3点×5　[3]　(1)～(4)　各2点×4　(5)　3点
[4]　各3点×5　[5]　各2点×7　計75点

＜理科解説＞

[1]　(小問集合―各分野の総合)

(1)　①マグマが地下浅部で急に冷えた斑状組織である。②短時間でできる粒は小さい。③鉱物は結晶だが，ガラスは結晶ではない。④炭酸カルシウムはほとんど含まない。⑤花こう岩は等粒状組織の深成岩である。⑥火山灰が固まった凝灰岩は，火成岩ではなく堆積岩の一種である。

(2)　5℃，20％の空気1m^{3}に含まれる水蒸気の量は，6.8×0.20＝1.36g/m^{3}である。また，20℃，60％の空気1m^{3}に含まれる水蒸気の量は，17.3×0.60＝10.38g/m^{3}である。よって，増えた水蒸気の量は，10.38－1.36＝9.02g/m^{3}となる。

重要　(3)　図2を見ると，震源からの距離200kmの地点での初期微動継続時間は，P波が到着してからS波が到着するまでの25秒間である。震源距離と初期微動継続時間は比例するので，初期微動継続時間が30秒間になるのは，200：25＝x：30より，x＝240kmとなる。

(4)　被子植物は，単子葉類と双子葉類に分けられる。イネは単子葉類であり，選択肢では同じイネ科のトウモロコシのほか，ツユクサもあてはまる。他は双子葉類である。

基本　(5)　卵や精子のような生殖細胞の染色体数は，体細胞の半分である。アマガエルの生殖細胞の染色体数が12本なので，受精卵の染色体数は24本，その後の体細胞の染色体数も24本である。

(6)　物質の状態は，融点以下の温度では固体，融点と沸点の間の温度では液体，沸点以上の温度では気体である。①水銀とエタノールの2種類である。②融点が10℃より高いのは，塩化ナトリウム，パルミチン酸，酢酸である。③固体から液体になるのが水銀，パルミチン酸，酢酸で，液体から気体になるのがエタノールである。④融点の－115℃より高いので液体である。⑤固体から液体になるのがパルミチン酸，液体から気体になるのがエタノールである。

(7)　スタートの高さはどれも同じなので，ゴールでの速さも同じである。しかし，速い速度で動く距離が長いのはCなので，ゴールまでの時間が短い。到着順はC→B→Aである。

(8)　水が100gの場合，40℃の飽和水溶液を20℃まで冷やすと，固体として出てくる硝酸カリウムの量は，63.9－31.6＝32.3gである。このことから，水が15gの場合は，100：32.3＝15：x　より，x＝4.845gである。

やや難　(9)　回路全体の合成抵抗を求める。右上の並列部分の合成抵抗は，$\frac{1}{6}+\frac{1}{12}=\frac{1}{4}$より4Ωであり，これと8Ωの合計は12Ωである。一方，右下の部分の合計は，10＋8＋6＝24Ωである。よって，6本の抵抗からなる並列部分の合成抵抗は，$\frac{1}{12}+\frac{1}{24}=\frac{1}{8}$より8Ωである。以上より，回路全体の合成抵抗は，12＋8＝20Ωである。回路全体に流れる電流は$\frac{6V}{20\Omega}$となる。この0.3Aの電流は，12Ωの抵抗を流れた後で上下に分かれるが，上と下の部分の抵抗はそれぞれ12Ωと24Ωなので，抵抗は1：2である。そのため，電流は逆比の2：1で，0.2Aと0.1Aに分かれる。よって，Xに流れる電流は0.2Aである。

(10)　ベーキングパウダーの主成分である炭酸水素ナトリウムは，加熱すると分解して，二酸化炭素と水と炭酸ナトリウムになる。炭酸ナトリウムは水に溶けてアルカリ性を示す。一方，ブルーベリーに含まれるアントシアニンは，アルカリ性で青緑色に変わるため，青緑色のホットケーキができる。

[2]　(力のはたらき―ばね，密度，浮力)

(1)　図1は，ばねA，ばねBのどちらにも60gのおもりをつるす場合と同じ力がかかる。図2はばねA，ばねBの力の合計が60gのおもりをつるす場合と同じなので，それぞれのばねにかかる力はそれより小さい。図3は，ばねAには120gのおもりをつるし，ばねBには60gのおもりをつるす場合と同じ力がかかる。図4でばねにかかる力は図1と全く同じである。以上から，最も大きい力がかかる図3が，伸びの合計が最も大きい。

なお，それぞれの伸びを実際に計算すると，図1はAが6cm伸び，Bが3cm伸びて，伸びの合計は9cmである。図2はA，Bともに2cm伸びて，伸びの合計は4cmである。図3はAが12cm伸び，Bが3cm伸びて，伸びの合計は15cmである。図4は図1と同じである。

重要　(2)　ばねBに20gのおもりをつるすと1cm伸びる。物体XをばねBにつるすと10cm伸びるので，物体Xの質量は200gであり，物体Xにはたらく重力は2Nである。また，Yの面で4cm＝0.04mだから，面積は0.04×0.04＝0.0016m^{2}となる。よって，求める圧力は，2÷0.0016＝1250Paとなる。

(3)　物体Xの体積は4×4×5＝80cm^{3}なので，水中で物体Xがおしのけた水の体積も80cm^{3}で，その水の質量は80gである。よって，物体Xには80gの水にはたらく重力と同じ大きさの浮力がはたらく。物体Xの質量は200gだから，ばねBにかかる力は，200－80＝120gの物体にはたらく重力と同じとなる。ばねBは20gのおもりをつるすと1cm伸びるから，120gのおもりをつるすと6cm伸びる。

重要　(4)　物体Xの質量は200gで，体積は80cm^{3}である。このことから，図7に物体Xの点を取り，原点と結ぶ。この直線上にある物体aや物体fは，物体Xと密度が等しいので，同じ物質でできていると考えられる。

(5)　物体Zの質量は物体Xの質量と同じ200gである。これが浮力を受けて水面に浮くには，物体Zがおしのけた水の質量が200gであればよく，その水の体積は200cm^{3}である。つまり，物体Zは200cm^{3}ぶんだけ水面下に沈む。物体Zの水の中に入っている部分の高さをx[cm]とすると，10×12.5×x＝200　より，x＝1.6cmとなる。

[3]　(太陽系―月や星の動き)

やや難　(1)　皆既月食のとき，太陽から直進する光は地球にさえぎられて月に届かない。しかし，地球の大気で屈折したわずかな光が月に届く。この光は，地球の大気によって青っぽい光が吸収されたり散乱されたりするため，赤っぽい光だけになる。①ならばふだんから赤っぽく見えるはずである。②ならば青っぽい光が残るはずである。③④では，月自身が発光しているのではないので，月の温度も関係がない。

(2)　南半球では，月，太陽，星ともに，東からのぼり北の空を通って西に沈む。

(3)　星Aはベテルギウスで，赤い恒星である。星Bはリゲルで青白色の恒星である。プロキオンはこいぬ座，シリウスはおおいぬ座，アルデバランはおうし座で，いずれもオリオン座の近くに見える。

(4)　星は東から西へ，1時間で15°ずつ，4分間で1°ずつ日周運動する。アからイまでの角度は，90－25＝65°であり，これは4時間20分の日周運動にあたる。イの位置にくるのは，11月8日22時00分の4時間20分後だから，11月9日2時20分である。

基本 (5)　北の空の星は，1時間で15°ずつ，反時計回りに日周運動する。11月8日22時00分から11月9日0時00分までは2時間あるので，30°の日周運動をおこなう。よって，ウの位置から30°日周運動したイの位置にくる。

[4]　（電気分解―水や塩化銅水溶液の電気分解）

(1)　操作1は発熱により途中で加熱をやめても反応が進む。操作2は化学カイロに使われる発熱反応である。一方，操作3は二酸化炭素ができ，操作4はアンモニアができるが，どちらも温度が下がる吸熱反応である。

(2)　水の電気分解をおこなうと，$2H_2O \rightarrow 2H_2 + O_2$　により，水分子2個から，陽極では酸素分子O_2が1個，陰極では水素分子H_2が2個できる。水分子が120個の場合は，陽極では酸素分子O_2が60個，陰極では水素分子H_2が120個できる。

(3)　イタリアのアレッサンドロ・ボルタ(1745～1827)は，ボルタ電池の発明などで知られ，電圧の単位ボルト[V]にもその名前が残る。

(4)　塩化銅水溶液の電気分解をおこなうと，$CuCl_2 \rightarrow Cu + Cl_2$　により，陽極(A)では気体の塩素Cl_2が発生し，陰極(B)では固体の銅Cuが析出する。塩素Cl_2は，黄緑色でツンとする刺激臭のある有毒な気体であり，漂白作用や殺菌作用がある。水に溶け空気より重いために下方置換で集める。空気中で爆発的に燃えることはなく，石灰水とは反応しない。

重要 (5)　実験1では，鉛イオンPb^{2+}が電子を受け取って鉛Pbになり，電子を失った鉄Feが鉄イオンFe^{2+}になったため，鉛よりも鉄の方が陽イオンへなりやすい。同じように実験3について，鉄よりも亜鉛の方が陽イオンへなりやすい。一方，実験2と実験4については，銅よりも鉛の方が陽イオンへなりやすく，亜鉛よりもマグネシウムの方が陽イオンへなりやすい。まとめると，陽イオンになりやすい順は，Mg＞Zn＞Fe＞Pb＞Cuである。

[5]　（ヒトのからだ―血液の循環）

(1)　ものさしをつかむまでの時間は表2に計算されているので，これを平均すればよい。そのまま足して5で割ればよいが，0.20秒との差を取った方が，いくぶん計算が楽である。小数点を4桁ずらすと，(45＋10＋20－5－73)÷5＝－0.6なので，求める平均は0.20－0.00006で，小数第3位を四捨五入すると0.20秒となる。

(2)　音が耳(感覚器官)に伝わると，信号は聴神経(感覚神経)を通って脳に伝わる。耳は頭部にあるので，ここまでの途中で脊髄は通らない。音を認識した脳は，手に命令を出す。その信号は，脊髄，運動神経を通って筋肉に伝わる。

(3)　1mの経路を伝わる時間が(1)で求めた0.20秒間のすべてだとすると，その速さは1÷0.20＝5.0m/秒である。これを時速に直すと，1時間＝60×60秒＝3600秒だから，5.0×3600＝18000で，18000m＝18.0kmである。よって，5m/秒＝18.0km/hである。

(4)，(5)　空気の振動として伝わってきた音は，アの鼓膜を振動させる。すると，振動がイの耳小骨を経て，エのうずまき管に伝わる。うずまき管には刺激を受け取る聴細胞があり，信号となってオの聴神経から脳に伝わる。ウは三半規管であり，からだの回転を感じる部分だが，音は通らない。

(6)　大脳の命令ではなく，脊髄などで命令を出すことで無意識に起こる反応を反射という。短時間で反応が起こるので，身を守るのに役に立つ場合もある。

重要 (7)　イはレモンが酸っぱいことを，エは上着を着ると暖かいことを知らなければ起きず，大脳の命令による反応である。また，カも昆虫に対する感情によるものなので，これも大脳の命令による反応である。これらは反射とは言えない。

★ワンポイントアドバイス★

多くの問題練習を通じて，基本的な考え方を理解し身につけ，計算でも意味を把握しながら実行できるようにしよう。

＜社会解答＞

[1]　問1　②　問2　②　問3　④　問4　大正デモクラシー　問5　③　問6　②

[2]　問1　③　問2　④　問3　④　問4　⑤　問5　③

[3]　問1　③　問2　①　問3　タイガ

[4]　問1　④　問2　⑤　問3　水力

[5]　問1　⑥　問2　③　問3　②　問4　③　問5　③　問6　⑤　問7　①
問8　L

[6]　問1　④　問2　①　問3　⑤　問4　①　問5　多文化共生　問6　①　問7　④

○推定配点○

[1]　問4　3点　他　各2点×5　[2]　各2点×5　[3]　問3　3点　他　各2点×2
[4]　問3　3点　他　各2点×2　[5]　問8　3点　他　各2点×7　[6]　各3点×7
計75点

＜社会解説＞

[1]　(日本と世界の歴史―大正，昭和初期の歴史に関する問題)

問1　Aは正しい。Bは治安維持法は1925年の選挙法改正で財産制限がなくなることで社会主義者勢力が増長することを警戒して選挙法改正と抱き合わせで出されたので誤り。

やや難　問2　Aは正しい。Bの五・四運動は第一次世界大戦後のパリ講和会議で，中華民国は戦勝国側であったのにもかかわらず得るものが無く，戦時下の日本の二十一か条要求や，ドイツが持っていたシャントン省の権益を日本が引き継いだことに北京大学の学生が抗議して発生したので誤り。

問3　A，Bともに誤り。Aの内容が1936年2月26日の二・二六事件で，Bの内容が1932年の五・一五事件のもの。

重要　問4　1912年の大正元年にあった第一次護憲運動以後，民衆の間の政治への関心が高まり，第一次世界大戦中の1916年に吉野作造が「民本主義」を提唱した頃が大正デモクラシーの一番の高まりを見せていた。

基本　問5　1923年9月1日の正午少し前に関東大震災が発生した。

問6　1917年のロシアの11月革命を指導したのがレーニン。

[2]　(日本と世界の歴史―様々な時代に関する問題)

基本　問1　寺子屋は寺の僧侶が檀家や近隣の子どもに勉強を教えたことから始まる。やがて寺とは関係なく街中の武士や学の有る町人などが教える寺子屋も出てくる。

問2　版籍奉還は藩主が自分の支配下の土地と人民を天皇に差し出し，藩主は知藩事としてそこに残るもので，多分にジェスチャーの要素が強かったが，その後の廃藩置県は藩を廃し，府や県を置き，知藩事に代えて県令や府知事を中央政府が派遣するもので一気に中央集権化を図るものであった。

基本 問3　本来の征夷大将軍は文字通り，朝廷に従わない夷を征圧する軍の指揮官であり，坂上田村麻呂は蝦夷の阿弖流為の軍勢を破り，朝廷の支配権を東北地方にまで広げた。

問4　平清盛の日宋貿易は現在の神戸港の西にあった大輪田泊を日本の港として行われた。

問5　マゼランはポルトガル人だが，スペイン国王の支援のもとに世界一周に挑戦した。マゼラン自身は現在のフィリピンで原住民との戦いの際に殺されてしまったが，部下たちがスペインに帰還し，フィリピンをスペイン国王に献上した。

[3]　(地理—世界の各地の地誌に関する問題)

重要 問1　あ～えの中ではうのインドが人口最大。2022年末の段階で，おの中華人民共和国が人口が減少に転じており，インドは中華人民共和国と並ぶかあるいはそれを超える人口大国になろうとしている。

問2　上海は温暖湿潤気候で，日本の東京と似たような降水量の変化を見せる。

重要 問3　グラフの中のAが針葉樹林，Bが広葉樹林，Cが熱帯雨林，Dが砂漠となり，針葉樹林がタイガと呼ばれる。

[4]　(地理—世界と日本のエネルギー，食料に関する問題)

問1　ロシアは原油の産出量は多いが，可採年数はあまり長くないとされる。サウジアラビアは採掘できる期間をできるだけ伸ばすために，産出量をコントロールしているとされる。埋蔵量が一番多いベネズエラは政情不安で，産出は少ない。

問2　中国の小麦生産量は多いが，インド同様に人口も多く，国内の需要を満たすことに使われるものが多く輸出は少ない。ウクライナは人口はさほど多くはないが，小麦の生産量は多く，かなりの量が輸出に回されていて，その輸出が戦争で滞ったことで世界中で小麦の品不足や価格の高騰を招いた。

重要 問3　地図中の印がある場所はいずれも内陸部であることに注意。日本の場合，火力発電所や原子力発電所は基本的には海沿いの場所にあり，内陸の山間部にあるのはダムで水をせき止め，その水を使って発電する水力発電所がほとんど。

[5]　(公民—経済に関連する様々な問題)

問1　経済主体(個別経済)を考える問題。それぞれの矢印についている言葉に注目。Bに向かう矢印にいずれも税金があるのでBは政府と判断できる。Aから出ている矢印には財，サービスがあるのでAは企業，Cから出ている矢印には労働力があるので家計と判断できる。

やや難 問2　コロナ禍の中で，家計の支出が増えたもの，減ったものを社会の動きと合わせて考える。ステイホームが求められていた中で，多くの人が密室に近い場所に集まる映画や演劇などへの支出は減り，家にいて食事をする機会が増えたことで即席麺の消費が増えたことはすぐに分かる。コロナ禍の中でマスクや消毒用アルコールなどの消費は増え，また家の中で過ごすことが増えたことで，ゲーム機など家の中で使える娯楽のものも消費が増えている。

重要 問3　図の右上がりの曲線が供給曲線，右下がりの曲線は需要曲線。供給曲線が右に動く場合は何らかの理由で安く多くの商品を供給できるようになる状態を考える。バナナの価格が下がれば，バナナジュースの価格は下げられる。

問4　選択肢の中で金融業が第三次産業。農業と漁業は第一次産業，建設業と製造業は第二次産業。

問5　第三次産業の比率が高い場所は一般には都会化したところ。③の北海道は第一次産業の従事者も多いが，観光客が多いのでその相手をする第三次産業の比率も高くなる。また，沖縄県は第二次産業が他の県と比べて低く，第三次産業の比率は8割を超えているのが特色。沖縄県の第三次産業は北海道と同様に観光客相手の他，米軍施設の仕事もある。

問6　ジェンダーは生物学的な性別ではなく，社会通念，文化の中の性別のこと。選択肢の中のLGBTQは社会的少数者の肉体と精神の性が一致していなかったり，指向が一般とは異なったり，あるいは自身の性に定かな意識がない人のこと。また，パートナーシップは日本では法的には同性婚を認めていないが，同性婚の伴侶を普通の婚姻の伴侶と同様に扱うという制度で，都道府県や市町村の中にはこの制度を採用しているところもある。

問7　親が子どもを仕事をしている間に預かってもらえる施設を増やすことを考えればよい。

問8　女性の正規雇用労働者の比率が右肩上がりから右肩下がりになる状況をグラフの上で見れば，直線が一か所で大きく曲がる形の文字を考える。英語で使うアルファベット(ラテン文字)だとLがこの形になる。

[6]　(公民―環境に関する問題)

基本　問1　リデュースは削減の意味。ゴミを減らすことになるのは④。①はリユース，③はリサイクル。

やや難　問2　甲府盆地や長野盆地などの扇状地が広がる場所が果樹栽培に適しているのは，水はけのよさのほかに，昼夜の気温差の大きいこともある。

問3　資料2はロシア語による標識，資料3は北洋漁業で獲れる海産物，資料4は寒冷地の住居の工夫。これらがすべて関係しそうなのは北海道。

重要　問4　基本的には出版物に関しても言論の自由は認められるはず。ただし公序良俗に反するものとされたり，明らかに誰かを誹謗中傷するようなものは規制されることもある。

問5　様々な文化，背景を持つ人々がお互いの違いを認め，尊重して対等に共存共栄を図れる社会が多文化共生社会。

問6　日本国憲法第13条は，「すべて国民は，個人として尊重される。生命，自由及び幸福追求に対する国民の権利は，公共の福祉に反しない限り，立法その他の国政の上で，最大の尊重を必要とする。」とあり，これが幸福追求権の根拠とされる。請願権，生存権，財産権はそれぞれ，日本国憲法の中の規定はあり，新しい人権とはされていない。

問7　ワンガリ・マータイはノーベル平和賞を受賞した環境保護の運動の中で「もったいない」という日本の言葉と精神を世界に広めた。他の選択肢の人物も，皆，ノーベル平和賞を受賞している。

★ワンポイントアドバイス★

理科と社会科とで合わせて60分の試験時間で全てを解くのは忙しいが，それぞれの設問が求めるものを正しく把握し，選択肢をよく見ていくこと。特に正誤問題は注意が必要。

＜国語解答＞

〔一〕 問一 (ア) ⑤ (イ) ② (ウ) ⑤ 問二 ④ 問三 (1) ④
(2) 源氏物語 問四 ② 問五 ⑤ 問六 Ⅰ ② Ⅱ ③

〔二〕 問一 (ア) ③ (イ) ② 問二 ④ 問三 ① 問四 ② 問五 木
問六 ③ 問七 気後れ 問八 ② 問九 ① 問十 ④

○推定配点○

〔一〕 問一・問三(2) 各3点×4 他 各6点×6 〔二〕 問一 各3点×2
問三・問五～問七 各4点×4 他 各6点×5 計100点

＜国語解説＞

〔一〕 (論説文・古文一漢字，文脈把握，内容吟味，文学史，口語訳，要旨)

〈『玉の小櫛』口語訳〉「もののあはれ」を知るということは，まずは，すべて「あはれ」というのは，元は，見るもの，聞くもの，触れることに心が感じて出てくる嘆息の声で，今の俗言にも「ああ」といい，「はれ(あれ)」という，それである。例えば月や花を見て感じて，「ああ，見事な花だ」，「あれ，よい月だな」などという。「あはれ」というのは，この「ああ」と「はれ」との重なったものだから，漢文に「嗚呼」などとある文字を「ああ」と読むのもそのためである。古語に「あな」または「あや」などというときの「あ」も同じである。また，「はや」とも「はも」ともいう「は」も，「はれ」の「は」と同じである。また，後の言葉に「あつはれ」というのも，「ああはれ」と感ずる言葉という意味で同じである。さて，後の世には，「あはれ」の「は」の文字を，音便で「わ」というけれども，昔はすべて，このようなところはみな，元の音のままに「は」の文字は，葉・歯などのように言ったのである。殊に，この「あはれ」という言葉は，嘆く声で「ああ」と「はれ」との重なりであるのは言うまでもない。

(中略)

また，後の世には，「あはれ」というのに「哀」の字を書いて，ただ悲哀の意味とだけ思うようだが，「あはれ」は，悲哀に限らず，うれしさにも，おもしろさにも，楽しさにも，おかしさにも，すべて「あはれ」と思われるものは皆「あはれ」というのである。ただし，おかしい，うれしい，などと「あはれ」とを，対立したものということも多いのは，人の情がさまざまに感じることがこよなく深いがために，そのように深い方を特に「あはれ」というのだ。俗に悲哀をのみいうのも，そういった思いによるのである。

問一 (ア) 緊張 ① 超過 ② 連絡帳 ③ 助長 ④ 朝令暮改 ⑤ 張力
(イ) 許容 ① 要領 ② 容疑 ③ 掲揚 ④ 動揺 ⑤ 水溶性
(ウ) 排除 ① 徐行 ② 序列 ③ 援助 ④ 自叙伝 ⑤ 加減乗除

やや難 問二 「ものを見るという行為の重さ」について，筆者の思いは「『歌よむは……』」で始まる段落に「通念だけによりかからずに生者としての感動を，他の誰でもないひとりの人間の生きているしるしとしてあらわすには，感動を促した対象の核心に進入する拭われた目が必要になる。通念頼みの言葉の組み合わせだけで対象の表面にとどまり，どこまで見ているのかにも気がつかないとすればそれは恥ずかしい状態である」と述べられているので，これらの内容と合致する④が適切。本文中の「通念だけによりかからず」は，④では「常識にとらわれず」と言い換えられていることに着目する。

問三 (1) 直前の説明に着目する。④は，「あはれは悲哀にはかぎらず，うれしきにも，おもしろきにも，たのしきにも，をかしきにも，すべて『ああはれ』と思はるるは，みなあはれなり」「ただし又，をかしきうれしきなどと，あはれとを，対へていへることも多かるは，人の情のさまざまに感ずる中に，うれしきこともおもしろき事などには，感ずること深からず」と述べられていることと合致する。 (2)『源氏物語玉の小櫛』は，江戸時代に成立した，本居宣長による『源氏物語』の注釈書。全九巻から成り，『源氏物語』の本質は「もののあはれ」にあるとする説を展開した。

問四　直前に「私も戦災に遭った。広島で被爆した。見慣れていた環境のながめが夏の朝突然変貌した」とあることから，被爆によってすべてが失われた状態を「凹凸乏しい図絵」と表現しているとわかるので，「生気のない無機質なもの」とする②が適切。

問五　直前に「環境の変貌の素早さに，ありなしについての私のそれまでの通念に機銃が崩れた。……私はどうすればいいのか。変化と不変についての幼稚な問いの始まりであった」とあり，その前には，「ありなし」の「通念」について，「二度とこの目で見ることも手で触れることも出来なくなった事物を，……ある，とはとても言えない。言えないけれども，自分の内部にはあるのである。愛着において，それまで経験したことのないかなしみにおいて，憤りにおいてそれまで以上に強くあるのである」と述べられている。この部分が『去来抄・三冊子・旅寝論』に惹かれた理由にあたるので，これらの内容と合致する⑤が適切。

問六　[選択群Ⅰ]　②は，筆者の考えの説明として，『去来抄』と「三冊子」を挙げ，『去来抄』からの引用には「蕉門に千歳不易の句，一時流行の句といふあり。是を二つに分けて教へ給へる，その元は一なり。不易を知らざれば基たちがたく。流行を知らざれば風新ならず」とあり，『三冊子』からの引用には「師の風雅に万代不易あり。一時の流行あり。この二つに究まり。その基一なり」とあることと合致する。①の「それらはまったく同じ事柄の表裏にすぎず」，③の「『流行』は……『不易』よりも重要だという去来の解釈」，④の「『不易』は『流行』よりも優れていて」は適切でない。

[選択群Ⅱ]　③は，本文最後に「書く，は，具象の見ように始まる。私は見ているのか。まだ見ていないのか。不易を，予感においてのみある宇宙運行の大法則とみたい後代の一読者に，芭蕉の不易流行の説の促しは今も新しい。それはすべての事物の見方の広さと高さと深さに関わって……表現の根幹に関する促しだと思うからである」と述べられていることと合致する。冒頭に示した「見ることの重さ」と，芭蕉の不易流行を関連させているのである。

〔二〕（小説―漢字，慣用句，脱文・脱語補充，文脈把握，内容吟味，情景・心情，表現，）

問一　(ア)　啓発　①　敬意　②　経過　③　啓上　④　警告　⑤　形勢

(イ)　「興味津々」は，おもしろくて興味や関心が尽きないこと。「津々」は，ものが大量にあふれ出る様子のこと。

問二　直前に「入ってきた時，多少は目の中にあった関心や好奇心が，彼から急速に失われていくのが見えた」とあることから，関心のない様子を表しているとわかるので，「当たり障りのないことを言うため(の笑顔)」とするのが適切。

問三　「きびす」は「踵(かかと)」のことで，「きびすを返す」は，引き返す，後戻りする，という意味なので，①の「帰ろうとした」が適切。

問四　直前に「『いろいろって例えばなんですか。小説ですか？　実用書ですか？　経済？　社会学？』」「『本というだけで，ざっとこれだけあるんですよ。この中のどれか当てはまりますよね。もっと詳しく言うと……』」とある。関心のない様子の花村に対し，詰め寄るように話す美希喜に向かって声をかけているので，「美希喜の言葉や態度をたしなめる」とする②が適切。

やや難　問五　「木で鼻をくくる」は，愛想なく対応する様子のこと。ここでは，珊瑚の「どんな本をお読みになるの？」という問いかけに，花村が「いろいろ読みますね」と，そっけない返事をする様子である。

問六　直前に「申し訳なく思ったが，あたしも彼女と同じように感じていた」とある。その前の「『……なんか馬鹿にされてるみたい』」という美希喜の言葉に対する共感なので，気持ちがすっとする意味の「痛快」が適切。

問七　「委縮」は，活気はなくなってちぢこまること。「古本に委縮した」花村の心情は，前に「『ここにある本があまりにも僕がいつも読んでいるような本とは違いすぎて，なんだか気後れしちゃって』」とあるので，「気後れ」が適切。

問八　直前に「『決して，あたしたちを話ができない人間としてハイジョしようとしたわけではなくて，むしろ，古本に委縮した結果なのかもしれなかった』とある。先ほどの花村の態度に理解を示しているので，「それまで怒りが少しずつ解けていく」とする②が適切。不快感がなくなったのである。①の「ぎこちなさ」，③の「恥じ入る」，④の「『敗北宣言』」，⑤の「落胆」は適切でない。

問九　直後の「『……そうですねえ。たぶん，……のんびり暮らしたいですねえ』」と答える様子にあてはまるものとしては，「自分が語るべき内容が気づき，とまどっている」とする①が適切。「『つまり，仕事をする必要がなくなったら，何をして毎日過ごすんですか』」と聞かれ，返答にとまどっているのである。②の「慌てている」，③の「夢見心地」，④の「この場をやり過ごそう」，⑤の「慎重に考えている」は適切でない。

やや難　問十　直前の「毎日，魚でも釣ってのんびり暮らしたら」という提案に対する返答である。この「漁師」については，「彼はたくさん魚を釣って，家族に食べさせ，人に売ったりしていた」とあるので，「今でもやってること」とする④が適切。「魚でも釣って……」というのは，今と変わらない生活だというのである。

★ワンポイントアドバイス★

問題数は多くないが，精読力が求められるので，時間内に長文を読みこなす力をつけよう！　読解問題に組み込まれる形で漢字や慣用句の知識が問われるので，語彙力を高めておこう！

2022年度

★★★★★★★★★★★★★★★★★★★★★★★★

入　試　問　題

2022年度

中京大学附属中京高等学校入試問題

【数　学】（40分）　　＜満点：100点＞

【注意】　1　定規，分度器，計算機は使用できません。

2　問題文中の図は概略図であり，必ずしも正確ではありません。

解答の中で，以下の定理を用いてもよい。

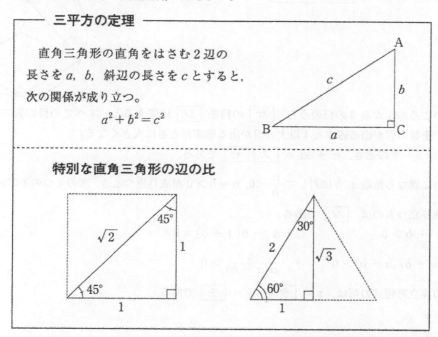

三平方の定理

直角三角形の直角をはさむ２辺の長さを a，b，斜辺の長さを c とすると，次の関係が成り立つ。

$$a^2+b^2=c^2$$

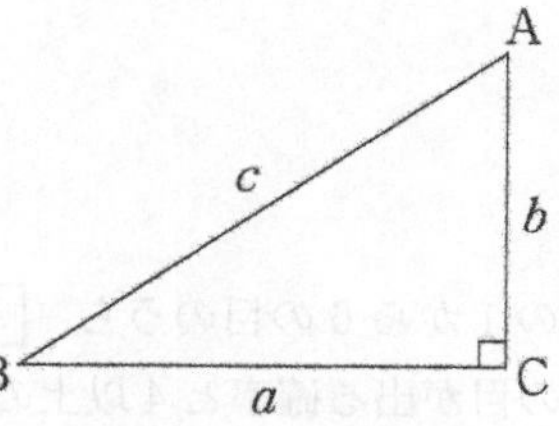

特別な直角三角形の辺の比

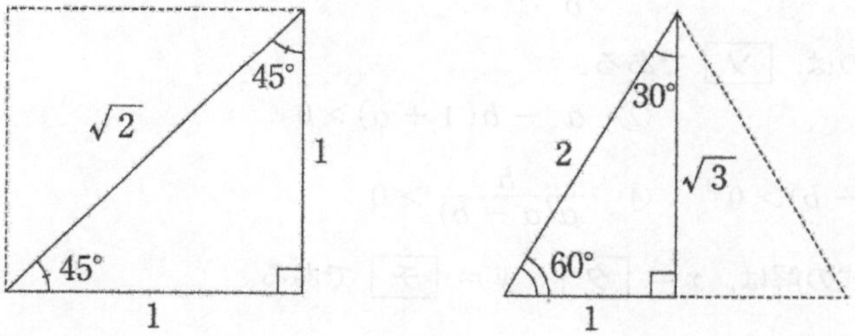

3　問題［1］，［2］の文中の $\boxed{ア}$，$\boxed{イ}\boxed{ウ}$ などには，符号（－）又は数字（０～９）が入る。それらを解答用紙のア，イ，ウ，…で示された解答欄にマークして答えよ。

例 $\boxed{ア}\boxed{イ}\boxed{ウ}$ に －24と答えたいとき

ア	●	0	1	2	3	4	5	6	7	8	9
イ	⊖	0	1	●	3	4	5	6	7	8	9
ウ	⊖	0	1	2	3	●	5	6	7	8	9

4　問題［1］，［2］で分数形で解答する場合，分数の符号は分子につけ，分母につけてはいけない。

例 $\dfrac{\boxed{エ}\boxed{オ}}{\boxed{カ}}$ に $-\dfrac{2}{7}$ と答えたいときは，$\dfrac{-2}{7}$ としてマークする。

5　分数形で解答する場合，それ以上約分できない形で答えよ。また，分母に根号を含む場合，分母を有理化せよ。

6　円周率は π を用いること。

［1］ 次の $\boxed{\text{ア}}$ ～ $\boxed{\text{ム}}$ に当てはまる適切な符号または数字を選び，マークせよ。

(1) $\frac{1}{12}-\frac{1}{4}\div\frac{1}{3}=\frac{\boxed{\text{ア}}\boxed{\text{イ}}}{\boxed{\text{ウ}}}$ である。

(2) $\left(\frac{4}{\sqrt{6}}+\frac{\sqrt{24}}{2}\right)^2=\frac{\boxed{\text{エ}}\boxed{\text{オ}}}{\boxed{\text{カ}}}$ である。

(3) 2次方程式 $x(x+2)=5(2x-3)$ を解いたとき，大きい方の解は $x=\boxed{\text{キ}}$ である。

(4) 右の図のように，円Oの円周が，四角形の4つの頂点を通るとき，$\angle x$ の大きさは $\boxed{\text{ク}}\boxed{\text{ケ}}\boxed{\text{コ}}$ °である。

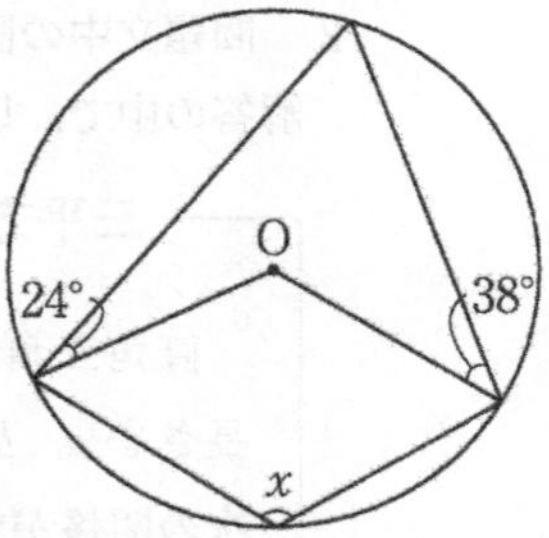

(5) さいころの1から6の目のうち，$\boxed{\text{サ}}$ の目を $\boxed{\text{シ}}$ に変えると，すべての目の数の和が24となり，奇数の目が出る確率と4以上の目が出る確率がともに大きくなる。

(6) $a=\sqrt{5}-3$ のとき，$a^2+6a=\boxed{\text{ス}}\boxed{\text{セ}}$ である。

(7) 互いに異なる整数 a, b に対して $\frac{a}{b}<0$, $a-b>0$ が成り立つとき，次の4つの不等式のうち，必ず成り立つものは，$\boxed{\text{ソ}}$ である。

① $a^2+b>0$　　② $a^2-b(1+a)>0$

③ $(a+b)(a-b)>0$　　④ $\frac{b}{a(a-b)}>0$

(8) 次の連立方程式の解は，$x=\boxed{\text{タ}}$，$y=\boxed{\text{チ}}$ である。

$$\begin{cases}2x=y\\9x-y=7\end{cases}$$

(9) 直線 $y=-\frac{2}{3}x-4$ と直線 $y=3x+b$ が，y 軸上で交わるとき，$b=\boxed{\text{ツ}}\boxed{\text{テ}}$ であり，x 軸上で交わるとき，$b=\boxed{\text{ト}}\boxed{\text{ナ}}$ である。

(10) ある学校の生徒200人のうち，通学時間が30分以上の生徒は35%で，そのうち，電車通学をしている生徒は20%である。通学時間が30分以上で電車通学をしている生徒は $\boxed{\text{ニ}}\boxed{\text{ヌ}}$ 人である。

(11) 関数 $y=x^2$ のグラフと，直線 $y=-x+2$ の交点のうち，x 座標が負である点をAとし，点Aの座標を求めると，

$$(\boxed{\text{ネ}}\boxed{\text{ノ}},\ \boxed{\text{ハ}})$$

である。点Aを通り，y 軸に平行な直線と x 軸との交点をB，直線 $y=-x+2$ と x 軸との交点をC，y 軸との交点をDとする。三角形ABCを，辺ABを軸として回転してできる立体の体積を V_1，三角形ABDを，辺ABを軸として回転してできる立体の体積を V_2 とするとき，AB＝$\boxed{\text{ヒ}}$，BC＝$\boxed{\text{フ}}$ であり，V_1：V_2 を最も簡単な整数の比で表すと，

$$V_1:V_2=\boxed{\text{ヘ}}:\boxed{\text{ホ}}$$

である。

(12) 右の図のように，点Oを中心とする半径4の円Cと半径2の円D，円Dの円周上に中心をもち，点Oを通る円Eがある。斜線部の面積を求めると，

$\dfrac{\boxed{マ}}{\boxed{ミ}}\pi-\sqrt{\boxed{ム}}$ である。

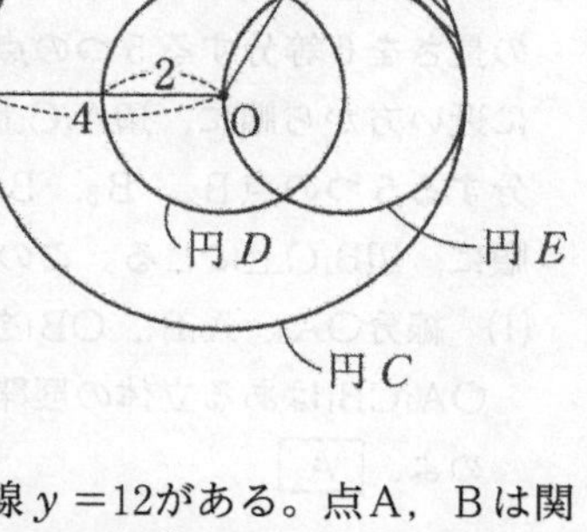

［2］ 下の図のように，関数$y=\dfrac{1}{10}x^2$，$y=-2x^2$のグラフと直線$y=12$がある。点A，Bは関数$y=-2x^2$のグラフ上の点であり，点Aのx座標は-1，点Bのx座標は$\dfrac{3}{2}$である。また，直線$y=12$とy軸の交点をCとする。このとき，次の $\boxed{メ}$ ～ $\boxed{ラ}$ に当てはまる適切な符号または数字を選び，マークせよ。

(1) 直線ABの傾きは，$\boxed{メ}\boxed{モ}$ である。

(2) 3点A，B，Cを頂点とする三角形ABCの面積Sを求めると，$\dfrac{\boxed{ヤ}\boxed{ユ}}{\boxed{ヨ}}$ である。

(3) 次の2つの条件を満たす点Pは，いくつ存在するか。
⓪～⑨の選択肢から，最も適当なものを番号で選ぶと，$\boxed{ラ}$ である。

条件1：点P（l, m）は，下の図の色をつけた部分に存在する点でありl，mは，ともに整数である。（色をつけた部分には，点Cを除いた境界線上の点を含むものとする）。

条件2：三角形ABPの面積Tは，三角形ABCの面積Sと一致する。

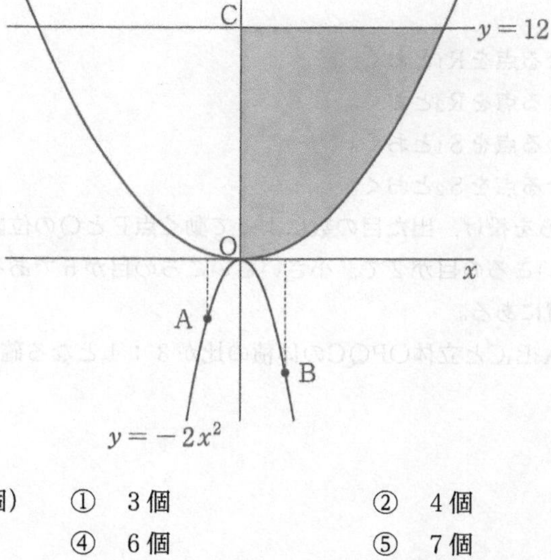

⓪ 1つもない（0個）　① 3個　② 4個
③ 5個　④ 6個　⑤ 7個
⑥ 8個　⑦ 9個　⑧ 10個
⑨ 11個以上

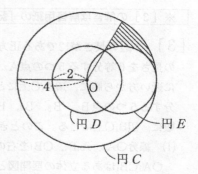

※［3］の解答は解答用紙の「記述解答欄」のＡ～Ｃに記入せよ。

［3］　1辺の長さが12である正方形OA_1CB_1がある。辺A_1Cの長さを6等分する5つの点A_2，A_3，A_4，A_5，A_6を，A_1に近い方から順に，辺A_1C上にとる。同様に，辺B_1Cを6等分する5つの点B_2，B_3，B_4，B_5，B_6を，B_1に近い方から順に，辺B_1C上にとる。このとき，次の各問いに答えよ。

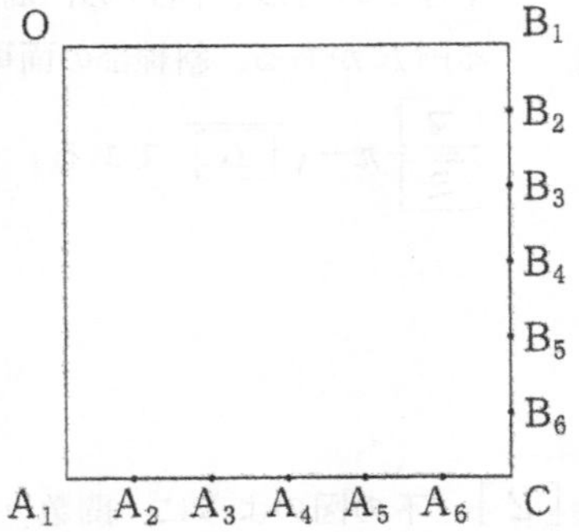

(1)　線分OA_4，A_4B_4，OB_4を右の図にかき入れると，正方形OA_1CB_1はある立体の展開図となる。この立体の体積を求めよ。［Ａ］

(2)　大小2つのさいころを投げ，出た目の数によって動く点ＰとＱの位置を次のように定める。

大きいさいころの目の数を，点A_1，A_2，A_3，A_4，A_5，A_6の各点の右下の数字と対応させ，その点の位置に点Ｐをとる。小さいさいころの目の数をB_1，B_2，B_3，B_4，B_5，B_6の各点の右下の数字と対応させ，その点の位置に点Ｑをとる。

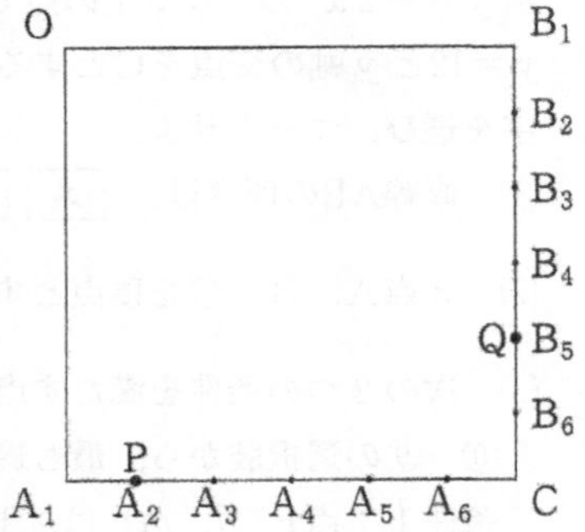

例えば，大きいさいころの目が2で，小さいさいころの目が5であるとき，点ＰとＱは，それぞれ点A_2，B_5の位置にある。

このとき，線分ＰＱの長さが10となる確率を求めよ。［Ｂ］

(3)　(1)の展開図を組み立てて立体を作る際に，点A_1，B_1は点Ｃと重なるので頂点Ｃとみなすと，立体OA_4B_4Cができる。(1)の展開図を組み立てる際に重なる他の点についても，次のように考える。

ア）点A_2，A_6が重なる点をR_1とおく。

イ）点A_3，A_5が重なる点をR_2とおく。

ウ）点B_2，B_6が重なる点をS_1とおく。

エ）点B_3，B_5が重なる点をS_2とおく。

大小2つのさいころを投げ，出た目の数によって動く点ＰとＱの位置を(2)と同様に定める。

例えば，大きいさいころの目が2で，小さいさいころの目が5であるとき，点ＰとＱは，それぞれ点R_1，S_2の位置にある。

このとき，立体OA_4B_4Cと立体OPQCの体積の比が3：1となる確率を求めよ。［Ｃ］

【英　語】（40分）　＜満点：100点＞

［１］　次の問Aと問Bに答えよ。

問A　各文の空所に入る最も適切な語（句）を選び，その番号をマークせよ。

（マーク解答欄）[1] ～ [5]

(1) This cheese was so delicious (　　) I ate it all last night. [1]

① because　② until　③ that　④ after

(2) It hasn't rained here since last month, so there is (　　) water in the lake. [2]

① much　② few　③ a lot of　④ little

(3) Every student (　　) the right to learn. [3]

① has　② have　③ is having　④ are having

(4) The necklace (　　) my friend made is unique. [4]

① who　② which　③ what　④ whom

(5) I don't know which (　　) to go to the hospital. [5]

① I should take train　② train I should take

③ should I take train　④ train should I take

問B　[　] 内の語を並べ替え，意味の通る文を完成させたとき，一つだけ不要な語がある。その語の番号を選び，マークせよ。ただし，文頭に来るべき語も小文字にしてある。

（マーク解答欄）[6] ～ [10]

(1) [known / five / other / with / for / we / each / years / have]. [6]

① other　② with　③ each　④ for　⑤ have

(2) [injured / people / were / have / accident / the / in / many]. [7]

① in　② have　③ were　④ the　⑤ many

(3) [first / will / abroad / my / to / it / trip / be]. [8]

① it　② first　③ be　④ will　⑤ to

(4) [childhood / remind / remember / photos / me / my / these / of]. [9]

① of　② remind　③ my　④ me　⑤ remember

(5) [three / is / of / he / oldest / in / us / the]. [10]

① in　② of　③ the　④ us　⑤ three

［２］　それぞれの日本文の状況において用いる英文として最も適切なものを一つ選び，その番号をマークせよ。（マーク解答欄）[11] ～ [15]

問１　京都の観光地では清水寺がおすすめであること，を伝えるとき。[11]

① If you have a chance to visit to Kyoto, you should see Kiyomizu-dera.

② As for tourist spots in Kyoto, Kiyomizu-dera is worth seeing.

③ When you will go to Kyoto, you must visit Kiyomizu-dera.

④ A number of tourists visiting Kiyomizu-dera in Kyoto is growing.

問2　彼女に謝った方がよい，とアドバイスするとき。 12

① It is necessary for you to apologize for her.
② You should apologize to her.
③ You must tell her that I'm sorry.
④ The important thing is for you to say that I'm sorry.

問3　北海道で昨日大きな地震があったことを新聞で知った，と話すとき。 13

① According to the newspaper, there was a big earthquake in Hokkaido yesterday.
② The newspaper says that a big earthquake has happened in Hokkaido yesterday.
③ I read a newspaper article that says about a big earthquake in Hokkaido yesterday.
④ Do you know they had a big earthquake in Hokkaido yesterday in the newspaper?

問4　困っている人に手助けを申し出るとき。 14

① Can you help me?　② Shall I need some help?
③ Must I help you?　④ Let me help you.

問5　今日は先週よりもかなり良くなりました，と医者に伝えるとき。 15

① Today I am less good than last week.
② Today I am more better than last week.
③ I feel much better today than last week.
④ I'm in good condition today than last week.

［3］　次の会話文を読み，問いに答えよ。

Husband: I didn't know ①(Dad / in / such / a / house / had / *safe / his / large). He never said anything about it when he was alive.

Wife: What's inside it? Gold? Diamonds? Or maybe important papers that say he had a lot of land!

Husband: （ ア ） He wasn't rich, you know.

Wife: I was just dreaming! So open it!

Husband: But I don't have the key... . Did you see any keys while we were cleaning the house?

Wife: No. Hmm. We should ask a *professional to open the safe! I'll use my smartphone ②to find a company near here.

Husband: （ イ ） Let me look around... . Oh! Do you see that small box up on that *shelf? I remember Dad kept several keys in there.

Wife: Let's take a look! It's in a really high place. Do we have a *ladder?

Husband: （ ウ ） Oh, I have an idea! Let me get on your back so I can reach it.

Wife: You are getting on top of me? I'm much （ A ）, so I will get on your back.

Husband: Okay. Hurry!

Wife: I'm trying! I think I almost... . Got it!

Husband: My back hurts.

Wife: Wow... there are a lot of keys.

Husband: (エ) ③ This one looks (　　)(　　)(　　) the safe! Let's try it.

Wife: Oh! Now we can open the safe and take a look inside! I hope there's something *valuable in it! Open it!

Husband: *Calm down. ④(anything / may / there / not / be) inside. Take a deep *breath. Are you ready?

Wife: Yes!

Husband: Huh?

Wife: What's inside? Tell me, tell me!

Husband: There are books, postcards, and photo albums... old things. There are many pictures of Mom and Dad when they were young.

Wife: They look so happy. See, they're holding hands in this picture. Maybe this is their *honeymoon! And look at this! A baby!

Husband: I think that's me.

(After a while)

Husband: Honey, I made you coffee.

Wife: Oh, thank you.

Husband: Cleaning an old house is not easy. And there was nothing in the safe after all!

Wife: What are you talking about? The pictures are *priceless *treasures!

Husband: (オ) And thank you for ⑤ doing this with me today.

Wife: You're welcome, but why are you so serious suddenly?

Husband: I was born because my parents met and had a family. Then I met you and we became a family. I'm really happy. Thank you.

Wife: No, I want to thank you. I hope we'll always be a happy couple like your parents.

Husband: Me, too.

注） safe：金庫　professional：専門家　shelf：棚　ladder：はしご　valuable：貴重な
calm down：落ち着く　breath：呼吸　honeymoon：新婚旅行　priceless：たいへん貴重な
treasure：宝物

問１　会話の流れが自然になるように，本文中の（ア）～（オ）に当てはまる文をそれぞれ一つずつ選び，その番号をマークせよ。（マーク解答欄）16 ～ 20

（ア）① Sure.　② Of course not.　③ No, thank you.　④ All right.

（イ）① Can you help me?　② I like your smartphone.
③ Come here.　④ Wait a minute.

（ウ）① I don't know. ② I'd love to.
③ I disagree. ④ Let's do it!

（エ）① What's wrong? ② That sounds great.
③ Be careful. ④ Let me see them.

（オ）① You're right. ② Pardon me?
③ That's a wonderful idea. ④ I don't understand.

（ア） 16 （イ） 17 （ウ） 18 （エ） 19 （オ） 20

問２ 下線部①，④を意味の通る文になるよう並べかえよ。ただし，文頭に来る語も小文字にしてある。（記述解答欄）下線部① A 下線部④ B

問３ （A）に入る最も適切な語を選び，その番号をマークせよ。（マーク解答欄） 21

① more weak ② more strong ③ lighter ④ heavier

問４ 下線部②の用法と同じ用法のものを含む文を以下の①～④の中から一つ選び，その番号をマークせよ。（マーク解答欄） 22

① I want to play the piano every day.
② I had a lot of things to do yesterday.
③ We ran to the station to catch the train.
④ To learn about foreign cultures is interesting.

問５ 下線部③が「この鍵は金庫と同じくらい古く見える」という文になるように，（ ）に入る語を答えよ。（記述解答欄） C

This one looks ( )( )( ) the safe!

問６ 下線部⑤が示すものを英文に合うように本文中から英語４語で抜き出せ。

（記述解答欄 D

［４］ 次の英文を読み，問いに答えよ。解答はすべてマーク解答欄に記入せよ。

What are clouds? A cloud is made of water *drops or ice crystals *floating in the sky. There are many kinds of clouds. Clouds are an important part of Earth's weather.

How do clouds form? The air can be full of water. It is from the sea, rivers or lakes. But most of the time you can't see the water. （ ア ） They have turned into *water vapor. As the water vapor goes higher in the sky, the air gets cooler. Then water vapor turns into water drops or ice crystals. Those are clouds.

What are some types of clouds? Clouds get their names in two ways. One way is by where they are found in the sky. Some clouds are high up in the sky. Low clouds are closer to Earth's *surface. （ イ ）, low clouds can even touch the ground. These clouds are called *fog. Middle clouds are found between low and high clouds.

The other way is by their shape. ウ Cirrus clouds are high clouds. They look like feathers. エ Altocumulus clouds are middle clouds. These clouds look like a *herd of sheep. オ Stratus clouds are the lowest clouds. They cover the sky like bed sheets.

What brings rain? Most of the water in clouds is in very small drops. ① The drops are so light that they float in the air. ② Sometimes those drops join with other drops. ③ When that happens, *gravity makes them fall to Earth. ④ We call the falling water drops "rain". When the air is colder, the water may become snow instead.

Why does *NASA study clouds? Clouds are important for many reasons. Rain and snow are two of those reasons. At night, clouds *reflect heat (　カ　). During the day, clouds make shade that can keep us cooler. Studying clouds helps NASA to understand Earth's weather better. NASA uses *satellites in space to study clouds. NASA also studies clouds on other planets. *Mars has clouds that are like the clouds on Earth. But other planets have clouds that aren't made of water. For example, *Jupiter has clouds made of gas (　キ　).

注）drop：粒，しずく　float：浮かぶ　water vapor：水蒸気　surface：表面　fog：霧
herd：群れ　gravity：重力　NASA：米国航空宇宙局　reflect：反射する　satellite：衛星
Mars：火星　Jupiter：木星

問１（ア）に入れる最も適切な文を一つ選び，その番号をマークせよ。（マーク解答欄）23

① The drops of water are too small to see.
② The drops of water are small enough to see.
③ The drops of water are so small that you can see.
④ The drops of water are not so small that you can see.

問２（イ）に入れる最も適切なものを一つ選び，その番号をマークせよ。（マーク解答欄）24

① At first　② By mistake　③ In fact　④ For now

問３　下線部ウ，エ，オの雲はそれぞれ次の絵の①～⑩のどれか。その番号をマークせよ。

（マーク解答欄）25 ～ 27　※⑩を答える場合は⓪をマークすること

下線部ウ　25
下線部エ　26
下線部オ　27

問4　次の英文を，四角で囲まれた段落の適切なところに入れよ。入れるべきところを番号で答え，マークせよ。(マーク解答欄) 28

Then they turn into larger drops.

問5　(カ) に入れるべき正しいものを次の中から一つ選び，その番号をマークせよ。

(マーク解答欄) 29

① and the ground to keep warmer
② and keep the ground warmer
③ and the ground keep warmer
④ and the warmer ground keeps

問6　(キ) に入れるには適当でないものを次の中から一つ選び，その番号をマークせよ。

(マーク解答欄) 30

① called ammonia
② calling ammonia
③ which is called ammonia
④ which we call ammonia

問7　次の①～⑥の記述のうち，本文の内容と一致しないものを一つ選び，その番号をマークせよ。

(マーク解答欄) 31

① 雲は水の粒や氷の結晶でできている。
② 空気中の水蒸気が上空で水の粒や氷の結晶になる。
③ 雲は高さと形で分類される。
④ 霧は地上に届く雲である。
⑤ 雲が雨や雪を降らせる。
⑥ 火星の雲は地球の雲とは異なる。

【理　科】（社会と合わせて60分）　＜満点：75点＞

［1］　焦点距離10㎝の凸レンズと光学台，スクリーン，物体（Cの文字のすき間があいている文字板），光源を使って図1の装置をつくり，実験を行った。凸レンズから物体までの距離をa，スクリーンにはっきりした像が映るときの凸レンズからスクリーンまでの距離をbとする。あとの問いに答えよ。ただし，物体（文字板）にある文字の大きさは縦横ともに8㎝であり，必要であれば次ページの方眼用紙を用いて作図をして考えること。

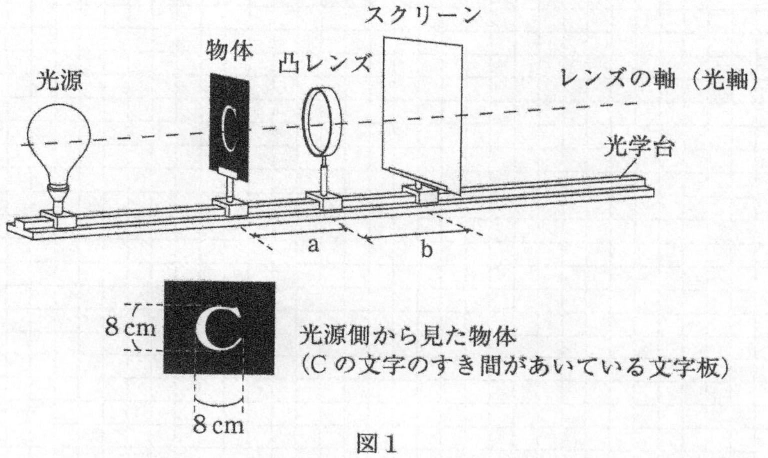

図1

はじめに，a＝20㎝の位置に物体を置き，スクリーンにはっきりした物体の像が映るようにスクリーンを移動させた。

(1)　このときの凸レンズからスクリーンまでの距離bとして最も適当なものを，次の①～⑤のうちから一つ選べ。（マーク解答欄）［1］

①　5㎝　②　10㎝　③　15㎝　④　20㎝　⑤　25㎝

(2)　スクリーンに映った像のようすを，光源側から見たものとして最も適当なものを，次の①～④のうちから一つ選べ。（マーク解答欄）［2］

①

②

③

④

(3)　この状態で凸レンズの下半分を，光を通さないカバーで覆った。このときのスクリーンに映った像のようすを説明した次の文章の空欄［あ］，［い］にあてはまる語句として最も適当なものを，それぞれの直後の選択肢のうちから一つずつ選べ。（マーク解答欄）あ［3］，い［4］

> カバーで覆う前と比べて，スクリーンに映っていた像の
> ［あ］｛①　上半分だけ　②　下半分だけ　③　全体｝が
> ［い］｛①　見えなくなった　②　暗くなった｝。

次に，a＝30㎝の位置に物体を置き，スクリーンにはっきりした物体の像が映るようにスクリーンを移動させた。

(4)　スクリーンに映った像の大きさは縦横ともに何cmか。**整数**で答えよ。(記述解答欄) [A]

(5)　ヒトの目のつくりのうち，スクリーンと同じ役割を持つものとして最も適当なものを，次の①～④のうちから一つ選べ。(マーク解答欄) [5]

①　網膜　②　水晶体（レンズ）　③　虹彩　④　視神経

(方眼用紙)

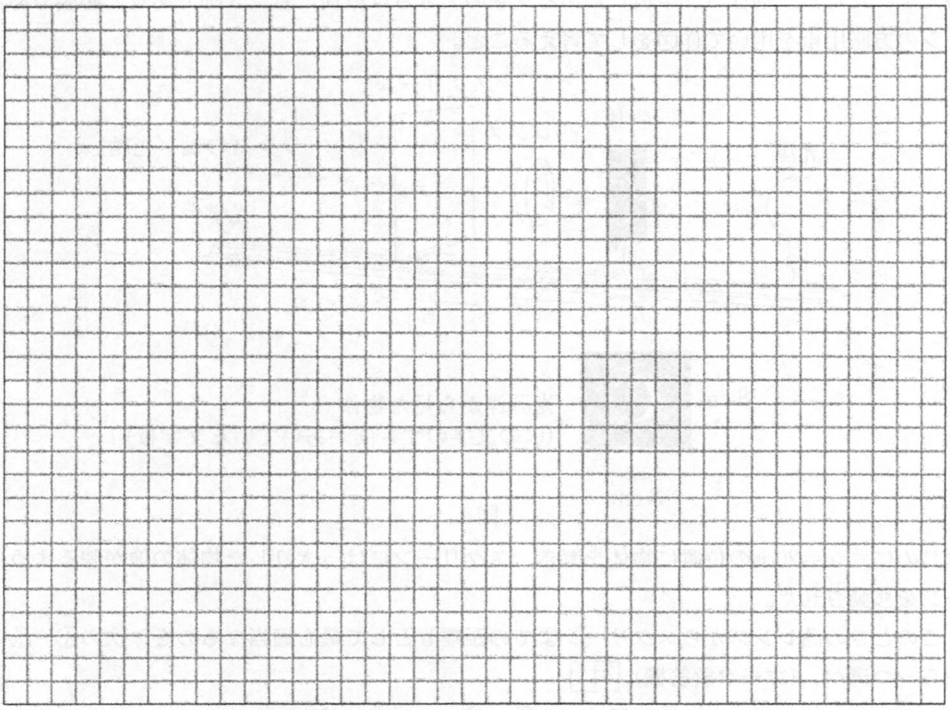

［２］　コイルと磁石を用いて実験を行った。あとの問いに答えよ。

〔実験１〕　図１のようにコイルと検流計をつなぎ，磁石のＳ極をコイルの右側に近づけた。下の文章はそのときの生徒の会話である。

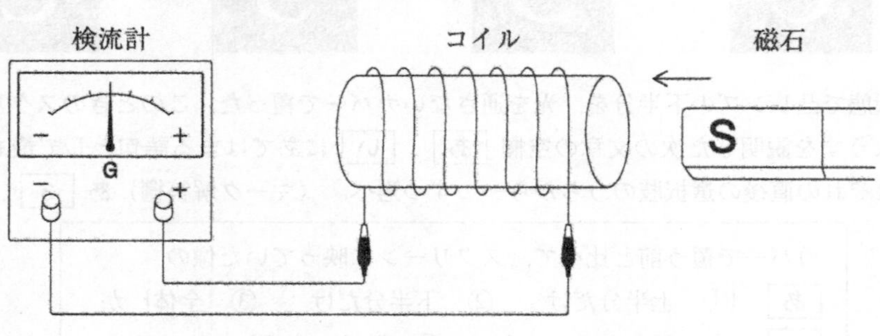

図１

Ａさん：まず，図１のようにＳ極を近づけると…。

Ｂさん：おお，針が [あ] に振れた。私にもやらせて。

……あれ？Ａさんと同じようにやったつもりだったけど，Ａさんのときと比べて針の振れ幅が小さくなった。

Ａさん：ちょっと待ってよＢさん。Ｂさんのやり方はわたしのときと違って ［い］ よ。

Ｂさん：ああ，なるほど。実験の条件が変わると針の動き方も変わってくるのか。じゃあ次は，条件を変えて実験をしてみよう。

(1) 空欄 ［あ］ にあてはまる語句として最も適当なものを，次の①～②のうちから一つ選べ。

（マーク解答欄） ［6］

① ＋側　　② －側

(2) 空欄 ［い］ にあてはまる記述として適当なものはどれか。**過不足なく含むものを**，次の①～⑨のうちから一つ選べ。（マーク解答欄） ［7］

ア 磁石の動きが遅い　　イ 磁石の動きが速い

ウ 使った磁石の磁力が強い　　エ 使った磁石の磁力が弱い

① ア　② イ　③ ウ　④ エ

⑤ ア，ウ　⑥ ア，エ　⑦ イ，ウ　⑧ イ，エ　⑨ 一つもない

［実験２］ 実験１と同じコイルと磁石，検流計を用いて図２～５のようにつなぎ，磁石をコイルに近づけたり，コイルから遠ざけたりした。

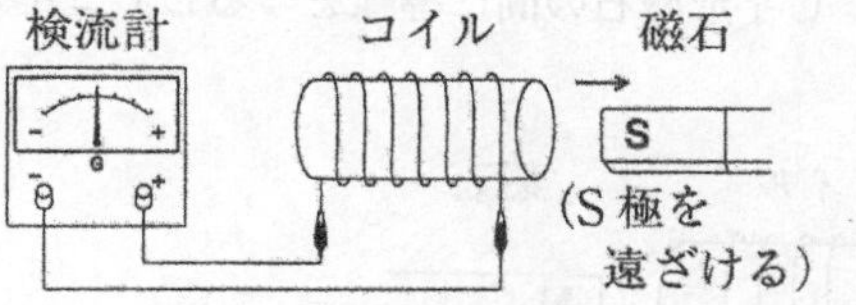

図２

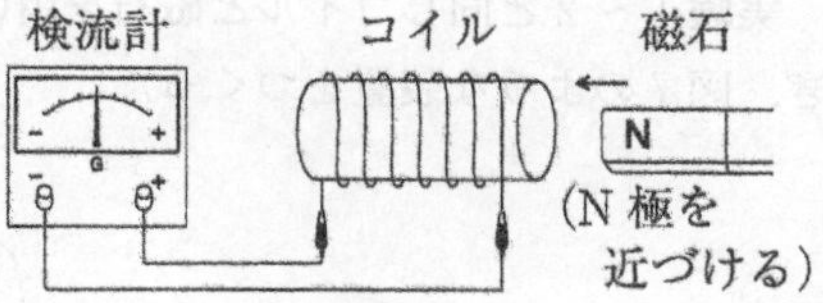

図３

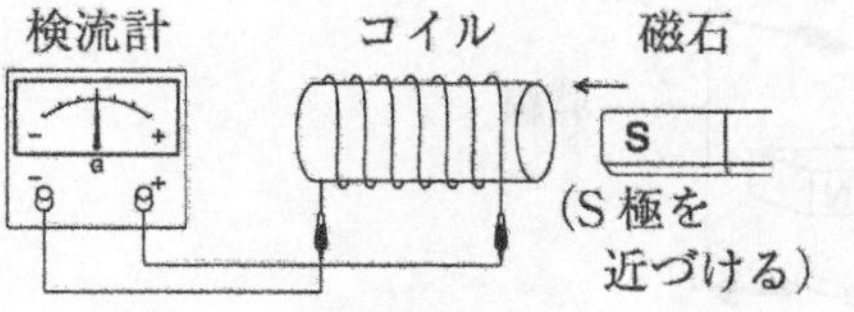

図４

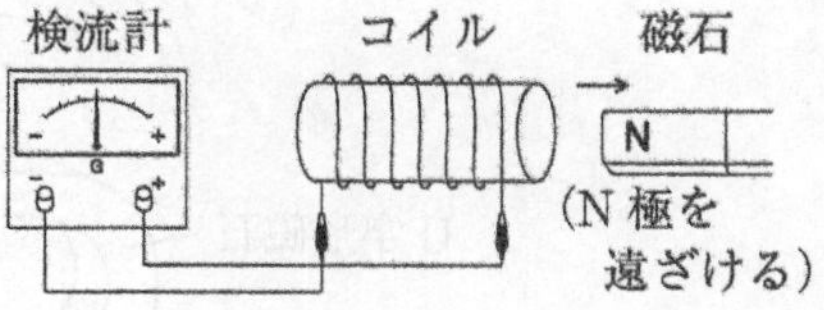

図５

(3) 図２～５のうち，(1)と同じ向きに検流計の針が振れると考えられるものはどれか。**過不足なく含むものを**，次の①～⑨のうちから一つ選べ。（マーク解答欄） ［8］

① 図２　② 図３　③ 図４

④ 図５　⑤ 図２，図３　⑥ 図３，図４

⑦ 図３，図５　⑧ 図３，図４，図５　⑨ 一つもない

［実験３］ 実験１～２と同じコイルと磁石を用いて，次のページの図６のように発光ダイオードをつなぎ，コイルに磁石のＳ極を近づけた。

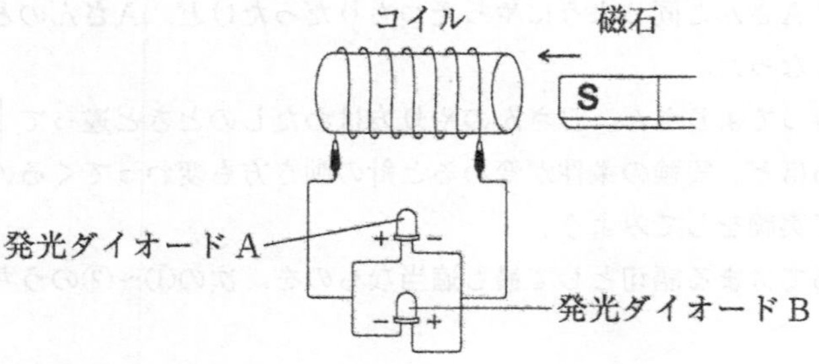

図6

(4)　コイルにS極を近づけたときの発光ダイオードのようすとして最も適当なものを，次の①～⑥のうちから一つ選べ。(マーク解答欄) 9

①　発光ダイオードAのみが点灯し続けた。
②　発光ダイオードAのみが一瞬点灯してすぐに消えた。
③　発光ダイオードBのみが点灯し続けた。
④　発光ダイオードBのみが一瞬点灯してすぐに消えた。
⑤　発光ダイオードA，B両方が点灯し続けた。
⑥　発光ダイオードA，B両方が一瞬点灯してすぐに消えた。

［実験4］　実験1～2と同じコイルと磁石を用いて，U字形磁石の間に導線をつるしてコイルとつなぎ，図7のような装置をつくった。

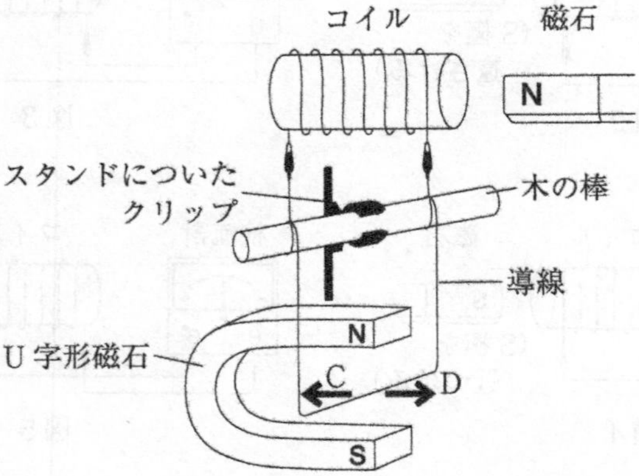

図7

(5)　はじめにコイルに磁石のN極を近づけ，そのあとにコイルから遠ざけたときの導線のようすとして最も適当なものを，次の①～④のうちから一つ選べ。ただし，図7の矢印C・Dは導線が傾く向きを表している。(マーク解答欄) 10

①　はじめはC向きに傾き，そのあとD向きに傾いて，もとの位置にもどった。
②　はじめはC向きに傾き，そのあともC向きに傾いたままだった。
③　はじめはD向きに傾き，そのあとC向きに傾いて，もとの位置にもどった。
④　はじめはD向きに傾き，そのあともD向きに傾いたままだった。

［3］ 地震の発生とプレートについて，あとの問いに答えよ。

(1) 図1は地震が起こる前のある場所の震央付近の地層を模式的に表したものである。この地震によって，図2のような断層が生じた。この断層は，地層のどの向きに力がはたらき，どの向きに地層がずれて生じたと考えられるか。最も適当なものを，次の①～④のうちから一つ選べ。ただし，⇒は地層にはたらいた力の向き，→は地層がずれた方向を表している。

（マーク解答欄） 11

図1

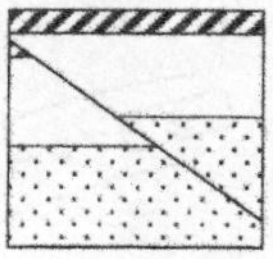
図2

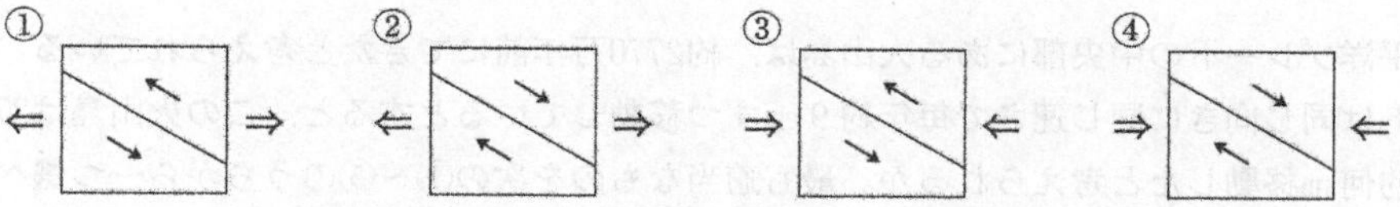

(2) 図3は日本付近のプレートのようすを模式的に表している。図の空欄 あ ～ う にあてはまる語句の組み合わせとして最も適当なものを，次の①～⑥のうちから一つ選べ。

（マーク解答欄） 12

図3

	あ	い	う
①	北アメリカ	ユーラシア	インド・オーストラリア
②	北アメリカ	ユーラシア	フィリピン海
③	北アメリカ	ユーラシア	アフリカ
④	ユーラシア	北アメリカ	インド・オーストラリア
⑤	ユーラシア	北アメリカ	フィリピン海
⑥	ユーラシア	北アメリカ	アフリカ

(3) 図3のD付近で発生する地震のしくみを模式的に表した図として最も適当なものを，次のページの①～⑤のうちから一つ選べ。ただし，⇒はプレートの動く向きを表している。また，①～⑤はプレートを東西方向に切断したときの断面を表しているものとする。（マーク解答欄） 13

①

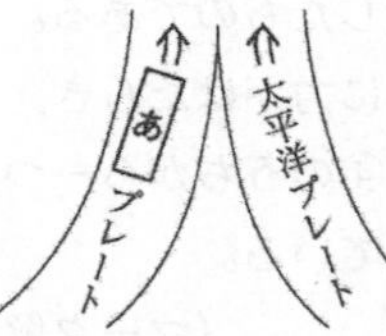

②

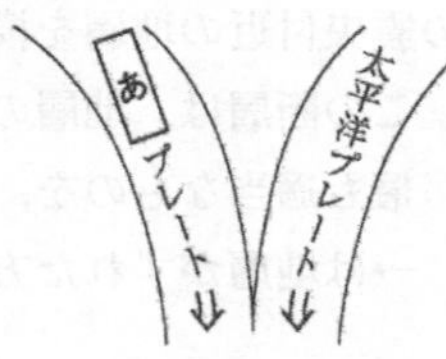

③

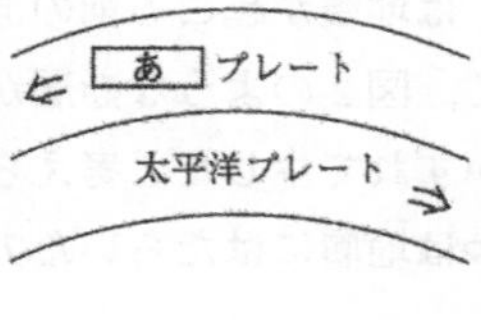

④

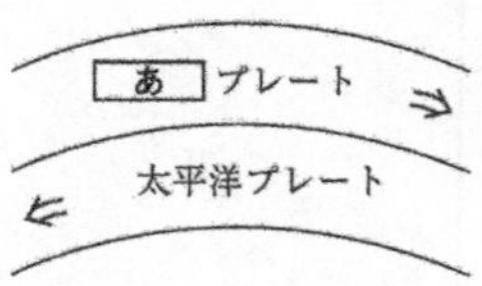

⑤

(4) 太平洋プレートの中央部にある火山島は，約2770万年前にできたと考えられている。太平洋プレートは同じ向きに同じ速さで毎年約９㎝ずつ移動しているとすると，この火山島は2770万年の間に約何㎞移動したと考えられるか。最も適当なものを次の①～⑤のうちから一つ選べ。

(マーク解答欄) 14

① 約31㎞　② 約2500㎞　③ 約3100㎞　④ 約2.5万㎞　⑤ 約31万㎞

(5) 世界地図をよく見ると，南アメリカ大陸とアフリカ大陸の大西洋側の海岸線の形がよく似ていることが分かる。このことに気づいたドイツのウェゲナーが1912年に大陸移動説を発表した。約３億年前に存在した１つの大きな大陸を何というか。**カタカナ**で答えよ。(記述解答欄) B

[４] 酸とアルカリについて調べるために，実験を行った。あとの問いに答えよ。

〔実験１〕 水溶液Ａ，Ｂがあり，水溶液Ａはうすい塩酸で，水溶液Ｂはうすい水酸化ナトリウム水溶液である。ビーカーに水溶液Ａを100㎝^{3}とってBTB溶液を加え，そこに水溶液Ｂを加えていったところ，水溶液Ｂを80㎝^{3}加えたところで溶液が緑色になった。

(1) BTB溶液が緑色になっているときの溶液のpHの値として最も適当なものを，次の①～⑤のうちから一つ選べ。(マーク解答欄) 15

① 1　② 4　③ 7　④ 10　⑤ 14

(2) このあとさらに水溶液Ｂを加えたときの溶液の色として最も適当なものを，次の①～④のうちから一つ選べ。(マーク解答欄) 16

① 青色　② 赤色　③ 黄色　④ 無色

(3) (水溶液Ａ10㎝^{3}に含まれる水素イオンの数)：(水溶液Ｂ10㎝^{3}に含まれる水酸化物イオンの数)を簡単な整数で表したものとして最も適当なものを，次の①～⑥のうちから一つ選べ。

(マーク解答欄) 17

① 2：3　② 3：4　③ 4：5　④ 3：2　⑤ 4：3　⑥ 5：4

〔実験２〕 水溶液Ｃとしてうすい硫酸を用意した。別のビーカーに水溶液Ｃを100㎝^{3}とってBTB溶液を加え，そこに水溶液Ｂを加えていったところ，水溶液Ｂを30㎝^{3}加えたところで溶液が緑色になった。

(4) 水溶液，及び純水を表１のように混合させたとき，できあがる水溶液が酸性を示すものを過不足なく含むものを，次の①～⑥のうちから一つ選べ。(マーク解答欄) 18

表１

	混合する水溶液及び純水
ア	A 50 cm³ と B 45 cm³
イ	C 80 cm³ と B 20 cm³
ウ	A 30 cm³ と B 10 cm³ と純水 10 cm³
エ	A 60 cm³ と B 100 cm³ と C 40 cm³

① ア，ウ　② ア，エ　③ ア，ウ，エ
④ イ，ウ　⑤ イ，エ　⑥ イ，ウ，エ

(5) ビーカーに水溶液Aを40㎤，水溶液Cを60㎤とって混合し，BTB溶液を加えたあとに，そこに水溶液Bを加えていくと，水溶液Bを何㎤加えたところで溶液が緑色になるか。最も適当なものを，次の①～⑥のうちから一つ選べ。(マーク解答欄) 19

① 30　② 50　③ 60　④ 80　⑤ 90　⑥ 110

［5］ 植物の蒸散について調べるために，実験を行った。あとの問いに答えよ。

［実験］ 葉の枚数や大きさ，茎の太さや長さがそろっている双子葉類の植物の枝を４本用意した。水100mLが入ったメスシリンダーに次のA～Dのように処理した枝をそれぞれさし，水面を油でおおった。光のよくあたる風通しのいい場所に３時間置き，それぞれのメスシリンダーの水の減少量を調べたところ，表１のようになった。なお，ワセリンは，水や水蒸気を通さないものとする。

A 何も塗らない。
B 葉の表側と裏側にワセリンを塗る。
C 葉の表側にワセリンを塗る。
D 葉の裏側にワセリンを塗る。

表１

	A	B	C	D
水の減少量［mL］	2.8	X	2.4	0.7

(1) 実験に用いた植物と同じ，双子葉類に分類される植物として最も適当なものを，次の①～⑤のうちから一つ選べ。(マーク解答欄) 20

① ユリ　② ゼンマイ　③ イネ　④ ツツジ　⑤ スギゴケ

(2) 実験に用いた双子葉類の植物の根のようすと茎の断面図の組み合わせとして最も適当なもの

を，次の①～④のうちから一つ選べ。(マーク解答欄) 21

A  B  C 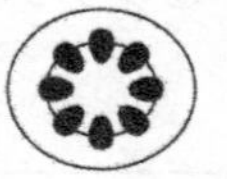 D 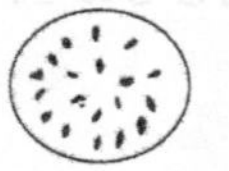

	根のようす	茎の断面図
①	A	C
②	A	D
③	B	C
④	B	D

(3) 実験の結果から考えられることとして最も適当なものを，次の①～④のうちから一つ選べ。

(マーク解答欄) 22

① 気孔は葉の表側だけにある。

② 気孔は葉の裏側だけにある。

③ 気孔は葉の表側にも裏側にもあるが，表側の方が多い。

④ 気孔は葉の表側にも裏側にもあるが，裏側の方が多い。

(4) 前のページの表１のXにあてはまると考えられる数値として最も適当なものを，次の①～⑥のうちから一つ選べ。(マーク解答欄) 23

① 0.3 ② 1.0 ③ 1.7 ④ 2.1 ⑤ 3.5 ⑥ 5.9

(5) 葉の裏側からの蒸散量として最も適当なものを，次の①～⑥のうちから一つ選べ。

(マーク解答欄) 24

① 0.4 ② 0.7 ③ 1.4 ④ 2.1 ⑤ 2.4 ⑥ 2.5

［6］ 先生が花子さんと太郎さんに水溶液に関する問題を出している。次の会話文を読んで，あとの問いに答えよ。

先生：ここに５種類の水溶液Ａ～Ｅがあります。それぞれの水溶液はうすい塩酸，水酸化ナトリウム水溶液，アンモニア水，食塩水，エタノール水溶液のどれかです。今から実験を行ってどの水溶液なのか判別してみてください。

花子：まず実験で使われる物質について確認してみよう。アンモニアは体内で A を分解したときに発生する有害な物質だよね。

太郎：そうそう，アンモニアは B で尿素という無害な物質に変えられてから，最後は C に運ばれて尿として排出されるんだったよね。

花子：エタノールは$_{a}$ワクチン接種のときの消毒などに使われるアルコールだよね。

太郎：そうだね。エタノールは特徴的なにおいがあるから，においだけで区別できないかなぁ。

花子：それもいいかもしれないね。でも，においがあるのはエタノールだけではないからそれだけで区別するのは難しそうだよ。

太郎：そうだね。それでは早速実験してみよう。まず電気が通るかどうか調べてみよう【実験１】。

花子：装置（図１）を使って調べてみたところ，A，B，C，Dは電気を通したけど，Eは通さなかったよ。

太郎：ということは $_{b}$Eはあの水溶液だね。

花子：次はそれぞれ少しずつ蒸発皿にとって加熱して，水分を蒸発させてみようよ【実験２】。

太郎：AとDでは白い固体が残ったね。ここまでの実験結果をまとめておこう（表１）。

花子：これだけではまだ区別できないよ。

太郎：$_{c}$次はどんな実験をしようかなぁ。

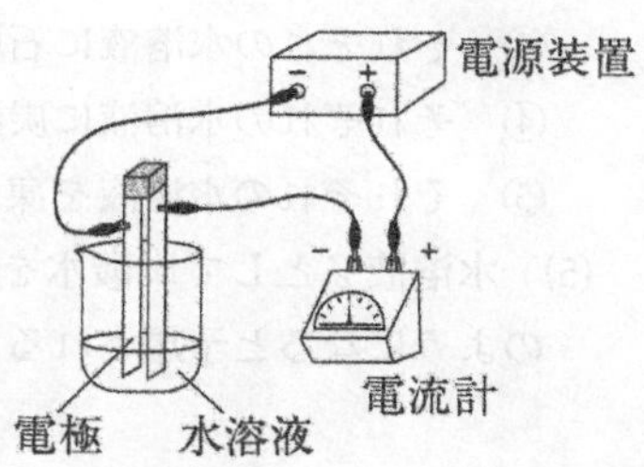

図１

表１

	水溶液Ａ	水溶液Ｂ	水溶液Ｃ	水溶液Ｄ	水溶液Ｅ
実験１	電気を通した。	電気を通した。	電気を通した。	電気を通した。	電気を通さなかった。
実験２	白い固体が残った。	何も残らなかった。	何も残らなかった。	白い固体が残った。	何も残らなかった。

(1)　会話文中の［A］～［C］にあてはまる語句の組み合わせとして最も適当なものを，次の①～⑥のうちから一つ選べ。（マーク解答欄）［25］

	A	B	C
①	デンプン	じん臓	肝臓
②	デンプン	肝臓	じん臓
③	タンパク質	じん臓	肝臓
④	タンパク質	肝臓	じん臓
⑤	脂肪	じん臓	肝臓
⑥	脂肪	肝臓	じん臓

(2)　下線部ａのワクチン接種について，日本で新型コロナウイルス対策として2021年２月からワクチン接種が始まった。このワクチンは既存のワクチンとは異なり，ウイルスのタンパク質をつくる情報を担う物質である「ｍ（　　）」を注射する。このウイルスのタンパク質をつくる情報を担う物質を何というか。空欄にあてはまる**アルファベット３文字**を答えよ。（記述解答欄）［C］

(3)　下線部ｂについて，【実験１】の結果から水溶液Ｅは何であると考えられるか。最も適当なものを，次の①～⑤のうちから一つ選べ。（マーク解答欄）［26］

①　うすい塩酸　　②　水酸化ナトリウム水溶液　　③　アンモニア水

④　食塩水　　⑤　エタノール水溶液

(4)　下線部ｃについて，【実験１】および【実験２】を行ったのち，すべての水溶液を区別することのできる実験として最も適当なものを，あとの①～⑤のうちから一つ選べ。

（マーク解答欄）［27］

①　それぞれの水溶液を赤色リトマス紙につけて，リトマス紙の色の変化を調べる。

②　それぞれの水溶液を青色リトマス紙につけて，リトマス紙の色の変化を調べる。

③　それぞれの水溶液に石灰水を加えて，水溶液の様子を観察する。
④　それぞれの水溶液に炭酸カルシウムを加えて，水溶液の様子を観察する。
⑤　それぞれの水溶液を凍らせて，水溶液の様子を観察する。

(5)　水溶液Ｆとして炭酸水を用意して，【実験１】および【実験２】を行った場合，実験結果はどのようになると予想されるか。最も適当なものを，次の①～⑥のうちから一つ選べ。

（マーク解答欄）28

	実験１	実験２
①	電気を通した。	何も残らなかった。
②	電気を通した。	白い固体が残った。
③	電気を通した。	茶色く焦げた。
④	電気を通さなかった。	何も残らなかった。
⑤	電気を通さなかった。	白い固体が残った。
⑥	電気を通さなかった。	茶色く焦げた。

【社　会】（理科と合わせて60分）　　＜満点：75点＞

〔1〕　2021年，57年ぶりに東京でのオリンピック開催が実現した。新型コロナウイルスの世界的な感染拡大により開催を1年延期するという，前例のない状況を踏まえたこの大会をテレビで観戦していた2人の中学生A君とB君の会話文1を読み，以下の問いに答えよ。

会話文1

A君：今回の大会は1964年以来，2回目の【A】東京での開催だったんだね。
B君：そうだね。［1］前回の東京大会にはなかった新しい競技もたくさん行われたね。
A君：しかもその新しい競技で日本がたくさんメダルを獲ったよね！
B君：そうだね，とても見応えがあったよね。A君はどんな競技に注目していたの？
A君：僕はクラブで陸上競技をやっているから，やっぱり陸上競技だね。
B君：新記録も結構出ていたよね。
A君：そう。僕はハードルをやっているんだけど，ハードルで［2］ノルウェーの選手が世界新記録を出して金メダルを獲得していたのには興奮したね。
B君：僕はスケートボードかな。僕たちと同じくらいの歳の選手も活躍していて，スケートボードをやってみたくなったよ。
A君：ところで，今回の東京大会はオリンピック史上初めて開催が延期されるなど異例づくめの大会だったけど，今までのオリンピックではどんなことがあったのかな。
B君：1980年の【B】モスクワ大会の時には，当時ソ連が［3］アフガニスタンに侵攻したことに抗議して，いくつかの国が参加をボイコットしたんだ。
A君：当時は［4］冷戦の時代だったよね。日本もメダル獲得が有望視されていた選手もいたけど不参加になったんだよね。逆に次の【C】ロサンゼルス大会ではソ連をはじめとした東欧諸国などがボイコットしたんだっけ。
B君：そう。オリンピックが政治に利用されてしまっていたことが表れているね。大会自体が中止となってしまった時もあったよね。
A君：どれも［5］世界的に大きな出来事によって開催が不可能な状況だったよね。一方で，自国が戦争や紛争などに巻き込まれていても選手個人は参加をしているというケースもあるよね。前回の【D】リオデジャネイロ大会から難民選手団が結成されたんだよ。
B君：選手たちの姿勢や意志の強さはとてもすごいよね。とても尊敬する。
A君：［6］平和の象徴であるオリンピックがコロナ禍の中でも何とか開催されたことで，平和についてみんなで考えたり，協力し合えるようになったりしたらいいね。

問1　会話文1中の下線部［1］に関連して，この当時の日本について述べた文として最も適切なものを，あとの①～④から1つ選んで番号で答えよ。（マーク解答欄）［1］

①　中東戦争におけるアラブ諸国の石油戦略の影響で物価が上昇し，日本経済にも大きな打撃となった。

②　太平洋や瀬戸内海沿岸の各地に大規模な石油化学コンビナートが建設され，輸出の好調による貿易収支の黒字化が進んだ。

③　平和の祭典であるオリンピック開催を，国際社会への復帰の好機とみて，アメリカやイギリ

スなどとのサンフランシスコ平和条約を結んだ。

④　朝鮮戦争の勃発に伴い，日本では特需景気が起こり戦後復興が早められたが，それと並行して水俣病や四日市ぜんそくといった公害の問題も深刻化した。

問２　会話文１中の下線部［２］に関連して，この国の特徴的な地形である，氷河によって削られてできた入り組んだ海岸地形の名称を答えよ。（記述解答欄）［A］

問３　問２の地形と同じものがみられる地方として最も適切なものを，次の①～④から１つ選んで番号で答えよ。（マーク解答欄）［2］

①　メキシコ湾岸　　②　オーストラリア東岸　　③　アフリカ東岸　　④　チリ西岸

問４　会話文１中の下線部［３］に関連して，次の地図１はアフガニスタンが属する西アジアの一部を示している。地図１中のⅠ～Ⅳの国の組み合わせとして適切なものを，①～④から１つ選んで番号で答えよ。（マーク解答欄）［3］

	Ⅰ	Ⅱ	Ⅲ	Ⅳ
①	アラブ首長国連邦	クウェート	イラク	イラン
②	イラク	カタール	アラブ首長国連邦	サウジアラビア
③	イラク	クウェート	サウジアラビア	イラン
④	サウジアラビア	カタール	アラブ首長国連邦	イラク

地図１

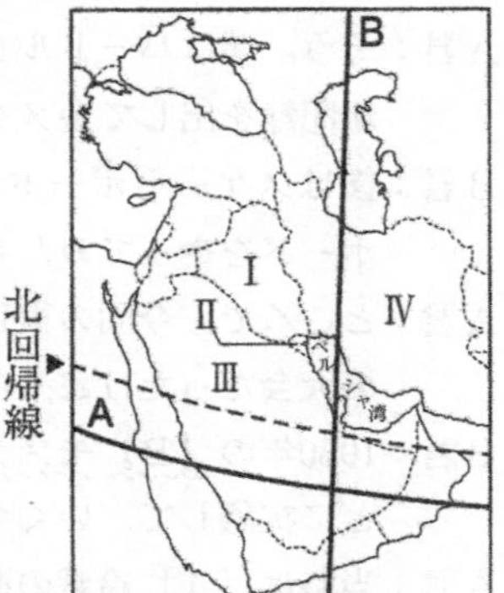

問５　問４の地図１中のA・Bはそれぞれ緯線・経線を表している。A・B線はそれぞれ何度を示しているか。その組み合わせとして最も適切なものを，次の①～④から１つ選んで番号で答えよ。（マーク解答欄）［4］

①　A：北緯20度線，B：東経80度線

②　A：北緯10度線，B：西経50度線

③　A：北緯20度線，B：東経50度線

④　A：北緯10度線，B：西経80度線

問６　会話文１中の下線部［４］に関連して，次のア～エはそれぞれ冷戦の時代における出来事である。これらの出来事が起きた順序が正しく並べられているものを，①～④から１つ選んで番号で答えよ。（マーク解答欄）［5］

ア．朝鮮戦争の勃発　　　　イ．ベルリンの壁の崩壊

ウ．ベトナム戦争の終結　　エ．ヨーロッパ共同体の発足

①　ア→ウ→イ→エ　　②　ア→エ→ウ→イ　　③　ウ→ア→エ→イ　　④　ウ→ア→イ→エ

問７　会話文１中の下線部［５］について，近代オリンピックの歴史上で開催が中止となった夏季大会は次のページに示すア～ウの３つである。それぞれの大会の開催が予定されていた時期の出来事について述べたものとして最も適切なものを，あとの①～④から１つ選んで番号で答えよ。

（マーク解答欄）［6］

ア．1916年ベルリン大会　　イ．1940年東京大会　　ウ．1944年ロンドン大会

	ア	イ	ウ
①	シベリア出兵	世界恐慌	第二次世界大戦
②	第一次世界大戦	世界恐慌	太平洋戦争
③	第一次世界大戦	日中戦争	第二次世界大戦
④	シベリア出兵	日中戦争	太平洋戦争

問８　会話文１中の下線部［６］について，我が国では憲法の前文において国際協調主義や平和主義を掲げている。また，その他の条文においても平和主義に基づき戦争の放棄を定めており，次の文章はその条文の一部である。この条文は日本国憲法の第何条であるか。最も適切なものを，①～⑥から１つ選んで番号で答えよ。(マーク解答欄) 7

> 日本国民は，正義と秩序を基調とする国際平和を誠実に希求し，国権の発動たる戦争と，武力による威嚇又は武力の行使は，国際紛争を解決する手段としては，永久にこれを放棄する。
> 前項の目的を達するため，陸海空軍その他の戦力は，これを保持しない。

①　3　　②　7　　③　9　　④　11　　⑤　13　　⑥　19

問９　次のア～エのグラフはそれぞれ会話文１中の波線部【A】～【D】のいずれかの都市の気温と降水量を表している。折れ線グラフは気温を，棒グラフは降水量を表している。ア～エのグラフと【A】～【D】の都市の組み合わせとして最も適切なものを，次のページの①～④から１つ選んで番号で答えよ。(マーク解答欄) 8

ア

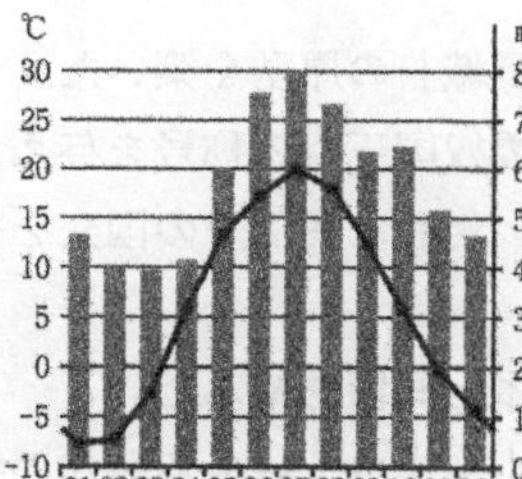

イ

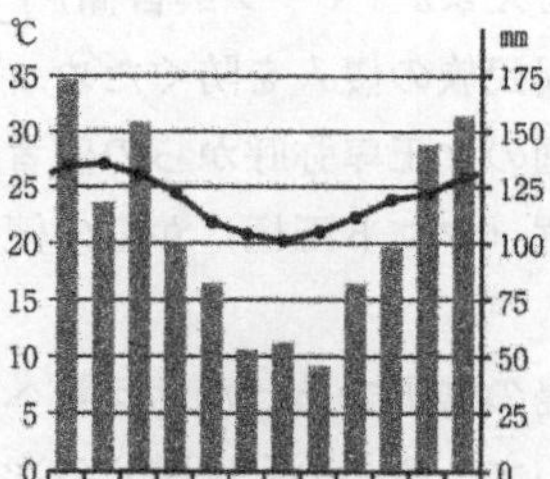

ウ

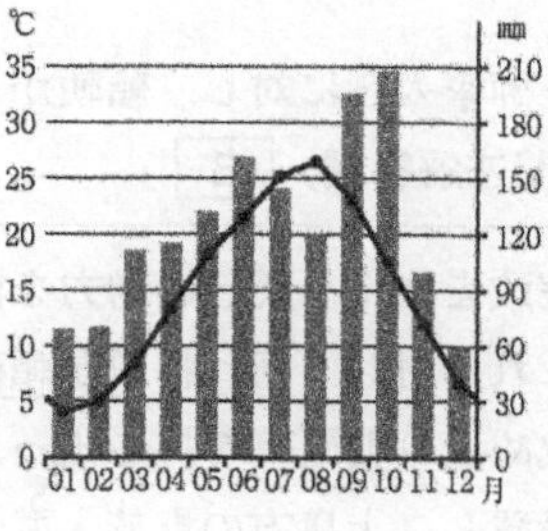

エ

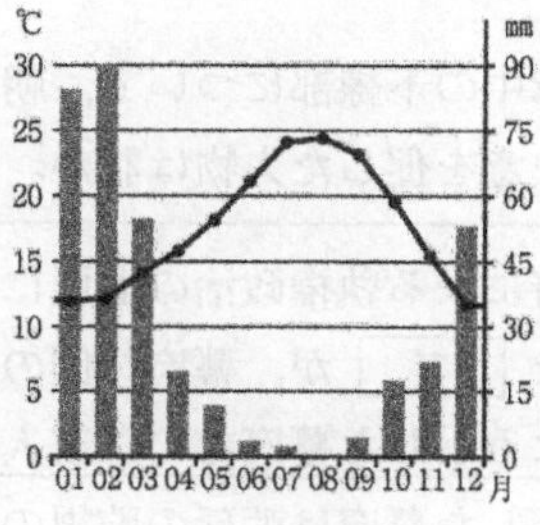

(「ja.climate-data.org」より作成)

	ア	イ	ウ	エ
①	モスクワ	ロサンゼルス	リオデジャネイロ	東京
②	東京	リオデジャネイロ	ロサンゼルス	モスクワ
③	東京	モスクワ	リオデジャネイロ	ロサンゼルス
④	モスクワ	リオデジャネイロ	東京	ロサンゼルス

〔2〕 次のⅠ～Ⅵは，それぞれ2021年に何周年かを迎えた出来事である。以下のⅠ～Ⅵに関する各問いに答えよ。

Ⅰ．ナポレオンの死去　Ⅱ．秦の始皇帝による中国統一
Ⅲ．承久の乱の勃発　Ⅳ．スペインによるアステカ帝国（メキシコ）の征服
Ⅴ．湾岸戦争の勃発　Ⅵ．『御堂関白記』の現存部分までの成立

問1　Ⅰに関連して，ナポレオンの活躍と同時期の出来事として**誤っているものを**，次の①～④から1つ選んで番号で答えよ。（マーク解答欄）9

① ロシアの使節レザノフが日本に来航し通商を要求した。
② イギリスの軍艦フェートン号が長崎の港に侵入しオランダ商館を乗っ取った。
③ 伊能忠敬による全国の測量や間宮林蔵による蝦夷地や樺太の探査が行われた。
④ 天保のききんに苦しむ人々を救うため，大阪町奉行所の元役人大塩平八郎が反乱を起こした。

問2　Ⅱに関連して，秦の始皇帝に関する出来事として最も適切なものを，次の①～④から1つ選んで番号で答えよ。（マーク解答欄）10

① 北方の異民族の侵入を防ぐため，現代に残る「万里の長城」の原型を築いた。
② 邪馬台国の女王卑弥呼からの使者に対し，金印と「漢委奴国王」の称号を与えた。
③ 大和政権（ヤマト王権）からの使者，小野妹子に対し，対等な関係での国交を結ぶ旨の手紙を授けた。
④ 朝鮮半島の強国であった高句麗への遠征のために，日本と同盟を結んだ。

問3　Ⅲについて，承久の乱に関する次の文章中の空欄 ア ～ ウ に入る語句の組み合わせとして最も適切なものを，次のページの①～④から1つ選んで番号で答えよ。

（マーク解答欄）11

また，文章中の下線部について，朝廷への抵抗に戸惑う御家人らに対し，頼朝からの御恩を説き，挙兵の決意を促した人物は誰か。人物名を答えよ。（記述解答欄）B

鎌倉幕府による執権政治の進展に対抗して，京都で院政を強化し朝廷の勢力を回復しようとしていた ア が，幕府打倒のために挙兵した。これに対し，初代将軍源頼朝からの御恩に報いようとした幕府方の御家人らは大軍で京都へ攻め上り朝廷軍を打ち破った。乱後，京都を占領した幕府は朝廷の監視のために イ を設置し，上皇方の貴族・武士らの荘園を取り上げて，そこに ウ を置いた。

	ア	イ	ウ
①	後鳥羽上皇	京都所司代	守護
②	後白河上皇	京都所司代	地頭
③	後鳥羽上皇	六波羅探題	地頭
④	後白河上皇	六波羅探題	守護

問4　Ⅳの時代のヨーロッパ各国は積極的な海外進出を展開していた。16世紀から17世紀にかけてのヨーロッパ各国とその主な進出先の組み合わせとして**誤っているもの**を，次の①～④から1つ選んで番号で答えよ。(マーク解答欄) [12]

①　イギリス－インド，北米大陸　　　②　オランダ－フィリピン

③　ポルトガル－インド，中国（明）　④　スペイン－南米大陸，フィリピン

問5　Ⅴに関連して，湾岸戦争について説明した次の文中の空欄 [エ] ～ [カ] に入る語句の組み合わせとして最も適切なものを，①～⑥から1つ選んで番号で答えよ。(マーク解答欄) [13]

> 1990年8月，[エ] が石油資源を狙って隣国の [オ] に侵攻したため，国連安全保障理事会の決議に基づいてアメリカやイギリス，アラブ諸国などからなる [カ] が派遣された。

	エ	オ	カ
①	シリア	イラク	国連平和維持軍
②	サウジアラビア	クウェート	国連軍
③	イラン	イラク	多国籍軍
④	イラク	サウジアラビア	国連平和維持軍
⑤	サウジアラビア	カタール	国連軍
⑥	イラク	クウェート	多国籍軍

問6　Ⅵについて，『御堂関白記』とは，著者が33歳から56歳までの期間に記された日記であり，『小右記』と並び当時の政治の実情を知る重要な資料として，世界記憶遺産に登録されている。著者は長女の彰子をはじめ，娘たちを天皇の后にすることで天皇家にも強い影響力をもち，一族の最盛期をつくり出したことで知られている。著者でもある「御堂関白」とは誰のことか。人物名を答えよ。(記述解答欄) [C]

問7　Ⅰ～Ⅵの出来事を古いものから年代順に並べたとき，3番目に当たるものは何か。最も適切なものを，次の①～⑥から1つ選んで番号で答えよ。(マーク解答欄) [14]

①　Ⅰ　②　Ⅱ　③　Ⅲ　④　Ⅳ　⑤　Ⅴ　⑥　Ⅵ

〔３〕 次の地図２を見て，以下の問いに答えよ。

地図２

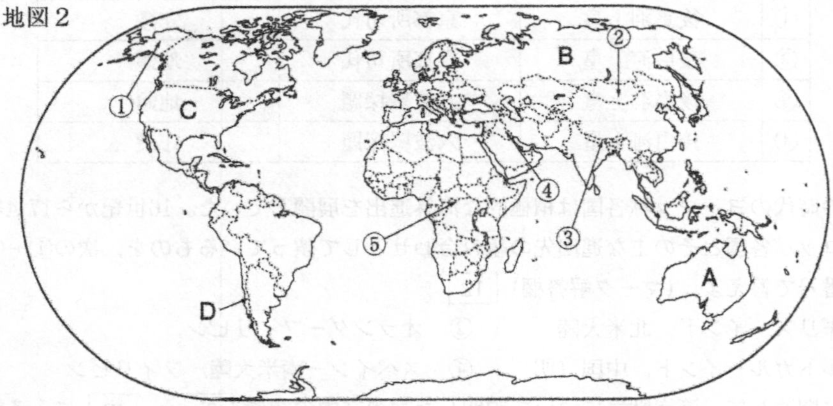

問１ 右の写真はどの地域で用いられている住居か。最も適切なものを，地図２中の①～⑤から１つ選んで番号で答えよ。

（マーク解答欄） 15

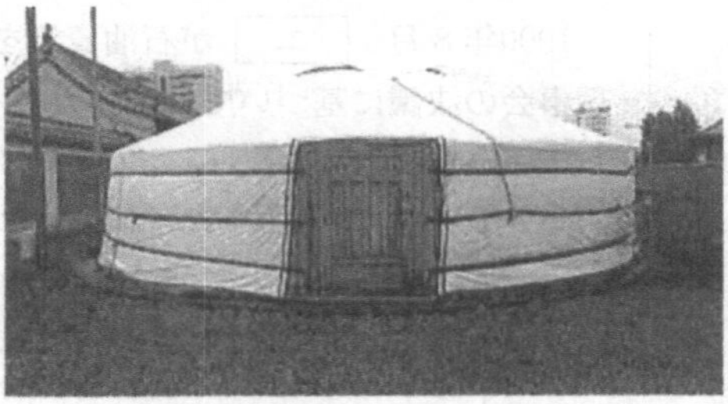

問２ 次の表は，地図２中のＡ～Ｄの国と日本の間のそれぞれの主要な輸出入品と，それらの輸出入額に占める割合（％）を示したものである。表中の①～④のうち，Ｄに該当するものを１つ選んで番号で答えよ。（マーク解答欄） 16

		日本の主要な輸出入品と，それらの輸出入額に占める割合（％）				
①	輸出	乗用車 30.5	一般機械 21.7	電気機器 14.0	自動車部品 6.1	航空機類 3.2
	輸入	電気機器 15.5	一般機械 15.0	航空機類 7.2	元素と化合物 5.7	医薬品 5.5
②	輸出	乗用車 42.8	軽油 15.1	バス・トラック 8.9	一般機械 8.5	タイヤ類 8.3
	輸入	銅鉱 46.3	さけ・ます 16.3	ウッドチップ 7.0	モリブデン鉱 4.0	ワイン 3.6
③	輸出	乗用車 45.7	一般機械 16.1	自動車部品 9.2	電気機器 5.8	タイヤ類 5.5
	輸入	原油 29.3	液化天然ガス 22.1	石炭 12.3	魚介類 9.0	アルミニウムと同合金 7.8
④	輸出	乗用車 36.6	一般機械 10.3	軽油 10.1	貴石等の製品類 8.1	バス・トラック 7.6
	輸入	石炭 32.4	液化天然ガス 27.7	鉄鉱石 13.1	牛肉 4.7	銅鉱 3.6

（『2018 データブック オブ・ザ・ワールド』より作成）

〔4〕 次の文章は「Aさん」「Bさん」「Cさん」の3人の会話である。会話文2を読み，以下の問いに答えよ。

会話文2

Aさん：去年の夏休みもどこにも行けなかったね。
Bさん：そうだね。
Aさん：今年の夏こそは，いろんなところへ旅行に行きたいなぁ。
Cさん：Aさんはどこへ行きたいの？
Aさん：［1］古宇利島！
Cさん：特に夏場に人気の高い場所だね。
Aさん：島内には古民家の集落やサトウキビ畑があるし，古宇利大橋という，海を横目に渡れるとても長い橋もあるよ。
Cさん：いいね。行ってみたいな。
Bさん：私は［2］桂浜に興味があるなぁ。
Aさん：知ってる。坂本龍馬の豫がある浜辺でしょ。
Bさん：そうそう。あそこから眺める景色はきれいだろうなぁ。
Cさん：海もいいけど，［3］高千穂峡も行ってみたいな。
Bさん：確かに。緑の豊かな自然を楽しむのも最高だね。
Cさん：滝もあって，神秘的な雰囲気を感じられるところだと思うよ。
Aさん：パワースポットだね。
Cさん：かつては日向国と呼ばれ，天孫降臨の地，神々が降り立った地とも言われているみたい。
Aさん：そういえば，この前テレビで見たけど，［4］銀山温泉も行ってみたいなぁ。
Cさん：温泉かぁ。
Bさん：その地域は，花笠祭りでも有名だよね。
Cさん：東北地方には，伝統的な夏祭りが各地にあって素敵だね。
Bさん：早く夏休みにならないかなぁ。
Aさん：どこに行こうか迷ってきたよ。興味深い場所がたくさんあるね。

問1 会話文2中の下線部［1］がある都道府県に関連する記述として最も適切なものを，次の①～④から1つ選んで番号で答えよ。(マーク解答欄) 17

① 「箱根駅伝」の舞台として有名な場所で，大学生たちが海を横にみながら，たすきを繋いで走る姿が思い浮かぶ場所でもある。

② 多くの島々からなっており，その1つである屋久島は世界自然遺産に登録されている。

③ 豊かな自然と独自の文化を活かした観光産業がさかんで，さんご礁は，島を波から守るとともに貴重な観光資源にもなっている。

④ 豊かな自然資源を活かした農業がさかんな地域で，石狩平野を中心に日本有数の稲作地帯が広がっている。

問2 会話文2中の下線部［2］がある都道府県に関連する記述として最も適切なものを，次のページの①～④から1つ選んで番号で答えよ。(マーク解答欄) 18

① 朝鮮半島に近く，大陸からの文化がいち早く伝わった地域で，有田焼や伊万里焼などの焼き物の生産がさかんでもある。

② 太平洋に大きく突き出る室戸半島先端の室戸岬は，台風の通り道としても知られている。

③ 浜岡原子力発電所があり，ピアノ・医療用機器・お茶・みかんの生産がさかんである。

④ この都道府県の北側には吉野川が流れ，南側には太平洋が広がっていて，鳴門の渦潮といった観光名所もある。

問３ 会話文２中の下線部［３］がある都道府県に関連する記述として最も適切なものを，次の①〜④から１つ選んで番号で答えよ。（マーク解答欄）19

① 温暖な気候を生かして，野菜の促成栽培がおこなわれ，おもにピーマンやきゅうりなどが冬の時期に関東や関西などの大都市に出荷されている。

② 桜島がある，この地域一帯には，過去の山々の噴火による噴出物が厚く堆積しており，シラス台地が広がっている。

③ 気候が温暖で，地形的に山がちな斜面の多い地域であるため，果実栽培がさかんで，特に，みかんや梅の栽培が有名である。

④ この地域は冷（亜寒）帯に属し，冬は厳しい寒さが長く続く一方，夏は冷涼で短く，梅雨はないため湿度が低く，過ごしやすい気候である。

問４ 会話文２中の下線部［４］がある都道府県に関連する記述として最も適切なものを，次の①〜④から１つ選んで番号で答えよ。（マーク解答欄）20

① 県の東側には，リアス海岸で有名な三陸海岸が広がり，こんぶ，わかめ，かきなどの養殖がさかんな地域でもある。

② 松尾芭蕉の『奥の細道』の俳句にうたわれている最上川が県の中枢を流れ，その河口には庄内平野が広がっている。

③ 日本海に面し，積雪が多い地域で，ユネスコの無形文化遺産に登録された「なまはげ」という年中行事がある。

④ 寒流の親潮の影響で，「やませ」と呼ばれる冷たく湿った北東の風が吹くため，農産物が十分に育たない冷害が生じることもある。

〔５〕 次の文章を読み，以下の問いに答えよ。

国に国会があるように，地方公共団体にも［ ア ］年任期の地方議会が議決機関として置かれている。都道府県議会と市（区）町村議会の議員は，住民の［ イ ］選挙によって選ばれることになっている。地方議会には，定例会と，必要に応じておこなわれる臨時会があり，条例の制定や改正，予算の議決と決算の承認，行政の監視などをおこなっている。

執行機関のトップである［ ア ］年任期の都道府県知事と市（区）町村長が首長である。首長もまた住民の［ イ ］選挙によって選ばれる。このように，［１］住民が地方議員と首長という２種類の代表を選ぶことが，地方自治の特徴でもある。

首長は，予算案や条例案を作成して議会に提出し，議決した予算や条例を実施したり，地方公務員の指揮・監督や地方税の徴収をおこなったりする。国の政治に先がけた政策や，他の地方公共団体にはみられない独自の取り組みをおこなうなど，［２］首長が指導力を発揮する場面もみられる。

首長の補佐・代理として，都道府県には副知事，市（区）町村には副市（区）町村長という任期 ア 年の補助機関が置かれている。また，首長からある程度独立した機関として，選挙管理委員会や教育委員会などの行政委員会が設置されている。

議会と首長も，国会と内閣の関係と同じく，抑制と均衡の関係にあるといえる。議会は，首長の不信任決議をおこなうことができるが，可決された場合，首長は ウ 失職する。一方，首長は，議会の解散や議決された予算・条例を拒否し審議のやり直しを求めることができる。

また，地方自治法においては，［3］直接民主制の原理にもとづいた権利，いわゆる［4］直接請求権が認められている。

問1　文中の ア と イ に当てはまる語句の組み合わせとして最も適切なものを，次の①～⑧から1つ選んで番号で答えよ。（マーク解答欄） 21

	ア	イ
①	3	直接
②	3	間接
③	4	直接
④	4	間接
⑤	5	直接
⑥	5	間接
⑦	6	直接
⑧	6	間接

問2　文中の ウ に当てはまる記述として最も適切なものを，次の①～③から1つ選んで番号で答えよ。（マーク解答欄） 22

① 10日以内に地方選挙を実施しなければ
② 10日以内に住民投票を実施しなければ
③ 10日以内に議会を解散させなければ

問3　文中の下線部［1］に関連して，住民の選挙権および被選挙権に関する記述として最も適切なものを，次の①～④から1つ選んで番号で答えよ。（マーク解答欄） 23

① 地方議員の選挙権は18歳以上であるが，首長の選挙権は20歳以上である。
② 地方議員の選挙権は18歳以上で，地方議員の被選挙権は25歳以上である。
③ 市（区）町村長ならびに都道府県知事の被選挙権はともに30歳以上である。
④ 市（区）町村議会議員の被選挙権は25歳以上で，都道府県議会議員の被選挙権は30歳以上である。

問4　文中の下線部［1］のようなしくみを何というか。漢字5字で答えよ。（記述解答欄） D

問5　文中の下線部［2］に関連して，近年の新型コロナウイルスの感染防止対策をめぐって全国の知事の対応力が問われ，メディアに登場する場面も多くみられた。知事とその知事が現時点で所属する都道府県の組み合わせとして**誤っているもの**を，次のページの①～⑧から1つ選んで番号で答えよ。（マーク解答欄） 24

① 鈴木直道知事 ー 北海道　② 吉村洋文知事 ー 大阪府
③ 丸山達也知事 ー 島根県　④ 大村秀章知事 ー 愛知県
⑤ 大野元裕知事 ー 神奈川県　⑥ 村井嘉浩知事 ー 宮城県
⑦ 小池百合子知事 ー 東京都　⑧ 玉城デニー知事 ー 沖縄県

問６　文中の下線部［３］を唱えた18世紀フランスの思想家に関する記述として最も適切なものを，次の①～④から１つ選んで番号で答えよ。（マーク解答欄）25

① 主著『法の精神』を著し，三権分立を唱えて，国王の絶対主義を批判した。
② 社会契約説を唱え，人それぞれが公共の利益を求めることで自由と平等は実現されると主張した。
③ 主著『統治二論（市民政府二論）』を著し，政府に対する人民の抵抗権を認めた。
④ 社会契約説を唱え，彼の主張する議会政治のあり方は，フランス人権宣言にも反映されている。

問７　文中の下線部［４］に関連して，次の表の空欄 エ ～ カ に当てはまる語句の組み合わせとして最も適切なものを，次の①～⑧から１つ選んで番号で答えよ。（マーク解答欄）26

表

<table>
<tr><th colspan="2"></th><th>必要な署名数</th><th>請求先</th></tr>
<tr><td colspan="2">条例の制定・改廃の請求</td><td rowspan="2">有権者の エ</td><td>首長</td></tr>
<tr><td colspan="2">監査請求</td><td>監査委員</td></tr>
<tr><td rowspan="2">解職請求</td><td>首長・議員</td><td rowspan="3">有権者の オ</td><td>選挙管理委員会
＊住民投票で カ の同意があれば解職</td></tr>
<tr><td>その他の役職員</td><td>首長</td></tr>
<tr><td colspan="2">解散請求</td><td>選挙管理委員会
＊住民投票で カ の同意があれば解散</td></tr>
</table>

	エ	オ	カ
①	30分の１以上	５分の１以上	３分の２以上
②	30分の１以上	５分の１以上	過半数
③	５分の１以上	30分の１以上	３分の２以上
④	５分の１以上	30分の１以上	過半数
⑤	50分の１以上	３分の１以上	３分の２以上
⑥	50分の１以上	３分の１以上	過半数
⑦	３分の１以上	50分の１以上	３分の２以上
⑧	３分の１以上	50分の１以上	過半数

〔6〕 次の文章はDさんが書いた「司法制度と裁判」に関する公民の授業メモである。この授業メモを読み，以下の問いに答えよ。

公民の授業メモ

裁判の種類と人権

❶民事裁判

・民事裁判のうち，国や地方公共団体に対して訴える場合は行政裁判という

❷刑事裁判

・何が犯罪でどのような処罰を受けるのかについては，あらかじめ法律によって定められている（罪刑法定主義）

❸人権保障

・［1］被疑者や被告人の人権を保障するために，刑事裁判で有罪が確定するまでは「罪を犯していない者」として扱わなければならない

司法制度改革

❶国民の司法参加

・［2］検察審査会制度（1948年～）

・［3］裁判員制度（2009年～）

❷法曹の拡大

・他国に比べて人口に対して法曹（裁判官・検察官・弁護士）の割合が低いことが問題

→専門職大学院である法科大学院（ロースクール）を設置（2004年～）

❸身近な法律相談窓口の設置

法務省所轄の独立行政法人である［ ア ］が全国50カ所に地方事務所を設置（2006年～）

問1 下線部［1］の内容として**誤っているもの**を，次の①～④から1つ選んで番号で答えよ。

（マーク解答欄）［27］

① 現行犯以外は検察が発行する令状がなければ，原則として警察は逮捕や捜索をすることができない。

② 拷問によって被疑者や被告人の自白を強要した場合は，その自白内容は裁判における証拠として扱われることはない。

③ 被疑者や被告人の罪が明確であっても，弁護人を依頼する権利は保障される。

④ 経済的な理由で弁護人を依頼することができない被告人には，国が費用負担をして国選弁護人をつけることになっている。

問2 下線部［2］の説明として最も適切なものを，次の①～④から1つ選んで番号で答えよ。

（マーク解答欄）［28］

① 成年未成年に関わらず，無作為に（くじなどで）選ばれた11人の有権者が検察審査員となる。

② 検察審査会が「不起訴不当」「起訴相当」と議決した場合は，検察は必ず起訴しなければならない。

③ 同一の事件で2回「起訴相当」の判断が出された場合は，強制的に起訴される。

④ 今までに検察審査会の議決によって起訴されたことはない。

問3　下線部［3］の説明として最も適切なものを，次の①～④から1つ選んで番号で答えよ。

（マーク解答欄）29

①　裁判員は担当する事件についての有罪か無罪かを審議の上決定するが，刑罰の内容を決めることはない。

②　裁判員が参加するのは殺人や強盗致死傷などの，最高裁判所で審議される重大な犯罪についての刑事事件のみである。

③　裁判員は有権者の中から無作為に（くじなどで）選ばれ，選ばれた国民はいかなる理由であっても必ず裁判に参加しなければならない。

④　この制度は，裁判制度に国民の視点や感覚を取り入れたり，司法を国民にとって身近なものとして認識させたりすることを目的としている。

問4　公民の授業メモ内の空欄 ア に当てはまる語句を答えよ。（記述解答欄）E

だけ印をつけたので、その理由を尋ねたところ、永超僧都に魚を差し上げたからだと言われた。

⑥ 恐ろしそうな連中が、近所をまわって何かを確認し、自分の家にだけ印をつけたので、その理由を尋ねたところ、永超僧都によい魚を差し上げなかったからだと言われた。

問三　傍線部c「この由」について説明した次の文章の空欄に入る言葉を指定の文字数で本文から抜き出せ。

（記述解答欄）［Ⅰ］が［F］、［Ⅱ］が［G］

［Ⅰ］（五字）だけ［Ⅱ］（八字）がいなかったこと。

問四　本文を仏教説話だと考えた場合、教訓として最も適当なものを、次の①～⑤のうちから一つ選べ。（マーク解答欄）［20］

① 高僧は凡人の理解を超越した存在なので、その行いも尋常でないことがある。
② ほんの小さなことでも、善行をすると仏の霊験が現れる。
③ 永超僧都は疫病神にも存在を知られている徳の高い僧である。
④ 高僧の弟子は、何事も修行だと考えて師匠に仕えることが大切である。
⑤ 疫病神は病気をまき散らす恐ろしい存在なので、家に入れてはならない。

をしるしけるに、我が家しるし除きければ、尋ねぬる所に、使ひの曰《いは》く、「永超僧都に魚を奉《たてまつ》る所なり。さてしるし除く」といふ。

その年、この村の在家、ことごとく疫《えやみ》(※8)をして死ぬる者多かりけり。その魚の主が家、ただ一宇《いちう》(※9)、その事をまぬかるによりて、僧都のもとへ参り向《むか》ひて、ｃこの由《よし》を申す。僧都この由を聞きて、被物一重《かづけものひとかさね》(※10)賜《た》びてぞ帰されける。

（『宇治拾遺物語』より）

語注

（※1）南京…現在の奈良を指す。

（※2）永超僧都…法隆寺の別当（長）や大僧都となった高僧。

（※3）斎、非時…僧侶の二回の食事のうち、戒律で定められた午前の食事を「斎」、もう一度の午後の食事を「非時」という。

（※4）公請…朝廷主催の法会に召されること。

（※5）京…当時の都。現在の京都を指す。

（※6）奈島の丈六堂…京都の奈島の南にあった、仏像を安置したお堂。「丈六」はその辺りの地名。

（※7）昼破子…旅などで昼食に食べるように、箱につめた弁当。

（※8）疫…流行の病気。

（※9）一宇…一軒。

（※10）被物一重…褒美として与える衣服。

問一　傍線部ａ「くづほれて下る」とは誰がどうしたということか。その説明として最も適当なものを、次の①～⑤のうちから一つ選べ。（マーク解答欄）18

① 永超僧都が魚にあたり腹をこわして苦しみながら奈良へ戻った

② 永超僧都が京では食事に魚が出なかったので食事をとらず衰弱しきって奈良へ戻った

③ 永超僧都が京での滞在時間が長くて疲れて奈良へ戻った

④ 永超僧都が魚を食べたのでこっそり人目を避けて奈良へ戻った

⑤ 永超僧都が弟子に背負われて奈良へ戻った

問二　傍線部ｂ「魚の主、後に夢に見るやう」とあるが、「魚の主」が見た「夢」の内容として最も適当なものを、次の①～⑥のうちから一つ選べ。（マーク解答欄）19

① 恐ろしそうな連中が、近所をまわりそれぞれの戸口に印《しるし》をつけていたが、自分の家には印をつけなかったので、理由を尋ねたところ、永超僧都に魚を差し上げたからだと言われた。

② 恐ろしそうな連中が、近所をまわりそれぞれの戸口に印をつけていたが、自分の家には印をつけなかったので、理由を尋ねたところ、永超僧都が魚をもらって感謝しているからだと言われた。

③ 恐ろしそうな連中が、近所の戸口に何か印をつけていたが、自分の家には印をつけなかったので、理由を尋ねたところ、永超僧都に差し上げた魚が特別な魚だったからだと言われた。

④ 恐ろしそうな連中が、近所をまわって何かを確認し、自分の家にだけ印をつけたので、その理由を尋ねたところ、永超僧都の使いの者から頼まれたのだと言われた。

⑤ 恐ろしそうな連中が、近所をまわって何かを確認し、自分の家に

ざしていると気づき、喜んでいる。

③ なかなか見られない流れ星を発見したように、冷めたように思えていた七條玲の熱さを感じ取り、畏怖している。

④ 素早く動きなかなか認識できない流れ星のように、七條玲の感情の起伏の激しさに呆然《ぼうぜん》としている。

⑤ 見れば願い事が叶うといわれる流れ星のように、自分も七條玲と共に高みに上っていけると喜び勇んでいる。

問七 傍線部D「この人は、本物の女王だ」とあるが、なぜ「宝良」はこのように感じたのか、その理由として最も適当なものを次の①～⑤のうちから一つ選べ。（マーク解答欄）16

① SNSでの人気度や車いすテニスの技術などあらゆる面において自分より突出した才能を持っており、自分が敵うわけがないと思い知ったから。

② 競技に関して絶対的な自信を持っており、また自らのライバルである宝良に対しても余裕のある態度で接する姿勢に尊敬の念を抱いたから。

③ 実力と人気を備えている七條玲は自らの体験をふまえ、自分のことだけでなく車いすテニスの将来までも考えており、心から競技に人生をささげていると感じたから。

④ 世界ランキング一位という実力と誰からも愛される性格を兼ね備えている七條玲はどこから見ても完璧な人間であり、自分との人間としての格の違いに圧倒されたから。

⑤ テニスの実力もさることながら、車いすテニスの普及に向けて困難な道を自らのすべてを犠牲にしてまでも精進し続ける覚悟に感銘を受けたから。

問八 傍線部E「投げられた手袋を投げ返した」とあるが、この時の宝良の心情として最も適当なものを、次の①～⑤のうちから一つ選べ。（マーク解答欄）17

① 七條玲からの挑発ともとれる発言に対して、心の底から怒りを覚えた。

② 七條玲の強気の発言に圧倒され、意気消沈したが戦意だけは失わないでおこうと考えた。

③ 七條玲の今までの行動の真意を自分なりに理解した上で、圧勝しようと決意を固めた。

④ 七條玲の思いを真剣に受け止め、正々堂々と明日の準決勝を戦おうという決意を固めた。

⑤ 七條玲の思いに共感したが、自分にも負けられない思いがあることを証明したいと考えた。

〔三〕 次の文章を読んで、後の問いに答えよ。

これも今は昔、南京《なんきやう》(※1)の永超僧都《やうてうそうづ》(※2)は、魚《うを》なき限りは、斎《とき》(※3)、非時《ひじ》もすべて食はざりける人なり。公請《くじやう》(※4)勤めて、在京(※5)の間、久しくなりて、魚を食はで、aくづほれて下る間、奈島《なしま》(※6)の丈六堂の辺《へん》にて、昼破子《ひるわりご》(※7)食ふに、弟子一人、近辺の在家《ざいけ》にて、魚を乞《こ》ひて勧めたりけり。

b件《くだん》の魚の主《ぬし》、後に夢に見るやう、恐ろしげなる者ども、その辺の在家

「おやすみ。明日、楽しみにしてるね」
車いすを方向転換させた彼女は、身軽に脇をすり抜けて、闇の向こうに消えた。

（阿部暁子《あべあきこ》『パラ・スター　Side　宝良』より　ただし一部変更した箇所がある）

語注
（※1）ギーベル…車いすテニス世界ランキング3位のオランダの選手。
（※2）三國さん…車いすテニス界の帝王と呼ばれるトッププレイヤー。
（※3）全日本マスターズの時…昨年十二月の全日本マスターズ準決勝で、宝良は七條玲にストレート負けしている。

問一　二重傍線部（ア）～（ウ）と傍線部が同じ漢字であるものを、それぞれ次の①～⑤のうちから一つずつ選べ。
（マーク解答欄）（ア）は 11 、（イ）は 12 、（ウ）は 13

（ア）ヒョウショウ
① 左右タイショウの図形。
② ショウドウ的に動く。
③ 長年の功労をケンショウする。
④ 病気がジュウショウ化しなかった。
⑤ 曲がったことのできないショウブン。

（イ）コクイン
① カコクな運命を嘆く。
② 応募要項をコクチする。
③ コクモツを輸入に頼る。
④ 試験のジコクに間に合う。
⑤ 苦手科目をコクフクする。

（ウ）ミリョウ
① リョウヨウ休暇を取る。
② 任期をマンリョウする。
③ リョウチを支配する。
④ 大学のリョウに入る。
⑤ ノウリョウ肝試し大会を開催する。

問二　傍線部A「喉にじわりと苦いものがこみあげる」とあるが、この時の「宝良」の心情として当てはまらないものを、次の①～⑤のうちから一つ選べ。（マーク解答欄）14
① 嫌悪感　② 疎外感　③ 不快感　④ 拒否感
⑤ 抵抗感

問三　空欄 I に当てはまる四字熟語を解答欄の空欄に漢字を入れて完成させよ。（記述解答欄）C

問四　空欄 II に入る語句を漢字二字で本文から抜き出せ。（記述解答欄）D

問五　傍線部B「変えられるかもしれない」とあるが、「七條玲」は何を変えられるかもしれないと考えているか、最も適当な語句を本文から漢字二字で抜き出せ。（記述解答欄）E

問六　傍線部C「流れ星を目撃したような心地」とあるが、この時の「宝良」の心情として最も適当なものを、次の①～⑤のうちから一つ選べ。（マーク解答欄）15
① めったに見られるものでない流れ星を見たのと同様に、七條玲の素顔を垣間見《かいまみ》たことに驚いている。
② 一瞬の輝きを放つ流れ星のように、七條玲も自分と同じ目標をめ

りに酷だ。

「――ねえ、君島さん」

秘密を打ち明けるようなひそやかな声が、そっと夜の静けさをゆらした。

「わたしの夢はね、全国にたくさんあるテニスクラブどこでも、車いすテニスができるようになること。ちょっとうまく歩けないだけの子が、たとえばテレビで見たウィンブルドンに憧れたり、めっちゃ面白いテニス漫画を読んだりして『テニスがしたい!』って思ったら、家から一番近くのテニスクラブで、普通に車いすテニスができるようになること。どのクラブの人たちも『あ、君は車いすなんだね。オーケー、おいで』って普通に受け入れてくれること。その子がめきめき上達して、パラリンピックに出たいっていう夢を持ったら、その子がぴったりの競技用車いすを作るために、少しでいいから援助してくれる人たちがいること」

雲に覆われた夜空を、そこに小さな光を見出そうとするように見つめる彼女の一心なまなざしに胸をつかれた。夜風がまた、彼女の髪を梳《す》いていく。

「ほとんど誰にも知られていない原っぱみたいだったところを、三國さんがずっと住みやすい小さな街にしてくれた。でもね、わたしは欲張りだから、まだ足りないの。もっともっとわたしたちの街を大きくして、足りないものを『普通』にしたい。そのためにも日本中、世界中の人に見てもらいたい。車いすテニスとわたしたちに興味を持ってほしい。手を貸してほしい。みんな強い人が好きなのは知ってる。勝てば勝つほど協力してくれる人が増えるのはわかってる。だから、わたしは勝つ。勝ち続けられるだけ勝ち続けて、東京パラリンピックでも、必ず金メダルを獲る」

D――この人は、本物の女王だ。

車いすテニスというまだ小さな王国を愛し、そこに暮らす民を愛し、これから生まれるまだ見ぬ子供たちを愛し、彼らのために自身の責務を果たそうとしている。

そして女王がこちらを向く。もういつも通りの、人を(ウ)ミリョウする明るい笑顔で。

「明日の準決勝、けっこうネットとか新聞で騒がれてるみたい。君島さん、見た?」

「……いいえ、外野が何を言おうと興味ないので」

「ふは、ほんとに君島さんブレないね。でも『日本勢対決』とかそういうのは好きな人が多いから、明日は試合を見に来てくれる人がたくさんいると思う。だからね、見てる人が『車いすテニスって面白いな』って夢中になれる、いい試合にしたいんだ。全日本マスターズ(※3)の時みたいに、あっという間に勝負がついちゃうのは嫌だよ」

微笑する瞳の奥にぞくりとするような凄《すご》みが見えて、小さく息を呑《の》んだ。

だが息を呑んだままではいられない。たった今、いきなり頬を叩かれるように、宣戦布告を受けたのだ。

「約束はできません。あなたが、あっという間に敗けることだってあるかもしれない」

虚勢ではあっても目だけはそらさず、E投げられた手袋を投げ返した。

凪に髪をなびかせながら、なぜか女王は、とても満足そうにほほえんだ。

手だったから、置いていかれないようにしなくちゃって必死に練習した。その人、ちょっと君島さんに似てたんだ。キリッとした美人で、強くてやさしくて、わたしのヒーローだった。女子だけど」

　彼女の横顔がほころぶのを、C流れ星を目撃したような心地で見ていた。高みに君臨する存在として見上げるばかりだった彼女に、初めて同じ人間の温度を感じた。

「でも、その人は中学二年になった時、親の転勤で地方に引っ越すことになった。別れる時に『玲、テニスがんばってね。私もがんばるから』って言われて、わたし、本当にがんばったよ。車いすテニスを続けていれば、いつかどこかの大会で彼女と会えるかもしれないって思ったから。それからだんだん試合で勝てるようになって、ランキングも上がって、そのたび彼女には報告の手紙を送ってた。最初は彼女も『すごいね』『私もがんばってるよ』って返事をくれてたけれど、だんだん途切れがちになって、一年が経つ頃に『もう手紙はいらない。これからもがんばって。さようなら』って手紙が届いた。彼女とはそれきり。――本当はね、彼女は引っ越したあと、もう車いすテニスをしてなかったんだ。してなかったって、別にサボってたわけじゃないんだけど」

「わかってます。テニスに心底入れ込んだ人間が、簡単に離れられるわけがない」

　当たり前のことを言ったつもりだったのだが、七條玲は目をまるくすると淡く笑った。見ているこちらの胸が小さく痛むような笑顔だった。「そうなんだよね。彼女は続けたくても続けられなかった。当時はまだ(※2)三國《みくに》さんが北京パラリンピックで金メダルを獲る前で、車いすテニスなんて知っている人はほとんどいなかった。テニスクラブは日本全国にたくさんあっても、車いすテニスを教えてくれるところはアイスにのってるミントの葉っぱくらい少ないし、地方ならもっと状況は厳しい。あとで彼女の親御さんから聞いたんだけどね、それでも彼女は近所のテニスクラブとかサークルをまわって、車いすテニスをさせてもらえないかって頼んだらしいんだ。でも『うちはそういう特殊なテニスはやってないから』とか『何かあった時に責任をとれないから障がい者は受け入れられない』って断られて、断られるばっかりで、彼女は動けなくなった。そこに『ランキングまた上がったよ』とか『アメリカに行くことになったよ』とか無神経な手紙送りつけられたら、それは嫌にもなるよね。これ、もし時間が戻せたらやり直したいことベスト1なんだけど」

　七條玲の声は普段どおり軽やかだったが、胸中までそうではないのはわかった。

　その彼女の話は決して他人事ではない。自分の場合は雪代《ゆきしろ》という心から尊敬する師がいたから、車いすテニスをすると決めた時も何の迷いもなく彼のもとへ行き、雪代もそれを受け入れてくれた。それが極めて幸運なことだったと知ったのは、雪代と山中にこもって荒行《あらぎょう》するような一年をすごし、公式戦デビューを果たしたあとだ。

　七條玲か言うように、車いすテニスができる環境は全国どこにでもあるわけではない。指導者について車いすテニスをするために私財を投げ打って都市部に引っ越したという選手も知っている。日本人プレーヤーが歴史に(イ)コクインされる偉業を成し遂げ、車いすテニスへの認知が広まり始めた現在ですらそんな状況だ。十数年前の日本ならもっと環境は困難だっただろう。ましてや、十代前半の少女では、それに抗《あらが》うのはあま

「東京パラリンピックの開催が決まってから、取材の依頼とか、講演の依頼とか、そういうのすごく増えたの。CMとかテレビ番組もけっこう出たよ。いつもならパラリンピックなんてオリンピックに比べてほんのちょっとしかテレビで放送されないし、チケットだってそんなに売れないのに、パラリンピックのほうにもこんなに注目が集まるってすごいよね。自国開催っていうだけでここまで違うんだって驚いた。それでいよいよオリパライヤーになって、最高潮っていうくらいみんな熱心になってる。ほら、文化祭の前、みんなで力を合わせて盛り上げようってワイワイがんばってるあんな感じ。それはいいことだと思う。すごくね。でも、お祭りはいつか終わるから」

　彼女の横顔に、すべて悟っているような微笑が浮かんだ。

「東京パラリンピックが終わったら、このワイワイやってるのもしぼんで、小さくなって、いつかは消えちゃうんだろうから。だからその前に、大きな流れが起こってる今のうちに、たくさんの人にわたしたちのことを知ってほしい。今は車いすテニスっていうスポーツがあることすら知らない人も多いだろうけど、わたしたちが『おーい』って手を振ったら、わたしたちのことを知って、手を振り返してくれる人も、その手を貸してくれる人もいるかもしれないでしょ。だってね、わたしほんとに大好きなんだよ。みんな障がいとかそっちのけで、一年中テニスのことばっか考えてるテニスばか。試合に敗けてギャン泣きしたり、『俺のマシン超クールだろ？』って車いす自慢大会したり、（ア）ヒョウショウ式の撮影であられもなく変顔したり、みんな最高に面白くてチャーミング。そういうわたしたちを、障がい者じゃなくて人間のわたしたちの姿を発信したら、お祭りが終わったあとでも、応援してくれる人が残るかもしれない。自分も車いすテニスがしたいって思う子たちが増えるかもしれない。そういうのがひとつひとつ集まって積み重なったら、B変えられるかもしれない」

「……変えられるって、何をですか？」

　水の匂いのする風が吹く。その風に髪を遊ばれながら、七條玲はしばらく華奢《きゃしゃ》な顎を引いて沈黙した。

「君島さんは、車いすテニスを始めたきっかけって何？」

「……友達が勧めてくれて、それから本格的な試合を見て、やろうと決めました」

「そっか。わたしはね、生まれてからしばらくは何とか歩けてたんだけど、小学四年生の時にとうとう自力歩行ができなくなって、車いすになったの」

　七條玲の公表されている障がいは、先天性二分脊椎症《にぶんせきついしょう》という。胎内で育つ間に何らかの理由で背骨の形成が不完全になり、本来骨のトンネルの中で守られているはずの脊髄神経が外に出てしまう。それによって神経の癒着《ゆちゃく》や損傷が起こり、その障がいの形態や程度は人によって本当にさまざまだが、彼女の場合は成長とともに歩行機能を失った。

「昔のわたし、かなり泣き虫で引っ込み思案でね。ただでさえみんなみたいに歩けないって泣いてばかりだったのに、車いすになってからは完全に引きこもっちゃって」

「……一マイクロメートルも想像できないです」

「でしょ。それが変わったのは、リハビリセンターで知り合った三コ上のおねえさんが車いすテニスに誘ってくれてから。最初はテニスが好きっていうより、友達ができたことがうれしかったの。彼女はすごく上終わると液晶画面をこちらに向けてきた。

『夜の散歩をしていたら、ひとり肝試し中の君島さんと遭遇！』

そんな一文の下に無邪気な笑顔の彼女と、彼女に嚙《か》みつかんばかりの顔を向けている自分の写真がくっつけられている。そして投稿直後から矢印マークやハートマークの横の数字がくるくるとものすごい勢いで増え出した。

『ひとり肝試しってｗ』『君島さん、めっちゃ怒ってるけど何かあったの』『対決前夜でも仲のいい二人が尊い』『お二人とも夜はまだ冷えますから風邪など召されませんよう』『明日どっちも勝ってほしいけど、やっぱレイちゃんが好きだ、がんば！』

こんなコメントもひっきりなしに通知される。中には外国語のコメントもあった。こんなにも多くの人々がリアルタイムで彼女が発信するメッセージを受けとっているのか。本当に愛されてるんだな、とぼんやり思っていると、

「やっぱり君島さん、ちゃんと広報活動したらいいのに。そうしたらみんな君島さんのこと好きになると思うよ」

と七條玲が言った。冗談かと思いきや、相手は大まじめな顔をして続けた。

「やり方がわかんないなら今ここでアカウント作ってあげようか？　ちょうど『日本勢対決！』って騒がれてるところだし『君島宝良です。明日は七條をぶっ倒します』ってツイートしたら話題になると思うよ。君島さんならすぐに人気出るだろうし」

A——また「話題」とか「人気」とか。

喉にじわりと苦いものがこみあげる。まるで［Ⅰ］と信じていた人間が金勘定しているところを目撃してしまったような、ひどく嫌な気分。

何より、こちらは彼女と再び戦うために死ぬほど苦しいギーベル(※1)との一戦を勝ち抜いたのに、彼女にとって明日の準決勝は［Ⅱ］になる何かのひとつにすぎない。互いの温度のあまりの違いを見せつけられて、心臓に穴があいた気がした。

「そんなに人気者になりたいんですか？　ずっとスマホいじって写真ばっかり撮って、いいねだかリツイートだか知りませんけど、他人からチヤホヤされるのがそんなに好きなんですか。私たちはテニスプレーヤーじゃないんですか。プレーヤーはテニスでこそ存在を示すものじゃないですか」

自分でも思ってもみないほど声が荒くなった。何を好こうが、何をしようが、彼女の自由だ。わかってる。わかってるのに。

七條玲は、きょとんとまばたきをした。

「わたし、もうわりと人気者だと思うし、テニスもがんばってるけどな？」

「——そうですね、あなたはみんなに愛されてるし誰もあなたには敵《かな》いませんねっ」

「チヤホヤっていうかね、見てほしいんだ。わたしたちを。世界中の人たちにこっちを向いて知ってほしい。ひとりでも多く、一秒でも長く、わたしたちがどんな人間で、どんなふうにテニスをして、どんなふうに生きてるかを」

雲が流れ、星が隠れる。彼女の横顔は、昼の印象を裏切ってひどく静《せい》謐《ひつ》だった。

べ。（マーク解答欄）10

①「らしさ」はあくまで観光者の視線を通じて生み出された幻想にすぎないため、土地に習慣的に関わっているだけの住民にとって関心の対象にならない場合もあり得る。

②観光者は幻想を見るために行動し、住民は幻想によって土地の魅力や新鮮な関わり方を教えられる。幻想は、観光者だけでなく住民にとっても大切だといえる。

③観光者のマナー違反を一度目にした住民がその後も観光者へ不満をもちがちなのは、党派的な対立を作り、敵対する相手へのイメージを変えようとしない傾向を人間が持っているためである。

④自分とは異質な観光者を住民が理解するのは難しいが自分の善良さが相手を傷つけうることを知り、配慮と共感によって他者への理解を深めることで、優しい社会を構築する必要がある。

⑤観光者と住民はしばしば対立するが、双方が相手に対して事実や知識を積み上げる理解を進めることで、折り合いをつけていく努力をし続けることが大切である。

〔二〕次の文章を読んで、後の問いに答えよ。

あらすじ　車いすテニス選手の君島宝良《きみじまたから》は東京パラリンピックの女子代表候補選手として注目を集めていた。宝良はスランプを乗り越えて迎えたジャパンオープンの準決勝前夜に気持ちが高ぶって寝つけないでいたため散歩に出て、偶然翌日の対戦相手である、世界ランキング1位の七條玲《しちじょうれい》と出会う。

「……あれ？　君島さん？」

目を丸くする七條玲は、パーカーに髪をたらして、こちらと似たり寄ったりの格好をしていた。そういう服装のせいか、それとも夜の暗さのせいか、今の彼女は見ていてどこか心もとない気持ちにさせた。名だたる大企業のスポンサーロゴをつけたウェアを身に着け、コートに立った彼女は、あれほどの存在感を放つのに。

「こんな時間にどうしたの？　あ、ひとり肝試し？」

「どうして試合の前の晩にわざわざ肝を試さなきゃいけないんですか」

「わたしはね、アイスが食べたくなったから一階の自販機まで来たんだけど、食べたいアイスが売り切れでやりきれない気持ちになったから星を見てた」

星？　空を仰ぐと、確かにやや雲の多い夜空に、ぽつぽつと銀色の光の粒が見えた。

そういえば星なんてしばらく見てなかったな、とぼんやり思っていると、ふわりといい匂いが鼻をかすめた。隣を見ると、七條玲がこちらの肩に頭をのせるくらいに接近して自撮りの位置にスマートフォンをかまえていた。

「近いんですが！　そしてなに勝手に撮ろうとしてるんですか！」

「あっ、その怒った顔、ストーリーがあってすごくいい。はい、そのまそのまま！」

「舐《な》めてるんですか……！」

カシャ、と呑気《のんき》なシャッター音が響き、怒る気力も根こそぎ失《う》せた。

「ねえこの写真、ツイッターに」「もうどうにでもしてください」と投げやりに答えると、七條玲はご機嫌でスマートフォンを操作し、作業がれ次の①～⑤のうちから一つずつ選べ。ただし、同じ語を二度使ってはならない。

（マーク解答欄）Ⅰは3、Ⅱは4、Ⅲは5、Ⅳは6

①ところで　②他方で　③とりわけ　④むしろ
⑤もちろん

問三　傍線部A「新しい光を投げかけている」とあるが、新型コロナウイルスの流行によってどのような側面が新しくみえたのか。その説明として最も適当なものを、次の①～⑤のうちから一つ選べ。（マーク解答欄）7

①住民が観光者に様々な責任を転嫁してきたことと、実は観光者に地域の魅力を発見する手助けをしてもらっていたこと。
②住民が観光者を部外者として無視してきたことと、実は観光者が地域振興の担い手として地域の文化を大切に守ってきたこと。
③住民が観光者を自分たちとは異なる集団と捉えてきたことと、実はその差異に住民が新鮮さと文化的・社会的意義を感じていたこと。
④住民が観光者を不満や不安のはけ口にしてきたことと、実は観光者から得る利益によって地域の文化の個別性を維持していたこと。
⑤住民が観光者を地域と関わりのない存在と見なしてきたことと、実は観光者が地域との密な関わりの中で文化を一緒に育てていたこと。

問四　傍線部B『街から観光者が消えたのに近所のポイ捨てはなくならなかった。観光者が捨てていたと思っていたのに、そうではなかった』という趣旨の読者投稿」には、住民と観光者が共生する上での第一歩となる要点が含まれているが、それは具体的にどうすることか。本文から十一字で抜き出せ。（記述解答欄）A

問五　傍線部C「部外者の視線は、善かれ悪しかれ無視できない公共的含意を持っている」とはどういうことか。その説明として最も適当なものを、次の①～⑤のうちから一つ選べ。（マーク解答欄）8

①部外者の視線は幻想ではあるが、土地を差異として経験するプロセスを経て、土地の個性が発見され定着していくということ。
②部外者の視線は土地の個性を客観的に評価するものであるため、信用に足るものとして土地の個性が明確に示されるということ。
③部外者の視線は土地を新鮮に感じ見所に気づく視線を住民に与えるため、土地の個性が住民の手で発見されていくということ。
④部外者の視線は幻想と切り離せず、短絡的に土地の個性と結びつけられてしまうため、住民にとって受け入れにくいものとなるということ。
⑤部外者の視線は住民の視線とは対立するものであるため、土地の個性は必ずしも発見されるとは限らないということ。

問六　傍線部D「これらが『京都らしさ』の代表選手となることはそれほどない」のは、どのような過程が欠けているからか。本文から三字で抜き出せ。（記述解答欄）B

問七　傍線部E「大枚はたいて」の意味として最も適当なものを、次の①～⑤のうちから一つ選べ。（マーク解答欄）9

①何度も　②大勢で連れだって　③苦労して
④長い時間をかけて　⑤多額のお金を使って

問八　本文の内容と合致しないものを、次の①～⑤のうちから一つ選ら、「自分がいつでも人を傷つけうると知ることから、多様性への配慮は始まる」のである。

だが、自分の善良さを疑うことは、共生のスタート地点でしかない。「共感」によって、対立や分断を超えることはできない。壁の向こうの人たちを愚かで不気味だと感じる心の習慣はすぐには変わらず、共感的に相手の立場を想像することが難しいからだ。ただし、私たちは、分断線の向こう側を頭で「理解」することはできる。事実や知識を積み上げる「理解」である。例えば、観光者と住民の幻想の絡まりを解きほぐすように、人と人の複雑な相互作用を地道に観察して知識を得ること。こうした理解の先に、前より少し優しい社会があるのかもしれない。

（谷川嘉浩《たにがわよしひろ》『観光が土地との関わり方を教える——聖地巡礼、住民、イメージ』より　ただし一部変更した箇所がある）

語注

（※1）コンテンツツーリスト…映画のロケ地を巡ったり、アニメなどの舞台を「聖地巡礼」と称して訪問したりする観光客のこと。

（※2）ダニエル・ブーアスティン…アメリカの歴史家（一九一四～二〇〇四）。「大量消費社会の弊害」や、「マスコミや広告業界の欺瞞《ぎまん》」を鋭く指摘した。

（※3）中井治郎…観光社会学者（一九七七～）。京都を拠点に観光と地域社会の共生、地域文化や文化遺産の観光資源化などを研究している。

（※4）エドワード・サイード…パレスチナ系アメリカ人の文学研究者、文学批評家（一九三五～二〇〇三）。

（※5）根本的帰属の誤り…自分が巻き込まれた「行動・事件」などで「感情」が高ぶったとき、その「行動・事件」の原因をその「事情・状況」に求めるのではなく、「行動・事件」を起こした「対象（相手）」の「性格・気質」に、まず原因を求めてしまうこと。

（※6）バグ…コンピューターに内在する欠陥のこと。ここでは、人間の認知にある原因不明な不具合のこと。

（※7）萩原広道…発達心理の若手研究者。「大人が偉いわけじゃない」「子どもに学ぶ」「子どもに教わる」という姿勢を目指しつつ研究・臨床活動に取り組む。

問一　二重傍線部（ア）・（イ）と傍線部が同じ漢字であるものを、それぞれ次の①～⑤のうちから一つずつ選べ。（マーク解答欄）（ア）は 1 、（イ）は 2

（ア）コウギ
①コウセイに名を残す。
②コウハンな知識を持つ。
③身柄をコウソクする。
④経費をコウジョする。
⑤コウイン矢のごとし。

（イ）カタヨリ
①ヘンキョウの地に送られる。
②神は全世界にヘンザイする。
③子供のヘンショクをなくす。
④何のヘンテツもない話。
⑤テレビ番組をヘンセイする。

問二　空欄 Ⅰ ～ Ⅳ に入る言葉として最も適当なものを、それぞの一軍なのだろう。

先に触れた学生も、「色々な土産に舞妓さんが使われていたけれど、「京都らしさ」と舞妓さんを結びつける発想は短絡的にも感じる」と迷いを口にしていた。そのためらいは適切だ。往々にして「らしさ」は、部外者の視線を通じて生み出された幻想にすぎない。歴史家のダニエル・ブーアスティン(※2)は、事前イメージからのズレを許容しない経験を「隔離」と呼び、観光者や観光産業を批判した。しかし裏を返せば、そう批判されるほどに観光と幻想は切り離せないのである。

人は幻想抜きに生きることができないというのも確かなことだ。人を動かすのは生のままの現実でも、乾いた日常の反復でもない。イメージこそが人に欲望を抱かせ、行動を実際に変えることができる。人は幻想を見るためにわざわざ遠方からE大枚はたいて京都まで来るのだし、観光者は進んでイメージにくるまれている。東京の大丸《だいまる》でも食べられると知りながら、Instagram で事前に見つけた有名な抹茶スイーツを「京都ならでは！」と喜んで注文し、それを知るきっかけとなった写真とほぼ同じ構図で写真を撮る。そこには何の不思議もない。

[Ⅲ]、実態をさほど反映していない幻想に住民が迷惑しているかというと、必ずしもそうではない。「こないだ京都育ちの友人が『抹茶スイーツの店に行列ができてた。いままであんなん食べるの観光客だけやと思ってたのに』と言ってたな」と、観光学者の中井治郎《なかいじろう》(※3)がソーシャルメディアに書いていた。これもパンデミックが気づかせた一つの発見である。(ア)コウギの住民もまた、土地の幻想を味わうのだ。

観光が住民との軋轢《あつれき》を生むことは珍しくないし、住民がぎょっとするイメージが投影されることもある。しかし、そうした幻想こそが土地の魅力を教え、新鮮な関わり方を見せてくれているのかもしれない。例えば京都の住民が抹茶スイーツを頼むとき、その人は観光者と手を取り合っているようなものなのだ。

[Ⅳ]、対立構図は「複数の文化が争点となるところでは極めて問題含みである」とエドワード・サイード(※4)は語っている。ほとんどの文化は「同質的でそれ単体でまとまっているということは全くなく、どちらが良い悪いなどとは決められないからだ」。観光者と住民の関係にも適合する視点であり、本稿もこうした絡まりを描いてきた。

しかし人は常に(イ)カタヨりを抱えており、党派的な対立を進んで作りたがるところがある。様々な心理実験が「根本的帰属の誤り」(※5)——判断する際に気質的な側面を重視しながらも、状況や事情を軽視する傾向——の存在を明らかにしてきた。この心理的傾向は、敵対者の印象を追認するように働く。敵対的な姿勢は、敵対する個人や陣営の本来的な性質のせいだとされ、友好的な姿勢は、外圧や劣勢など状況の力に強いられたとみなされる。

人間には、様々な幻想を他者に帰属させる傾向に加えて、自分の抱いているイメージを進んで変えようとしない傾向がある。それが私たちの不安を煽《あお》る人物たちの印象ならなおさらだ。人間は一度対立すると、互いの邪悪さや愚かさを多角的に確認し始める。私たちはどうしようもなく、そういう生き物だ。

人間の認知にあるこうした「バグ」(※6)が息苦しさや不安を加速させ、分断や軋轢を深めている。それでも異なる人たちと何とか折り合って共に生きるには、人は自分のカタヨりや党派性を認識することから始めねばならない。公認心理師の萩原広道《はぎはらひろみち》(※7)の言葉を借りて私なりに表現するな

【国語】（四〇分）〈満点：一〇〇点〉

一 次の文章を読んで、後の問いに答えよ。

多くの人を振り回した新型コロナウイルスの流行は、住民（当事者）と観光者（部外者）の関係にA新しい光を投げかけている。B「街から観光者が消えたのに近所のポイ捨てはなくならなかった。観光者が捨てていたと思っていたのに、そうではなかった」という趣旨の読者投稿が京都の地元紙に掲載されていたという。京都人は、色々なことを観光者のせいにしてきたところがあるのかもしれない。

漠然とした不満や不安が適切な出口を見つけられないとき、特定の文化集団にその責任が着せられることがしばしばある。京都が色々な事態の責任を観光者という部外者に押しつけてきたように、大阪は大阪で、奈良は奈良で、色々なことが何かや誰かのせいにされてきたのだろう。観光者、特に外国人観光者やコンテンツツーリスト（※1）は、不満の手頃なはけ口になっていたところがある。

加えて、住民は観光からメリットを得てもいる。経済的な面だけではない。自分たちの土地を理解し、その文化的・社会的個別性を際立たせていく「差異化」と呼ばれるプロセスにおいて、ほかならぬ部外者の力を借りているのだ。その土地らしさ（個性）を見出し育てるのは、居住者のような「内からの視線」ではなく、部外者のような「外からの視線」だということである。

土地に習慣的に関わっているだけの住民は、何を新鮮に感じ、何が見所になりうるのかといったことに基本的には気づかない。［Ⅰ］、観光者のようなアウトサイダーこそが、その土地を差異として経験することができるのだ。住民が土地の魅力を発見できるとすれば、部外者のような視線を持てたときだけである。

［Ⅱ］日常それ自体が売りになることもある。しかし、それは「都会において失われたように感じられる日常」にほかならず、結局は外から見ることで発見された一種の非日常であり、やはり部外者が抱く幻想が土地の魅力として投影されているのだ。C部外者の視線は、善《よ》かれ悪《あ》しかれ無視できない公共的含意を持っている。

ところで、私の勤めている京都市立芸術大学で出された「その物との付き合いが終わった後のことも考えられた製品を作る」という課題に、京土産という切り口で取り組んだ学生がいた。その学生は、京都の土産を色々調べた上で舞妓《まいこ》というよくあるモチーフを選んだ。舞妓のエキゾチックなイメージと寺社や石畳の醸し出す風情との結びつきは世に言う「京都らしさ」そのものであり、実際、舞妓は多くの土産に意匠として用いられている。

とはいえ、もちろんそれは幻想でしかない。当然ながら、京都人全員が舞妓なのではないし、観光者のほとんどは舞妓に接することがない。また、観光者が舞妓だと思って見ているのが、実際の舞妓ではなく舞妓のような風体になって辺りを散策している別の観光者であるというのはよく見る光景だ。

それに、中華、学生街、ラーメン、古書街、ツバメソース、近代建築、天一《てんいち》のスープ、坊さん、洋菓子、パン屋、カフェ、猥雑《わいざつ》な飲み屋街だって、同じくらい京都を象徴するものであってもよいはずだが、Dこれらが「京都らしさ」の代表選手となることはそれほどない。舞妓、着物、和菓子、茶、懐石、寺社仏閣、紅葉、送り火、鴨川辺りが『京都らしさ』

MEMO

大切なことはメモしておこうネ！

2022年度

解 答 と 解 説

《2022年度の配点は解答欄に掲載してあります。》

＜数学解答＞

[1] (1) ア − イ 2 ウ 3 (2) エ 5 オ 0 カ 3 (3) キ 5
(4) ク 1 ケ 1 コ 8 (5) サ 2 シ 5 (6) ス − セ 4
(7) ソ 2 (8) タ 1 チ 2 (9) ツ − テ 4 ト 1 ナ 8
(10) ニ 1 ヌ 4 (11) ネ − ノ 2 ハ 4 ヒ 4 フ 4
ヘ 4 ホ 1 (12) マ 4 ミ 3 ム 3

[2] (1) メ − モ 1 (2) ヤ 7 ユ 5 ヨ 4 (3) ラ 5

[3] A (1) 72 B (2) $\frac{1}{18}$ C (3) $\frac{1}{9}$

○推定配点○

[1] (9) 各3点×2 (11) ネ・ノ・ハ 3点 ヒ・フ 2点 ヘ・ホ 3点
他 各5点×10 [2] 各6点×3 [3] 各6点×3 計100点

＜数学解説＞

[1] (正負の数，平方根，2次方程式，角度，確率，式の値，数の性質，連立方程式，直線の式，割合，図形と関数，平面図形)

基本 (1) $\frac{1}{12}-\frac{1}{4}\div\frac{1}{3}=\frac{1}{12}-\frac{3}{4}=\frac{1}{12}-\frac{9}{12}=-\frac{8}{12}=-\frac{2}{3}$

基本 (2) $\left(\frac{4}{\sqrt{6}}+\frac{\sqrt{24}}{2}\right)^2=\left(\frac{2\sqrt{6}}{3}+\sqrt{6}\right)^2=\left(\frac{5\sqrt{6}}{3}\right)^2=\frac{150}{9}=\frac{50}{3}$

基本 (3) $x(x+2)=5(2x-3)$ $x^2+2x=10x-15$ $x^2-8x+15=0$ $(x-3)(x-5)=0$ $x=3, 5$ よって，大きい方の解は$x=5$

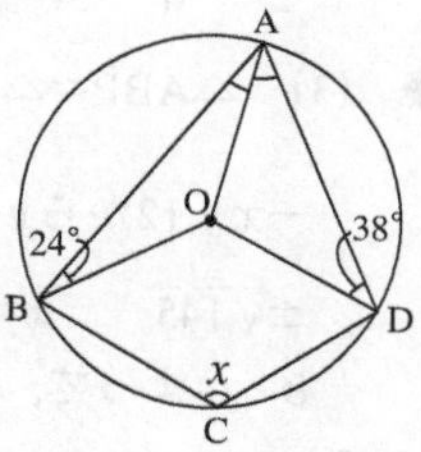

基本 (4) 右の図のように，A～Dをとる。$\angle$OAB＝$\angle$OBA＝24°，$\angle$OAD＝$\angle$ODA＝38°より，$\angle$BAD＝24°＋38°＝62° 四角形ABCDは円Oに内接するから，$\angle x$＝180°−62°＝118°

(5) ふつうのさいころで，奇数の目が出る確率と4以上の目が出る確率はともに$\frac{3}{6}=\frac{1}{2}$ $24-(1+2+3+4+5+6)=24-21=3$より，2の目を5の目に変えると，奇数の目が出る確率と4以上の目が出る確率はともに$\frac{4}{6}=\frac{2}{3}$となり，題意を満たす。

基本 (6) $a^2+6a=(a+3)^2-9=(\sqrt{5}-3+3)^2-9=5-9=-4$

基本 (7) $\frac{a}{b}<0$より，aとbは異符号 $a-b>0$より，$a>b$ よって，$a>0$，$b<0$であるから，必ず成り立つものは，②

基本 (8) $2x=y$…①，$9x-y=7$…② ①を②に代入して，$9x-2x=7$ $7x=7$ $x=1$ これを①に代入して，$y=2$

基本 (9) y軸上で交わるとき，2直線の切片は等しいから，$b=-4$ x軸上で交わるとき，$y=-\frac{2}{3}x-$

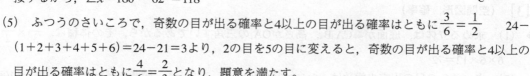

4に$y=0$を代入して，$0=-\frac{2}{3}x-4$　$\frac{2}{3}x=-4$　$x=-6$　$y=3x+b$は点$(-6,\ 0)$を通るから，$0=-18+b$　$b=18$

基本　(10)　$200\times0.35\times0.2=14$(人)

重要　(11)　$y=x^2$と$y=-x+2$からyを消去して，$x^2=-x+2$　$x^2+x-2=0$　$(x+2)(x-1)=0$　$x=-2,\ 1$　よって，$A(-2,\ 4)$　また，$B(-2,\ 0)$，$C(2,\ 0)$より，$AB=4-0=4$，$BC=2-(-2)=4$　$V_1=\frac{1}{3}\pi\times BC^2\times AB=\frac{1}{3}\pi\times4^2\times4=\frac{64}{3}\pi$，$V_2=\frac{1}{3}\pi\times OB^2\times AB=\frac{1}{3}\pi\times2^2\times4=\frac{16}{3}\pi$より，$V_1:V_2=4:1$

重要　(12)　右の図のように，円Eの中心をPとし，Q〜Sをとる。△OPSは1辺の長さが2の正三角形だから，$\angle POS=60°$，$\angle QPS=120°$　1辺の長さがaの正三角形の高さは$\frac{\sqrt{3}}{2}a$で表せるから，求める図形の面積は，(おうぎ形OQR)$-$△OPS$-$(おうぎ形PQS)$=\pi\times4^2\times\frac{60}{360}-\frac{1}{2}\times2\times\frac{\sqrt{3}}{2}\times2-\pi\times2^2\times\frac{120}{360}=\frac{8}{3}\pi-\sqrt{3}-\frac{4}{3}\pi=\frac{4}{3}\pi-\sqrt{3}$

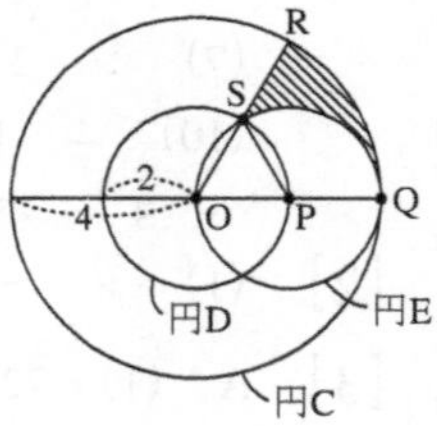

［2］（図形と関数・グラフの融合問題）

基本　(1)　$y=-2x^2$に$x=-1,\ \frac{3}{2}$をそれぞれ代入して，$y=-2,\ -\frac{9}{2}$　よって，$A(-1,\ -2)$，$B\left(\frac{3}{2},\ -\frac{9}{2}\right)$　したがって，直線ABの傾きは，$\left\{-\frac{9}{2}-(-2)\right\}\div\left\{\frac{3}{2}-(-1)\right\}=-1$

重要　(2)　直線ABの式を$y=-x+b$とすると，点Aを通るから，$-2=1+b$　$b=-3$　$D(0,\ -3)$とすると，$CD=12-(-3)=15$　よって，$\triangle ABC=\triangle ACD+\triangle BCD=\frac{1}{2}\times15\times1+\frac{1}{2}\times15\times\frac{3}{2}=\frac{15}{2}+\frac{45}{4}=\frac{75}{4}$

重要　(3)　$\triangle ABP=\triangle ABC$だから，$CP/\!/AB$　よって，直線CPの式は，$y=-x+12$　$y=\frac{1}{10}x^2$と$y=-x+12$からyを消去して，$\frac{1}{10}x^2=-x+12$　$x^2+10x=120$　$(x+5)^2=120+25$　$x+5=\pm\sqrt{145}$　$x=-5\pm\sqrt{145}$　ここで，$144<145<169$より，$12<\sqrt{145}<13$　$7<-5+\sqrt{145}<8$　よって，条件を満たす点Pのx座標は1〜7であるから，⑤

［3］（空間図形，確率）

基本　(1)　求める立体は，底面が$\triangle CA_4B_4$，高さがOA_1の三角すいであるから，その体積は，$\frac{1}{3}\times\frac{1}{2}\times6\times6\times12=72$

(2)　さいころの目の出方の総数は，$6\times6=36$(通り)　このうち，題意を満たすのは，$PQ^2=10^2=6^2+8^2$だから，$(P,\ Q)=(A_3,\ B_4)$，$(A_4,\ B_3)$の2通りである。よって，求める確率は，$\frac{2}{36}=\frac{1}{18}$

(3)　2つの立体は高さが等しいから，底面積の比が3：1のとき，題意を満たす。すなわち，立体OPQCの底面が，$\triangle CA_4S_1$，$\triangle CB_4R_1$のときで，$(P,\ Q)=(A_4,\ B_2)$，$(A_4,\ B_6)$，$(A_2,\ B_4)$，$(A_6,\ B_4)$の4通りである。よって，求める確率は，$\frac{4}{36}=\frac{1}{9}$

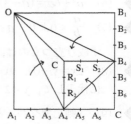

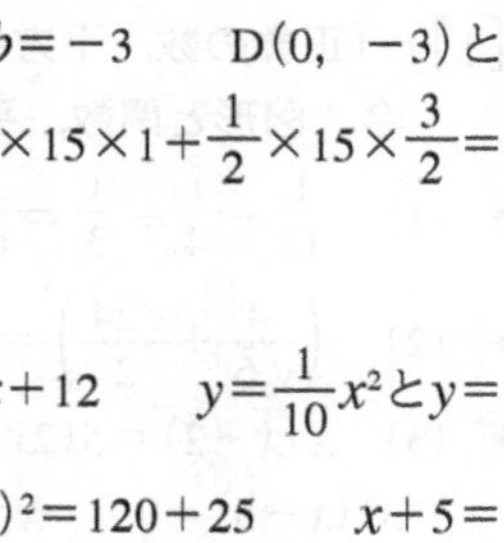

★ワンポイントアドバイス★

出題構成，難易度とも昨年とほぼ同じである。見慣れないタイプの出題もあるが，難問ではないので，よく考えて解いていこう。

＜英語解答＞

[1] 問A (1) ③ (2) ④ (3) ① (4) ② (5) ②
問B (1) ② (2) ② (3) ⑤ (4) ⑤ (5) ①

[2] 問1 ② 問2 ② 問3 ① 問4 ④ 問5 ③

[3] 問1 (ア) ② (イ) ④ (ウ) ① (エ) ④ (オ) ①
問2 A Dad had such a large safe in his house(.) B There may not be anything
問3 ③ 問4 ③ 問5 as old as 問6 Cleaning an old house

[4] 問1 ① 問2 ③ 問3 ウ ③ エ ⑤ オ ⑨ 問4 ③ 問5 ②
問6 ② 問7 ⑥

○推定配点○

[1] 問A 各2点×5 他 各3点×30 計100点

＜英語解説＞

基本 [1] 問A (語句補充問題：接続詞，単語，関係代名詞，間接疑問文)

(1) 〈so ~ that …〉「とても~ので…」

(2) 数えられない名詞には，much や few を用いる。

(3) every がある場合には，3人称単数として扱う。

(4) 先行詞は「人以外」で，後に「主語＋動詞」と続くので，目的格の関係代名詞 which を用いる。

(5) 間接疑問文は〈which ＋名詞＋主語＋動詞〉の語順になる。

重要 問B (語句整序問題：現在完了，受動態，熟語，比較)

(1) We have known each other for five years(.) have known each other「お互いずっと知っている」

(2) Many people were injured in the accident(.) be injured「ケガをする」

(3) It will be my first trip abroad(.) abroad「海外に」となるので，前置詞は不要である。

(4) These photos remind me of my childhood(.) remind A of B「AにBを思い出させる」

(5) He is the oldest of us three(.) 〈the 最上級 of ＋複数〉となる。in は後ろが単数の時に使用。

重要 [2] (適文選択問題：前置詞，熟語，不定詞，比較)

問1 as for ~「~に関するかぎりでは」，be worth ~ing「~する価値がある」

問2 〈apologize to 人〉「人に謝る」，③・④は I'm ではなく you're が正しい。

問3 according to ~「~によれば」，②は現在完了が不適切。

問4 〈let me ＋原形不定詞〉「私に~させてください」

問5 〈much ＋比較〉「かなり~」

［3］（会話文：語句補充，語句整序，要旨把握，指示語）

（全訳）夫：①お父さんがこんなに大きな金庫を持っているなんて知らなかった。彼は生きている間，それについて何も言わなかった。

妻：中身は？金？ダイヤモンド？あるいは，彼がたくさんの土地を持っていたという重要な書類かもしれません！

夫：アもちろん，違うよ。彼は金持ちではなかったよ。

妻：私はただ夢を見ているだけだよ！だから，それを開いて！

夫：でも，ぼくは鍵を持っていないよ…。家を掃除している間に鍵を見た？

妻：いいえ。プロに金庫を開けてもらうべきだ！この近くの会社を②探すためにスマホを使おう。

夫：イちょっと待って。周りを見回してみよう…。おや！棚に小さな箱があるのが見える？お父さんがそこに鍵をいくつか入れておいていたのを覚えているな。

妻：見てみよう！本当に高い場所にあるね。はしごはある？

夫：ウわからない。ああ，考えがある！ぼくがそれに届くように，きみの背中に乗らせてよ。

妻：あなたが私の上に乗る？私はずっとA軽いので，私があなたの背中に乗るよ。

夫：大丈夫。急いで！

妻：やってみよう！取れると思うけど…。取れた！

夫：背中が痛い。

妻：あぁ…。たくさんの鍵があるね。

夫：エぼくにそれらを見せて。③これは金庫と同じくらい古く見える！試してみよう。

妻：これで金庫を開けて中を覗くことができるね！私はその中に何か貴重なものがあることを願っているよ！開けて！

夫：落ち着いて。④中には何も入っていないかもしれない。深呼吸をして。準備はいい？

妻：うん！

夫：えっ？

妻：中身は？教えて，教えて！

夫：本，はがき，写真のアルバムがある…古いものだね。お父さんとお母さんが幼い頃の写真がたくさんあるよ。

妻：彼らはとても幸せそうに見えるね。ほら，この写真では手をつないでいるよ。たぶんこれは彼らの新婚旅行だ！そしてこれを見て！赤ちゃん！

夫：それがぼくだと思うな。

（しばらくして）

夫：君にコーヒーを作ったよ。

妻：ああ，ありがとう。

夫：古い家の掃除は簡単ではないよ。そして，やっぱり金庫には何もなかった！

妻：何のことをいっているの。写真は貴重な宝物だよ！

夫：オその通り。そして，今日はぼくと一緒に⑤これをしてくれてありがとう。

妻：大歓迎なのに，なぜ急に本気になの？

夫：ぼくが生まれたのは，両親が出会い，家族ができたからだよ。それからぼくはきみに会い，家族になった。本当に嬉しいよ。ありがとう。

妻：いいえ，私はあなたに感謝したいと思うよ，私たちはいつもあなたの両親のように幸せなカップルになることを願っているね。

夫：私もそうです。

問1 （ア） この後でHe wasn't richと言っているので，Of course notが適切。

（イ） すぐに電話をせずに周りを見ているので，Wait a minute.が適切。

（ウ） この後ではしごではなく，背中に乗っているのでI don't knowが適切。

（エ）「この鍵は金庫と同じくらい古く見える」と続くので，鍵を見せてもらっているとわかる。

（オ）「写真は貴重な宝物」という発言に対しての返事なので，You're right.が適切。

問2 ① 〈such a 形容詞＋名詞〉の語順になる。 ④ 助動詞を含む文なので，There may not be ～ の語順になる。

問3 妻が背中に乗ると言っているので，妻の方が「軽い」と判断できる。

問4 「この近くの会社を探すために」となるので，不定詞の副詞的用法である。

基本 問5 as ～ as …「…と同じくらい～」

問6 夫と妻が一緒にしたことなので，cleaning an old houseである。

重要 [4] （長文読解・説明文：語句補充，指示語，内容吟味）

（全訳） 雲とは何か？雲は，空に浮かぶ水滴や氷の結晶でできている。雲には多くの種類がある。雲は地球の天気の重要な役割がある。

雲はどのように形成されるか？空気は水で満たされることがある。その水は海，川または湖からやってくる。しかし，ほとんどの場合，水を見ることはできない。(ア)水滴が小さすぎて見えない。それらは水蒸気に変わった。水蒸気が空高く上るにつれて，空気はより冷たくなる。その後，水蒸気は水滴または氷の結晶に変わる。それらが雲だ。

雲にはどのような種類があるか？雲は2つの方法でその名前がつけられる。一つの方法は，空のどこにあるかということだ。雲の中には上層ものがある。下層の雲は地球の表面に近い。(イ)実際，下層の雲は地面に触れることさえある。これらの雲は霧と呼ばれる。中層の雲は，下層の雲と上層の雲の間にある。

もう1つの方法は，その形状によるものだ。ウ巻雲は上層の雲だ。羽のように見える。エ高積雲は中層の雲だ。これらの雲は羊の群れのように見える。オ層雲は最も下層の雲だ。それらはベッドシーツのように空を覆っている。

雨をもたらすものは何か？雲の中の水のほとんどは非常に小さな滴だ。滴はとても軽いので，空中に浮かぶ。時々，それらの滴は他の滴と結合する。そして，大きな滴になる。それが起こると，重力によりそれらは地球に落下する。落下する水滴を雨と呼んでいる。空気が冷たいと，水が代わりに雪になることがある。

なぜNASAは雲を研究するのか？雲は多くの理由で重要だ。雨と雪が2つの理由である。夜間には，雲が熱を反射し，(カ)地面を暖かく保つ。日中，雲は涼しく保つことができる日陰を作る。雲を研究することは，NASAが地球の天気をよりよく理解するのに役立つ。NASAは宇宙の衛星を使って雲を研究している。NASAはまた，他の惑星の雲も研究している。火星には，地球上の雲のような雲がある。しかし，他の惑星には水でできていない雲がある。例えば，木星には(キ)アンモニアと呼ばれるガスでできた雲がある。

問1 〈too ～ to …〉「～すぎて…できない」

問2 in fact「実際に」

問3 ウ 上層の雲で羽のように見えるので，③が適切。 エ 中層の雲で羊の群れのように見えるので，⑤が適切。 オ 最も下層の雲でベッドシーツのように空を覆っているので，⑨が適切。

問4 大きな滴になるには，滴同士が結合しなければならないので，③が適切。

問5 〈keep ＋名詞＋形容詞〉「～(名詞)を…(形容詞)に保つ」

問6 「アンモニアと呼ばれるガス」となるので，現在分詞を用いたcalling ammoniaは不適切。

問7　火星には地球と同じような雲があるので，⑥が不適切。

★ワンポイントアドバイス★

単語や文法に関する出題が比較的多く，長文問題中にも文法事項を問う出題がある。教科書に載っている文法事項や単語を正確に身につけるようにしよう。

＜理科解答＞

[1]　(1)　④　　(2)　②　　(3)　あ　③　　い　②　　(4)　4(cm)　　(5)　①
[2]　(1)　①　　(2)　⑥　　(3)　⑨　　(4)　②　　(5)　③
[3]　(1)　③　　(2)　②　　(3)　⑤　　(4)　②　　(5)　パンゲア
[4]　(1)　③　　(2)　①　　(3)　③　　(4)　④　　(5)　②
[5]　(1)　④　　(2)　③　　(3)　④　　(4)　①　　(5)　④
[6]　(1)　④　　(2)　RNA　　(3)　⑤　　(4)　①　　(5)　①

○推定配点○

[1]　(1)・(4)　各4点×2　　他　各2点×4　　[2]　(4)・(5)　各3点×2　　他　各2点×3
[3]　各2点×5　　[4]　(4)・(5)　各3点×2　　他　各2点×3　　[5]　各2点×5
[6]　各3点×5　　計75点

＜理科解説＞

[1]　(光の性質―凸レンズの性質)

重要　(1)　焦点距離の2倍の位置に物体を置き，スクリーンにはっきりした像が映るとき，凸レンズから物体までの距離と凸レンズからスクリーンの距離は等しくなる。

重要　(2)　凸レンズを通してスクリーンにうつる像(実像)は，上下左右が逆になる。

(3)　物体のある1点からの光は，凸レンズ全体を通過してスクリーンの1点に集まる。そのため，凸レンズの下半分を光を通さないカバーで覆うと，物体のすべての点からの光が凸レンズを通過するため物体の形は変わらず，通過する光の量が半分になるので像は暗くなる。

やや難　(4)　①凸レンズの軸に平行に進んでレンズに入射する光は，レンズで屈折して焦点を通る。②凸レンズの中心を通る光は直進する。これらから物体の上端，下端のそれぞれからの光の道筋を作図すると下のようになる。

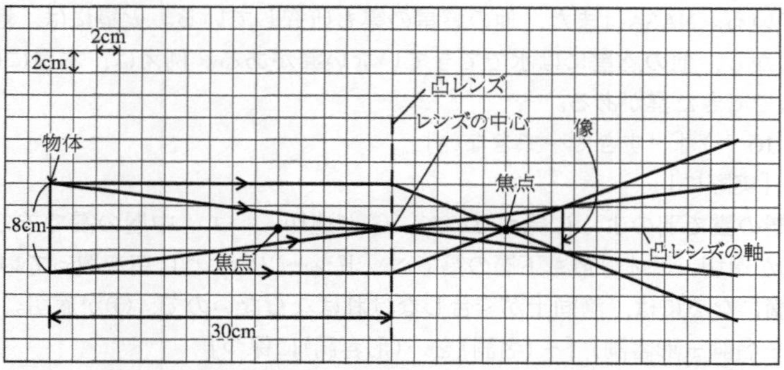

図より，スクリーンに映った像の大きさは縦4cmとわかる。また，左端，右端からの光も同様に

なるので，スクリーンに映った像の大きさは横4cmとなる。

(5)　ヒトの目で，光の像が結ばれるのは網膜である。水晶体(レンズ)は凸レンズの役割をもち，虹彩は水晶体の厚さを変える役割，視神経は網膜から脳へ光の刺激の信号を伝える役割をもつ。

[2]　(磁界とその変化—電流と磁界)

重要 (1)　実験1では，磁石のS極をコイルの右側に近づけているので，コイル内の磁界の変化を妨げるようにコイルの右側はS極になる。コイルの右側から左側に向かう電流が生じる。このとき流れる電流は，検流計の−側から流れ出て，＋側に流れこむ向きである。

基本 (2)　検流計の針の振れ幅が小さくなるのは，検流計に流れる電流が小さいときである。電磁誘導では磁界の変化が小さいと流れる電流が小さくなる。よって，Bさんのやり方はAさんのときとちがって，磁石の動きが遅いか使った磁石の磁力が弱いと考えられる。

(3)　磁石の動きから，図2と図3ではコイルの右側がN極に，図4と図5ではコイルの右側がS極になる。図2と図3では，コイルに流れる電流の向きが実験1とは逆になるので，検流計の針の振れる向きは逆になる。図4と図5では，コイルに流れる電流の向きは実験1と同じだが，検流計とコイルのつなぎ方を逆にしているので，検流計の針の振れる向きは逆になる。

やや難 (4)　磁石のS極をコイルの右側に近づけているので，コイルの右側がS極になり，コイルの右側から左側に向かう電流が生じる。発光ダイオードは＋端子から−端子の向きにだけ電流が流れて，電流が流れたときだけ光るので，光るのは発光ダイオードAのみである。実験では，磁石を動かしてコイル内の磁界が変化している間だけ電流が流れるので，発光ダイオードは一瞬点灯してすぐに消える。

やや難 (5)　はじめ，磁石のN極をコイルの右側に近づけているので，コイルの左側から右側に向かう電流が生じる。このとき，U字形磁石内の導線には奥から手前向きの電流が流れ，フレミングの左手の法則より，導線を流れる電流にはDの向きの力が加わる。その後，磁石のS極をコイルの右側に近づけているので，コイルの右側から左側に向かう電流が生じる。このとき，U字形磁石内の導線には手前から奥向きの電流が流れ，導線を流れる電流にはCの向きの力が加わる。

[3]　(大地の動き・地震—プレート)

重要 (1)　図1と図2の地層のようすから，図の両側から押し合うような力がはたらき，右側の地層が左側の地層の上(左側の地層が右側の地層の下)に力がはたらいたことがわかる。

(2)　日本付近には，東日本や北海道がのる北アメリカプレート，西日本がのるユーラシアプレートの2つの大陸プレートと，日本列島の東の太平洋プレート，南のフィリピン海プレートの2つの海洋プレートがある。

重要 (3)　D付近では，太平洋プレートが北アメリカプレートの下に沈みこんでいて，太平洋プレートに引きずられて生じた北アメリカプレートのひずみが解消しようとするときに地震が発生する。

(4)　1年で9cm＝$\frac{9}{100}$m＝$\frac{9}{100000}$km移動することから，2770万年では$\frac{9}{100000}\times(2770\times10000)=2493$より，約2500km移動したと考えられる。

(5)　ドイツのウェゲナーが1912年に発表した大陸移動説の中では，現在の六大陸はもとは1つの大きな大陸であったという仮説が述べられ，その大陸はパンゲア大陸と呼ばれている。

[4]　(酸とアルカリ・中和—塩酸と水酸化ナトリウム水溶液の中和)

基本 (1)　BTB溶液が緑色になるのは中性のときで，中性でのpHの値は7である。なお，pHは酸性では7より小さく，アルカリ性では7より大きくなる。

基本 (2)　BTB溶液は酸性で黄色，中性で緑色，アルカリ性で青色を示す。中性になった状態から，さらにアルカリ性である水酸化ナトリウム水溶液を加えているので，水溶液はアルカリ性となり，

BTB溶液は青色を示す。

重要　(3)　水溶液A10cm^{3}にふくまれる水素イオンの数をa，水溶液B10cm^{3}にふくまれる水酸化物イオンの数をbとすると，ふくまれる水素イオンと水酸化物イオンの数が等しい水溶液どうしを混合したときに水溶液は中性になることから$a \times 100 = b \times 80$　$\frac{a}{b} = \frac{80}{100}$より，a：b＝80：100＝4：5

やや難　(4)　混合して中性になるときの体積の比は，実験1より，水溶液AとBでは，A：B＝100(cm^3)：80(cm^3)＝5：4，実験2より，水溶液BとCでは，B：C＝30(cm^3)：100(cm^3)　3：10とわかる。

ア…水溶液A50cm^{3}と水溶液B40cm^{3}を混合させると中性になることから，A50cm^{3}とB45cm^{3}を混合させるとBが5cm^{3}あまり，水溶液はアルカリ性になる。

イ…水溶液C80cm^{3}と水溶液B$80 \times \frac{3}{10} = 24$(cm^3)を混合させると中性になることから，C80cm^{3}とB20cm^{3}を混合させるとBが4cm^{3}不足し，水溶液は酸性になる。

ウ…純水は水溶液の性質に影響しない。水溶液A30cm^{3}と水溶液B　$30 \times \frac{4}{5} = 24$(cm^3)を混合させると中性になることから，A30cm^{3}とB10cm^{3}を混合させるとBが14cm^{3}不足し，水溶液は酸性になる。

エ…水溶液A60cm^{3}と水溶液B$60 \times \frac{4}{5} = 48$(cm^3)，水溶液C40cm^{3}と水溶液B$40 \times \frac{3}{10} = 12$(cm^3)を混合させると中性になることから，A60cm^{3}とB100cm^{3}とC40cm^{3}を混合させると，Bが$100 - (48 + 12) = 40$(cm^3)あまり，水溶液はアルカリ性になる。

やや難　(5)　水溶液A40cm^{3}を中性にするのに必要な水溶液Bは　$40 \times \frac{4}{5} = 32$(cm^3)，水溶液C60cm^{3}を中性にするのに必要な水溶液Bは$60 \times \frac{3}{10} = 18$(cm^3)なので，必要な水溶液Bは$32 + 18 = 50$(cm^3)である。

[5]　(植物―蒸散)

基本　(1)　ユリ，イネは単子葉類の植物，ゼンマイはシダ植物，スギゴケはコケ植物である。

基本　(2)　双子葉類の根は主根と側根からなり，茎の維管束は輪状に並んでいる。一方，単子葉類の根はひげ根で，茎の維管束は散らばっている。

重要　(3)～(5)　A～Dで蒸散が行われている場所は，A…葉の表側・葉の裏側・茎，B…茎，C…葉の裏側・茎，D…葉の表側・茎である。

AとCの水の減少量の差より，葉の表側からの蒸散量は$2.8 - 2.4 = 0.4$(mL)…ⓐ

AとDの水の減少量の差より，葉の裏側からの蒸散量は$2.8 - 0.7 = 2.1$(mL)…ⓑ

ⓐ，ⓑより，気孔は葉の表側にも裏側にもあることがわかり，葉の裏側からの蒸散量のほうが多いことから，気孔は葉の裏側の方が多いことがわかる。Aの水の減少量とⓐ，ⓑより，茎からの蒸散量は$2.8 - (0.4 + 2.1) = 0.3$(mL)より，X＝0.3

[6]　(総合―人体・時事・水溶液とイオン)

重要　(1)　アンモニアはタンパク質を分解したときに発生する有害な物質で，肝臓で無害な尿素に変えられる。尿素は血液によってじん臓まで運ばれ，尿として体外に排出される。

(2)　新型コロナウイルス(covid-19)のワクチン接種では，ウイルスのタンパク質をつくる情報を担う「mRNA」を注射している。体内では，ウイルスのmRNAの情報をもとに，ウイルスに対する抗体などがつくられる。

基本　(3)　5種類の水溶液のうち，電気を通さない水溶液はエタノール水溶液のみである。

やや難　(4)　水溶液AとDは，それぞれ白い固体の水溶液である水酸化ナトリウム水溶液と食塩水のどちらか，水溶液BとCは，それぞれ気体の水溶液であるうすい塩酸とアンモニア水のどちらかである。

水酸化ナトリウム水溶液とアンモニア水はアルカリ性，食塩水は中性，うすい塩酸は酸性であることから，それぞれの水溶液の性質を調べることで区別ができる。AとD，BとCの組み合わせではどちらも一方がアルカリ性の水溶液であることから，「アルカリ性の水溶液かどうか」ということを調べれば水溶液を区別できる。赤色リトマス紙を用いると，アルカリ性の水溶液であれば青色に変化し，中性や酸性の水溶液であれば色の変化は見られない。

基本　(5)　炭酸水は二酸化炭素の水溶液で酸性である。酸性の水溶液なので電気を通し，気体の水溶液なので加熱すると何も残らない。

★ワンポイントアドバイス★

幅広い範囲から基本～標準レベルの問題が出題され，やや複雑な計算が必要な問題の出題もあるので，標準的な問題集などを中心に幅広い単元についてしっかりと練習し，計算力もしっかりと身につけておこう。

＜社会解答＞

〔1〕　問1　②　問2　フィヨルド　問3　④　問4　③　問5　③　問6　②
問7　③　問8　③　問9　④

〔2〕　問1　④　問2　①　問3　③，北条政子　問4　②　問5　⑥　問6　藤原道長
問7　③

〔3〕　問1　②　問2　②

〔4〕　問1　③　問2　②　問3　①　問4　②

〔5〕　問1　③　問2　③　問3　②　問4　二元代表制　問5　⑤　問6　②
問7　⑥

〔6〕　問1　①　問2　③　問3　④　問4　法テラス[日本司法支援センター]

○推定配点○

〔1〕　問2　3点　他　各2点×8　〔2〕　問3用語・問6　各3点×2　他　各2点×6
〔3〕　各3点×2　〔4〕　各2点×4　〔5〕　問4　3点　他　各2点×6　〔6〕　問4　3点
他　各2点×3　計75点

＜社会解説＞

〔1〕　（地理―世界の各地の地誌に関する問題）

重要　問1　②　1964年の頃の日本はいわゆる高度経済成長期の後半の頃。東京オリンピック関連の建設に沸いたオリンピック景気が終息し，1965年になるといざなぎ景気になる頃。①は高度経済成長後の1970年代のこと。③は東京オリンピックは1964年でサンフランシスコ平和条約は1951年なので内容的に時期が違うから誤り。④は朝鮮戦争と特需景気は1950年から53年の頃の話で，時期が前すぎる。

基本　問2　フィヨルドは比較的高緯度の地域に見られる氷食地形で，氷河が削った谷に海水が入り込んだ細長い湾が多数ある。

問3　④　南米のチリの西側の太平洋岸の南の方にフィヨルドはある。メキシコや，オーストラリア，アフリカ大陸の海沿いには氷河やその名残もないのでフィヨルドはない。

問4 ③ 地図中のⅠはイラクで，Ⅱはクウェート，Ⅲはサウジアラビア，Ⅳはイランになる。イランがかつてのペルシアで，ペルシア人の国なのでそこに面する湾がペルシア湾になっている。

問5 ③ 北回帰線はだいたい北緯23度なので，この線の少し下にあるAは北緯20度線。ちなみにアラビア半島よりも下，アフリカ大陸の東側に突き出ているソマリアの半島あたりが北緯10度になる。またアフリカ大陸は中央がほぼ東経20度で，東西方向にだいたい35度ずつ広がっているので，アフリカ大陸の東端はほぼ東経55度になるから，B線は東経50度になる。

問6 ② ア 1950年→エ 1967年→ウ 1975年→イ 1989年の順。

重要 問7 ③ アは1914年～1918年にかけて第一次世界大戦が起こっていた真っ最中。イは日本が1937年から日中戦争に突入していたので開催地を辞退した。ウは1939年～1945年にかけて第二次世界大戦が起こっていた。ちなみに1936年のベルリンオリンピックはナチスがアーリア人の優秀さを世界にアピールするのに利用しようとした大会として有名。

問8 設問の条文は日本国憲法第9条。

重要 問9 ④ 4つの雨温図の中でイのみが年間の気温の推移が逆のパターンなので，イは南半球のものとわかるから，リオデジャネイロが当てはまる。残る3つの雨温図をみてエはア，ウと比べると降水量の多い時期が違い，夏は気温が高く乾燥し，冬に降水量がある地中海性気候のものになっているので，ロサンゼルスになる。残るアとウとは気温の変化のグラフの形は似ているが，最低気温がアの方がかなり低いので，アがモスクワ，ウが東京と判断できる。

［2］ (日本と世界の歴史―2021年の周年問題)

問1 ④ ナポレオンが死んだのは1821年。④の大塩平八郎の乱は1837年なのでナポレオンの死後になる。①は1804年，②は1808年，③は伊能忠敬が蝦夷地を測量したのが1800年，間宮林蔵が樺太を探検したのが1808年。

やや難 問2 ① 始皇帝の秦が中国を統一したのがBC221年。始皇帝は北方民族の侵入を防ぐための万里の長城を築いたとされるが，現在の石造りの壮大なものと比べるとかなり頼りないものだったとされる。②は卑弥呼の使者に金印を与えたことは魏志倭人伝にあり，金印の文言は「親魏倭王」で内容的に誤り。③は小野妹子が派遣されたのは隋で，聖徳太子が対等関係を思わせるような手紙を持たせたのに対し，隋は対等関係を認めていないので王朝や関係が異なる。④は日本の高句麗遠征の話は，朝鮮半島の好太王碑文にあるが，紀元後391年のことであり時代も違うし，この遠征の際に日本は特に中国の王朝と同盟を結んでもいないので誤り。

重要 問3 ③ 承久の乱は1221年。鎌倉幕府の3代将軍実朝が殺害された後，鎌倉幕府の執権の北条義時を討ち鎌倉幕府を倒すことを後鳥羽上皇が武士たちに呼びかけて，それに対し鎌倉幕府方の軍勢が京都に攻め上り，上皇側の軍勢を破ったもの。この上皇の呼びかけに対し動揺している御家人たちに源頼朝の妻であった北条政子が頼朝の恩義を御家人たちに説いたとされる演説が有名。承久の乱の後，鎌倉幕府は朝廷や西国の武士たちの監視のための六波羅探題を京都に設置し，上皇側についていた貴族や武士の荘園をとり上げ，そこに地頭を設置した。このことを境に鎌倉幕府はその支配を西日本にも広げ，名実ともに武家政権として日本の武士の頂点になった。

問4 ② オランダはアジアではインドネシアのあたりを植民地としていた。フィリピンはマゼランとその部下たちの世界周航の際にスペインの植民地となり，19世紀末にアメリカがスペインから奪い第二次世界大戦後にアメリカから独立する。

問5 ⑥ 1990年にイラクが隣国のクウェートへ侵攻したことに対し，国連の議決による多国籍軍が派遣され，湾岸戦争となる。この際に日本は自衛隊をPKOとして派遣しようとしたが法整備が間に合わず，結局日本の自衛隊が海外に派遣された最初はこの後の1992年のカンボジアになる。

問6 『御堂関白記』は藤原道長の日記。道長の娘の彰子に仕えていたのが紫式部。

やや難 問7 Ⅱ BC221年→Ⅵ 1021年→Ⅲ 1221年→Ⅳ 1521年→Ⅰ 1821年→Ⅴ 1991年の順。

［3］（地理－世界の各地の地誌に関する問題）

基本 問1 ② 写真はモンゴルの遊牧民が使っていたゲル，もしくはパオと呼ばれるテント。

問2 ② 地図中のAがオーストラリア，Bがロシア，Cがアメリカ，Dがチリ。Dのチリは世界的な銅の産出国で北部にあるチュキカマタ銅山は有名。①がアメリカ，③がロシア，④がオーストラリアとの貿易。

［4］（日本の地理－日本の各地の地誌に関する問題）

問1 ③ 設問は沖縄県のもの。①は神奈川県，②は鹿児島県，④は北海道に関する内容。

問2 ② 設問は高知県のもの。①は佐賀県，③は静岡県，④は徳島県に関する内容。

問3 ① 設問は宮崎県のもの。②は鹿児島県，③は和歌山県，④は北海道に関する内容。

問4 ② 設問は山形県のもの。①は岩手県，③は秋田県，④は北海道東部や青森県，岩手県，宮城県などの太平洋側の北海道東北地方に関する内容。

［5］（公民－国政と地方政治の選挙に関連する問題）

問1 ③ 国政，地方自治で国民の選挙で選出されるものの任期は，参議院議員の6年以外は4年。衆参両院の議員，地方議会の議員，首長はすべて直接選挙で選ばれ，国民や住民の直接選挙ではないのは内閣総理大臣やその他の内閣の閣僚ぐらい。

重要 問2 ③ 地方議会と首長の関係でこの辺りは国政の内閣総理大臣と衆議院との関係とほぼ同様で，不信任決議がなされた場合には，首長は10日以内に議会を解散させるか辞職しなければならない。国政と違うのは，解散を選んだ場合に，解散選挙後の議会で再度不信任決議がなされたらば，首長は辞職をしなければならなくなるところ。

基本 問3 ② 現在の日本の選挙制度で選挙権は18歳以上の男女に与えられ，被選挙権は参議院議員と知事は30歳以上で，それ以外はすべて25歳以上となっている。

問4 地方自治の場合に，行政権を握る首長と立法権を握る議会の議員の双方を住民が直接選挙で選ぶことが可能で，このような仕組みを二元代表制と呼ぶ。

問5 ⑤ 都道府県とその知事の組み合わせでおかしいのは⑤。大野知事は埼玉県知事で，神奈川県知事は2011年より黒岩祐治。

問6 ② 直接民主制を説いた18世紀フランスの思想家はジャン・ジャック・ルソー。

重要 問7 ⑥ 直接請求で，誰かが職を失う場合（議会の解散，議員や首長，公務員の解職請求）は有権者の3分の1以上，そうでないもの（条例の制定改廃，監査請求）は有権者の50分の1以上の署名が必要。なおこれは住民数が多い自治体の場合にはハードルは下げられる。そして，この署名が集まった場合には議会の解散や首長や議員の解散の場合には再度住民投票を行い有効票の過半数の同意があれば，解散や解職となる。

［6］（公民－司法制度に関する問題）

問1 ① 現行犯以外は裁判所の令状がないと逮捕が出来ない。

やや難 問2 ③ 検察審査会は検察官が独占的に握る起訴する権限に民意を反映させたり，不当な不起訴を無くすために地方裁判所に一般の有権者の中から11人を選び設置してあるもの。警察が犯罪事件を捜査し，検察に回した事件の中で，検察側が裁判に持ち込まないで終わらせているものを審査し，起訴しないのはおかしいと判断する場合に検察に再度審議させる。同一事件に関して再度，検察が不起訴にし，検察審査会が再度起訴すべきと判断した場合には，強制起訴となる。今までに，検察審査会が議決したことで起訴された例はある。

問3 ④ 裁判員制度は裁判に一般の国民の視点や感覚を取り入れ司法を国民にとって身近なものにするために導入され，殺人や傷害，強盗などの重大事件と呼ばれる犯罪の刑事裁判の第1審で取り入れられ，地方裁判所が有権者の中から選んだ6人の裁判員と3人の裁判官が裁判を行うもの。

問4　法テラスは，国民が抱える法的なトラブルを解決するために，国が設置したもの。国民が抱える問題に関し，どのような法的手続きを必要とするのか，あるいはどのような法的処分を受けるのかといったことの説明や，その内容についての相談に無料で応じたり，しかるべき窓口や弁護士を紹介したり，また，法的な措置をとる場合の裁判の費用や弁護士や司法書士の費用などを分割にしたりする。

★ワンポイントアドバイス★

理科と社会科とで合わせて60分の試験時間で小問数が34題なのでやや忙しい。正誤問題はそれぞれの選択肢の文章を丁寧に読んでいかないと判断が難しいものもあるので，注意が必要。

＜国語解答＞

〔一〕　問一　1 ②　2 ③　問二　3 ④　4 ⑤　5 ②　6 ①　問三　7 ①
問四　A　自分の善良さを疑うこと　問五　8 ①　問六　B　差異化
問七　9 ⑤　問八　10 ④

〔二〕　問一　11 ③　12 ④　13 ②　問二　14 ②　問三　C　清(廉)潔(白)
問四　D　話題[人気]　問五　E　環境[状況]　問六　15 ①　問七　16 ③
問八　17 ④

〔三〕　問一　18 ②　問二　19 ①　問三　F　魚の主が家　G　疫をして死ぬる者
問四　20 ②

○推定配点○

〔一〕 問一・問七　各2点×3　問二　各3点×4　他　各5点×5　〔二〕 問一　各2点×3
問二・問三　各3点×2　他　各5点×5　〔三〕 各5点×4(問三完答)　計100点

＜国語解説＞

〔一〕 (論説文—漢字の読み書き，脱語補充，接続語，語句の意味，文脈把握，内容吟味，要旨)

問一　ア　広義　① 後世　② 広汎　③ 拘束　④ 控除　⑤ 光陰
イ　偏り　① 辺境　② 遍在　③ 偏食　④ 変哲　⑤ 編成

問二　Ⅰ　直前に「住民は……基本的に気づかない」とあるのに対し，直後には「観光客のようなアウトサイダーこそが……差異として経験することができるのだ」とあるので，どちらかと言えば，という意味の「むしろ」が入る。Ⅱ　直後の「日常それ自体が売りになることもある」を修飾する語としては，言うまでもなく，と，肯定する意味の「もちろん」が適切。Ⅲ　直前に「人は幻想抜きに生きることはできない……」とあるのに対し，直後では「実態をさほど反映していない幻想に住民が迷惑しているかというと，必ずしもそうではない」と別の視点を示しているので，他の面から見ると，一方，という意味の「他方」が入る。Ⅳ　直後で「対立構図は……」と新しい話題を提示しているので，転換を表す「ところで」が入る。

問三　直前に「住民(当事者)と観光客(部外者)」とある。「住民」と「観光客」の関係については，「京都人は，色々なことを観光客のせいにしてきたところがあるのかもしれない」「住民は観光客からメリットも得ている。……その土地らしさ(個性)を見出し育てるのは，居住者のような『内からの視線』ではなく，部外者のような『外からの視線』だということである」と述べられているので，①が適切。

やや難 問四 「住民と観光客が共生する」ことについては，最終段落に「だが，自分の善良さを疑うことは，共生のスタート地点でしかない。『共感』によって，対立や分断を超えることはできない」と述べられているので，「自分の善良さを疑うこと(11字)」を抜き出す。

問五 「部外者の視線」については，直前に「結局は外から見ることで発見された一種の非日常であり，やはり部外者が抱く幻想が土地の魅力として投影されている」とあるので①が適切。

問六 「『京都らしさ』の代表選手となる」ための過程については，「加えて……」で始まる段落に「自分達の土地を理解し，その文化的・社会的個別性を際立たせていく『差異化』と呼ばれるプロセスにおいて，ほかならぬ部外者の力を借りているのだ」と述べられている。「過程」は「プロセス」と同義。「『差異化』というプロセス」と表現されているので，「差異化(3字)」を抜き出す

問七 「大枚」は，金額の多いこと，たくさんのお金，という意味で，「大枚はたく」は，たくさんのお金を払う，という意味。

やや難 問八 ④は，最終段落に述べられている内容と合致しない。最終段落には「自分の善良さを疑うことは，共生のスタート地点でしかない」「『共感』によって，対立や分断を超えることはできない」と述べられている。

〔二〕 (小説一漢字の読み書き，情景・心情，脱語補充，四字熟語，文脈把握，内容吟味，表現，大意)

問一 ア 表彰 ① 対称 ② 衝動 ③ 顕彰 ④ 重症 ⑤ 性分
イ 刻印 ① 過酷 ② 告知 ③ 穀物 ④ 時刻 ⑤ 克服
ウ 魅了 ① 療養 ② 満了 ③ 領地 ④ 寮 ⑤ 納涼

問二 後に「ひどく嫌な気分」とあり，直前の「『話題』とか『人気』とか」という言葉に対する抵抗感や不快感を指すので，「嫌悪感」「不快感」「拒否感」「抵抗感」はあてはまる。「疎外感」は，仲間外れにされているような感覚のことなので，ここでいう「嫌な気分」にはあてはまらない。

問三 「清廉潔白(せいれんけっぱく)」は，行いや心が清く正しく，私欲や偽りやまったくないこと。直後の「金勘定をしている」とは正反対の意味。

問四 直後に「～になる何かのひとつにすぎない」とある。前の「『……ってツイートしたら話題になると思うよ。君島さんならすぐに人気出るだろうし』」という七條玲の言葉への反発なので，「話題」または「人気」が入る。

やや難 問五 直後に「『……変えられるって，何をですか？』」とあり，続いて，七條玲の思いが述べられる。「七條玲が言うように……」で始まる段落に「車いすテニスができる環境は全国どこにでもあるわけではない。……十数年前の日本ならもっと環境は困難だっただろう」とあるので，「環境」が適切。七條玲が「話題」や「人気」という言葉を使い，頻繁にツイートするのは，車いすテニスが話題になり人気が出ることで，車いすテニスがどこでもできるような環境へと「変えられるかもしれない」と期待しているからである。

やや難 問六 直後に「高みに君臨する存在として見上げるばかりだった彼女に，初めて同じ人間の温度を感じた」とある。「流れ星を目撃したような」は，めったに見られなきものを見た時の驚きのたとえ。遠い存在だった「世界ランキング1位の七條玲」に親しみを覚えたことを表現しているので①が適切。

問七　直後に「車いすテニスというまだ小さな王国を愛し，そこに暮らす民を愛し，これから生まれるまだ見ぬ子供たちを愛し，彼らのために自身の責務を果たそうとしている」と説明されているので，「自分のことだけでなく車いすテニスの将来までも考えており，心から競技に人生を捧げていると感じた」とする③が適切。

問八　直前に「虚勢ではあっても目だけはそらさず」とある。前に「宣戦布告を受けたのだ」とあり，「宣戦布告」をしっかりと受けとめているので④が適切。

〔三〕（古文ー口語訳，文脈把握，内容吟味，主題）

〈口語訳〉これも今となっては昔のことだが，奈良の永超僧都は，魚がなければ，午前，午後の二度ともまったく食事をしない人であった。公請を勤めて京にいる期間が長くなり，魚を食べなかったので，衰弱しきって奈良へ戻る途中，奈島の丈六堂のあたりで昼食の弁当を食べていたところ，弟子の一人が近隣の家で魚を求めて(僧都に)勧めた。

その魚(を差し上げた家)の主は後に夢に見た。恐ろし気な者たちが，そのあたりの家々にしるしをつけたが，自分の家のしるしを取り除いたので，(なぜしるしを除いたのかと)尋ねたところ，使いの者が「永超僧都に魚を差し上げた家である。だからしるしを除く」と言う。

その年，この村の家ではことごとく，流行りの病気で亡くなる者が多かった。その魚(を差し上げた)の主の家，ただ一軒だけがその難を免れたので，(主は)僧都のところへ行って，このことを申し上げた。僧都はそれを聞いて，褒美の被物一重を与えて帰した。

やや難　問一　「くづほる」は，衰弱する，という意味。「下る」は，京から帰る，という意味。前に「魚なき限りは，……すべて食うはざりける人なり」「在京の間，久しくなりて，魚を食はで」と，衰弱した理由が示されているので，「京では食事に魚が出なかったので食事をとらず衰弱しきって」とする②が適切。

問二　直後の「恐ろし気なる者ども，その辺の在家をしるしけるに，我が家しるし除けければ，尋ねぬる所に，使ひの日く，『永超僧都に魚を奉る所なり。さてしるし除く』という」が，夢に見た内容なので①が適切。

問三　「由」は，理由，という意味。「この」が指すのは，直前の「この村の在家，ことごとく疫をして死ぬる者多かりけり。その魚の主が家，ただ一宇，その事をまぬかる」なので，Ⅰには「魚の主が家」，Ⅱには「疫をして死ぬる者」が入る。

問四　本文に描かれているのは，魚を求めた永超僧都の弟子に魚を差し上げたところ，疫病を免れることができた，というものなので，「仏教の教え」にあてはまる内容としては，「善行をすると仏の霊験が現れる」とする②が適切。

★ワンポイントアドバイス★

現代文の読解は，指示内容や言い換え表現をすばやくとらえる練習をしよう！
脱語補充の問題を解きながら文脈を確認することで要旨をとらえる練習をするとよいだろう！

2021年度

入　試　問　題

2021年度

2021年度

中京大学附属中京高等学校入試問題

【数　学】（40分）　＜満点：100点＞

【注意】 1　定規，分度器，計算機は使用できません。

2　問題文中の図は概略図であり，必ずしも正確ではありません。

3　問題［1］の文中の [ア]，[イ][ウ] などには，符号（−）又は数字（0～9）が入る。それらを解答用紙のア，イ，ウ，…で示された解答欄にマークして答えよ。

例 [ア][イ][ウ] に −24と答えたいとき

ア	●	⓪	①	②	③	④	⑤	⑥	⑦	⑧	⑨
イ	⊖	⓪	①	●	③	④	⑤	⑥	⑦	⑧	⑨
ウ	⊖	⓪	①	②	③	●	⑤	⑥	⑦	⑧	⑨

4　問題［1］で分数形で解答する場合，分数の符号は分子につけ，分母につけてはいけない。

例 $\frac{\text{[エ][オ]}}{\text{[カ]}}$ に $-\frac{2}{7}$ と答えたいときは，$\frac{-2}{7}$ としてマークする。

5　分数形で解答する場合，それ以上約分できない形で答えよ。また，分母に根号を含む場合，分母を有理化せよ。

6　円周率は π を用いること。

［1］　次の [ア] ～ [ミ] に当てはまる適切な符号または数字を選び，マークせよ。

⑴　$(-6)^2 \div \frac{4}{3} \times (2-4) + 40 =$ [ア][イ][ウ] である。

⑵　$(\sqrt{15}+2\sqrt{2})(\sqrt{15}-2\sqrt{2}) =$ [エ] である。

⑶　下の図のように，直線 l と直線 m が平行であるとき，$\angle x$ の大きさは [オ][カ]°である。

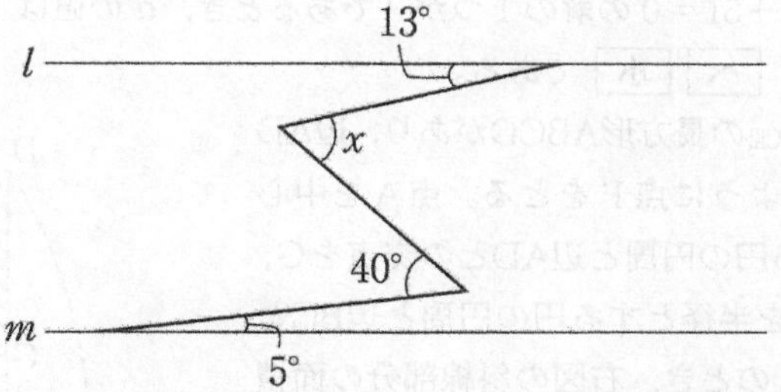

⑷　大小２個のさいころを同時に投げるとき，出た目の数の積が５の倍数となる確率は，$\frac{\text{[キ][ク]}}{\text{[ケ][コ]}}$ である。

⑸　比例式 $(11+x):(61-x)=1:3$ を解くと，$x=$ [サ] である。

⑹　$x=\sqrt{3}+1$，$y=\frac{\sqrt{5}-1}{3}$ のとき，$x^2y-2xy-8y=$ [シ] − [ス] $\sqrt{\text{[セ]}}$ である。

(7)　$ab<0$，$a-b>0$のとき，次の４つの不等式の中から，必ず成り立つものを１つ番号で選ぶと，[ソ] である。

①　$a<0$　　②　$b<0$　　③　$a\div b>0$　　④　$a+b>0$

(8)　連続する３つの正の整数がある。３つの数の和と，真ん中の数を２乗した数から88をひいた数が等しいとき，真ん中の数は [タ][チ] である。

(9)　次の連立方程式の解は，$x=$ [ツ]，$y=$ [テ] である。

$$\begin{cases}\dfrac{x}{12}+\dfrac{y}{3}=\dfrac{9}{4}\\ 2(x+y)=9+3y\end{cases}$$

(10)　$\dfrac{\sqrt{105n}}{\sqrt{28}}$の値が自然数となるような自然数$n$のうち，最小のものは [ト][ナ] である。

(11)　１個のさいころを何回か投げ，出た目の数を得点として記録しヒストグラムを作成したところ，右の図のようになった。ただし，３点の回数はかかれていない。中央値が３点，最頻値が６点のみの場合，３点の回数は [ニ][ヌ] 回である。

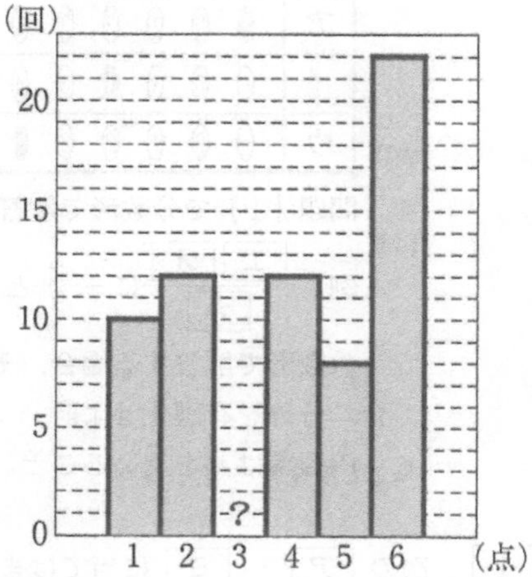

(12)　yはxに反比例し，$x=-4$のとき，$y=-5$である。このとき，xとyの関係を式で表すと，

$$y=\frac{[ネ][ノ]}{x}$$

である。

(13)　２次方程式$x^2+ax+51=0$の解の１つが３であるとき，aの値は [ハ][ヒ][フ] である。また，もう１つの解は [ヘ][ホ] である。

(14)　AB＝10㎝，AD＝15㎝の長方形ABCDがあり，辺AD上にAF＝５㎝となるように点Ｆをとる。点Ａを中心とし，ABを半径とする円の円周と辺ADとの交点をG，点Ｆを中心とし，FDを半径とする円の円周と辺BCとの接点をＥとする。このとき，右図の斜線部分の面積は，[マ][ミ]cm^2である。

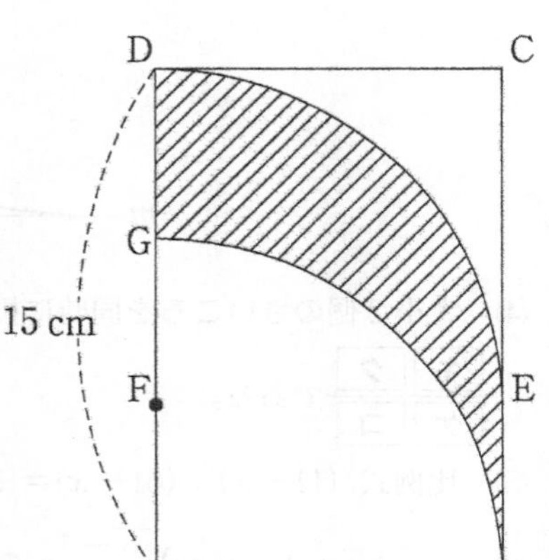

※［2］，［3］の解答は解答用紙の「記述解答欄」のA～Eに記入せよ。

［2］　下の図のように，関数 $y=ax^2$ のグラフと直線 $y=-\frac{1}{3}x+5$ は２点で交わり，そのうちの１点の座標は（3，4）である。

このとき，次の各問いに答えよ。

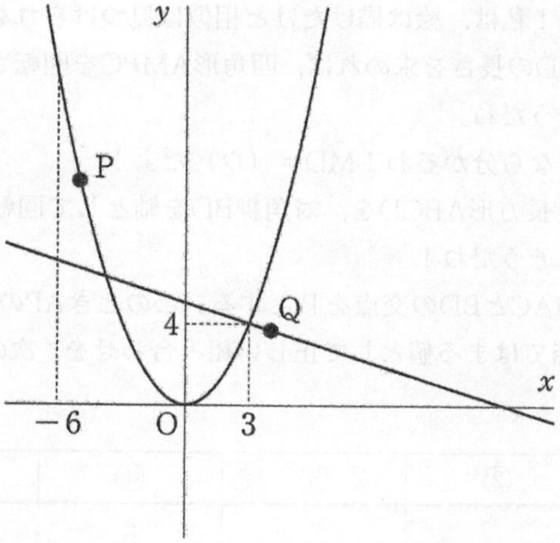

⑴　a の値を求めよ。［A］

⑵　関数 $y=ax^2$ のグラフ上の点をP，直線 $y=-\frac{1}{3}x+5$ 上の点をQとする。

２点P，Qは，点Pの x 座標を t とすると，点Qの x 座標が $t+9$ となるように動く。直線PQが x 軸と平行となる t の値を求めよ。［B］

［3］　杁中《いりなか》さんと中京さんが次の【問題】について考えている。〈会話文〉を読み，次のページの各問いに答えよ。

【問題】　辺ABの長さが $\sqrt{5}$，辺ADの長さが $2\sqrt{5}$，対角線ACの長さが５の長方形ABCDがある。

長方形ABCDを，対角線BDを軸として回転させたときにできる立体の体積を求めよ。

〈会話文〉

杁中さん：この問題は，何から考えれば良いのかな。

中京さん：私は，長方形ABCDを，対角線BDを軸として回転させたときにできる立体を横から見た図を想像してみたよ。

これをヒントに使えないかな。

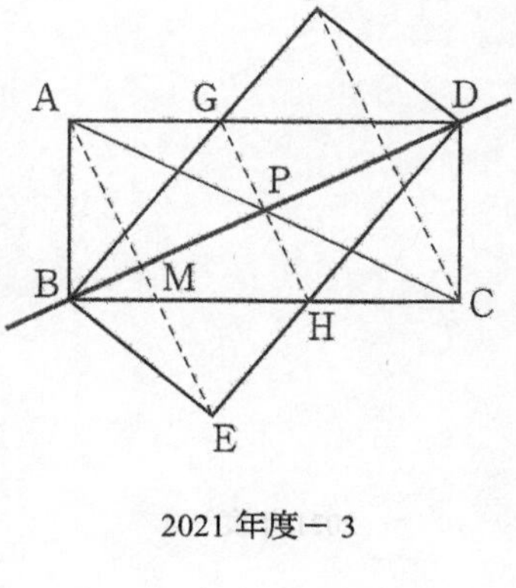

杁中さん：すごい図だね…。この図の三角形ABEと三角形CDFの部分は同じ円錐《すい》になりそう。まず，線分AEの中点をMとしたとき，三角形ABMを回転させたときにできる立体の体積を求めよう。

相似を利用すると線分AMの長さは（ア）だから…，三角形ABMを回転させてできる立体の体積は（イ）になりそうだ！

中京さん：杁中さんすごい！私は，絵は描けたけど相似は見つけられなかったな。

杁中さん：あとは，線分MDの長さを求めれば，四角形AMPGを回転させたときにできる立体の体積が求められそうだね。

中京さん：線分MDの長さなら分かるわ！MD＝（ウ）だよ！

杁中さん：ということは，長方形ABCDを，対角線BDを軸として回転させたときにできる立体の体積を求められそうだね！

⑴　長方形ABCDの対角線ACとBDの交点をPとする。このときAPの長さを求めよ。[C]

⑵　（ア），（イ），（ウ）に当てはまる値として正しい組み合わせを，次の①～⑥から１つ選び，番号で答えよ。[D]

	①	②	③	④	⑤	⑥
（ア）	2	2	2	$\frac{5}{2}$	$\frac{5}{2}$	$\frac{5}{2}$
（イ）	$\frac{2}{3}\pi$	$\frac{4}{3}\pi$	$\frac{5}{3}\pi$	$\frac{2}{3}\pi$	$\frac{4}{3}\pi$	$\frac{5}{3}\pi$
（ウ）	4	4	4	$\frac{10-\sqrt{5}}{2}$	$\frac{10-\sqrt{5}}{2}$	$\frac{10-\sqrt{5}}{2}$

⑶　長方形ABCDを，対角線BDを軸として回転させたときにできる立体の体積を求めよ。[E]

【英　語】（40分）＜満点：100点＞

［1］　次の問Aと問Bに答えよ。

問A　各文の空所に入る最も適切な語を選び，その番号をマークせよ。（マーク解答欄）[1] ～ [5]

⑴ My brother was born (　　) the morning of July 28th. [1]
　① at　② on　③ in　④ for

⑵ (　　) I am in Brazil, I have never been to the Amazon. [2]
　① Because　② During　③ Though　④ Until

⑶ Go (　　) this street for two blocks and turn left at the second corner. [3]
　① at　② along　③ in　④ with

⑷ I'm going to the library to (　　) some books on science. [4]
　① buy　② borrow　③ lend　④ sell

⑸ (　　) do you think of your new English teacher? [5]
　① How　② Which　③ What　④ Why

問B　(　)に入る語を答えよ。ただし先頭にくる文字は指定されている。解答欄には先頭の文字も含めて書くこと。（記述解答欄）[A] ～ [E]

⑴ I was born in (F　　　), the second month of the year, between January and March. [A]

⑵ He is the most (p　　　) singer. He is liked by a lot of people. [B]

⑶ An (a　　　) is a car used for taking sick or injured people to a hospital. [C]

⑷ I am going to see her at the station tomorrow (a　　　), the part of the day after the morning and before the evening. [D]

⑸ My computer was broken yesterday. I have to buy a new one, but it is (e　　　). It costs a lot of money. [E]

［2］　［ ］内の語（句）を並べ替え，意味の通る文を完成させたとき，一つだけ不要な語（句）がある。その番号をマークせよ。ただし，文頭に来るものも小文字にしてある。なお，選択肢の中に同一語（句）が複数あり，その語（句）が不要となる場合は，若い方の番号をマークせよ。（マーク解答欄）[6] ～ [10]

問1　People [① hard / ② too / ③ keep / ④ work / ⑤ may / ⑥ working / ⑦ tired / ⑧ become / ⑨ to / ⓪ working]. [6]

問2　[① out / ② to / ③ not / ④ in / ⑤ is / ⑥ such weather / ⑦ going] a good idea. [7]

問3　[① the / ② the / ③ Tom / ④ all / ⑤ in / ⑥ tallest / ⑦ students / ⑧ is / ⑨ of]. [8]

問4　[① people / ② yesterday / ③ the meeting / ④ how / ⑤ came / ⑥ many / ⑦ did / ⑧ to]? [9]

問5　A：My father has worked in a foreign country for five years.
　　B：Really?　[① keep / ② with / ③ on / ④ do / ⑤ how / ⑥ touch / ⑦ you / ⑧ in] him?　10

［3］以下の会話文は，田中家（The Tanaka family）の父（Mr. Tanaka），母（Mrs. Tanaka），娘（Emi），息子（Yuji）の会話である。会話と，8ページの広告文（flyer）を読み，あとの問に答えよ。

Emi: Yuji, can I use your English dictionary?
Yuji: (A)
Emi: (B)
Yuji: (C)
Emi: (D)
Yuji: (E)
Emi: (F)
Yuji: (G)
Emi: (H)
Yuji: (I)
Emi: OK, then I will ask her.

TWO HOURS LATER

Yuji: Have you finished your homework, Emi?
Emi: Yes. I've just finished it. I don't like being a junior high school student anymore. We have too much homework. Mom, I finally finished my homework with your dictionary. Thank you very much.
Mrs. Tanaka: You're welcome.
Yuji: It's already 11 am. I'm very hungry. Let's eat lunch.
Mr. Tanaka: It's Saturday. I don't want to make lunch today. Shall we eat out?
Mrs. Tanaka: That's a good idea but it's very cold today. How about ordering delivery service?
Mr. Tanaka: Delivery service?
Mrs. Tanaka: They will bring food from a shop to our house if we order delivery service.
Yuji: Sounds nice. I want to eat pizza!
Emi: Me too. I found this flyer in today's newspaper. They have free delivery. It means it doesn't cost any money for delivery.
Mr. Tanaka: We can also get the student *discount and family discount!
Mrs. Tanaka: Read the flyer carefully.
Mr. Tanaka: You're right. But we can still get a good discount thanks to our children.
Yuji: What shall we eat?

Mr. Tanaka: I want to eat a honey pizza. I've never eaten that one before.

Emi: I want to eat a Margherita pizza. It is a simple one and everyone likes it.

Yuji: You can choose any pizza. I like every one of them. I want to eat fried chicken, too.

Mrs. Tanaka: Then, I think Set (ア) is the best for us.

Yuji: Wait. Our cousins Satoru and Maki are going to visit us soon. We need more food.

Mr. Tanaka: That's true.

Emi: They like *mushrooms. How about ordering an M size mushroom pizza and Set (ア)?

Mrs. Tanaka: But I want to eat salad, and you like french fries, Emi, don't you?

Emi: Yes, you're right. That means we need Set (イ). Then M may be too big. We can order Set (イ) and an S size mushroom pizza. Now we can eat everything we want.

Yuji: Sounds perfect. Let's call the pizza shop now.

注） discount：割引　mushroom：マッシュルーム　include：～を含む　tax：税

問１ 初めのEmiの言葉に続いて，EmiとYujiの会話が成立するように，①～⑨を最も適切な順番に並べ替え，空所（Ａ）～（Ｉ）に入る言葉を答え，その番号をマークせよ。（マーク解答欄）11 ～ 19

① When will he bring it back to you?
② He lost his one week ago.
③ What? Where is it then?
④ I guess so. She is an English teacher.
⑤ I don't know. But I will see him at school tomorrow.
⑥ Why does he have your dictionary?
⑦ Sorry, I don't have it now.
⑧ My friend Jun has it now.
⑨ Tomorrow? It's too late. Do you think Mom has one?

（Ａ）11　（Ｂ）12　（Ｃ）13　（Ｄ）14　（Ｅ）15
（Ｆ）16　（Ｇ）17　（Ｈ）18　（Ｉ）19

問２ 空所（ア）に入る最も適切なものを一つ選び，その番号をマークせよ。（マーク解答欄）20

① A　② B　③ C　④ D

問３ 空所（イ）に入る最も適切なものを一つ選び，その番号をマークせよ。（マーク解答欄）21

① A　② B　③ C　④ D

問４ The Tanaka familyは最終的にいくら払うことになるか，その金額として正しいものを一つ選び，その番号をマークせよ。（マーク解答欄）22

① 5,025円　② 5,225円　③ 5,350円
④ 5,790円　⑤ 6,160円　⑥ 6,290円

Flyer

HAPPY DELIVERY PIZZA

SPECIAL DISCOUNTS

<Pizza>

	Margherita	Sausage	Mushroom	Honey
S (18 cm)	1,400 yen	1,500 yen	1,600 yen	1,400 yen
M (25 cm)	2,200 yen	2,300 yen	2,300 yen	2,200 yen
L (36 cm)	3,200 yen	3,400 yen	3,400 yen	3,200 yen

<Side Menu>

	S	M	L
Fried Chicken	200 yen	500 yen	1,000 yen
French Fries	150 yen	250 yen	320 yen
Salad	450 yen	600 yen	800 yen

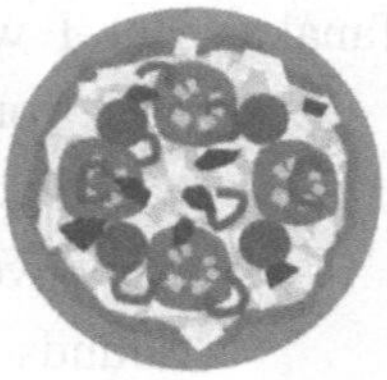

<Set Menu> (You can choose any pizza from the pizza list)

Set A	3,500 yen	A Pizza (M) + Fried Chicken (L) + Salad (M)
Set B	3,900 yen	A Pizza (L) + French Fries (M) + Salad (M)
Set C	4,900 yen	Two pizzas (M) + Fried Chicken (L)
Set D	5,800 yen	Two pizzas (M) + Fried Chicken (M) + French Fries (L) + Salad (M)

Free Delivery

All the prices *include 8% *tax

Student Discount : 10% off if you are under 18 years old

Family Discount : 5% off if you are family

Weekend Discount : 500 yen off (From the total price after discounts)

You cannot use both the student discount and family discount. You have to choose one of them. Choose the one which gives you a bigger discount.

Call 0123-3456-6789 or order online: www.happypizza.com

問5　以下のア～カの各文について，本文の内容と一致している場合は①を，矛盾している場合は②を，本文からは判断できない場合は③とマークせよ。（マーク解答欄）23 ～ 28

ア　Mr. and Mrs. Tanaka's children are students.

イ　Emi doesn't like mushrooms.

ウ　The Tanaka family can get two different discounts.

エ　No one from the Tanaka family wants to eat salad.

オ Emi finished her homework with no dictionary.
カ Yuji is not interested in choosing a pizza because he doesn't like pizza.

ア [23] イ [24] ウ [25] エ [26] オ [27] カ [28]

［4］ 野球部のトモヤは夏休みの自由研究で，黒人初のメジャーリーガー，ジャッキー・ロビンソンについて調べた。次の英文はトモヤがクラスで発表したときの原稿である。原稿を読んで問に答えよ。

April 15th is a special day. We should remember it. ①(day / know / is / you / do / what / it)? Yes, it's my birthday! I am proud (ア) it because on this day in 1947, Jackie Robinson became the first black man to play major-league baseball in the 20th *century.

Today about 25% of all major-league players are black. But in 1947 the world was very different. Many hotels did not give rooms to black people. Many restaurants did not *serve food to black people. For more than fifty years major-league baseball was for whites only. I was very surprised to know ②that. My dream is to play there (イ) the future. I want to say "Thank you" to Robinson. Now I'll talk about him.

Jackie Robinson was born in 1919 and *grew up in California. His family was poor, but he was *smart and he was good at sports. In college he was a star on the football team, the *track team, the basketball team and the baseball team. In World War Ⅱ, he became an *officer of an all-black *unit in the *army. He was one of the very first black officers. He always stood up for his (あ)rights. (ウ) that time blacks had to sit in the back of city buses, in the worst seats. But on army buses blacks could sit *wherever they wanted. One day Jackie got (エ) an army bus. The driver told him to get to the back. But he *refused to ③do it. ④(do / happened / think / you / what)? The bus driver called a *police officer and he was *arrested!

He did not follow the bus driver's words. He was that kind of person. He always did what was (い)right. This was important to Branch Rickey. He wanted Robinson for his major-league team, Brooklyn Dodgers. When he met Robinson, he talked with him for more than three hours. He said, "A lot of people don't want you to play. Many bad things will happen to you. Don't *respond to any of these." Robinson said, "Do you want a player who's afraid to fight back?" "I want a player (オ) the *guts not to fight back," Branch answered. "If you give me a chance, I'll try," Robinson said.

He did his best. For ten seasons he played for the team. He played in six *World Series. He became the *Most Valuable Player in 1949. In 1962 he was chosen for the Baseball *Hall of Fame. It was another first. He finally opened the door to other black players. He died in 1972. He was not just a hero for black people. He was a hero for the whole country. Of course, he is my hero.

注）century：世紀　serve：(食べ物) を出す　grow up：育つ　smart：賢い　track：陸上競技の
officer：将校　unit：部隊　army：陸軍　wherever ～：～はどこでも　refuse：～を断る
police officer：警察官　arrest：～を逮捕する　respond to ～：～に反応する　guts：根性
World Series：ワールド・シリーズ（メジャーリーグの年間優勝チームを決める試合）
Most Valuable Player：最高殊勲選手　Hall of Fame：殿堂

問１　空所（ア）～（オ）に入る前置詞を①～⑤から選び，その番号をマークせよ。ただし，それぞれの語は，一度しか使えない。また，文頭に来るものも小文字にしてある。

（マーク解答欄）29 ～ 33

① at　② in　③ of　④ on　⑤ with

（ア）29　（イ）30　（ウ）31　（エ）32　（オ）33

問２　下線部①，④を意味の通る文になるように並べかえ，３番目と５番目に来る語をそれぞれ答えよ。ただし文頭に来る語も小文字にしてある。（記述解答欄）F ～ G

①　F　④　G

問３　下線部②の内容を最も端的に表す１文の最初の３語を抜き出せ。H

問４　下線部③の指すものを本文から４語で抜き出せ。I

問５　下線部(あ)と(い)の意味として適切なものをそれぞれ選び，番号で答えよ。

（マーク解答欄）34 ～ 35

① 正しい　② 権利　③ 正確な　④ 右側　⑤ ライト（野球の守備位置）

(あ) 34　(い) 35

問６　次の①～⑥の記述のうち本文の内容と一致するものはいくつあるか。その数をマークせよ。例えば，一致するものが一つの場合は，マークシートの１をマークせよ。（マーク解答欄）36

① April 15th, 1947 is Tomoya's birthday.
② Black people could not stay at many hotels more than fifty years ago.
③ Robinson played baseball for more than fifty years.
④ Robinson was very good at four kinds of sports in college.
⑤ Robinson always sat in the back of an army bus.
⑥ Branch told Robinson that Robinson could fight back when he needed to do it.

【理　科】（社会と合わせて60分）　　＜満点：75点＞

［１］　物体の運動について調べるために，実験を行った。あとの問いに答えよ。

〔実験１〕　図１のような斜面と水平面がなめらかにつながった台を用いて，ボールと木片の運動を調べた。ボールは斜面上の点Ｏから静かにはなして転がした。図２はボールの運動のようすをグラフにしたものである。また，木片は手で押して勢いをつけ，点Ｏで手をはなした。図３は木片の運動のようすをグラフにしたものである。ただし，図１の点Ａは斜面と水平面の接続部で，点Ｂは水平面上の点であり，図２の点Ａを過ぎた後のグラフは隠されている。なお，空気抵抗ははたらかないものとし，ボールが受ける摩擦力は非常に小さいので無視できると考える。

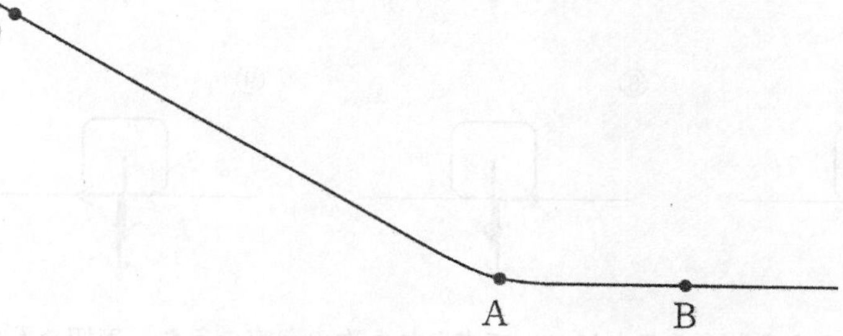

図１

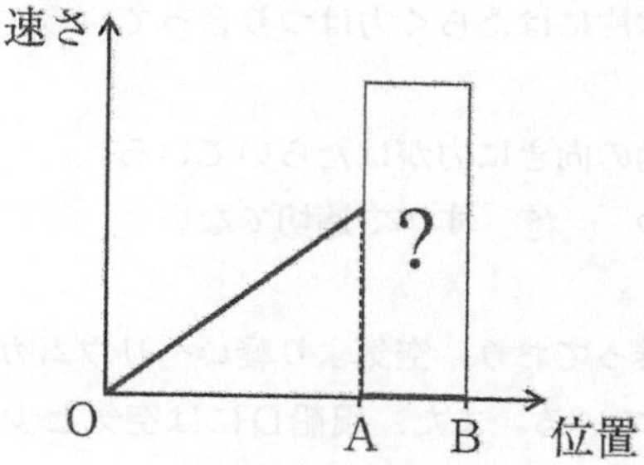

図２

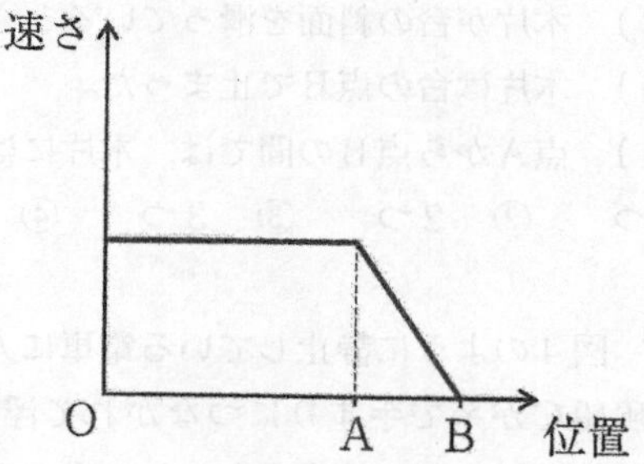

図３

⑴　ボールが斜面を転がっているときに，ボールにはたらく重力の，斜面に沿《そ》う分力を矢印で表した図として最も適当なものを，次の①～③のうちから一つ選べ。（マーク解答番号）［１］

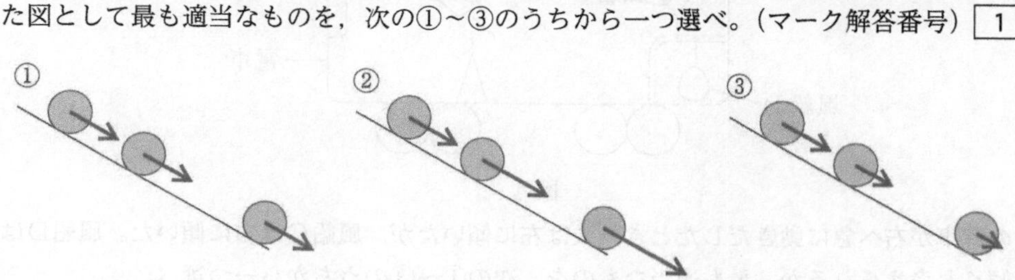

⑵　図２について，ボールが点Ａを過ぎた後のグラフを描け。（記述解答欄）［Ａ］

⑶　AB間で木片にはたらく力を矢印で表した図として最も適当なものを，次のページの①～⑨の

うちから一つ選べ。ただし，木片は図の右向きに運動している。（マーク解答番号） 2

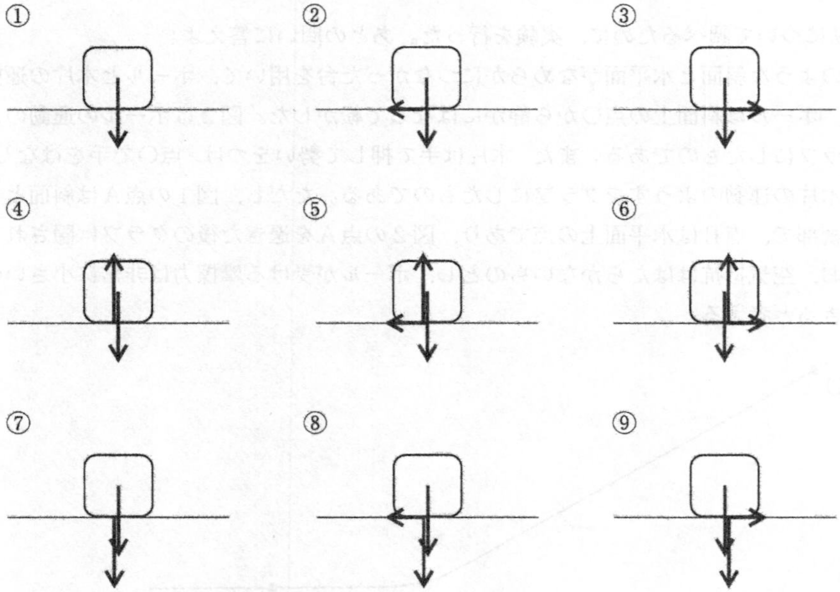

(4)　図３のグラフからわかることについて書かれた次の考察のうち，適切なものはいくつあるか。最も適当なものを，下の①～⑤のうちから一つ選べ。（マーク解答番号） 3

（考察１）　木片が台の斜面を滑ると，速さがどんどん速くなる。

（考察２）　木片が台の斜面を滑っているとき，木片にはたらく力はつり合っている。

（考察３）　木片は台の点Bで止まった。

（考察４）　点Aから点Bの間では，木片には運動の向きに力がはたらいている。

①　１つ　　②　２つ　　③　３つ　　④　４つ　　⑤　すべて適切でない

［実験２］　図４のように静止している電車に人が乗っており，空気より軽いヘリウムガスを入れた風船Cが糸で手すりにつながれて浮かんでいる。また，風船Dには空気と少量の水を入れ，風船Cと同じ大きさにして糸で手すりにつるした。

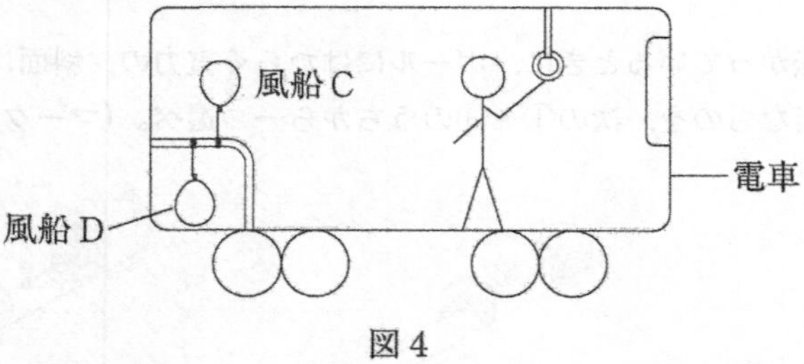

図４

(5)　この電車が右へ急に動きだしたとき，人は左に傾いたが，風船Cは右に傾いた。風船Dはどちらに傾くと考えられるか。最も適当なものを，次の①～③のうちから一つ選べ。

（マーク解答番号） 4

①　右向き　②　左向き　③　傾かない

［2］　物質の変化について，さまざまな実験を行った。あとの問いに答えよ。

［実験1］　加熱による物質の変化を調べるために，図1のような装置を用いて，図2の試験管A～Cをそれぞれ加熱し，気体を発生させる実験を行った。

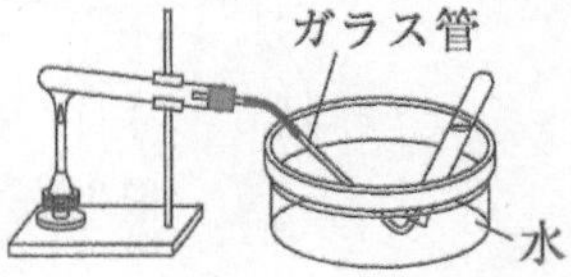

図1

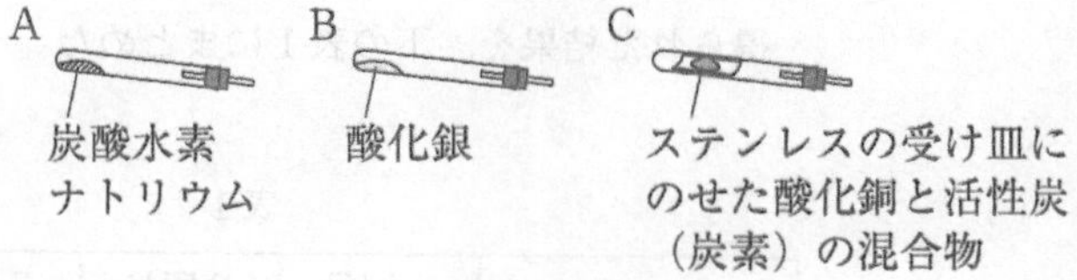

図2

⑴　ガスバーナーに火をつけるときの操作が次の①～⑤に書かれている。操作する手順に並べかえたとき，3番目にする操作として最も適当なものを，次の①～⑤のうちから一つ選べ。（マーク解答番号）5

①　マッチに火をつけ，ガス調節ねじを少しずつ開いて点火する。

②　ガスの元栓を開き，コックも開く。

③　ガス調節ねじを回して炎の大きさを調節する。

④　ガス調節ねじと空気調節ねじが閉まっているか確認する。

⑤　ガス調節ねじを押さえ，空気調節ねじを少しずつ開いて青い炎にする。

⑵　試験管A～Cのうち，いずれかの試験管で生じた物質の特徴を調べるために，操作1，2を行った。

操作1：試験管に残った物質を取り出して薬さじでこすると，金属光沢が観察できた。

操作2：発生した気体を取り出して石灰水に通すと，白くにごった。

操作1，2で観察できたこの二つの特徴にあてはまる物質が生じた試験管として最も適当なものを，次の①～③のうちから一つ選べ。（マーク解答番号）6

①　A　　②　B　　③　C

⑶　気体の種類が異なる場合でも，同じ集め方をすることがある。水上置換法では集められず，上方置換法でのみ集められる気体に共通する特徴として**過不足なく含むもの**を，次の①～⑧のうちから一つ選べ。（マーク解答番号）7

ア．水にとけやすい

イ．水にとけにくい

ウ．密度が空気よりも小さい

エ．密度が空気よりも大きい

オ．無色である

①	ア，ウ
②	ア，エ
③	イ，ウ
④	イ，エ
⑤	ア，ウ，オ
⑥	ア，エ，オ
⑦	イ，ウ，オ
⑧	イ，エ，オ

［実験2］　マグネシウム粉末と酸素の反応を調べるため，次のページの図3のような装置を用いて実験手順1～4を行った。ただし，用いたステンレス皿の質量はすべて100.00gであり，加熱によってステンレス皿の質量は変化しないものとする。

手順1：加熱する前にマグネシウム粉末を含めたステンレス皿の質量を測定した。

手順2：マグネシウム粉末を十分に加熱した。

手順３：ステンレス皿が冷めたのち，加熱後の物質を含めたステンレス皿の質量を測定した。

手順４：マグネシウム粉末の量を変えて，手順１～３を繰り返した。

得られた結果を，下の表１にまとめた。

図３

表１

	１回目	２回目	３回目	４回目
加熱前の質量［g］	100.41	100.84	100.65	101.15
加熱後の質量［g］	100.68	101.40	101.08	101.92

⑷　上の実験の結果からマグネシウムと反応した酸素の質量比を最も簡単な１桁《けた》の整数比で答えよ。（記述解答欄）［B］

［実験３］　電気分解による物質の変化を理解するために，図４のような装置を用いて実験を行った。

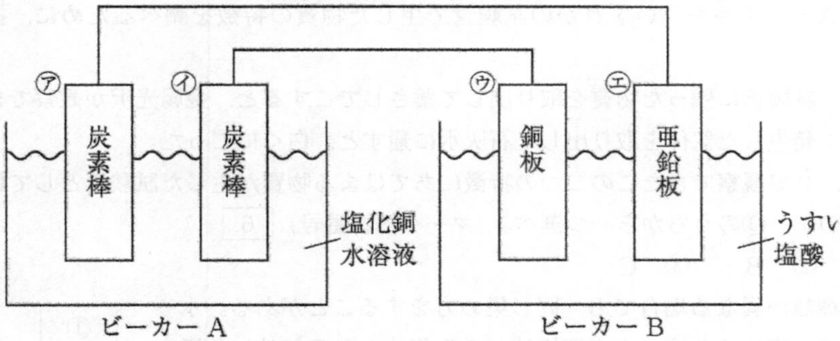

図４

⑸　電池としてはたらくビーカーと㋑の炭素棒で起こる化学変化の組み合わせとして最も適当なものを，次の①～⑧のうちから一つ選べ。（マーク解答番号）［8］

	電池としてはたらくビーカー	㋑の炭素棒で起こる化学変化（e^-は電子とする）
①	A	$2Cl^- \longrightarrow Cl_2 + 2e^-$
②	A	$C + 2e^- \longrightarrow C^{2-}$
③	A	$C \longrightarrow C^{2+} + 2e^-$
④	A	$Cu^{2+} + 2e^- \longrightarrow Cu$
⑤	B	$2Cl^- \longrightarrow Cl_2 + 2e^-$
⑥	B	$C + 2e^- \longrightarrow C^{2-}$
⑦	B	$C \longrightarrow C^{2+} + 2e^-$
⑧	B	$Cu^{2+} + 2e^- \longrightarrow Cu$

［3］ 細胞分裂について調べるために，次の実験を行った。あとの問いに答えよ。

［実験］ 体細胞分裂を顕微鏡で観察するために，図1のように発根させたタマネギの根の3つの部分A，B，Cをそれぞれ切り取ってプレパラートをつくった。図2は，このとき観察した細胞のようすをスケッチしたものである。ただし，分裂の順に並んでいるとは限らない。

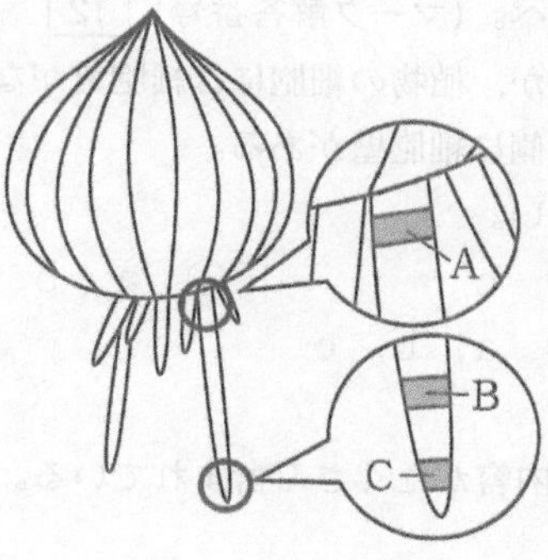

図1

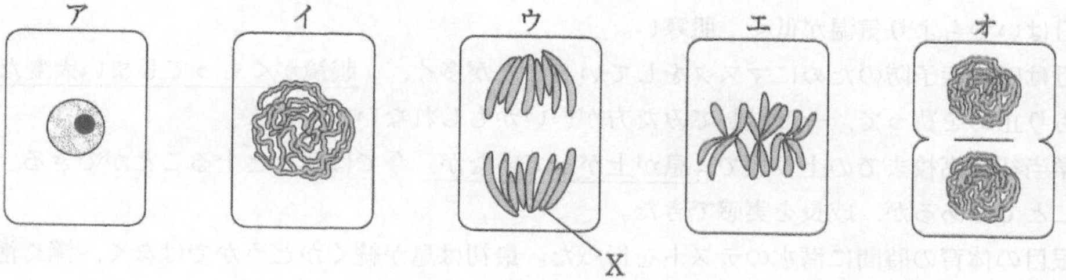

図2

⑴ A～Cのプレパラートをそれぞれ同じ倍率で観察したとき，細胞の大きさに違いが見られた。細胞の大きい順番に並んでいるものとして最も適当なものを，次の①～⑥のうちから一つ選べ。（マーク解答番号） 9

① A＞B＞C　② A＞C＞B　③ B＞A＞C
④ B＞C＞A　⑤ C＞A＞B　⑥ C＞B＞A

⑵ 図2のXで示されたひも状のものを何というか，漢字で答えよ。（記述解答欄） C

⑶ 図2のア～オを体細胞分裂の順に並べたとき，正しい順序として最も適当なものを，次の①～⑥のうちから一つ選べ。（マーク解答番号） 10

①	ア → イ → ウ → エ → オ
②	ア → イ → エ → ウ → オ
③	ア → ウ → イ → エ → オ
④	ア → ウ → エ → イ → オ
⑤	ア → エ → イ → ウ → オ
⑥	ア → エ → ウ → イ → オ

⑷ タマネギの細胞が20時間ごとに1回体細胞分裂をするとき，200時間後には1個の細胞が何個に分裂しているか。最も適当なものを，次のページの①～⑧のうちから一つ選べ。ただし，すべ

ての細胞が体細胞分裂を繰り返し行っているものとする。(マーク解答番号) 11

① 10個　② 11個　③ 20個　④ 100個

⑤ 256個　⑥ 512個　⑦ 1024個　⑧ 2048個

(5) 植物の細胞と動物の細胞に関する次の記述a，b，cのうち正しい記述を**過不足なく含むもの**を，下の①～⑦のうちから一つ選べ。(マーク解答番号) 12

a　動物の細胞には細胞質があるが，植物の細胞には細胞質がない。

b　植物の細胞には，細胞膜の内側に細胞壁がある。

c　動物の細胞には，葉緑体がない。

① a　② b　③ c　④ a，b

⑤ a，c　⑥ b，c　⑦ a，b，c

［4］ 日常生活には科学に結びつく内容がたくさん含まれている。中京花子さんの日記を読み，あとの問いに答えよ。

> 2020年○月△日　くもり
> 今日はいつもより気温が低く，肌寒い。
> 最近は感染症予防のためにマスクをしていることが多く，a眼鏡がくもってしまい大変だ。
> くもり止めを買って，一度試してみた方がいいかもしれないな。
> 入学当初は高校までの上り坂でb息が上がっていたが，今では軽々と上ることができる。小さいことではあるが，成長を実感できた。
> 3限目の体育の時間に潜水のテストを行った。最初は息が続くかどうかではなく，深く潜ること自体が難しかった。でも，練習をしているうちに，c息を吐いてから潜った方が体が沈みやすいことに気付いた。最後の測定では良い結果を残せて良かった。
> 学校から帰る際に，日直だったので換気やd消毒を行った。

(1) 下線部aのように，「眼鏡がくもる」という現象は，水の状態変化の一例である。状態変化を模式的に表した図1の中で，この変化を表している矢印として適当なものを，次の①～⑥のうちから一つ選べ。ただし，固体・液体・気体は，粒子の運動のようすで表されている。
(マーク解答番号) 13

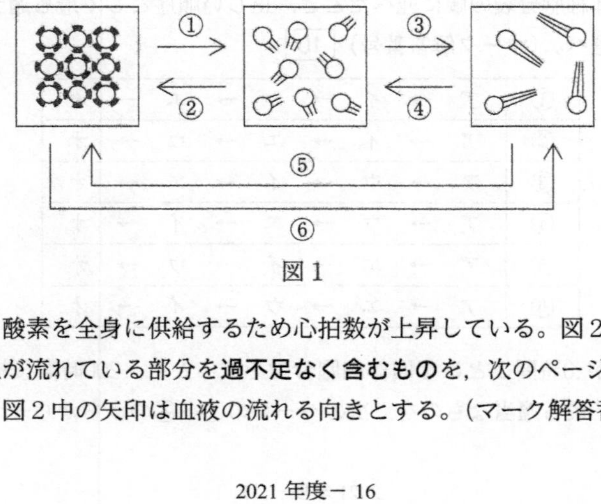

図1

(2) 下線部bでは，酸素を全身に供給するため心拍数が上昇している。図2（次のページ）のア～カにおいて動脈血が流れている部分を**過不足なく含むもの**を，次のページの①～⑤のうちから一つ選べ。ただし，図2中の矢印は血液の流れる向きとする。(マーク解答番号) 14

① ア，イ，ウ
② ア，エ，カ
③ イ，ウ，オ
④ イ，ウ，カ
⑤ エ，オ，カ

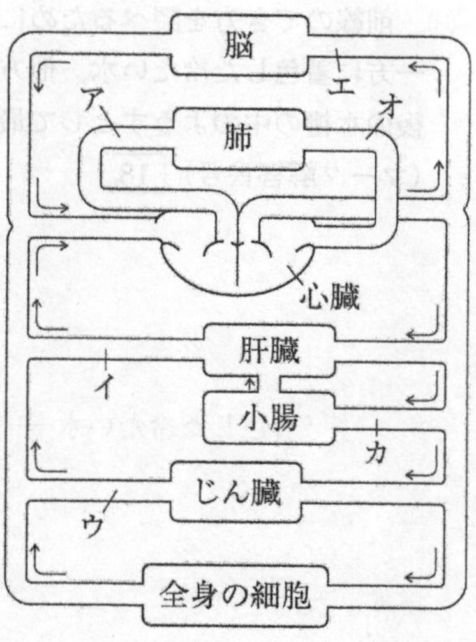

図２

⑶ 下線部ｃの理由として最も適切なものを，次の①～④のうちから一つ選べ。（マーク解答番号） 15

① 息を吐いたときに横隔膜は**上がる**ので，肺の体積が**小さくなる**。このため，浮力が小さくなり沈みやすくなる。
② 息を吐いたときに横隔膜は**上がる**ので，肺の体積が**大きくなる**。このため，浮力が小さくなり沈みやすくなる。
③ 息を吐いたときに横隔膜は**下がる**ので，肺の体積が**小さくなる**。このため，浮力が小さくなり沈みやすくなる。
④ 息を吐いたときに横隔膜は**下がる**ので，肺の体積が**大きくなる**。このため，浮力が小さくなり沈みやすくなる。

⑷ 下線部ｄのように，消毒をする際には質量パーセント濃度70％以上のエタノール水溶液の使用がすすめられている。そこで，90％のエタノール水溶液をもとに水で薄めて，70％のエタノール水溶液を100mLつくろうとした。このときに必要な90％のエタノール水溶液の体積は約何mLか。最も適当なものを，次の①～⑥のうちから一つ選べ。ただし，エタノール水溶液の密度は濃度によらず0.80ｇ/cm^3とする。（マーク解答番号） 16

① 20mL ② 35mL ③ 50mL ④ 65mL ⑤ 80mL ⑥ 95mL

［５］ ある日，積乱雲が発生し，雷をともなう強い雨が降った。あとの問いに答えよ。

⑴ Ａさんが部屋から外のようすを見ていると，遠くでいなずまが光り，その４秒後に雷の音が聞こえた。いなずまが光ったところからＡさんの部屋までの距離は何㎞か。ただし，空気中での光が伝わる速さを30万㎞/ｓ，空気中での音が伝わる速さを340m/ｓとして，小数第２位を四捨五入して小数第１位まで求めよ。（記述解答欄） D

⑵ 図１の前線について，地点ア～エのどこに積乱雲が発生していると考えられるか。最も適当なものを，次の①～④のうちから一つ選べ。（マーク解答番号） 17

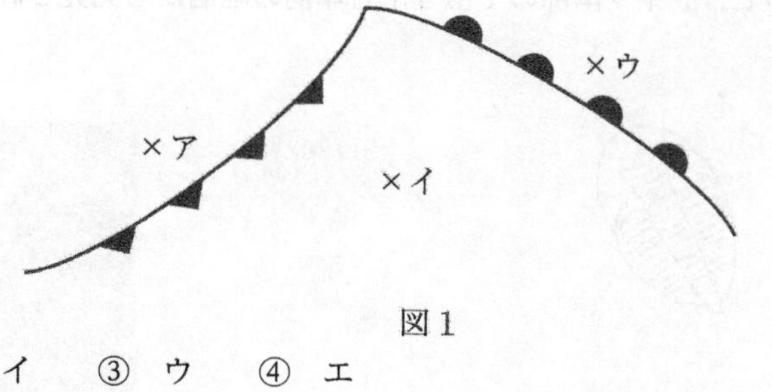

図１

① ア ② イ ③ ウ ④ エ

⑶　前線のでき方を調べるために，実験を行った。図２のように，水槽をしきり板で２つに分け，一方に着色した冷たい水，他方に無色透明な温かい水を入れた。しきり板を上に引きぬいた数秒後の水槽の中のようすとして最も適切なものを，次の①～⑤のうちから一つ選べ。
（マーク解答番号）18

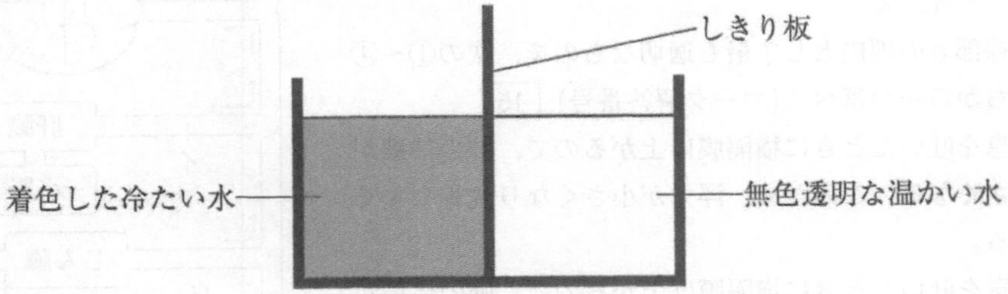

図２

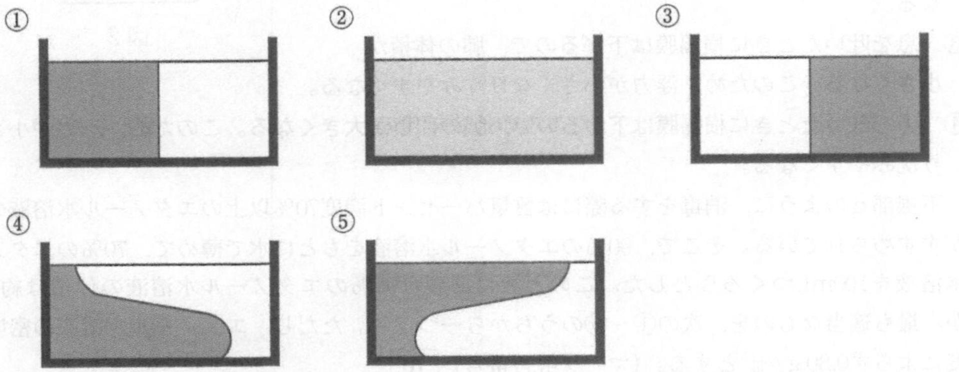

⑷　ある雷で放出されたエネルギーが20億Ｊであったとする。この雷のエネルギーは，１つの家庭で消費される電力量のおよそ何日分になるか。ただし，１日あたりに１つの家庭で消費される電力量を15kWhとする。最も適当なものを，次の①～⑥のうちから一つ選べ。
（マーク解答番号）19

①　５日　②　10日　③　20日　④　40日　⑤　100日　⑥　200日

⑸　雷雨の中で凧《たこ》を揚げる実験を行い，雷が電気であることを最初に発表した人物は誰か。最も適当なものを次の①～⑤のうちから一つ選べ。（マーク解答番号）20

①　ガリレイ　②　フランクリン　③　ボルタ　④　エジソン　⑤　ファラデー

［６］　次の示準化石ア～ウと，ドイツ南部の１億５千万年前の地層から発見された化石エについて，あとの問いに答えよ。

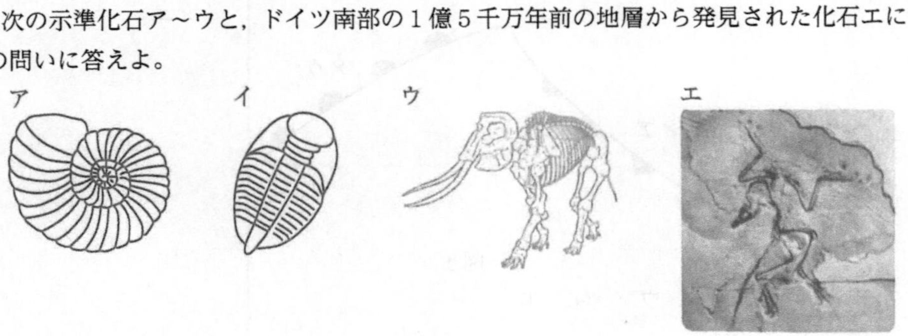

⑴　前のページのア～エのうち，同じ地質年代に生きていた生物の化石の組み合わせとして最も適当なものを，次の①～⑥のうちから一つ選べ。（マーク解答番号） 21

①　アとイ　　②　アとウ　　③　アとエ
④　イとウ　　⑤　イとエ　　⑥　ウとエ

⑵　アの化石の生物が生きていたころの地質年代の名称と，その時代が終わった時期の組み合わせとして最も適当なものを，次の①～⑥のうちから一つ選べ。（マーク解答番号） 22

	地質年代の名称	その時代が終わった時期
①	古生代	2.5 億年前
②	古生代	6600 万年前
③	中生代	2.5 億年前
④	中生代	6600 万年前
⑤	新生代	2.5 億年前
⑥	新生代	6600 万年前

⑶　エの化石の生物の特徴に関する次の文中の（オ）にあてはまる語句として最も適当なものを，下の①～④のうちから一つ選べ。（マーク解答番号） 23

鳥類の特徴と，（　オ　）の特徴を合わせもっている。

①　魚類　　②　両生類　　③　ハチュウ類　　④　ホニュウ類

⑷　2020年１月，地磁気の逆転が特徴である約77万～約12万年前の地質年代について，日本のある都道府県に由来する名前が付けられた。この地質年代の名前をカタカナで答えよ。
（記述解答欄） E

⑸　現在の地球を大きな磁石とみなすと，北極と南極はそれぞれN極，S極のどちらか。最も適当なものを，次の①～②のうちから一つ選べ。（マーク解答番号） 24

①　北極がN極，南極がS極
②　北極がS極，南極がN極

【社　会】（理科と合わせて60分）　＜満点：75点＞

［1］　次の地図1・2を見て，あとの問いに答えよ。

地図1

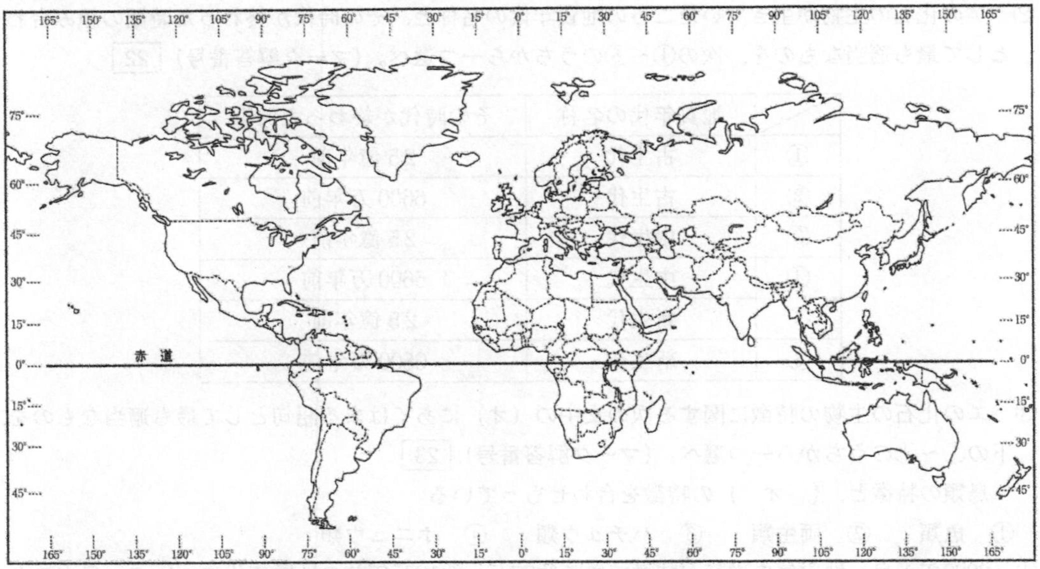

問1　地図1の経度を参考にして，日本が2月5日午前9時の場合，2月4日の午後9時である地域を含む国として最も適切なものを，次の①～⑤から1つ選んで番号で答えよ。（マーク解答欄）1

①　ブラジル　　②　アメリカ　③　イギリス　④　オーストラリア　⑤　インド

地図2

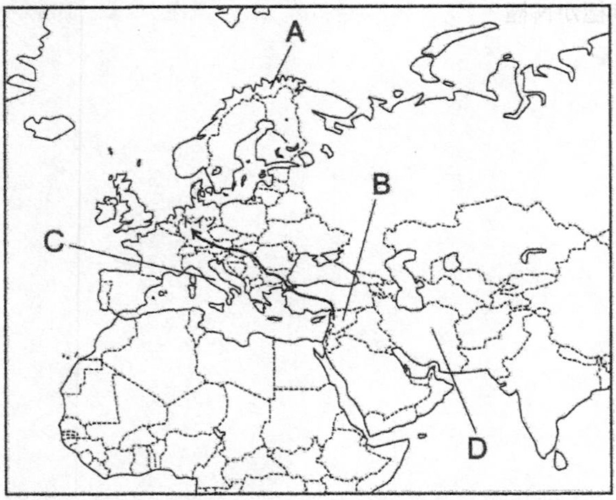

問2　地図2のA国はノルウェーであるが，この国には地理的に特徴のある地形が多くみられる。そうした特徴について述べた文として最も適切なものを，あとの①～④から1つ選んで番号で答えよ。（マーク解答欄）2

① 山地の谷に湧水が入り込んでできた狭い湾が複雑に入り組んだ海岸
② 浅い海底にすむ生物がつくる石灰岩が積み重なってできた地形
③ 河川が山地から平野などに移るところにみられる土砂などが堆積した地形
④ 氷河によって削られた谷に海水が侵入してできた細長く深い入り江

問3 地図2（前のページ）にあるBの国はシリアである。この国は現在厳しい内戦状況にあり，多くの国民が難民として国外へと脱出している。現在，シリアからの難民を多く受け入れている国としてドイツがあるが，シリア難民がドイツへと向かった場合の一例として地図中の矢印のように移動した場合，通過しない国を，次の①～④から１つ選んで番号で答えよ。
（マーク解答欄） 3

① ポーランド　② ブルガリア　③ トルコ　④ オーストリア

問4 地図2のCは地中海沿岸の国である。この国について述べた文として**誤っているもの**を，次の①～④から１つ選んで番号で答えよ。（マーク解答欄） 4

① 国土をアペニン山脈が縦断している。
② カトリック教会のサン・ピエトロ大聖堂があるヴァチカン（バチカン）市国が国内に位置している。
③ 南北の経済格差が大きく，主に南部が産業・政治の中心である。
④ 繊維・衣料や自動車が主要産業であり，世界有数のワインの生産国でもある。

問5 地図2のDはイスラム教シーア派の多く住む国で，周辺のアラブ諸国や核合意をめぐりアメリカとの対立が続いている。この国の名称を答えよ。（記述解答欄） A

［２］ 次のページの年表を見て，あとの問いに答えよ。

問1 表中の下線部【1】の国は右記地図の斜線部に位置している国である。この国は870年のメルセン条約によって分かれることになるが，この条約によって分かれた地域は，現在のどの国となっているか。地図を参考にして最も適切な組み合わせとして正しいものを，次の①～⑥から１つ選んで番号で答えよ。（マーク解答欄） 5

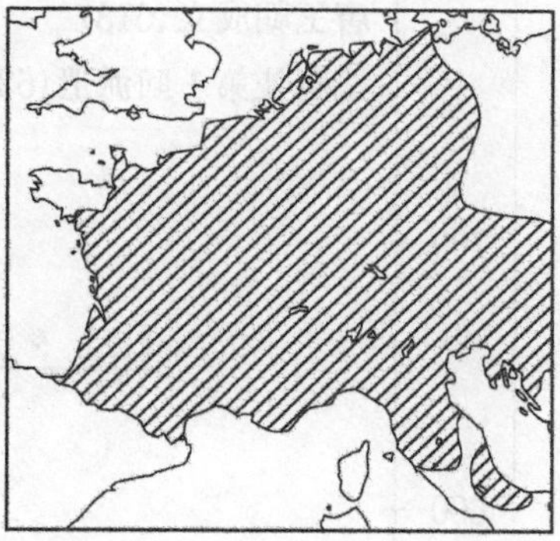

① ギリシア，ドイツ，スウェーデン
② ドイツ，フランス，スウェーデン
③ ギリシア，イタリア，フランス
④ ドイツ，イタリア，フランス
⑤ ギリシア，ドイツ，イタリア
⑥ ドイツ，イタリア，スウェーデン

問2 表中の下線部【2】について，この戦いでは，中国の唐とイスラーム国が戦火を交えたが，このことに関連して唐について述べた文章として最も適切なものを，次の①～④から１つ選んで番号で答えよ。（マーク解答欄） 6

① 明を倒した一族によって新たに建国された。
② 唐の中期には洪秀全が登場して，一時期政治が乱れた。
③ シルクロードを通じて広く世界各国との交流が盛んだった。

④　唐末期にはチンギス・ハンに指導された反乱によって滅亡した。

問3　下線部【3】に関連して，唐の滅亡後多くの国が乱立したが，その後に中国を統一した国は何か漢字で答えよ。(記述解答欄) **B**

西暦	アジア(中国)世界	アジア(中東世界)	ヨーロッパ世界
		ササン朝ペルシア(224～)	
	三国時代(魏・呉・蜀)の成立(3C)		
300			
			ゲルマン人の大移動(375～)
400			
			【1】フランク王国成立(486)
500			
	隋王朝中国統一(589)		
600			
	唐王朝成立(618) 遣唐使第1回派遣(630)	イスラーム教成立(7世紀前半) ニハーヴァンドの戦い(642)	
700			
			トゥール・ポワティエ間の戦い(732)
	【2】タラス河畔の戦い(751)		
800			カールの戴冠(800)
	黄巣の乱(875～884) 日本からの遣唐使停止(894)		メルセン条約によりフランク王国分裂(870)
900	【3】唐王朝滅亡(907)		
1000			

［3］ 次の年表は19世紀頃の世界を示したものである。あとの問いに答えよ。

西暦	アジア(中国)世界	ヨーロッパ・アメリカ世界	アジア(中東)世界
1800			
		ナポレオンが皇帝になる(1804・仏)	
		【 2 】即位(1837・英)	
	【1】アヘン戦争(1840～42)		
1850			
	アロー戦争(1856～60)	【3】インド大反乱(1857～59)	
		南北戦争(1861～65・米)	
			インド帝国成立(1877)
	日清戦争(1894～95)		
1900		【 2 】死去(1901・英)	
		日露戦争(1904～05)	青年トルコ革命(1908)

問1 表中の下線部【1】の説明として**誤っているもの**を，次の①～④から1つ選んで番号で答えよ。(マーク解答欄) 7

① この戦争の直接の契機は，清朝が大量のアヘンの密輸を取り締まった結果，イギリスが反発したためである。

② この戦争以前には，イギリスは清朝から多くの茶を輸入していた。

③ この戦争に負けた結果，清朝は不平等な内容のヴェルサイユ（ベルサイユ）条約を結び，開国をさらに広げることになった。

④ 戦後の賠償金などに苦しんだ清朝では，洪秀全が太平天国を設立して農民の救済に立ち上がった。

問2 【2】にはイギリスの皇帝名が入る。次のページの資料は夏目漱石がイギリス滞在中に書き残した日記の一部である。この日記中にある「女皇」「Queen」とは【2】の皇帝のことである。この人物として最も適切なものを，次のページの①～④から1つ選んで番号で答えよ。

(マーク解答欄) 8

一月二十一日　女皇危篤ノ由ニテ衆庶皆眉ヲヒソム

一月二十三日　昨夜六時半女皇オズボーンニテ死去ス

一月二十四日　Edward　Ⅶ即位ノ　Proclamationアリ，妻より無事ノ書状来ル，返事ヲ認ム，夜入浴ニ行ク
終日散歩セヌト腹工合ガ悪イ　散歩スレバ二圓位ノ金ハ必ズ使ッテ帰ル此デ困ルナー

二月二日　Queenノ葬儀ヲ見ントテ朝九時Mr. Brettト共ニ出ズ
Ovalヨリ地下電氣ニテBankニ至り夫ヨリTwopence　Tubeニ乗リ換フ
Marble　Archニテ降レバ甚ダ人ゴミアラン故next stationにて下ラント
宿ノ主人云フ其言ノ如クシテ　Hyde　Park　ニ入ルサスガノ大公園モ
人間ニテ波ヲ打チツヽアリ　園内ノ樹木皆人ノ實ヲ結ブ漸クシテ通路ニ至
ルニ到底見ルベカラズ　宿ノ主人余ヲ肩車ニ乗セテ呉レタリ　漸クニシテ
行列ノ胸以上ヲ見ル，棺ハ白ニ赤ヲ以テ掩ハレタリKing，German Emperor等
随フ

（いずれも，1901年部分を抜粋　一部現代語に変更　国立国会図書館データより）

①　ヴィクトリア（ビクトリア）

②　アンネ・フランク

③　ハンムラビ王

④　ムハンマド

問3　下線部【3】に関連して，インドについて述べた文として最も適切なものを，次の①～④から1つ選んで番号で答えよ。（マーク解答欄）［9］

①　この国では，紀元前6世紀頃には仏教が中国から伝わり，現在までインドでは主要な宗教となっている。

②　この国では，現在，キリスト教が最大の信者を持つ。

③　この国では，人口の約8割がヒンドゥー教徒である。

④　この国では，イスラム教徒はほとんど存在しない。

〔4〕　次の文章を読み，あとの問いに答えよ。

慶長五年（1600）九月十五日，美濃国（岐阜県）関ヶ原には，徳川家康の率いる東軍七万，【　1　】の呼びかけに応じた西軍八万という大軍が相対峙し，その後の日本の運命を決することになる関ヶ原の合戦が展開された。

豊臣家の天下から，徳川家と徳川幕府による天下支配への推転の画期をなしたものとして知られるこの一大会戦であるが，子細に検討していくならば，同合戦の意義は単純に【2】豊臣家と【3】徳川家との覇権闘争としてのみ捉えることは正しくない。

中略

全国の諸大名を総動員し，かつそれらを二分して相戦うことになった関ヶ原合戦という一大戦争

は，以下に挙げるような様々な対立軸によって構成される複合的な性格の事件であり豊臣政権に内在し胎胚した諸矛盾が競合して引き起こされた巨大な分裂であった。

（笠原和比古『戦争の日本史17　関ヶ原合戦と大坂の陣』　吉川弘文館）

問１　本文中【１】には豊臣政権内で五奉行という役職についていた人物が入る。この人物名を答えよ。（記述解答欄）［C］

問２　下線部【２】に関連して，豊臣秀吉が行った政策を説明した文として最も適切なものを，次の①～⑤から１つ選んで番号で答えよ。（マーク解答欄）［10］

①　長さや体積の単位を統一させ，支配した土地の検地を行った。

②　土地からとれる米の収穫量を調べ，すべての農民から同じ量の年貢を徴収した。

③　自由な営業を認めて，商工業の発展をうながす楽市・楽座を実施した。

④　朝鮮半島へ兵を送る朝鮮出兵を行ったが，李成桂らの抵抗にあい失敗した。

⑤　海外との貿易を禁止したが，キリスト教の布教については例外として認めた。

問３　下線部【３】に関連して徳川幕府が行った政策として正しいものを，次の①～⑤から１つ選んで番号で答えよ。（マーク解答欄）［11］

①　征夷大将軍に任命された家康は，将軍職を家光にゆずり，徳川家が代々将軍職を継ぐことを内外に示した。

②　幕府は，幕藩体制という政治体制を敷き，徳川氏の一族である親藩，古くからの家臣である外様大名，新たに従った譜代大名に分けて全国を統治した。

③　武家諸法度や参勤交代の制度などを整え，大名の統制をはかった。

④　徳川綱吉は，日本の商船に海外へ渡ることを認め，朱印船貿易を行った。

⑤　幕府は天皇家との交流を活発に行い，文化的な活動のみならず，政治的にも友好関係を保つことで，国家政策についても協力関係を築いていた。

問４　次の表をみて，大目付が行っていた役割として最も適切なものを，次のページの①～⑥から１つ選んで番号で答えよ。（マーク解答欄）［12］

表

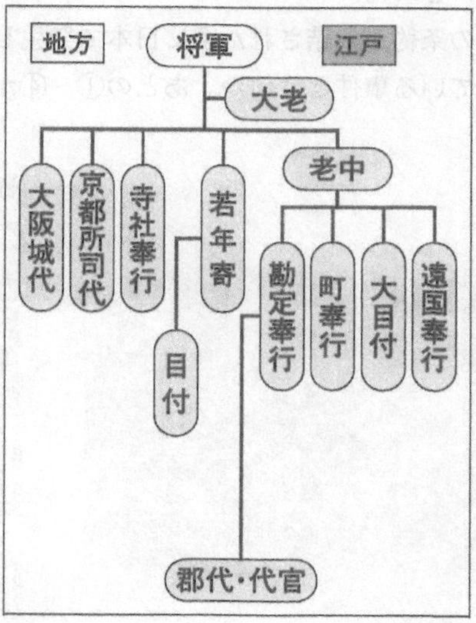

① 大名の監視　② 幕府の財政の管理　③ 朝廷の監視
④ 西国大名の監視　⑤ 旗本の監視　⑥ 臨時の役職

〔5〕 次の資料は，今からちょうど100年前の1921年にワシントン会議で締結された四か国条約の一部である。この資料を見ながらあとの問いに答えよ。

> 第1条
>
> 締約国ハ互ニ太平洋方面ニ於ケル其ノ島嶼タル属地及島嶼タル領地ニ関スル其ノ権利ヲ尊重スヘキコトヲ約ス
>
> 締約国ノ何レカノ間ニ太平洋問題ニ起因シ，且ツ前記ノ権利ニ関スル争議ヲ生シ，外交手段ニ依リテ満足ナル解決ヲ得ルコト能ハス，且ツ其ノ間ニ幸ニ現存スル円満ナル協調ニ影響ヲ及ホスノ虞アル場合ニ於テハ，右締約国ハ共同会議ノ為他ノ締約国ヲ招請シ，当該事件全部ヲ考量調整ノ目的ヲ以テ其ノ議ニ付スヘシ

問1 この条約が結ばれた頃の日本について述べた文として**誤っているものを**，次の①～④から1つ選んで番号で答えよ。（マーク解答欄） 13

① 1920年代は大正デモクラシーとよばれる民主主義の流れが強まっていた。
② 平塚らいてうらによって全国水平社が設立され，差別からの解放を求める運動を進めた。
③ 加藤高明内閣のもとで普通選挙法と治安維持法が同じ年に成立した。
④ 1920年には日本初のメーデーが行われ，1922年には日本共産党が設立された。

問2 この会議によって決定された日本に関する内容として**誤っているものを**，次の①～⑤から1つ選んで番号で答えよ。（マーク解答欄） 14

① 海軍の主力艦の保有量を制限することとなった。
② 太平洋地域の現状維持を定めた。
③ 朝鮮半島の主権尊重・領土保全などを取り決めた。
④ 山東省の権益が中国へ返還された。
⑤ 日英同盟が解消（廃止）された。

問3 次の資料1，2は，この条約が締結された頃に日本で発生したある事件を記録したものである。この2つの資料が示している事件とは何か。あとの①～④から1つ選んで番号で答えよ。（マーク解答欄） 15

資料1

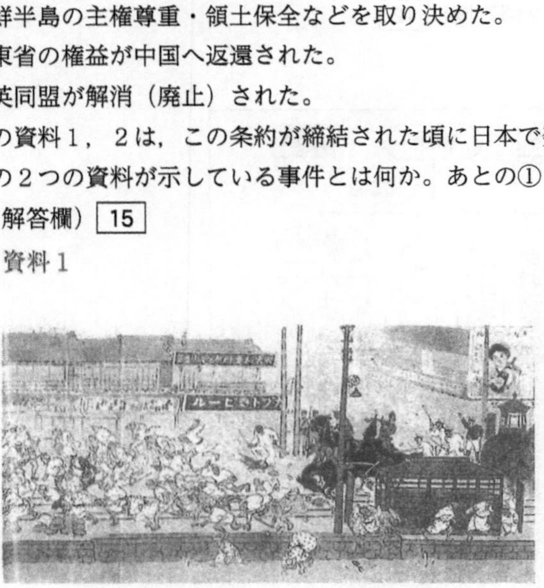

資料2

女房《にようばう》連《れん》の一揆

三百餘名米屋へ押しかく

① 第一次護憲運動　② 関東大震災　③ 島原・天草一揆　④ 米騒動

問4　この条約が結ばれたのと同じ時期に起こった出来事として**誤っているものを**，あとの①～④から１つ選んで番号で答えよ。（マーク解答欄）16

① ソビエト社会主義共和国連邦（ソ連）の成立
② ヴェルサイユ（ベルサイユ）条約の締結
③ 国際連盟の設立
④ バスティーユ（バスチーユ）牢獄の襲撃

［6］ 次の文章を読んで，あとの問いに答えよ。

国会と内閣にはどのような役割があり，どのような関係で成り立っているのだろうか。

国会の重要な役割の１つが A である。民法や刑法はじめさまざまな社会の基本的なルールや政治の方針を定める役割を担っている。第二に，予算の審議と議決である。政府は，国民の［1］税金などで集めた財源について，毎年，どの程度の収入があり，どのように使うかという見積もりを立てる。それが予算である。国会は内閣が作成した予算を審議し，議決している。第三は，B である。内閣は公務員からなる行政各部を指揮監督し，それによって行政が行われるため，国会は B を通じて，行政をコントロールしていることになる。

国会が定めた法律や予算にもとづいて，国の政治を行うことを行政とよぶ。行政は，国の行政と地方の行政とに分けられ，国の行政は，総務省や財務省などの各行政機関が分担して行っている。内閣の最も重要な役割は，行政の各部門の仕事を指揮監督し，法律で定められたことを実行することである。また，内閣は，法律案や予算案を作って国会に提出したり，条約を結んだりする役割も担っている。

国会と内閣の関係について，日本国憲法は C を採用している。それは，内閣は国会の信任にもとづいて成立し，国会に対して責任を負うというしくみである。C のもとで，内閣の行う行政が信頼できなければ，［2］衆議院は内閣不信任の決議を行うことができる。また，内閣は衆議院の解散権も持っており，これは，衆議院の内閣不信任決議に対して，内閣が衆議院をコントロールする手段であり，国会と内閣との均衡をはかる C の一つの要素となっている。

C では，政党が重要なはたらきをする。政党は，選挙のときに国民と国会をつなぐ役割を果たすが，新しい内閣を組織するときにも，国会での多数派の形成や組閣にあたって，国会と内閣を結びつけるはたらきをする。一般的に，衆議院で多数の議席を占めた政党の党首が内閣総理大臣に選ばれ，内閣を組織している。他方で，野党の立場も重要となる。野党は，与党の行う政治を監視し批判することで，政治の方向を修正する。与党による政治が国民の信任を得られず，与党が選挙で敗北すると，［3］政権交代がおこる。

現実の政治においては，さまざまな課題が数多く生じてきているが，それを迅速かつ適切に解決していく実行力のある内閣が求められている。

問1　文中の A と B と C に当てはまる語句の組み合わせとして最も適切なものを，次の①～⑧から１つ選んで番号で答えよ。（マーク解答欄）17

① A＝条約の締結　B＝内閣総理大臣の任命　C＝議院内閣制
② A＝条約の締結　B＝内閣総理大臣の任命　C＝大統領制
③ A＝条約の締結　B＝内閣総理大臣の指名　C＝議院内閣制

④　A＝条約の締結　　B＝内閣総理大臣の指名　　C＝大統領制
⑤　A＝法律の制定　　B＝内閣総理大臣の任命　　C＝議院内閣制
⑥　A＝法律の制定　　B＝内閣総理大臣の任命　　C＝大統領制
⑦　A＝法律の制定　　B＝内閣総理大臣の指名　　C＝議院内閣制
⑧　A＝法律の制定　　B＝内閣総理大臣の指名　　C＝大統領制

問２　文中の下線部［１］に関して，2019年10月から消費税が10％へ増税となったが，同時に生活に欠かせないもの（例えば，お酒や外食を除く飲食料品など）については税率を８％のまま据え置きにする制度が導入された。このしくみを何というか。漢字４字で答えよ。
（記述解答欄） D

問３　文中の下線部［２］に関して，内閣不信任決議に関わる記述として**誤っているもの**を，次の①～④から１つ選んで番号で答えよ。（マーク解答欄） 18

①　内閣不信任決議が可決されると，内閣は10日以内に衆議院を解散するか，総辞職をしなければならない。
②　内閣不信任決議が可決されても，内閣は衆議院を解散すれば，総辞職することはない。
③　内閣不信任決議権は，衆議院にはあるが，参議院にはない。
④　内閣不信任決議権は，アメリカの議会にはない。

問４　文中の下線部［３］に関して，2009年に政権交代し，民主党を中心とする政治が2012年までつづいた。この間，３代の内閣が誕生したが，その内閣の組み合わせとして最も適切なものを，次の①～⑧から１つ選んで，番号で答えよ。（マーク解答欄） 19

①　麻生太郎内閣　－　安倍晋三内閣　－　菅直人内閣
②　麻生太郎内閣　－　安倍晋三内閣　－　菅義偉内閣
③　鳩山由紀夫内閣　－　菅直人内閣　－　野田佳彦内閣
④　鳩山由紀夫内閣　－　菅義偉内閣　－　野田佳彦内閣
⑤　麻生太郎内閣　－　菅直人内閣　－　安倍晋三内閣
⑥　麻生太郎内閣　－　菅義偉内閣　－　安倍晋三内閣
⑦　鳩山由紀夫内閣　－　野田佳彦内閣　－　菅直人内閣
⑧　鳩山由紀夫内閣　－　野田佳彦内閣　－　菅義偉内閣

［７］　日本国憲法に関するあとの問いに答えよ。

問１　平和主義に関して，次の枠内の A と B に当てはまる語句の組み合わせとして最も適切なものを，次の①～⑧から１つ選んで番号で答えよ。（マーク解答欄） 20

日本国憲法第９条

日本国民は，正義と秩序を基調とする国際平和を誠実に希求し，国権の発動たる戦争と， A による威嚇又は A の行使は，国際紛争を解決する手段としては，永久にこれを放棄する。

前項の目的を達するため，陸海空軍その他の B は，これを保持しない。国の交戦権は，これを認めない。

①　A＝核兵器　　B＝自衛隊　　②　A＝核兵器　　B＝軍隊

③　A＝武力　B＝自衛隊　④　A＝武力　B＝軍隊

⑤　A＝核兵器　B＝防衛力　⑥　A＝核兵器　B＝戦力

⑦　A＝武力　B＝防衛力　⑧　A＝武力　B＝戦力

問２　平和主義に関わる記述として**誤っているもの**を，次の①～④から１つ選んで番号で答えよ。（マーク解答欄）［21］

①　日本は，日米安全保障条約の中で，アメリカ軍が日本の領域内に駐留し，軍事基地を利用することを認めている。

②「持たず，作らず，持ち込ませず」の基本方針からなる非核三原則は佐藤栄作首相が打ち出したものである。

③　日本の防衛だけであった自衛隊の任務は近年拡大し，国連の平和維持活動や災害派遣など国際貢献活動としての自衛隊の海外派遣が増加してきている。

④　日本と密接な関係にある国が攻撃を受け，日本の存立が脅かされた場合において，集団的自衛権を行使することは，憲法第９条に違反するため日本では認められていない。

問３　憲法改正に関して，次の枠内の［A］と［B］に当てはまる語句の組み合わせとして最も適切なものを，次の①～⑧から１つ選んで番号で答えよ。（マーク解答欄）［22］

日本国憲法第96条

> この憲法の改正は，各議院の［A］の賛成で，国会がこれを発議し，国民に提案してその承認を経なければならない。この承認には，特別の国民投票又は国会の定める選挙の際行われる投票において，その［B］の賛成を必要とする。

①　A＝総議員の３分の２以上　B＝過半数

②　A＝総議員の３分の２以上　B＝３分の１以上

③　A＝出席議員の３分の２以上　B＝過半数

④　A＝出席議員の３分の２以上　B＝３分の１以上

⑤　A＝総議員の過半数　B＝３分の１以上

⑥　A＝総議員の過半数　B＝３分の２以上

⑦　A＝出席議員の過半数　B＝３分の１以上

⑧　A＝出席議員の過半数　B＝３分の２以上

問４　憲法改正に関わる記述として**誤っているもの**を，次の①～④から１つ選んで番号で答えよ。（マーク解答欄）［23］

①　憲法の改正手続きは，一般の法律改正とは異なり，慎重な手続きが定められている。

②　憲法改正の承認を経れば，天皇が国民の名において公布することになっている。

③　憲法改正案についての国民投票の具体的な手続きは国民投票法に定められており，その投票年齢は満20歳以上となっている。

④　日本国憲法はこれまで一度も改正されたことがない。

問５　次のページの表は，小選挙区選挙を行った際の３つの選挙区の有権者数を示したものである。この表から読み取れることとして最も適切なものを，次の①～④から１つ選んで番号で答えよ。（マーク解答欄）［24］

①　A区の１票は，C区の１票よりも２倍の価値があることになる。

② A区の１票の価値は，B区を１票とした場合の0.25票分しかないことになる。

③ B区の１票は，C区の１票よりも４倍の価値があることになる。

④ B区の１票の価値は，C区を１票とした場合の0.5票分しかないことになる。

選挙区	有権者数（人）
A 区	500,000
B 区	125,000
C 区	250,000

問６ 次の㋐～㋓のうち，選挙に関わる記述として正しいものの組み合わせを，次の①～⑥から１つ選んで番号で答えよ。(マーク解答欄) 25

㋐ 小選挙区制より大選挙区制のほうが，少数意見も反映されやすくなる一方で，死票が多く出やすい特徴がある。

㋑ 衆議院議員の任期は参議院議員の任期より短く，衆議院議員には任期途中でも解散がある。

㋒ 衆議院解散後の総選挙の日から30日以内に開かれる臨時国会にて，内閣総理大臣の指名がおこなわれ，新しい内閣が誕生する。

㋓ 知事や市長といった地方公共団体の首長は，住民の直接選挙において選ばれる。

① ㋐と㋑　② ㋐と㋒　③ ㋐と㋓　④ ㋑と㋒　⑤ ㋑と㋓　⑥ ㋒と㋓

［８］ 次の地図３を見て，あとの問いに答えよ。

地図３

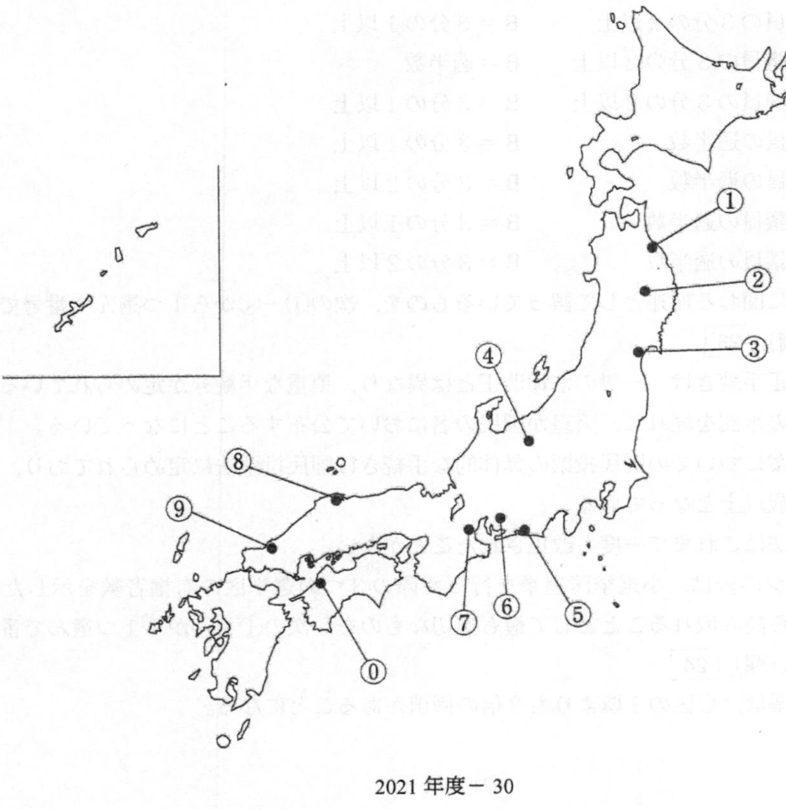

問１　次の表は，中国地方と四国地方の県庁所在地の人口を示したものである。表中のＺに当てはまる都市を，前のページの地図３の①～⓪から１つ選んで番号で答えよ。（マーク解答欄）26

広島市	119
Ｘ　市	72
Ｙ　市	51
高松市	42
高知市	34
徳島市	26
Ｚ　市	21
山口市	20
鳥取市	19

［2015 年　単位：万人］

問２　次の文章は，ある都市についてのＡ君とＢさんの会話である。会話中の（あ）に当てはまる都市を，地図３の①～⓪から１つ選んで番号で答えよ。（マーク解答欄）27

Ａ君　「（　あ　）市は，かつて挙母という地名だったらしいよ。1959年に市の中心的な企業である自動車会社の名前を採って（　あ　）市と改名したみたい。」

Ｂさん「へ～，知らなかった。そんな由来があるんだね。」

Ａ君　「その会社は，もともと，せんい工業で使う織機という機械をつくっていて，その技術を生かして自動車の製造を始めたんだって。その後，自動車部門を分離して，現在までつづく自動車会社の本社や工場がつくられていったんだ。」

「そして，その工場を中心に関連工場や下請け工場が集まり，現在は（　あ　）市を含むその県の西部一帯で自動車が生産されているんだよ。」

Ｂさん「（　あ　）市には，そんな歴史があるんだね。」

問３　次の枠内には，東北新幹線の駅名が起点側から並べられている。（い）に当てはまる都市（駅名）を，地図３の①～⓪から１つ選んで番号で答えよ。（マーク解答欄）28

新白河　⇒　郡山　⇒　福島　⇒　白石蔵王　⇒　仙台　⇒　古川　⇒　くりこま高原
⇒　一ノ関　⇒　水沢江刺　⇒　北上　⇒　新花巻　⇒（　い　）⇒　いわて沼宮内
⇒　二戸　⇒　八戸　⇒　七戸十和田　⇒　新青森

問４　近畿地方に関わる記述として**誤っているもの**を，次の①～⑤から１つ選んで番号で答えよ。（マーク解答欄）29

①　近畿地方は２府５県からなる。

②　近畿地方の北部は，なだらかな山地で冬に北西の季節風の影響で雨や雪が多く降りやすい地域となっている。

③　近畿地方の南部は，黒潮や夏の季節風の影響で比較的雨が少ない地域となっている。

④　近畿地方の中央低地には，日本最大の湖である琵琶湖がある。

⑤　近畿地方の中で，大阪市，神戸市，京都市，堺市の４市が政令指定都市となっている。

問５　関東地方に関わる記述として**誤っているもの**を，次の①～⑤から１つ選んで番号で答えよ。
（マーク解答欄）30

①　東京への通勤・通学圏は郊外にますます拡大したことで，都心部では昼間人口が増え，郊外では夜間人口が増えている。

②　流域面積が日本最大の利根川が，日本で一番広い関東平野を流れている。

③　関東地方の大部分は太平洋側の気候で，夏は南東の湿った季節風で蒸し暑くなり，冬は北西の冷たい季節風で乾燥した晴天がつづきやすい。

④　東京湾岸の西側に，石油化学コンビナートや製鉄所，火力発電所などが集まる京葉工業地域が広がっている。

⑤　関東地方の面積は全国の10％未満であるが，人口は全国の約３分の１を占めている。

奨した

⑤ 当時力を持ち始めた、関東地方の源氏一族を頼った

(6) 空欄 カ （マーク解答欄） 19

① 心が浮き立つようなこと　② 深く心が動かされること

③ 希望の持てること　④ みじめなこと

(7) 空欄 キ （マーク解答欄） 20

① 親は極楽浄土を信じているので、死ぬことがこわくない

② 親の方が子どもより年老いている分、体力がない

③ 親は子どもを守るため、日々体を張って戦っている

④ 子どもが親より先に死ぬのは仏教の定めでは罪となる

⑤ 親というものは自分より子どもの命を優先する

(8) 空欄 ク に入る人名を漢字で答えよ。（記述解答欄） F

かるなあ。

鈴木　『方丈記』という随筆は無常観がテーマだと習ったけれど、自然に対する人間の無力さは現代に通じるね。

木村　そうだね、現代の私たちと受け取り方が違う部分もあるけれど、八百年も前の記録を残した筆者の［ク］は偉大で、『方丈記』はとても価値ある書物だと思うよ。現代の出来事をきちんと記録して後世に残すことは価値のあることなんだね。

問　〈中学生の会話〉の空欄［ア］～［キ］に入る最も適当なものを、それぞれの選択肢のうちから一つ選べ。また、空欄［ク］に当てはまる人名を漢字で答えよ。

(1) 空欄［ア］（マーク解答欄）［14］

① 奈良
② 鎌倉
③ 室町
④ 安土桃山
⑤ 江戸

(2) 空欄［イ］（マーク解答欄）［15］

① 東側
② 西側
③ 南側
④ 北側

(3) 空欄［ウ］（マーク解答欄）［16］

① もともと河原には道が整備されていなかったから
② 飢饉《ききん》による死人を正式に葬ることができず、仕方なく河原で弔い、仮の墓場としていたから
③ 多くの病人が収容されているため、疫病に感染する危険性が高く、それを避けるため
④ 死者が片付けられずそのまま放置され、目も当てられない惨状だったから
⑤ 死者を弔うことなく放置していたので、疫病に感染するおそれがあったから

(4) 空欄［エ］（マーク解答欄）［17］

① 雨が降らなかったり、台風や洪水など良くないことが続いて、飢饉が起こったから
② 天変地異で人々の生活が苦しいのに、相変わらず、税金は高かったから
③ やむことのない戦乱で都が荒れ果てたので、都にやってくる人が全くいなくなったから
④ 亡くなった人がたくさんいたのにほったらかしにされるなど、秩序が失われてしまったから
⑤ 自分の住む地域で疫病が広がったので、感染しないように他国へ逃げようとしたから

(5) 空欄［オ］（マーク解答欄）［18］

① 神や仏にひたすら頼り、特別なお祈りも一生懸命させた
② 田舎から多くの米を寄進させるよう命令した
③ 雨ごいをして、なんとか雨を降らせようとしたり、収穫祭を執り行ったりした
④ 取り急ぎ、家財を売り払って、米などと物々交換するように推

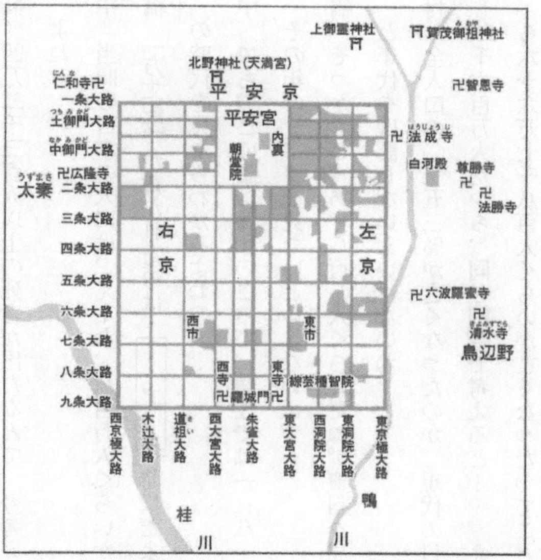

資料Ｂ　「平安京平面図」

資料Ｃ　「阿字」

鈴木　しかも四万二千三百人っていうのは、資料Ｂでいうと、当時の平安京の［イ］だけの数字だよね。それ以外の地域の死者を加えるといったい何人になるのかな。

木村　それに、この人数はたったの二か月分だと書かれているよ。これが二年間続いたとも書いてあるから、とても悲惨な状況だと推測できるね。

鈴木　土塀沿いや鴨川の河原を馬や車が通れない理由は、［ウ］とあるね。

田中　人々が自分の国や村などの境を出て、他国や他郷に放浪したのは［エ］という理由だと書かれているね。

高橋　自分の家を捨ててしまうなんてよっぽどのことだったろうね。政治家は一体何をしていたんだろう。

田中　当時の政治家が行った対策は［オ］と書かれているね。科学的根拠に欠けるように感じるな。

鈴木　昔は、大変なことが起こると、仏教の末世だからと考えていたんだよ。

高橋　今以上に自分の身は自分で守るしかなかったんだね。

鈴木　だから、家財を売ろうとしたみたいだけど、そもそも食料がないんだからどうしようもないよね。

田中　でもそんなつらい状況の中でも「あはれなる事」もあったらしいよ。

鈴木　「あはれ」って［カ］という意味の古語だね。

高橋　「親子だったら必ず親の方が先に死んじゃう」っていうところだよね。それはやっぱり［キ］からだとあるね。これは現代にも通じることだよ。読んでいて泣きそうになっちゃった。

田中　だから、隆暁法印のような行いをすることにとても価値があったっていうことか。

木村　資料Ｃのこれが「阿字」か。現代でも、コロナ禍のとき、アイヌの魔除《まよ》けの紋様のついたマスクをしている政治家もいたね。科学的根拠はないけど、こういうものに頼りたくなる気持ちはとってもわへていはば、際限もあるべからず、いかにいはんや、七道諸国をや。

（ましてや、日本全土ではなおさらである）

語注

（※1）養和のころ…一一八一年、養和と改元。

（※2）五穀　…重要な穀物の意。米・麦・粟・きび・豆など。

（※3）境　…国・村などの境。

（※4）河原　…鴨川の河原。

（※5）仁和寺《にんなじ》　…京都市右京区御室にある真言宗御室派の総本山。

（※6）隆暁《りゅうぎょう》法印　…源俊隆の子。大僧正寛暁の弟子。

（※7）額に阿字～…阿字は一切の根源として尊ばれ、これを死者の額に記すことで成仏できるとされた。

〈中学生の会話〉

高橋　四万二千三百人以上の死者が出たなんて、今考えてもすごく多いよね。

田中　当時の日本の人口は、えーと、八百万人くらいかな……。

高橋　『方丈記』が書かれたのは、［　ア　］時代だよね？　だからその時代を見たらわかるよね……。

田中　でも、この話は養和のころで、語注では一一八一年とあるから、その年のデータを見ないといけないよ。

高橋　そっか。じゃあ。八百万人くらいだね。資料を見るときはきちんと年代を確認しないといけないね。

木村　全人口の〇・五三％が亡くなったのか。現代の日本の人口は一億二千六百万人だから、同じ割合で考えると……。えっ？　今だったら六十六万七千八百人くらいが亡くなったってこと？

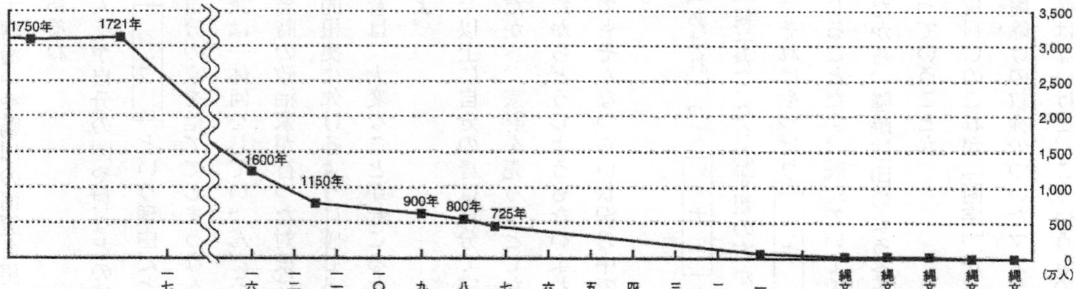

資料Ａ　「人口の推移（推定）」ただし北海道（江戸以前）と沖縄は含まれていない

くすれども（売ろうとしても）、さらに目見立つる人なし（誰も振り向いてくれない）。たまたま換ふるものは、金を軽くし（金を軽く、）、粟を重くす（穀物を重く考える）。乞食、路のほとりに多く、愁へ悲しむ声耳に満てり。

前の年、かくのごとく、からうじて暮れぬ（ようやく暮れた）。あくる年は、立ち直るべきかと思ふほどに、あまりさへ、疫癘《えきれい》うちそひて、まさざまに、あとかたなし（そのうえ、流行病まで加わって、惨状はまさっていくばかりで、良くなる形跡はまったくない）。世人みなけいしぬれば（飢えきってしまったので）、日を経つつきはまりゆくさま（切迫してゆく様子）、少水の魚のたとへにかなへり（わずかしかない水の中の魚のたとえにあてはまる）。はては笠うち着、足ひきつつみ（きちんと笠をかぶり、足をおおうものをつけた）、よろしき姿したる者（相当な身なりをしている者）、ひたすらに家ごとに乞ひ歩く。かくわびしれたるものどもの（このように困り果ててぼけたようになった人たちが）、歩くかと見れば、すなはち倒れ伏しぬ。築地《ついじ》のつら（土塀沿いに）、道のほとりに、飢ゑ死ぬる者のたぐひ、数も知らず。取り捨つるわざ（片付ける方法）も知らねば、くさき香（死臭）世界に満ち満ちて、変りゆくかたちありさま、目もあてられぬ事多かり。いはむや（まして）、河原（※4）などには、馬、車の行き交ふ道だに（さえ）なし。

（中　略）

またいとあはれなる事もはべりき。さりがたき妻をとこ（離れられない妻や夫）持ちたる者は、その思ひまさりて深き者、必ず、先立ちて死ぬ。その故は、わが身は次にして、人をいたはしく思ふあひだに（相手のことをかわいそうに思うので）、稀々（たまに）得たる食ひ物をも、かれに譲るによりてなり。されば、親子ある者は、定まれる事にて（決まって）、親ぞ先立ちける。また、母の命尽きたるを知らずして、いとけなき子のなほ（幼い子がなおも）乳を吸ひつつ臥せるなどもありけり。

仁和寺（※5）に隆暁法印（※6）といふ人、かく（このように）しつつ数も知らず死ぬる事を悲しみて、その首の見ゆるごとに額に阿字（※7）を書きて、縁を結ばしむるわざをなんせられける（仏縁を結んで成仏させることをなさった）。人数を知らむとて、四五両月（四月から五月にかけて）を数へたりければ、京のうち一条よりは南、九条より北、京極よりは西、朱雀よりは東の路のほとりなる頭、すべて四万二千三百余りなんありける。いはむや、その前後（この二か月の前や後に）に死ぬる者多く、また、河原、白河、西の京、もろもろの辺地（へんぴな土地）などを加心配をされたくないとあせっている。

⑤ 「戸川」に進路のことを相談する機会を探っていたが、急に自信がなくなり、はぐらかそうとしている。

問五 空欄 D に当てはまるひらがな三字を本文中から抜き出して答えよ。（記述解答欄） D

問六 傍線部E「塾に行けなくなった本当の理由」について、端的に述べている部分を「～から。」に続くように、本文中から三十字以上四十字以内で抜き出し、はじめと終わりの三字を答えよ。

（記述解答欄） E

問七 「戸川」と「朋樹」の人物像の説明として最も適当なものを、次の①～⑤のうちから一つ選べ。（マーク解答欄） 13

① 「戸川」は、化石採りに夢中で一つのことに熱中すると周りが全く見えなくなる人物であり、「朋樹」は負けず嫌いで一度決めたことは最後までやり通そうとする人物。

② 「戸川」は、一度決めたことは他人に譲らず、周りの意見に耳を傾けない頑固な人物であり、「朋樹」は優柔不断で、周りの大人の目を必要以上に気にしている人物。

③ 「戸川」は、自分勝手な行動により周りの人から避けられている人物であり、「朋樹」は受験勉強のストレスから、人とうまく関わることのできない人物。

④ 「戸川」は、無愛想で多くは語らないが、核心を見抜く人物であり、「朋樹」はおしゃべりで、相手の気持ちを考えずに思いついたことを口走ってしまう人物。

⑤ 「戸川」は、小学生相手でも子ども扱いせず正面から向き合う人物であり、「朋樹」は強がりで大人びた態度をとってしまうが、行き場のない不安を抱えている人物。

〔三〕 次の文章は『方丈記』の一節である。これをもとに資料A～Cを参考にして話し合った〈中学生の会話〉について、後の問いに答えよ。

また、養和（※1）のころとか、久しくなりて覚えず《養和のころであったか、長い年月がたったので（正確には）記憶していないが》、二年があひだ、世の中飢渇して《食料が乏しくて》、あさましきことはべりき《驚きあきれるようなことがありました》。或は春夏日照り、或は秋、大風、洪水など、よからぬ事どもうちつづきて、五穀（※2）ことごとくならず。むなしく春かへし《田畑を耕し》、夏植うるいとなみ《田植えの仕事》ありて、秋刈り、冬収むるぞめき《にぎわい》はなし。これによりて、国々の民、或は地をすてて境（※3）を出で、或は家を忘れて山に住む。さまざまの御祈りはじまりて、なべてならぬ法ども行はるれど、さらにそのしるしなし《並み並みならぬ（特別な）お祈りも行われるが、まったくその効果がない》。京のならひ《ならわし》、何わざにつけても《何事につけても》、みなもとは田舎をこそ頼めるに、絶えて上るものなければ、さのみやは操もつくりあへん《そういつまでも世間体ばかりとりつくろっていられようか》。念じわびつつ《我慢しきれなくなって》、さまざまの財物かたはしより捨つるがごと

語注

（※1）ノジュール…化石の入った丸い石。

（※2）露頭…岩石や地層が土壌などにおおわれないで、直接地表に現れているところ。

問一　二重傍線部（ア）・（イ）と傍線部が同じ漢字であるものを、それぞれ次の①～⑤のうちから一つずつ選べ。（マーク解答欄）（ア）は 8 、（イ）は 9

（ア）アクタイ

① 彼女はニンタイ強い性格だ。
② タイダな生活を送る。
③ ジュウタイに巻き込まれる。
④ ギタイゴを多用する。
⑤ 教室でタイキする。

（イ）ザンキョウ

① 創立者のキョウゾウ。
② ボウキョウの念を抱く。
③ 新たなキョウチに至る。
④ ソッキョウで曲を作る。
⑤ 意外なハンキョウに驚く。

問二　傍線部A「話してさえくれれば、何だってわかるのだ」について、「朋樹」の心情の説明として**適当でないもの**を、次の①～⑤のうちから一つ選べ。（マーク解答欄） 10

① 子ども扱いしてほしくないと、不満を抱いている。
② 駄々をこねていると思われることを、恐れている。
③ 自分だけ仲間外れにされていて、ふてくされている。
④ 大人と同じ立場に立ち、冷静に対応しようとしている。
⑤ 何も話してくれない大人に対して、反発している。

問三　傍線部B「想像していた反応と違う」とあるが、どんな反応を想像していたのかを説明した次の文章の空欄を補って、完成させよ。なお、【Ⅰ】は、本文中から二字で抜き出し、【Ⅱ】は後の《語群》①～⑤のうちから、最も適当なものを一つ選べ。

【Ⅰ】は（記述解答欄） C 、【Ⅱ】は（マーク解答欄） 11

朋樹は、戸川と祖父の間に【Ⅰ】があったと思い込んでおり、楠田の孫であることがわかったならば、【Ⅱ】態度をとられると想像していた。

《語群》① とげとげしい　② しらじらしい　③ ふてぶてしい　④ よそよそしい　⑤ なれなれしい

問四　傍線部C「無理に声を明るくする」について、この時の「朋樹」の心情として最も適当なものを、次の①～⑤のうちから一つ選べ。（マーク解答欄） 12

① 「戸川」に受験生にも関わらず塾を休んで遊んでいることがばれてしまい、居心地が悪くなっている。
② 「戸川」に自分の抱えている問題を見抜かれる気がして、とりつくろって本心を必死に隠そうとしている。
③ 「戸川」に塾を休むような落ちこぼれだと思われていることを感じ、言い訳できずに恥ずかしくなっている。
④ 「戸川」に自分の身体的な悩みを見抜かれそうな気がして、余計な

朋樹には、ずっと憧れている学校がある。鎌倉にある中高一貫の私立男子校だ。父方のいとこが通っていて、以前から学内の様子を詳しく聞かされていた。伝統校でありながら、自由な雰囲気。教師陣は個性的で、受験一辺倒の授業はしない。それでも進学実績は素晴らしく、最近ではアメリカの一流大学に進む生徒も増えている――。

そんな話を刷り込まれていれば、当然自分もその学校に、と思うようになる。朋樹は何ら疑問を抱くことなく、四年生から進学塾に通い始めた。成績は順調に伸び、すぐに最上位のA1クラスに上がることができた。

五年生になると、状況に二つ変化が起きた。一つは、両親の別居。父親が帰宅しない日がだんだん増えていたので、その気配は感じていた。父親のことは好きだったし、父親も多忙ながら朋樹には精いっぱいのことをしようとしてくれていたと思う。だから、「明日からパパとは別々に暮らすんだよ」と母親に告げられたときの衝撃は、今なお(イ)ザンキョウとして朋樹の胸の奥にある。二、三ヵ月は勉強に手がつかず、もう少しでA2クラスに落ちるところだった。

もう一つ変わったのは、鎌倉の学校の受験資格だ。来春の入試から、「通学時間が片道九十分以内であること」という制限が設けられることになったのだ。豊洲の自宅から学校まで、どんなに急いでも百分以上かかる。他の学校が眼中になかった朋樹は、愕然《がくぜん》とした。

それを知った父親が、ある提案をしてきた。高校を卒業するまで、自分と一緒に暮らせばいいというのだ。家を出た父親は、川崎市内の賃貸マンションから品川の会社に通勤していた。確かに川崎からなら、鎌倉の学校まで一時間もかからない。

母親は反対した。あの人には栄養管理ができない、毎晩帰りが遅すぎる、マンションが手狭だ――などと難点を並べ立てていたが、それらはみな些末《さまつ》なことだ。母親の頭の大半を占めているのは、息子と離れて暮らすことへの不安と寂しさだろうと朋樹は思っていた。朋樹としても、母親を一人にするのは心配だ。二人の反応をみた父親は、週末だけ豊洲に帰ればいいじゃないかと、新たな提案をしてきている。

そして、二ヶ月ほど前。母親がもっと大きな懸念《けねん》を抱えていることを、朋樹は知った。ある晩リビングで母親が祖母と電話で話しているのを、偶然聞いてしまったのだ。食卓に頬づえをついた母親は、こう言っていた。「――ただね、あの人が、朋樹と一緒に住んでるってことを理由にして親権を主張してくる可能性は、あると思うんだよね――」

意味はすぐにわかった。そんな話を祖母としているということは、離婚はもう避けられないのだろう。それは朋樹も覚悟していた。だが、自分が鎌倉の学校に入ることが両親の間にさらなる争いを引き起こすかもしれないなんて、想像もしていなかった。

眠れない夜が続いた。自分はどうするべきか、母親にも父親にも訊くことはできない。追い討ちをかけるように、塾から通知がきた。夏期講習の最終日までに第一志望を決めて届け出るように、というのだ。九月からいよいよ志望校別の試験対策が始まるからだ。

朋樹の頭と心は、中に泥でもつまったかのように、機能を停止してしまった。あふれ出した泥は、とうとう体まで侵し始めている。朋樹が化石になってしまうのは、もはや時間の問題だった――。

（伊与原新《いよはらしん》「アンモナイトの探し方」『月まで三キロ』所収より
ただし一部変更した箇所がある）

親戚か」

「楠田重雄は、僕の祖父です」

「――そうだったのか」戸川はこちらに近づいてきながら、眼鏡に手をやった。「言われてみれば、どことなく似ているな。重雄さんは、お元気か」

「ええ、元気ですけど……」

B想像していた反応と違う。戸川の表情にも声にも、険のようなものは感じられない。祖父との間でいざこざがあったというのは、思い過ごしなのだろうか――。

そのまま二人とも川のほうを向いて座り込み、休憩するような形になった。

「何年生だ」戸川が水筒のふたを開けながら言った。

「六年」

「中学受験するんだろう。夏休みの間も塾があるんじゃないのか」

「ありますけど……今ちょっと休んでて」

「――そうか」

見透かすような戸川の視線を受け、無意識にキャップの後頭部に手をやった。C無理に声を明るくする。

「でも大丈夫ですよ。僕、これでも結構成績いいんで。どれぐらい休んだらヤバくなるかは、自分でわかります。そう簡単には追いつかれない」

「上に追いつくこともできないんじゃないのか」

「いや、偏差値の高い学校ならいいってわけじゃないんで。やっぱ、偏差値と校風のバランスっていうか。ほら、人に聞いたりネットで調べたりしたら、その学校のリアルな校風って、わかるじゃないですか」

言っているうちに、胃のあたりに不快感が広がった。

「大人びてるな」戸川は水筒の中身をひと口含んだ。「いい学校を出て、将来は何になりたいんだ」

「母は、医者か弁護士ってずっと言ってますね。でもこの先、弁護士は生き残り競争が厳しくなるってこと、わかりきってるし。リスクが少ないのは、やっぱ医者かな。父も同じ意見だと思いますよ。具体的な話まではしませんけど、父が考えてそうなことはわかるんで」

「私が訊いているのは――」

「僕自身はどうなのかってことですよね？」朋樹は先回りした。「でもそれって、今決めることじゃなくないですか。大学に入るまでの間に考えだって変わるだろうし。とにかく、今から勉強しとけば将来の選択肢が増えるってことはわかってるんで。でも母はそこがよくわかってないんですよね。自慢できるような職についてほしいって気持ちは、わかりますけど」

言い訳でもするようにまくしたてる朋樹を、戸川はじっと見つめていた。

「君は、何でも［ D ］んだな」

不意の言葉に、胃がぎゅっと締めつけられた。戸川に悟られぬようわずかに身をかがめ、浅い呼吸を繰り返す。

痛みが和らぐにつれ、胸の奥底に沈めていたことが、あぶり出しのように浮かび上がってくる。E塾に行けなくなった本当の理由だ。

朋樹は今、泥の中にいる。海底の泥にとらわれたアンモナイトのように、身動きがとれないでいる。何が問題かということは、全部わかっているはずなのに――。

に館長として帰ってきたということらしい。

　朋樹にはもう一つ引っかかっていることがある。ヨシエが口にした、「いろんなことを言う人がいるけどね」という言葉だ。戸川が町の人々から疎まれるようなことでもしでかしたのかと思って調べてみたが、ネット上にそのような書き込みは見当たらなかった。

　いずれにせよ、朋樹が戸川についてあれこれ詮索する必要はまったくない。興味本位といえばそれまでだが、反発もあった。何の説明もなくただ戸川に近づくなといわれても、納得できない。大人の事情だといって遠ざけられることに対して、反抗心がわいたのだ。

　なんで別居することになったの？　離婚するつもりなの？　親権はどうなるの？　何を訊《き》いても、「それは大人の話だから、そのうちね――」。そうやって除《の》け者にされるのは、うんざりだった。もう十二歳。そこらの小学生より知識はある。幼稚な駄々をこねたりもしない。A話してさえくれれば、何だってわかるのだ。

　例えば。自分や両親のことをあの大人に――戸川に話してみたら、何と言うだろう。もちろん自分からペラペラしゃべるつもりはない。あれこれ訊かれてもうざったい。ただ、あの人なら、他の大人たちとは違うことを言いそうな気がした。

　キンキンキン。もうすぐそこで響いている。崖の向こうに、戸川の姿が見えた。

　昨日と同じ場所を一時間近く掘ったが、ノジュール(※1)は出てこなかった。

　少し離れた斜面にはりついていた戸川は、その間に二つノジュールを叩《たた》き割り、アンモナイトを一つ手にしている。

　戸川はノジュールを見つけても、朋樹に譲ろうとはしなかった。大人げないジジイ――。こちらを気づかう素振りさえ見せない戸川に、ついそんなアクタイ(ア)をつきたくなる。

　ハンマーを置き、ペットボトルの水を喉に流し込んだ。斜面の前で小さなノートを開いていた戸川に、うしろから声をかける。

「あの、ちょっといいすか」

「何だ」戸川は振り向きもしない。

「僕の母が子どもの頃に化石を採ったときは、もっと簡単だったみたいなんですけど。ノジュールなんか割らなかったって」

「お母さんは、ここの出身なのか」

「はい」

「昔は、子どもでも気軽に化石採りが楽しめる露頭(※2)が、いくつもあった」

「ハンマーも使わずにですか」

「ああ。無論、状態のいい化石は出ないが」

「そういうイージーな場所、もうなくなっちゃったんですかね」

　つかの間の沈黙のあと、戸川は億劫《おっくう》そうに言った。「博物館に行けば、そのことについて書かれたパネルがある」

「いや、昨日帰りに寄ってみたんですけど。そんなパネル、なかったような……」

「あると言ったらある。パネルを作った本人がそう言ってるんだ」

「あ、ヨシエさんて人から聞きました。あそこの館長さんだったって」

　戸川がやっとこちらに首を回した。「君、名前は何というんだ」

「内村朋樹です」ここでジャブを打ってみることにした。「母の旧姓は、楠田っていうんですけど」

「楠田？」戸川が眉を持ち上げる。「もしかして君は、楠田重雄さんの、

次の①～⑤のうちから一つ選べ。（マーク解答欄） 7

① 最初に反語表現を用いて筆者の主張を提示し、次に具体例を示して筆者の主張の正しさを印象づけることで、読者の感情に訴え、共感を得るように工夫している。

② 最初に一般論の提示と問題提起を行い、次に筆者の主張を裏づけるための例を挙げる。そして例を踏まえて問題点を指摘し、それを解決できる新たな分析方法を紹介している。

③ 最初に一般論の提示と問題提起を行い、次に筆者の主張を説明するための例を挙げる。さらに具体例の歴史的側面を強訓することで効果的にその後の筆者独自の分析方法へとつなげている。

④ 最初に結論を述べ、次にその反例をドキュメンタリータッチで臨場感をもって紹介し、問題点が徐々に改善されてきたことを示して筆者の主張が正しいことを裏付けている。

⑤ 最初に主張をし、次にその反例を二つ挙げ、それらの共通点から問題点を導き出す。そして解決策を歴史的な側面から提示し、最初の主張を裏付けている。

〔二〕 次の文章を読んで、後の問いに答えよ。

あらすじ　中学受験を控えた「朋樹《ともき》」は、七月に入ったころから塾に行けなくなり、精神的なストレスから後頭部に円形脱毛の症状が表れた。心療内科の医師の勧めから受験勉強を中断し、環境を変えて過ごすこととなり、母の実家である北海道の祖父母の家に来ている。そこで、化石採りをしている「戸川」と出会った。

昨日と同じルートで川原に下りた。キンキンキン、と例の音が聞こえる。

バックパックには、水のペットボトル、タオル、防寒着、そして板チョコを一枚入れてきた。万が一のことがあったとき、北海道の大自然をなめていた東京の小学生として報道されるのは避けたい。

祖母にはユーホロ湖までサイクリングに行くと言ってある。嘘《うそ》をついてまでここへ来た理由は二つ。一つはもちろん、リベンジだ。昨日湯船につかりながら、左手人差し指の血マメと右手にできたハンマーのマメを見て、あらためて悔しさがこみ上げてきた。アンモナイトのかけらも採れないままでは終われない。

もう一つの理由は、戸川という人物に対する興味だ。なぜ祖父は、戸川に朋樹を近づけたくないのか。あの口ぶりからして、祖父と戸川の間に確執めいたものがあるのは間違いない。二人が現役だった頃に、仕事上のトラブルでもあったのかもしれない。

昨夜布団に入ってから、スマホで博物館のサイトをチェックしてみた。スタッフは、館長、学芸員一名、非常勤職員一名――おそらく受付の若い女性――の三人だけ。年に数回、化石鑑定会や自然観察のイベントを催しているらしい。わかったのはそれぐらいで、戸川に関する情報は何も出てこなかった。

施設名に〈戸川〉の名前を加えて検索すると、十年以上前に開かれた町民講座の案内がまだ残っていて、当時館長として講演した戸川のプロフィールが載っていた。〈一九四八年、富美別町生まれ。北海道大学大学院修了後、北海道立科学博物館研究員を経て、一九九六年より現職〉――。つまり、五十歳を前に大きな博物館を辞め、生まれ故郷の博物館者、哲学者、政治家。

問一　二重傍線部（ア）・（イ）と傍線部が同じ漢字であるものを、それぞれ次の①～⑤のうちから一つずつ選べ。
（マーク解答欄）（ア）は 1 、（イ）は 2

（ア）　ジンエイ
①　映画をサツエイする。　②　会社をケイエイする。
③　エイセイ中継で見る。　④　新進キエイの学者。
⑤　エイエンの美しさ。

（イ）　シュウニン
①　切手のシュウシュウ家。　②　古いインシュウを打破する。
③　キョシュウを決めかねる。　④　前線からテッシュウする。
⑤　シュウガク旅行。

問二　空欄 甲 に入る最も適当なものを、次の①～⑤のうちから一つ選べ。（マーク解答欄） 3
①　他山の石とした　②　漁夫の利を得た
③　画竜点睛《てんせい》を欠いた　④　一炊の夢を見た
⑤　蛍雪の功を得た

問三　空欄 乙 に入る最も適当なものを、次の①～⑤のうちから一つ選べ。（マーク解答欄） 4
①　馬耳東風　②　一進一退　③　一長一短　④　因果応報
⑤　本末転倒

問四　傍線部Ａ「聞きたいのは神託ではなく人々の声なのだ」とあるが、どういうことか。説明として最も適当なものを、次の①～⑤のうちから一つ選べ。（マーク解答欄） 5

①　多数決は広く用いられているから最も妥当性が高い集約ルールなのだと単純に盲信してしまうのではなく、少数派の不満の声もしっかり聞くべきだということ。
②　慣れ親しんだ多数決が形式的な集約方法であることに気づかずその結果をありがたがるのではなく、自分たちの意思を適切に表明してくれる集約方法を求めるべきだということ。
③　多数決は、自分たちの意思を適切に反映できる一定のルールに基づいていると無批判に受け入れるのではなく、一人一人の生の声を聴くことの大切さを認識すべきだということ。
④　選挙の結果が尊重されるために多数決の儀式性は重要であるが、今求められているのは形式ではなく、直接選挙によって正しく反映された民意だということ。
⑤　単純明快な仕組みで大衆にもわかりやすい多数決の結果を何の疑いもなく信じてしまうのではなく、一人一人の声に耳を傾けることが大切だということ。

問五　図表のXは、本文中のアメリカ大統領選挙の三人の候補者のどれにあてはまるか。次の①～③のうちから一つ選べ。（マーク解答欄） 6
①　ゴア　②　ネーダー　③　ブッシュ

問六　空欄 丙 に当てはまる数字を答えよ。（記述解答欄） A

問七　この文章の題名として空欄に入る最も適当な語を文中から抜き出せ。（記述解答欄） B
「　　　を疑う」

問八　この文章の構成について述べた説明文として最も適当なものを、

を1位と判断したわけだ。だがもし彼らが2位以下を図表のように考えていたとしたら、勝者がXとなるのは果たして適切だろうか。

	4人	4人	7人	6人
1位	X	X	Y	Z
2位	Y	Z	Z	Y
3位	Z	Y	X	X

図表

図表の読み方だが、Xに投票した8人、つまりXを1位とする8人のうち4人がXYZ、残る4人がXZYと選択肢を順序付けている。また、Yを1位とする7人は皆YZX、Zを1位とする6人は皆ZYXである。

なるほど確かにXは最多の1位を集めている。だがここでXを「多数意見の尊重」と考えてよいものだろうか。というのは有権者21人のうち13人、約6割がXを最下位の3位にしているからだ。彼らの1位がYとZに割れたから、Xが多数決で最多票を得られただけではないか。

このことをボルダは「2人のアスリートが疲れきってしまった後で、第三の最も弱い者に負けてしまうようなものだ」と表現した。ボルダはこの「第三の最も弱い者」という感覚に、次のような定式化を与える。

ボルダはXが、YにもZにも、ペアごとの多数決で負けることに着目した。具体的には、XとYで多数決をすると、Xを計8人（XYZの4人とXZYの4人）が支持するが、他の13人（YZXの7人とZYXの6人）はYを支持する。つまりXはYに、8対13で負けるわけだ。同様に、XはZにも、8対13で負ける。

つまりXは、ペアごとの多数決で、YにもZにも負けてしまう。このように、ペアごとの多数決で、他のあらゆる選択肢に負けてしまう選択肢のことを、ペア敗者という。Xはペア敗者という「第三の最も弱い者」であるにもかかわらず、全体での多数決だと最多票を得て勝利してしまうのだ。

ペア敗者という定式化を得たのは分析を進めるうえで大きい。これによりペア敗者を選ばない、多数決とは異なる集約ルールを見付けようという方針が明確になるからだ。

ボルダが考えたのは次の集約ルールで、今ではボルダルールと呼ばれている。それは例えば選択肢が三つだとしたら、1位には3点、2位には2点、3位には1点というように加点をして、その総和（ボルダ得点）で全体の順序を決めるやり方である。

Xのボルダ得点を計算すると、（3点×8）＋（2点×0）＋（1点×13）＝37点となる。他の選択肢にも同様に計算すると、Yは[丙]点、Zは44点である。つまりボルダルールによればYZXの順番で望ましいわけだ。ボルダルールが勝者として選ぶのは最上位のYで、ペア敗者のXは最下位になっている。

この例に限らず、有権者が何人でも、選択肢が何個でも、そして有権者の選択肢への順序付けがどのようであっても、ボルダルールはペア敗者を選ばない。つまり「いかなるときもペア敗者を選ばない」という規準、ペア敗者規準を満たすわけだ。その意味でボルダルールは集約ルールとして性能がよい。

語注

（※1）泡沫候補…当選する見込みが極めて薄い選挙立候補者。

（※2）ボルダ…ジャン・シャルル・ド・ボルダ。一八世紀、フランスの数学者、物理学者、政治学者、航海士。

（※3）コンドルセ…ニコラ・ド・コンドルセ。一八世紀、フランスの数学縁深い、イラクへの侵攻も開始した。開戦の名目は、イラクのフセイン政権がテロ組織に大量破壊兵器を渡す危険性があるというものだったが、フセイン政権はテロ組織と交流がないうえ大量破壊兵器を持っていなかった（そもそも「イラク侵攻ありき」だった疑いが非常に強い）。

アメリカはフセイン政権を倒してイラクの民主化を試みるもののうまく行かない。少数派として抑圧されるようになったイスラム教スンニ派の武装集団は、その後イラクの一部を攻め落とし、奴隷制を認め誘拐や爆弾テロを行う大規模組織ＩＳＩＬを設立、自ら国家と称するまでになった。フセイン政権による圧政《ティラニー》から過激派による無秩序《アナーキー》へと、前近代的に移行したわけである。

ゴアが大統領ならイラク侵攻はまず起こらなかっただろうから、(※1)泡沫《ほうまつ》候補ネーダーの存在は、その後の世界情勢に少なからぬ影響を与えたことになる。

ではネーダーは大統領選挙に安易に立候補すべきではなかったのだろうか。二大政党制のもとで「第三の候補」は立候補を慎むべきなのか。だが二大政党制とは、巨額の資金を必要とする二つの巨大な組織だけが選択肢を提供する政治形態である。選択の余地は狭い。閉塞感を抱える有権者に、新たな選択肢を与えて何が悪いのか。

悪いのは人間ではなく多数決のほうではないだろうか。それは人々の意思を集約する仕組みとして深刻な難点があるのではなかろうか。

では具体的に難点とは何か。それを知るためには概念を明確化して突き止める必要がある。それはまた難点の少ない、あるいは利点の多い代替案を探すうえで欠かせないことだ。

投票で「多数の人々の意思をひとつに集約する仕組み」のことを集約ルールという。多数決はたくさんある集約ルールのひとつに過ぎない。そして、投票のない民主主義はない以上、民主主義を実質化するためには、性能のよい集約ルールを用いる必要がある。

確かに多数決は単純で分かりやすく、私たちはそれに慣れきってしまっている。だがそのせいで人々の意見が適切に集約できないのなら　乙　であろう。それは性能が悪いのだ。もし「一人一票でルールに従い決めたから民主的だ」とでもいうのなら、形式の抜け殻だけが残り、民主的という言葉の中身は消え失《う》せてしまうだろう。投票には儀式性が伴えども、それは単なる儀式ではない。A聞きたいのは神託ではなく人々の声なのだ。

さらにいえば、有権者の無力感は、多数決という「自分たちの意思を細かく表明できない・適切に反映してくれない」集約ルールに少なからず起因するのではないだろうか。であればそれは集約ルールの変更により改善できるはずだ。

多数決を含む集約ルールの研究は、フランス革命前のパリ王立科学アカデミーで本格的にはじめられた。主導したのは二人の才人、ボルダ(※2)と(※3)コンドルセである。

（中　略）

ボルダが指摘したのは次のようなことだ。いま1人の有権者が投票用紙に1人の名前を書く、いわゆる普通の多数決を考えてみよう。有権者は21人、選挙の立候補者は「X、Y、Z」の3名だ。そして結果は「Xに8票、Yに7票、Zに6票」だったとする。多数決で勝つのは最多の8票を獲得したXだ。

この結果によれば、有権者のうち8人がXを、7人がYを、6人がZ

【国語】（四〇分）〈満点：一〇〇点〉

［一］次は坂井豊貴《さかいとよたか》の文章である。これを読んで、後の問いに答えよ。
（ただし、一部変更した箇所がある）

「多数決」という言葉の字面を眺めると、いかにも多数派の意見を尊重しそうである。だからこそ少数意見の尊重も大切と言われるわけだ。だがそもそも多数決で、多数派の意見は常に尊重されるのだろうか。

一つの反例を挙げてみよう。アメリカでは四年に一度、全米をあげての大統領選挙が行われる。選挙期間中は大々的なパレードや公開討論が行われ、街中でも一般家庭が支持候補の旗を窓に飾るなど、なかばお祭り騒ぎの様相を呈する。

アメリカには共和党と民主党の二大政党があり、大統領選挙では毎回、両党が接戦を繰り広げる。なかでも二〇〇〇年の戦いは熾烈《しれつ》なものだった。共和党の候補はジョージ・W・ブッシュ。父親も大統領を務めた二世政治家のテキサス州知事だ。対する民主党の候補はアル・ゴア、環境保護と情報通信政策に通じた当時の副大統領である。

事前の世論調査ではゴアが有利、そのまま行けばおそらくゴアが勝ったはずだ。ところが結果はそうはならず、最終的にブッシュが勝った。この選挙は、票の数えミスや不正カウント疑惑など、それだけで本が一冊書けるほど問題含みのものだったが、ここでは次の点だけに注目しよう。

途中でラルフ・ネーダーが「第三の候補」として立候補したのだ。彼は、大企業や圧力団体などの特定勢力が献金やロビー活動で政治に強い影響力を持つことに対して、反対活動を長く行ってきた弁護士の社会活動家だ。政治的平等を重視する民主主義の実践家だといってもよい。一九六〇年代には自動車の安全性をめぐって巨大企業ゼネラル・モーターズに戦いを挑み、勝利を収めたこともある。

ネーダーの立候補には、二大政党制に異議申し立てをする、有権者に新たな選択肢を提供するという意義があった。とはいえ二大政党に抗して彼が取れる票はたかが知れている。話題にはなっても当選の見込みはない。

ネーダーの政策はブッシュよりもゴアに近く、選挙でネーダーはゴアの支持層を一部奪うことになる。(ア)ゴアジンエイは「ネーダーに票を入れるのは、ブッシュに票を入れるようなものだ」とキャンペーンを張るが、十分な効果は上げられない。ゴアがリードしていたとはいえ激戦の大統領選挙である。この痛手でゴアは負け、ブッシュが勝つことになった。

特に難しい話をしているわけではない。要するに票が割れてブッシュが［甲］わけだ。ゴアにしてみれば、ネーダーは随分と余計なことをしてくれたことになる。そもそもネーダーだって一有権者としては、ブッシュとゴアなら、ゴアのほうが相対的にはマシだと思っていたのではないか。

選挙の開票に関する混乱ののち、二〇〇一年一月にジョージ・W・ブッシュは第四三代アメリカ大統領に(イ)シュウニンした。そしてその九月に、ハイジャックされた二機の飛行機がニューヨークの空をゆっくりと舞い、摩天楼にそびえ立つ世界貿易センター・ツインタワーへ続けて突撃した。アメリカは同時多発テロの襲撃を受けたのだ。

ブッシュは報復として一連の「テロとの戦争」を始め、アフガニスタンへの侵攻を開始した。さらに彼は自分の父親が大統領だった頃から因

MEMO

大切なことはメモしておこうネ！

2021年度

解　答　と　解　説

《2021年度の配点は解答欄に掲載してあります。》

＜数学解答＞

[1]　(1)　ア　−　イ　1　ウ　4　(2)　エ　7　(3)　オ　4　カ　8
(4)　キ　1　ク　1　ケ　3　コ　6　(5)　サ　7　(6)　シ　2　ス　2
セ　5　(7)　ソ　2　(8)　タ　1　チ　1　(9)　ツ　7　テ　5
(10)　ト　6　ナ　0　(11)　ニ　2　ヌ　1　(12)　ネ　2　ノ　0
(13)　ハ　−　ヒ　2　フ　0　ヘ　1　ホ　7　(14)　マ　5　ミ　0

[2]　(1)　$\frac{4}{9}$　(2)　$\frac{-3\pm3\sqrt{33}}{8}$

[3]　(1)　$\frac{5}{2}$　(2)　②　(3)　$\frac{515}{48}\pi$

○推定配点○

[1]　各5点×14　[2]・[3]　各6点×5　計100点

＜数学解説＞

[1]　(正負の数，平方根，角度，確率，比例式，式の値，方程式の利用，連立方程式，数の性質，資料の整理，反比例，2次方程式，平面図形)

基本　(1)　$(-6)^2\div\frac{4}{3}\times(2-4)+40=36\times\frac{3}{4}\times(-2)+40=-54+40=-14$

基本　(2)　$(\sqrt{15}+2\sqrt{2})(\sqrt{15}-2\sqrt{2})=(\sqrt{15})^2-(2\sqrt{2})^2=15-8=7$

基本　(3)　$\angle x$と40°の角の頂点をそれぞれ通る直線lに平行な直線をひく。平行線の錯角は等しいから，$\angle x=13^\circ+(40^\circ-5^\circ)=48^\circ$

基本　(4)　さいころの目の出方の総数は$6\times6=36$(通り)　このうち，題意を満たすのは，(大，小)＝(1，5)，(2，5)，(3，5)，(4，5)，(5，1)，(5，2)，(5，3)，(5，4)，(5，5)，(5，6)，(6，5)の11通りだから，求める確率は，$\frac{11}{36}$

基本　(5)　$(11+x):(61-x)=1:3$　$3(11+x)=61-x$　$4x=28$　$x=7$

(6)　$x^2y-2xy-8y=y(x^2-2x-8)=y(x-4)(x+2)=\frac{\sqrt{5}-1}{3}\times(\sqrt{3}+1-4)(\sqrt{3}+1+2)=\frac{\sqrt{5}-1}{3}\times(3-9)=-2(\sqrt{5}-1)=2-2\sqrt{5}$

基本　(7)　$ab<0$より，aとbは異符号　$a-b>0$より，$a>b$　よって，$a>0$，$b<0$であるから，②

(8)　連続する3つの正の整数を$x-1$，x，$x+1$とすると，$(x-1)+x+(x+1)=x^2-88$　$x^2-3x-88=0$　$(x-11)(x+8)=0$　$x-1>0$より，$x=11$

基本　(9)　$\frac{x}{12}+\frac{y}{3}=\frac{9}{4}$より，$x+4y=27$…①　$2(x+y)=9+3y$より，$2x-y=9$…②　①＋②×4より，$9x=63$　$x=7$　これを①に代入して，$7+4y=27$　$4y=20$　$y=5$

(10)　$\frac{\sqrt{105n}}{\sqrt{28}}=\sqrt{\frac{15n}{4}}$より，求める自然数$n$は，$15\times4=60$

(11)　1点と2点の度数の和は，$10+12=22$(回)　4点と5点と6点の度数の和は，$12+8+22=42$(回)　中央値が3点であるから，3点の度数は，$42-22=20$(回)より多く，最頻値が6点の度数22回より少ないから，21回である。

基本　(12)　$y=\dfrac{a}{x}$に$x=-4$，$y=-5$を代入して，$-5=\dfrac{a}{-4}$　$a=20$　よって，$y=\dfrac{20}{x}$

基本　(13)　$x^2+ax+51=0$に$x=3$を代入して，$9+3a+51=0$　$3a=-60$　$a=-20$　もとの方程式は，$x^2-20x+51=0$　$(x-3)(x-17)=0$　$x=3,\ 17$　もう1つの解は17

基本　(14)　求める図形の面積は，(おうぎ形FDE)＋(長方形ABEF)－(おうぎ形ABG)＝$\pi\times10^2\times\dfrac{90}{360}+5\times10-\pi\times10^2\times\dfrac{90}{360}=50(\mathrm{cm}^2)$

[2]　(図形と関数・グラフの融合問題)

基本　(1)　$y=ax^2$に$x=3$，$y=4$を代入して，$4=a\times3^2$　$a=\dfrac{4}{9}$

(2)　Pは$y=\dfrac{4}{9}x^2$上の点だから，$\mathrm{P}\left(t,\ \dfrac{4}{9}t^2\right)$　Qは$y=-\dfrac{1}{3}x+5$上の点だから，$x=t+9$を代入して，$y=-\dfrac{1}{3}(t+9)+5=-\dfrac{1}{3}t+2$　よって，$\mathrm{Q}\left(t+9,\ -\dfrac{1}{3}t+2\right)$　直線PQがx軸と平行だから，$\dfrac{4}{9}t^2=-\dfrac{1}{3}t+2$　$4t^2+3t-18=0$　解の公式を用いて，$t=\dfrac{-3\pm\sqrt{3^2-4\times4\times(-18)}}{2\times4}=\dfrac{-3\pm3\sqrt{33}}{8}$

[3]　(平面図形，空間図形)

基本　(1)　長方形の対角線はそれぞれの中点で交わるから，$\mathrm{AP}=\dfrac{1}{2}\mathrm{AC}=\dfrac{5}{2}$

重要　(2)　△ABMと△DBAにおいて，共通だから，∠ABM＝∠DBA…①　AE⊥BDより，∠AMB＝90°　長方形の角だから，∠DAB＝90°…②　①，②より，2組の角がそれぞれ等しいから，△ABM∽△DBA　AM：DA＝AB：DB　$\mathrm{AM}=\dfrac{2\sqrt{5}\times\sqrt{5}}{5}=2$(ア)　BM：BA＝AB：DB　$\mathrm{BM}=\dfrac{\sqrt{5}\times\sqrt{5}}{5}=1$　よって，△ABMを回転させてできる立体の体積は，$\dfrac{1}{3}\pi\times2^2\times1=\dfrac{4}{3}\pi$(イ)　また，MD＝BD－BM＝5－1＝4(ウ)

重要　(3)　四角形AMPGを回転させてできる立体の体積は，△AMDと△GPDをそれぞれ回転させてできる立体の体積の差に等しい。GP//AMより，GP：AM＝DP：DM　$\mathrm{DP}=\mathrm{AP}=\dfrac{5}{2}$より，$\mathrm{GP}=2\times\dfrac{5}{2}\div4=\dfrac{5}{4}$　よって，四角形AMPGを回転させてできる立体の体積は，$\dfrac{1}{3}\pi\times2^2\times4-\dfrac{1}{3}\pi\times\left(\dfrac{5}{4}\right)^2\times\dfrac{5}{2}=\dfrac{16}{3}\pi-\dfrac{125}{96}\pi=\dfrac{129}{32}\pi$　したがって，求める立体の体積は，$\left(\dfrac{4}{3}\pi+\dfrac{129}{32}\pi\right)\times2=\dfrac{515}{48}\pi$

★ワンポイントアドバイス★

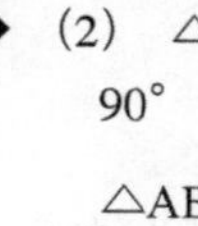

出題構成，難易度に大きな変化はない。基礎を固めたら，過去の出題例を研究しておこう。

＜英語解答＞

［1］ 問1 (1) ② (2) ③ (3) ② (4) ② (5) ③ 問2 (1) February
(2) popular (3) ambulance (4) afternoon (5) expensive

［2］ 問1 ④ 問2 ② 問3 ⑤ 問4 ⑦ 問5 ③

［3］ 問1 (A) ⑦ (B) ③ (C) ⑧ (D) ⑥ (E) ② (F) ① (G) ⑤
(H) ⑨ (I) ④ 問2 ③ 問3 ④ 問4 ⑤
問5 ア ① イ ③ ウ ① エ ② オ ② カ ②

［4］ 問1 (ア) ③ (イ) ② (ウ) ① (エ) ④ (オ) ⑤
問2 ① (3番目) know (5番目) day
④ (3番目) you (5番目) happened 問3 For more than
問4 get to the back 問5 (あ) ② (い) ① 問6 ②

○推定配点○
［3］ 問2～問4 各3点×3 ［4］ 問2～問6 各3点×7(問2各完答) 他 各2点×35
計100点

＜英語解説＞

基本 ［1］ 問A (語句補充問題：前置詞，接続詞，単語)

(1) 特定の朝の場合には，前置詞 on を用いる。on the morning of ～「～の朝に」
(2) though ～「～だけれども，～にもかかわらず」
(3) along ～「～に沿って」
(4) borrow「借りる」
(5) What do you think of ～?「～をどう思いますか」

問B (単語)

(1) 「1月と3月の間にある，1年の2番目の月」＝「2月」 February
(2) 「多くの人に好かれている」＝「人気のある」 popular
(3) 「病気やけがの人を病院に運ぶために使う車」＝「救急車」 ambulance
(4) 「午前中の後で夕方の前」＝「午後」 afternoon
(5) 「多くのお金がかかる」＝「高価な」 expensive

重要 ［2］ (語句整序問題：分詞，動名詞，比較，疑問文，熟語)

問1 (People) working hard may become too tired to keep working(.) working hard は前の名詞を修飾する分詞の形容詞的用法である。

問2 Going out in such weather is not (a good idea.) going out in such weather が主語となっている英文である。

問3 Tom is the tallest of all the students(.) 〈the ＋最上級＋ of ＋複数名詞〉「～の中で一番～だ」

問4 How many people came to the meeting yesterday(?) how many people が主語となっている疑問文である。

問5 How do you keep in touch with (him?) keep in touch with ～「～と連絡を取る」

［3］ (会話文：文整序，語句補充，要旨把握，内容吟味)

(大意) エミ ：ユウジ，辞書使ってもいい？
ユウジ ：(A)ごめんね。今持っていないんだ。

エミ　　：(B)何？どこにあるの？

ユウジ　：(C)友達のジュンが持っているよ。

エミ　　：(D)どうして彼が君の辞書を持っているの？

ユウジ　：(E)彼は1週間前になくしたんだ。

エミ　　：(F)いつ返すつもりなの？

ユウジ　：(G)わからないな。でも明日学校で彼に会うよ。

エミ　　：(H)明日？遅すぎるわ。お母さんは持っていると思う？

ユウジ　：(I)そう思うよ。英語の教師だしね。

エミ　　：わかった，彼女に聞いてみるわ。

2時間後

ユウジ　：宿題は終わったの，エミ。

エミ　　：うん。ちょうどそれを終えたところよ。私はこれ以上中学生でいたくないわ。宿題が多すぎよ。お母さん，お母さんの辞書でやっと宿題を終えたわ。どうもありがとう。

田中夫人：どういたしまして。

ユウジ　：もう午前11時だ。お腹が空いたよ。昼食を食べようよ。

田中さん：土曜日だね。今日は昼食を作りたくないな。外食しようか。

田中夫人：いい考えだけど，今日はとても寒いわ。宅配サービスの注文はどう？

田中さん：宅配サービス？

田中夫人：宅配サービスで注文すれば，店から家に食べ物を持ってくるわ。

ユウジ　：いいね。ピザが食べたい！

エミ　　：私も。このチラシは今日の新聞で見つけたよ。無料配達があるわ。配達に費用がかからないってことね。

田中さん：学生割引や家族割引も受けられるね！

田中夫人：チラシをよく読んで。

田中さん：そうだね。子供たちのおかげで値引きが受けられるね。

ユウジ　：何を食べようか?

田中さん：蜂蜜ピザを食べたいな。今までにそれを食べたことがないよ。

エミ　　：マルゲリータピザを食べたい。それはシンプルなもので，誰もが好きよ。

ユウジ　：どんなピザでも選べるよ。僕はどれも好きだな。フライドチキンも食べたい。

田中夫人：じゃあ，セット(ア)Cが私たちにとって一番だと思うわ。

ユウジ　：待って，いとこのサトルとマキが訪ねてくる予定だよ。もっと食べ物が必要だね。

田中さん：そうだね。

エミ　　：彼らはキノコが好きよ。Mサイズのマッシュルームピザとセット(ア)Cを注文してみてはどうかな。

田中夫人：でもサラダが食べたいし，エミ，フライドポテトが好きよね。

エミ　　：うん，そうよ。つまり，セット(イ)Dが必要ね。Mサイズは大きすぎるかもしれない。セット(イ)DとSサイズのマッシュルームピザを注文しようよ。望むすべてを食べることができるよ。

ユウジ　：よさそうだね。さあ，ピザ屋に電話しよう。

やや難　問1　(A)　辞書が借りられるかどうかに対する返答を選べばよい。(B)　辞書を持っていないことから，辞書の所在を尋ねていると判断できる。(C)　辞書の所在を答える文を選択する。(D)　なぜジュンが辞書を持っているのか尋ねればよい。(E)　ジュンが辞書を持っている理由を答える。(F) ジュンがいつ辞書を返すのかを尋ねる文が適切。(G) いつ辞書が返ってくるのかという問いに対する答えを選択する。(H) one = dictionary なので，母が辞書を持っているか尋ねている。(I) 母は英語の教師なので，辞書を持っていると推測している。

問2 蜂蜜ピザとマルゲリータピザの2種類とフライドチキンを食べたいと言っているため，セットCが適切である。

問3 母がサラダを食べたいと言い，エミはフライドポテトが好きなので，2種類のピザ，フライドチキン，サラダ，フライドポテトがセットになっているDが適切である。

問4 Dセット(5800円)＋Sサイズのマッシュルームピザ(1600円)だが，学生割引で10%割り引かれ，土曜日なので週末割引で500円引かれるので，6160円になる。

問5 ア「田中夫妻の子どもたちは学生である」 ユウジは明日学校へ行くと言い，エミは中学生だとわかるので適切。 イ「エミはキノコが好きではない」 エミはキノコについての好き嫌いは言っていないため判断できない。 ウ「田中家は2つの異なる割引を受けることができる」 田中家は学生割引と週末割引の2つを受けることができるので適切。 エ「田中家からは誰もサラダを食べたがらない」 母がサラダを食べたいと言っているので不適切。オ「エミは辞書なしで宿題を終えた」 母の辞書を使って宿題を終えたと言っているため不適切。カ「ユウジはピザが好きではないのでピザ選びに興味がなかった」 ユウジはピザを食べたいと言っているので不適切。

[4] (長文読解・物語文：語句補充，語句整序[間接疑問文]，指示語，語句解釈，内容吟味)

(大意) 4月15日は特別な日だ。私たちはそれを覚えておく必要がある。①今日は何の日が知っているか。私の誕生日だ！1947年のこの日，ジャッキー・ロビンソンが20世紀にメジャーリーグの野球でプレーした最初の黒人となったので，私はそれを誇りに思う。

今日，メジャーリーグの全選手の約25%が黒人だ。1947年に世界は異なっていた。多くのホテルは黒人に部屋を与えなかった。多くのレストランは黒人に食べ物を出さなかった。50年以上にわたり，メジャーリーグの野球は白人専用だった。私は②それを知って驚いた。私の夢は，将来，そこでプレーすることだ。ロビンソンに「ありがとう」と言いたい。私は彼について話そう。

ジャッキー・ロビンソンは1919年に生まれ，カリフォルニアで育った。彼の家族は貧しかったが，賢く，スポーツが得意だった。大学時代，フットボールチーム，陸上競技のチーム，バスケットボールチーム，野球チームのスターだった。第二次世界大戦では，彼は陸軍の黒人部隊の将校になった。彼は最初の黒人将校の一人だった。彼はいつも自分の(あ)権利のために立ち上がった。当時，黒人は最悪の座席である，バスの後ろに座らなければならなかった。しかし，軍のバスで，黒人は望む場所に座ることができた。ある日，ジャッキーは軍のバスに乗った。運転手は彼に後ろに行くように言った。しかし，③それをすることを拒否した。④あなたは何が起こったと思うか？バスの運転手は警察官を呼び，彼は逮捕された！

彼はバスの運転手の言葉に従わなかった。彼はそういう人だった。彼はいつも(い)正しいことをした。これはブランチ・リッキーにとって重要だった。彼はメジャーリーグのチーム，ブルックリン・ドジャースのためにロビンソンを望んでいた。ロビンソンに会ったとき，彼は3時間以上彼と話した。「多くの人があなたにプレーしてほしくないと思っている。多くの悪いことがあなたに起こります。これらのいずれにも反応しないでくれ」ロビンソンは「反撃を恐れる選手が欲しいですか？」と言った。「反撃をしないような根性のある選手が欲しい」とブランチは答えた。「チャンスをくれるならやってみます」ロビンソンは言った。

彼は最善を尽くした。10シーズン，彼はチームでプレーした。彼は6回ワールドシリーズに出場した。彼は1949年に最高殊勲選手になった。1962年，彼は野球殿堂入りを果たした。それはもう一つの最初のものだった。彼はついに他の黒人選手への扉を開いた。彼は1972年に亡くなった。彼は黒人にとっての英雄だけではなかった。彼は国中の英雄だった。もちろん，彼は私のヒーローだ。

重要 問1 （ア） be proud of ～「～を誇りに思う」（イ） in the future「将来」（ウ） at that time「そのとき，当時」（エ） get on「～に乗る」（オ） with the guts「根性のある」

問2 ① Do you know what day it is? 間接疑問文は〈疑問詞＋主語＋動詞〉の語順になる。
④ What do you think happened? Yes，No で答えられない間接疑問文の場合，疑問詞を先頭に出す。

問3 私は「50年以上にわたり，メジャーリーグの野球は白人専用だった」ことを知って驚いたのである。

問4 黒人はバスの後ろに乗るように言われて，それを断ったのである。

やや難 問5 （あ） 名詞 right は「権利」という意味がある。 （い） 形容詞 right は「正しい」という意味がある。

問6 ①「1947年4月15日はトモヤの誕生日である」 第1段落参照。1947年はロビンソンがメジャーリーグ選手になった年なので，不適切。 ②「黒人は50年以上多くのホテルに泊まれなかった」 第2段落第3文参照。多くのホテルは黒人を泊めなかったので適切。 ③「ロビンソンは50年以上野球をした」 第6段落第2文参照。ロビンソンは10シーズンプレーをしたので不適切。
④「ロビンソンは大学で4種類のスポーツが得意だった」 第3段落第3文参照。ロビンソンは大学時代にフットボール，陸上競技，バスケットボール，野球のスターだったので適切。 ⑤「ロビンソンはいつも軍のバスの後ろに座っていた」 第3段落第11文参照。ロビンソンは後ろの席に座ることを拒否したので不適切。 ⑥「ブランチはロビンソンに必要なときに反撃できるといった」 第4段落第11文参照。反撃をしない根性のある選手が欲しいと言っているので不適切。

★ワンポイントアドバイス★

単語や文法に関する出題が比較的多くなっている。これらの問題に対応できるように，過去問や問題集を繰り返そう。また，教科書に出てくる単語や例文はきちんと身につけたい。

＜理科解答＞

[1] (1) ① (2) 右図 (3) ⑤ (4) ② (5) ②
[2] (1) ① (2) ③ (3) ① (4) (Mg：O＝)3：2 (5) ⑤
[3] (1) ① (2) 染色体 (3) ② (4) ⑦ (5) ③
[4] (1) ④ (2) ⑤ (3) ① (4) ⑤
[5] (1) 1.4 (2) ① (3) ④ (4) ④ (5) ②
[6] (1) ③ (2) ④ (3) ③ (4) チバニアン (5) ②

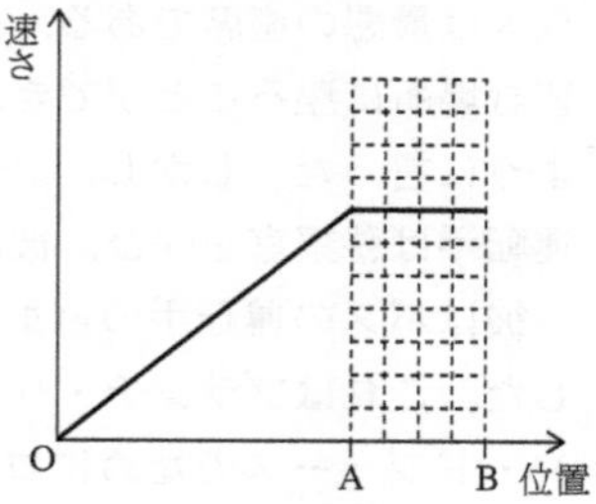

○推定配点○

[1] (1) 2点 他 各3点×4 [2] 各3点×5 [3] (4)・(5) 各3点×2 他 各2点×3 [4] (2) 2点 他 各3点×3 [5] (2)・(5) 各2点×2 他 各3点×3 [6] 各2点×5 計75点

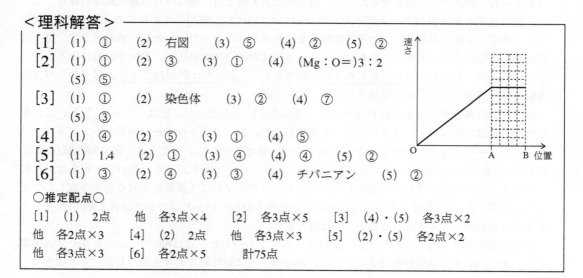

＜理科解説＞

[1]　(運動とエネルギー―物体の運動)

重要　(1)　斜面上のどの位置でも物体にはたらく重力の大きさは変わらないので，ボールにはたらく重力の斜面に沿う分力の大きさも変わらない。

重要　(2)　ボールに空気抵抗ははたらかず，摩擦力は無視できるので，AB間を運動するボールには同方向にはたらく力はない。よって，AB間でボールは等速直線運動を続け，グラフは位置に対して速さが変化しないことを示す。

(3)　図3から，AB間を運動する木片の速さはしだいに小さくなっていることから，運動する方向とは逆向きに力がはたらいていることがわかる。また，木片には重力と，それとつり合う水平面からの垂直抗力がはたらく。

やや難　(4)　(考察1)　図3から，斜面上を運動する木片の速さは一定であることがわかる。よって，誤り。

(考察2)　斜面上を運動する木片の速さが一定であることから，木片にはたらく力はつり合っていることがわかる。よって，正しい。

(考察3)　図3から，木片は，点Aを通過してから速さがしだいに小さくなっていき，点Bで速さが0になっていることから，点Bで止まったことがわかる。よって，正しい。

(考察4)　図3から，点Aから点Bの間で速さがしだいに小さくなっていることから，木片には運動の向きとは反対向きに力がはたらいていることがわかる。よって，誤り。

やや難　(5)　風船Dには下向きの重力がはたらいていて，電車が右に急に動きだしたとき，慣性の法則に従う見かけ上の力が電車の動く方向とは逆向きの左向きにはたらく。風船Dにはたらく力はこれらの合力となるので，風船Dは左向きに傾く。なお，風船Cはまわりの空気から浮力を受けて浮かんでいる。浮力は重力とつり合う向きにはたらき，電車が右に急に動きだしたとき，慣性の法則に従う見かけ上の力が風船Dと同じようにはたらき，重力の向きは左下向きとなる。このとき，浮力は重力とつり合うので，浮力の向きは右上向きとなる。そのため，風船Cは右に傾くことになる。

[2]　(化学総合―化学変化，気体の性質，電気分解とイオン)

重要　(1)　ガスバーナーに火をつけるときは，はじめにガス調節ねじと空気調節ねじが閉まっていることを確認し(④)，その後，ガスの元栓を開き，コックも開く(②)。次に，マッチに火をつけてから，ガス調節ねじを開いて点火し(①)，ガス調節ねじを回して炎の大きさを調節する(③)。最後に，ガス調節ねじをおさえながら空気調節ねじを少しずつ開き，青い炎にする(⑤)

重要　(2)　Aでは，炭酸水素ナトリウムが，炭酸水素ナトリウムと二酸化炭素と水に分解される。Bでは，酸化銀が，銀と酸素に分解される。Cでは，酸化銅が炭素によって還元され，銅と二酸化炭素ができる。操作1から，試験管に残った物質は金属であることがわかり，操作2から，発生した気体は二酸化炭素であることがわかる。よって，操作1，2で観察できた特徴にあてはまる物質が生じた試験管はCである。

基本　(3)　水にとけにくい気体は水上置換法で集める。水にとけやすい気体で，密度が空気よりも小さい気体は上方置換法，密度が空気よりも大きい気体は下方置換法で集める。

重要　(4)　加熱前の質量と加熱後の質量の差は，マグネシウムと反応した酸素の質量を表す。実験2において，マグネシウムの質量と反応した酸素の質量をまとめると次の表のようになる。

	1回目	2回目	3回目	4回目
マグネシウムの質量(g)	0.41	0.84	0.65	1.15
反応した酸素の質量(g)	0.27	0.56	0.43	0.77

表より，マグネシウムの質量と反応した酸素の質量を最も簡単な1桁の整数の比で表すと，0.84：

0.56＝3：2となる。

やや難 (5)　電解質の水溶液に2種類の金属板を入れると電池となることから，図4では，うすい塩酸に銅板と亜鉛板を入れたビーカーBが，銅板が＋極，亜鉛板が－極の電池としてはたらく。その結果，ビーカーAの炭素棒㋐は陰極，炭素棒㋑は陽極となり，陰極では，銅イオンCu^{2+}が電子e^-を受けとって銅原子Cuとなって炭素棒の表面に付着し，陽極では，塩化物イオンCl^-が電子を失って塩素原子Clとなり，塩素原子2個が結びついて塩素分子Cl_2となり，気体として発生する。

[3]　(生物の体－細胞分裂)

基本 (1)　生物のからだは，体細胞分裂によって数がふえ，その後，それぞれの細胞が大きくなることで成長する。タマネギの根では，先端に近いほど体細胞分裂がさかんで，分裂中や分裂直後の細胞が多いため，それぞれの細胞は小さい。根のつけねに近くなるほど分裂後に大きくなった細胞の数が多くなる。

基本 (2)　体細胞分裂で，核の中に見られるひも状のものを染色体といい，形質を伝える遺伝子がふくまれている。

重要 (3)　体細胞分裂では，まず，核の中に染色体が見えはじめ(イ)，染色体が複製(エ)されたあと，細胞の両端に移動する(ウ)。そして，中央にしきりができ(オ)，新しい2個の細胞ができる。

(4)　20時間で1回体細胞分裂が起こるので，200時間では，200÷20＝10(回)分裂が起こる。また，1回体細胞分裂が行われると，その数は2倍になる。よって，200時間後の細胞の数は，1(個)×2^{10}＝1024(個)

基本 (5)　a　細胞質は，細胞膜とその内側の核のまわりの部分で，動物の細胞にも植物の細胞にもある。よって，誤り。　b　植物の細胞には，細胞膜の外側に細胞壁がある。よって，誤り。　c　葉緑体は，ふつう植物の体の葉や茎などで日光の当たる部分の細胞にある。よって，正しい。

[4]　(総合問題－状態変化・血液の循環・呼吸・水溶液)

基本 (1)　眼鏡がくもるのは，空気中や息にふくまれる水蒸気が，眼鏡の表面で冷やされて水滴となってできるものである。図1では，左は固体(氷)のモデル，真ん中は液体(水)，右は気体(水蒸気)のモデルである。

重要 (2)　酸素を多く含む血液を動脈血，二酸化炭素を多く含む血液を静脈血という。酸素は肺で血液中にとりこまれ，肺静脈(オ)を通って心臓にもどり，心臓から脳や全身に向かう血管(エ，カ)を通ってからだの各部に送られる。

やや難 (3)　浮力の大きさは水中にある物体の体積が大きいほど大きくなる。そのため，潜水する場合は，からだの体積が小さいほど浮力が小さくなるので沈みやすくなる。ヒトの呼吸では，息を吸うとき，横隔膜が下がりろっ骨が上がって体積は大きくなり，息を吐くとき，横隔膜が上がりろっ骨が下がって体積が小さくなる。よって，沈みやすくなるのは，息を吐いたときである。

やや難 (4)　エタノール水溶液の密度は0.80g/cm³なので，70％のエタノール水溶液100mLの質量は，100(mL)×0.80(g/cm³)＝80(g)である。よって，70％のエタノール水溶液100mL中のエタノールの質量は，80(g)×0.7＝56(g)となる。90％のエタノール水溶液に水を加えて70％のエタノール水溶液をつくるので，水溶液中のエタノールの質量は変わらない。したがって，もとにした90％エタノール水溶液中のエタノールも56gなので，90％エタノール水溶液全体の質量は，56(g)÷0.9＝62.2…より，約62.2gとなり，その体積は62.2(g)÷0.80(g/cm³)＝77.75(cm³)より，選択肢中で最も近い値は80mLとなる。

[5]　(天気の変化－前線と天気・音の性質・電気とエネルギー)

基本 (1)　光の伝わる速さは，音の伝わる速さに比べて非常に大きいので，いなずまの光は瞬時にAさんに届いたと考えることができる。音の速さは340m/sで，雷の音は4秒で伝わったので，いなずまが光ったところからAさんの部屋までの距離は，340(m/s)×4(s)＝1360(m)＝1.36(km)より，小数第2位を四捨五入して，1.4km

基本　(2)　図1の左側の前線は寒冷前線，右側の前線は温暖前線である。積乱雲は寒冷前線付近の西側(図の左側)にでき，温暖前線付近の東側(図の右側)には乱層雲ができる。

重要　(3)　あたたかい水と冷たい水では，冷たい水のほうが密度が大きいため下に，あたたかい水のほうが密度が小さいために上に動く。

やや難　(4)　1Wのエネルギーを1秒間消費したときの電力量が1J，1kWh＝1000Whは1000Wのエネルギーを1時間＝60分間＝3600秒間消費したときの電力量なので，1kWh＝1000×3600＝3600000Jである。よって，15kWh＝3600000×15＝54000000J＝5400万J＝0.54億Jとなる。したがって，20億Jのエネルギーは，1つの家庭で消費される電力量の20億(J)÷0.54億(J)＝37.0…より，約40日分となる。

(5)　1752年，アメリカのベンジャミン・フランクリンは雷雨の中で凧を揚げ，雷が電気であることを実験で証明して発表した。なお，ベンジャミン・フランクリンは科学者としてだけでなく，政治家としても活躍し，アメリカ独立宣言に，初代大統領となるジョージ・ワシントンとともに署名をした5人のうちの1人で，現在のアメリカの100ドル紙幣にその肖像画が用いられている。

[6]　(総合―植物のつくり・遺伝の規則性・時事)

(1)　アのアンモナイトとエのシソチョウは中生代，イのサンヨウチュウは古生代，ウのゾウは新生代に生きていた生物である。

(2)　アンモナイトの生きていたころの中生代は，約2.5億年前から約6600万年前である。

重要　(3)　シソチョウには，羽毛や翼などの鳥類の特徴と，口に歯があったり，翼の先に爪があったりするなどのハチュウ類の特徴がある。

(4)　約77万年前の地磁気逆転が特徴である，約77万年前～約12万年前の地質年代が，2020年1月に国際地質科学連合によって，特徴的な地層が発見された千葉県にちなんで，チバニアン(千葉時代)と命名された。

(5)　磁石は，異なる極どうしは引き合い，同じ極どうしは反発し合う。方位磁針のN極が北，S極が南を指すことから，現在の地球の北極はS極，南極はN極であることがわかる。

★ワンポイントアドバイス★

基本～標準レベルの問題が中心なので，標準的な問題集などを中心に幅広い単元についてしっかりと練習しておこう。また，知識だけでなく，思考力や計算を問うものもあるので，ぬけがないようにしておこう。

＜社会解答＞

［1］ 問1 ① 問2 ④ 問3 ① 問4 ③ 問5 イラン［イラン・イスラム共和国］
［2］ 問1 ④ 問2 ③ 問3 宋［北宋］
［3］ 問1 ③ 問2 ① 問3 ③
［4］ 問1 石田三成 問2 ① 問3 ③ 問4 ①
［5］ 問1 ② 問2 ③ 問3 ④ 問4 ④
［6］ 問1 ⑦ 問2 軽減税率 問3 ② 問4 ③
［7］ 問1 ⑧ 問2 ④ 問3 ① 問4 ③ 問5 ② 問6 ⑤
［8］ 問1 ⑧ 問2 ⑥ 問3 ② 問4 ③ 問5 ④

○推定配点○

［1］ 問5 3点 他 各2点×4 ［2］ 問3 3点 他 各2点×2 ［3］ 各2点×3
［4］ 問1 3点 他 各2点×3 ［5］ 各2点×4 ［6］ 問2 3点 他 各2点×3
［7］ 問1・問3・問6 各3点×3 他 各2点×3 ［8］ 各2点×5 計75点

＜社会解説＞

［1］ （地理―世界の各地の地誌に関する問題）

重要 問1 ① 日本は東経135度を標準時子午線としているので，日本と12時間の時差の場所は東経135度線から180度，西にいった場所なので西経45度線の辺りになる。西経45度線が通っている場所はブラジルの東部。南米大陸はだいたい西経37度あたりから西経80度の間に広がる。アメリカ合衆国はアラスカを除くと西経75度から120度の間に位置する。イギリスは本初子午線がロンドンを通っており，だいたい北アイルランドを除くと東経2度あたりから西経5度の間にある。オーストラリアは大陸のほぼ中央が日本の標準時子午線の東経135度になり，だいたい東経113度あたりから東経153度あたりに広がっている。インドは半島の中央よりやや西に東経75度があり，だいたい東経68度あたりから東経90度あたりに広がっている。

問2 ④ スカンジナビア半島の西側の複雑な海岸地形はフィヨルドで，氷河が削った谷に海水が入り込んだ細長い湾が多数ある。1はリアス海岸で山地が沈降して山の表面の谷が湾や入り江となっている。

問3 ① 地図中の矢印に沿って動いてくるとシリア，トルコ，ブルガリア，ルーマニア，ハンガリー，オーストリア，ドイツの順に国がならび，選択肢のポーランドは通らない。

やや難 問4 ③ イタリアは南北の経済格差が著しい国だが，半島の北部から大陸にかけての北部の方が半島南部よりも経済的に発達している。

問5 イランはかつてはアメリカ寄りのパフレヴィー王朝があり，アメリカ資本が石油の開発なども行っていたが，1979年のイラン革命でイスラム原理主義の政権が誕生しアメリカと対立するようになった。また，イランはペルシア系の住民の国で，周囲のアラブ系の住民が多い国々とは古くから対立も多い。

［2］ （世界の歴史―3世紀から10世紀の頃のユーラシア大陸の歴史の問題）

やや難 問1 ④ 西ローマ帝国が476年にゲルマン民族によって滅ぼされた後，ゲルマン民族の様々な部族がこの地域に現れるが，最終的にフランク族が統一し，800年にフランク族のカール大帝がローマ教皇より，西ローマ帝国の皇帝の位を与えられるが，カールの死後，フランク王国は分割され，現在のフランス，イタリア，ドイツの原型となる。この中で，フランスだけは比較的大きな国の枠組みのまま王朝が代わっても存続していくが，イタリアとドイツは小さな都市国家や領邦国家の集まりとなり，19世紀にイタリア王国やドイツ帝国として統一されるのは，日本の明治維新と同じころのことになる。

問2　③　唐は618年に成立し907年に滅亡するが，陸路のシルクロードやそのほかの経路を通って唐は西のイスラム社会やヨーロッパの社会とも接点はもっていた。1は満州族の清。2の洪秀全の太平天国の乱は清朝の時代の19世紀に起こった反乱なので誤り。4はチンギス・ハンがモンゴル族を統一するのは13世紀初頭。唐が滅びるきっかけとなったのは875年の黄巣の乱。

やや難　問3　唐が907年に滅亡後，華北に5つの王朝が次々と出来，さらにそれ以外の地域に10の国が入り乱れ，最終的には宋が960年に統一する。

［3］（世界の歴史―19世紀のヨーロッパとアジアの歴史の問題）

問1　③　アヘン戦争は1840年から42年にかけてイギリスと清朝との間で起こった戦争。清朝がイギリスに敗れ，南京条約が結ばれた。清朝はこの後，たびたび欧米，さらには日本との戦いに敗れ，多くの条約を結ばされ，国土が侵されたり多額の賠償金を支払わされたりすることになる。ベルサイユ条約は第一次世界大戦の対ドイツの講和条約。

やや難　問2　①　イギリスのヴィクトリア女王は1837年に即位し，1901年に亡くなるまで大英帝国の女王として君臨し，この時代のイギリスは世界中に植民地を持ち，また他の国々に先駆けて産業革命を経て世界の工場として繁栄する黄金時代を迎える。

重要　問3　③　ヴィクトリア女王の支配するインド帝国は1877年に誕生するが，それまでは長い間少数のイスラム教徒が大多数のヒンドゥー教徒を支配するムガル帝国が存在していた。現在のインドは第二次世界大戦後に，インド帝国を宗教で分けて，ヒンドゥー教のインド，イスラム教のパキスタン，仏教のスリランカに分かれ後にパキスタンから同じくイスラム教のバングラデシュが分かれた。

［4］（日本の歴史―安土桃山時代から江戸時代に関する問題）

問1　関ケ原の合戦の際に西軍を率いたのは石田三成。五奉行は豊臣政権の実務担当で，それより上に五大老がおり，その中に徳川家康も含まれる。

問2　②は年貢の率を同じとしたのであり，その土地の面積に応じて年貢の量は当然変わるので誤り。③は楽市楽座の説明で秀吉ではなく信長が実施したものなので誤り。④は李成桂は1392年に李氏朝鮮を建国した人物であり，朝鮮出兵の際に水軍を率いて日本勢を苦しめたのは李舜臣なので誤り。⑤は秀吉はキリスト教の布教を禁止した際に貿易はやらせていたので誤り。

基本　問3　①は家康の次は秀忠で家光はその次なので誤り。②は譜代大名と外様大名の説明が逆なので誤り。④は綱吉の時代にはすでに鎖国していたので誤り。⑤は徳川幕府は朝廷との関係は友好的なものでもなく，どちらかというと幕府が朝廷をおさえる側になっており，家茂の時代に公武合体が行われたことではじめて幕府に対して朝廷がかなり優位に立つようになったので誤り。

問4　②の幕府の財政の管理は勘定奉行，③と④の役割は京都所司代，⑤は目付，⑥は大老。

［5］（日本の歴史―1921年のワシントン会議に関連する問題）

重要　問1　②　平塚らいてうは婦人解放の運動を行った人物で，全国水平社などの部落差別の問題とは関係ない。

問2　③　この内容のものはない。ワシントン会議で出てきたのは主力艦の保有制限をする海軍軍縮条約と太平洋地域の現状保全などの四カ国条約，中国に関する九カ国条約で，四カ国条約により日本は日英同盟が廃止され，九カ国条約によって袁世凱政府に認めさせていた二十一か条要求に大幅な制限を加えられることになった。

基本　問3　資料1，資料2に示されているのは1918年の米騒動に関するもので，これは日本がロシア革命によって誕生した社会主義政権に対しての干渉戦争としてのシベリア出兵を行うということで，米商人が米の買い占めや売り惜しみを行ったことで全国的に米が不足したり米価が値上がりしたため，富山で米商人を一般の人々が襲ったことに始まったもの。この米騒動により当時の寺内内閣は退陣し，原敬内閣が誕生する。

問4　④　バスティーユ襲撃は1789年7月14日で，これがきっかけとなりフランス革命になる。ソ連の成立は1922年，ヴェルサイユ条約の締結は1919年，国際連盟の設立は1920年。

［6］（公民—国会，内閣に関する問題）

重要 問1　⑦　Aは国会の役割なので選択肢の中で法律の制定，Bは国会で行うことなので内閣総理大臣の指名，Cは日本の政治の仕組みなので議院内閣制になる。条約の締結は内閣の仕事，内閣総理大臣の任命は天皇の役割。三権分立の形態としては日本やイギリスの議院内閣制は議会と内閣が密接な関係にあるのに対し，アメリカなどの大統領制は三権は完全に分かれているのが特色。

問2　消費税が10％に引き上げられた際，低所得層を考慮するということで食品の購入や新聞の購読に関しては消費税率を8％に据え置くという軽減税率が導入された。

問3　②　内閣不信任決議が可決された場合に，10日以内に内閣が総辞職をしなくても，衆議院解散，総選挙が実施された後の特別国会召集の段階で内閣は総辞職することになる。

問4　③　2009年の総選挙で，自民党の麻生太郎内閣が大敗を喫し，民主党を中心とする勢力に政権が移り，2012年までに鳩山由紀夫，菅直人，野田佳彦の三人が首相になった。

［7］（公民—平和主義，日本国憲法，選挙に関する問題）

問1　⑧　日本国憲法第9条で武力による威嚇や武力の行使を国際紛争を解決する手段としては永久に放棄するということと，戦力を保持しないこと，国の交戦権を認めないということを明記している。

問2　④　安倍晋三内閣の下で，それまでの個別的自衛権に代わり，同盟国が攻撃を受けた際には日本が同盟国のために自衛隊を動かすという集団的自衛権を採るということに閣議決定で路線変更した。

問3　①　日本国憲法第96条で，憲法改正の発議には衆参それぞれの院で総議員の3分の2以上の賛成で発議し，その後国民投票で過半数の賛成が必要としており，憲法改正のハードルは高い。

問4　③　憲法改正の国民投票法で18歳以上の国民が投票するとしたので，その後，参政権に関しても変更された。

問5　②　小選挙区制では1選挙区から1人の議員を選出するので，議員一人当たりの有権者数がAとBとではAはBの4倍いることになるので，A区の一票の価値はB区の4分の1にしかならない。①は逆，③は4倍でなく2倍，④はC区を1票とするとB区は2票になる。

重要 問6　⑤　アの内容は逆，小選挙区の方が死票が多くなりがち。ウは衆議院解散，総選挙後の国会は特別国会なので誤り。衆議院の任期満了による総選挙なら臨時国会になる。

［8］（日本の地理—日本の様々な地方に関する問題）

問1　⑧　中国四国地方の県庁所在地を選ぶので，まず①から⑦までは除外。Z市は人口が少ない方から3番目なので，特に人口が少ない県を考えていけば⑧の島根県松江市が考えられる。Xは地図中の番号とは関係なく岡山市，Yは0の松山市になる。

問2　⑥　愛知県豊田市はかつては挙母という地名で，トヨタ自動車のもとになった会社は豊田佐吉が始めた織機をつくる会社であった。

問3　②　北上，新花巻，いわて沼宮内，二戸は岩手県内の駅なので，岩手県内のものが空欄にも当てはまると考え，②になる。①は青森県の八戸。

基本 問4　③　近畿地方の南部は日本の中でも降水量が多い地域になる。三重県尾鷲市は日本の中でももっとも降水量が多い場所とされる。

問5 ④ 東京湾の西側は東京都から神奈川県の地域で，京浜工業地帯がある場所。京葉工業地域は東京湾の東側の東京都から千葉県にかけての地域。

★ワンポイントアドバイス★

理科と社会科とで合わせて60分の試験時間で小問数が34題なのでやや忙しい。語句で答える問題が4題であとはすべて選択肢のもの。正誤問題は正しいものを選ぶものもあれば誤りのあるものを選ぶのもあるのでよく問題を読むこと。

＜国語解答＞

〔一〕 問一 (ア) ② (イ) ③ 問二 ② 問三 ⑤ 問四 ② 問五 ③
問六 45 問七 多数決 問八 ②

〔二〕 問一 (ア) ④ (イ) ⑤ 問二 ② 問三 【Ⅰ】 確執 【Ⅱ】 ①
問四 ② 問五 わかる 問六 自分が[鎌倉の] ～ れない 問七 ⑤

〔三〕 (1) ② (2) ① (3) ④ (4) ① (5) ① (6) ② (7) ⑤
(8) 鴨長明

○推定配点○

〔一〕 問一 各2点×2 問二・問三 各4点×2 問四～問八 各5点×5
〔二〕 問一 各2点×2 問二・問三【Ⅱ】・問四・問七 各3点×4
問三【Ⅰ】・問五 各4点×2 問六 5点 〔三〕 (1)・(2)・(8) 各3点×3
(3)～(7) 各5点×5 計100点

＜国語解説＞

〔一〕 (論説文—漢字，脱語補充，ことわざ，四字熟語，文脈把握，内容吟味，表題，文章構成)

問一 (ア) 陣営 ① 撮影 ② 経営 ③ 衛星 ④ 気鋭 ⑤ 永遠
(イ) 就任 ① 収集 ② 因習 ③ 去就 ④ 撤収 ⑤ 修学

問二 直前に「票が割れてブッシュが勝った」とあり，「ネーダーの政策はブッシュよりもゴアに近く，選挙でネーダーはゴアの支持層を一部奪うことになる。……ゴアがリードしていたとはいえ激戦の大統領選である。この痛手でゴアは負け，ブッシュが勝つことになる」と説明されている。大統領選において，当初はゴアがリードしていたが，政策の近いネーダーの出現により票が割れて，ブッシュが勝った，という内容なので，二人が争っている間に第三者が利益を横取りする，という意味の「漁夫の利(を得た)」が適切。「他山の石」は，自分にとって参考になり役に立つ，という意味。「画竜点睛を欠く」は，最後に大事な仕上げが不十分だったために不完全になることのたとえ。「一炊の夢」は，人の世や人の一生の栄枯盛衰が，夢のようにはかないことのたとえ。「邯鄲(かんたん)の夢」ともいう。

問三 直前に「確かに多数決は単純で分かりやすく，私たちはそれに慣れきってしまっている。だがそのせいで人々の意見が適切に集約できないのなら」とある。「多数決」は集約ルールのひとつだが，そのせいで人々の意見が集約できない，という内容なので，大切な部分とさ末な部分を取り違える，という意味の「本末転倒(ほんまつてんとう)」が適切。「馬耳東風(ばじとうふう)」は，他人の意見や批評をまったく気に留めず聞き流す，という意味。「一進一退(いっしんいったい)」は，進んだり後戻りしたりすること。「一長一短(いっちょういったん)」は，人も物事も，それぞれに長所も短所も持ち合わせている，ということ。「因果応報(いんがおうほう)」は，人の行いの善悪に応じてその報いも善悪にわかれる，という意味。

やや難 問四　直前に「私たちはそれに慣れきってしまっている」「人々の意見が適切に集約できないのなら」とある。「多数決」に慣れきって人々の意見が適切に集約できない，という内容を指しているので，「自分たちの意思を適切に表明してくれる集約方法を求めるべきだ」とする②が適切。ここでは，人々の意見が適切の集約されることをいっているので，「少数派」「一人一人の声」とする①③⑤は適切でない。④は「多数決の儀式性は重要」が適切でない。本文には「投票には儀式性が伴えども，それは単なる儀式ではない」とある。

問五　X・Y・Zについては，「彼らの1位がYとZに割れたから，Xが多数決で最多票を得られただけ」と説明されているので，Xにあてはまるのは，選挙に勝った「ブッシュ」。

問六「1位には3点，2位には2点，3位には1点」とあるので，この数値をあてはめると，Yは，3点×7+2点×10+1点×4=45点となる。

問七「疑う」とあることに着目する。本文冒頭に「だがそもそも多数決で，多数派の意見は常に尊重されるのだろうか」と疑いが示されているので，「多数決」とするのが適切。

問八　①は「読者の感情に訴え」，③は「筆者独自の分析方法」，④は「最初に結論を述べ」，⑤は「反例を二つ挙げ」という部分が適切でない。本文は，冒頭で「『多数決』という……多数派の意見は常に尊重されるのだろうか」と問題提起し，具体例としてアメリカの大統領選挙の例を挙げ，その上で，集約ルールとして「ボルダールール」を紹介しているので，②が適切。

〔二〕（小説─漢字，情景・心情，脱語補充，文脈把握，内容吟味，大意）

問一　(ア)　悪態　①　忍耐　②　怠惰　③　渋滞　④　擬態語　⑤　待機
　　　(イ)　残響　①　胸像　②　望郷　③　境地　④　即興　⑤　反響

問二　直前に「そうやって除け者にされるのは，うんざりだった。もう十二歳。そこらの小学生より知識はある。幼稚な駄々をこねたりもしない。」とあるので，②は適切でない。

問三　直後に「剣のようなものは感じられない」「祖父との間でいざこざがあった」とあるので，Ⅱには，「剣のようなもの」にあてはまる「とげとげしい」が入る。Ⅰは，「いざこざがあった」と似た表現として，前に「祖父と戸川の間に確執めいたものがあるのは間違いない」とあるので，「確執」とするのが適切。

問四　直前に「見透かすような戸川の視線を受け」とあるので，②が適切。

問五　直前の「『……父が考えていそうなことはわかるんで』」「『……でも母はそこがよくわかってないんですよね。自慢できるような職についてほしいって気持ちはわかりますけど』」という「朋樹」の言葉を受けているので，「わかる」とするのが適切。

やや難 問六　直後に「朋樹には，ずっと憧れている学校がある」とあり，「来春の入試から，『通学時間が片道九十分以内であること』という制限が設けられることになった」「それを知った父親が，……自分と一緒に暮らせばいいというのだ」「母は反対した」とあり，「意味はすぐにわかった。……だが，自分が鎌倉の学校に入ることが両親の間にさらなる争いを引き起こすかもしれないなんて，想像もしていなかった」とあるので，「自分が鎌倉の学校に入ることが両親の間にさらなる争いを引き起こすかもしれない(37字)」を抜き出す。

やや難 問七「戸川」については，「見透かすような戸川の視線」「言い訳でもするようにまくしたてる朋樹を，戸川はじっと見つめていた」とあり，「朋樹」に対してまっすぐ向き合おうとする様子が描かれている。「朋樹」については，本文最後に「朋樹の頭と心は，……機能を停止してしまった。あふれ出した泥は，とうとう体まで侵し始めている。……もはや時間の問題だった」と深い悩みが表現されているので，⑤が適切。

〔三〕（古文―文学史，大意，脱文・脱語補充，口語訳）

〈口語訳〉 また，養和のころであったか，長い年月がたったので，(正確には)記憶していないが，二年の間，世の中の食料が乏しくて，驚きあきれるようなことがありました。あるときは春・夏の日照り，あるときは秋の台風・洪水など，よくないことが続いて，五穀はことごとく不作であった。むなしく春は田畑を耕し，夏は田植えの仕事だけがあって，秋に稲刈りをして冬に収めるというにぎわいはない。これによって，国々の人々は，ある人は土地をすてて国境を出て，ある人は家を離れて山に住む。さまざまな祈祷がはじまり，並々ならぬ特別なお祈りも行われるが，まったくその効果がない。都人のならわしは，何事につけても，生活の資源については田舎を頼りにするが，絶えて(京に)上るものがないので，そういつまでも世間体ばかりをつくろっていられようか，我慢しきれなくなって，さまざまな財産を片端から捨てるように売ろうとしても，誰も振り向いてくれない。まれに物々交換に応じる者は，金を軽く，穀物を重く考える。物乞いは路上に多くなり，憂い悲しむ声が辺り一帯から聞こえて来る。

前の年は，このようにして，ようやく暮れた。翌年は，回復するであろうかと思ったが，そのうえ，流行病まで加わって，惨状はまさっていくばかりで，よくなる形跡はまったくない。人々はみな飢えきってしまったので，日増しに切迫してゆく様子は，わずかしかない水の中の魚の例にあてはまる。しまいには，きちんと笠をかぶり，足をおおうものを身につけた，相当な身なりをしている者が，ひたすらに家ごとに物乞いをして歩く。このように困り果ててぼけたようになった人たちが，歩いたかと思えば，すぐに倒れて横たわってしまう。土塀沿いに，路上に，飢え死にする人は数えきれない。片付ける方法もわからないので，死臭が世の中に満ち満ちて，変わってゆく様子は，目も当てられないことはなはだしい。まして，鴨川の河原などには，馬や車の行き交う道さえない。

また，深い情趣が感じられることもあった。離れられない妻や夫を持つ者は，その愛情がより深い方の者が，必ず先立って死んだ。それは，自分のことは次にして相手のことをかわいそうに思うので，たまに手に入れた食べ物さえ相手に譲るからである。だから，親子の関係にある者は，決まって親が先に死んだ。また，母が亡くなったことを知らずに，幼い子がなおも乳を吸いながら絶えることもあった。

仁和寺の隆暁法印という人が，このように数知れず多くの人が死ぬことを悲しんで，その首の見えるところに阿の文字を書いて，仏縁を結んで成仏させることをなさった。人数を数えようと，四月から五月にかけて数えたところ，京の中の一条より南，九条より北，京極より西，朱雀より東の路上の頭は，総計四万二千三百余りもあった。言うまでもなく，この二か月の前や後に死んだ者も多く，また，河原，白河，西の京，さらにその周辺のへんぴな土地についてもいうならば，際限ないだろう。ましてや，日本全土ではなおさらである。

(1) 『方丈記』は1212年に成立した随筆なので，「鎌倉時代」があてはまる。

(2) 本文には「京のうち一条よりは南，九条より北，京極よりは西，朱雀よりは東」とあるので，「平安京平面図」の中の「東側」にあたる。

(3) 本文前半の最後に，「河原などには，馬，車の行き交ふ道だになし」とあり，その理由は直前に「築地のつら，道のほとりに，飢ゑ死ぬ者のたぐひ，数も知らず，取り捨つるわざも知らねば，……目もあてられぬ事多かり」とあるので，④が適切。

(4) 冒頭の段落に「国々の民，或は地をすてて境を出で，或は家を忘れて山に住む」とある。その理由は直前に「二年があひだ，世の中飢渇して，あさましきことはべりき。或は春夏日照り，或は秋，大風，洪水など，……」と説明されているので，①が適切。

(5) 「当時の政治家が行った対策」については，「さまざまの御祈りはじまりて，なべてならぬ法ども行はるれど，さらにそのしるしなし」とあるので，①が適切。

(6) 「あはれなり」は，しみじみとした情趣・感動・風情，悲哀，人情などの意味意味があるので，②が適切。ここでは，親子や夫婦の間にある情を指す，

やや難 (7) (中略)の後に「されば，親子ある者は，定まれる事にて，親ぞ先立ちける」とあり，その理由は直前に「わが身は次にして，人をいたはしく思ふあひだに，稀々得たる食ひ物をも，かれに譲るによりてなり」と説明されているので⑤が適切。

(8) 『方丈記』の作者は鴨長明(かものちょうめい)。作品はほかに，説話集の『発心集』，歌論書の『無名抄』など。

★ワンポイントアドバイス★

現代文は，論説文，小説ともに，長めの文章を時間内に読みこなす高度な読解力を身につけよう！　古文は，注釈を参照しながら口語訳する力と大意を把握する力をつけよう！

2020年度

入　試　問　題

2020年度

2020年度

中京大学附属中京高等学校入試問題

【数　学】（40分）　　＜満点：100点＞

【注意】　1　定規，分度器，計算機は使用できません。
　　　　　2　問題文中の図は概略図であり，必ずしも正確ではありません。

解答の中で，以下の定理を用いてもよい。

三平方の定理

直角三角形の直角をはさむ2辺の長さを a，b，斜辺の長さを c とすると，次の関係が成り立つ。

$$a^2+b^2=c^2$$

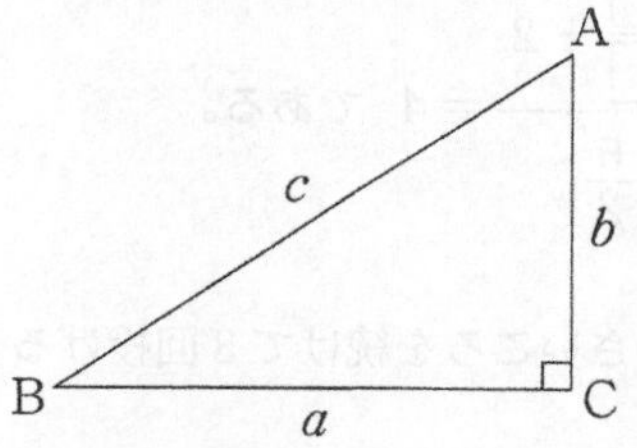

直角三角形の辺の比

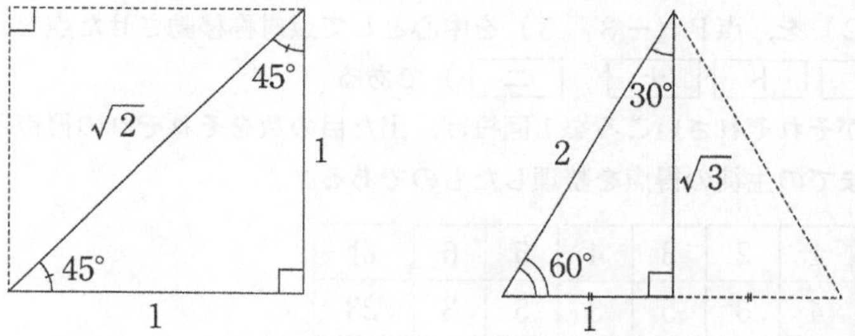

【注意】　1．問題［1］の文中の ア ，イ ウ などには，符号（−）又は数字（0～9）が入る。それらを解答用紙のア，イ，ウ，…で示された解答欄にマークして答えよ。

例　ア イ ウ に　−24と答えたいとき

ア	●	⓪	①	②	③	④	⑤	⑥	⑦	⑧	⑨
イ	⊖	⓪	①	●	③	④	⑤	⑥	⑦	⑧	⑨
ウ	⊖	⓪	①	②	③	●	⑤	⑥	⑦	⑧	⑨

2．問題［1］で分数形で解答する場合，分数の符号は分子につけ，分母につけてはいけない。

例　$\dfrac{\text{エ}\ \text{オ}}{\text{カ}}$ に $-\dfrac{2}{7}$ と答えたいときは，$\dfrac{-2}{7}$ としてマークする。

3．分数形で解答する場合，それ以上約分できない形で答えよ。また，分母に根号を含む場合，分母を有理化せよ。

【注意】 円周率はπを用いること。

［1］ 次の $\boxed{\text{ア}}$ ～ $\boxed{\text{フ}}$ に当てはまる適切な符号または数字を選び，マークせよ。

⑴ $\left\{(-12)\times\left(-\frac{5}{3}\right)-6\right\}\times\left(-\frac{1}{2}\right)=$ $\boxed{\text{ア}}\ \boxed{\text{イ}}$ である。

⑵ $\frac{n}{6}$，$\frac{n^2}{84}$，$\frac{n^3}{245}$ がすべて自然数となるような最小の n は $\boxed{\text{ウ}}\ \boxed{\text{エ}}\ \boxed{\text{オ}}$ である。

⑶ $x=3+\sqrt{2}$，$y=3-\sqrt{2}$ のとき，$x^2-y^2=\boxed{\text{カ}}\ \boxed{\text{キ}}\sqrt{\boxed{\text{ク}}}$ である。

⑷ 関数 $y=\frac{\boxed{\text{ケ}}}{\boxed{\text{コ}}}x^2$ で，xの変域が $-4\leqq x\leqq 3$ のとき，yの最大の値は8である。

⑸ $\dfrac{\frac{\boxed{\text{サ}}}{\boxed{\text{シ}}}+2}{\frac{11}{3}-\frac{5}{2}}=4$ である。

⑹ 1個のさいころを続けて3回投げるとき，3回とも同じ目が出る確率は $\frac{\boxed{\text{ス}}}{\boxed{\text{セ}}\ \boxed{\text{ソ}}}$ である。

⑺ nを素数とする。$100<n^2<360$ を満たすnは $\boxed{\text{タ}}$ 個ある。

⑻ 連立方程式 $2x+y=5x-5y=5$ の解は，$x=\boxed{\text{チ}}$，$y=\boxed{\text{ツ}}$ である。

⑼ 点A（4，2）を，点P（-3，5）を中心として点対称移動させた点をBとすると，点Bの座標は（ $\boxed{\text{テ}}\ \boxed{\text{ト}}\ \boxed{\text{ナ}}$ ， $\boxed{\text{ニ}}$ ）である。

⑽ 25人の生徒がそれぞれさいころを1回投げ，出た目の数をそれぞれの得点として記録する。下の表は23人目までの生徒の得点を整理したものである。

得点(点)	1	2	3	4	5	6	計
人数(人)	4	3	5	3	5	3	23

25人の生徒全員がさいころを投げ終わったとき，

(i) 平均値が3.56点となる確率は $\frac{\boxed{\text{ヌ}}}{\boxed{\text{ネ}}}$ である。

(ii) 中央値が4点となる確率は $\frac{\boxed{\text{ノ}}}{\boxed{\text{ハ}}}$ である。

(iii) 最頻値が3点のみとなる確率は $\frac{\boxed{\text{ヒ}}}{\boxed{\text{フ}}}$ である。

※［2］，［3］の解答は解答用紙の「記述解答欄」のA～Fに記入せよ。

［2］ 次のページの図のように，点Aと点Cのy座標が等しく，点Bと点Cのx座標が等しくなるように，$y=\frac{5}{x}$ のグラフ上に点Aと点Bを，$y=\frac{15}{x}$ のグラフ上に点Cをとる。また，点Aのx座標をa（$a>0$）とする。このとき，あとの各問いに答えよ。

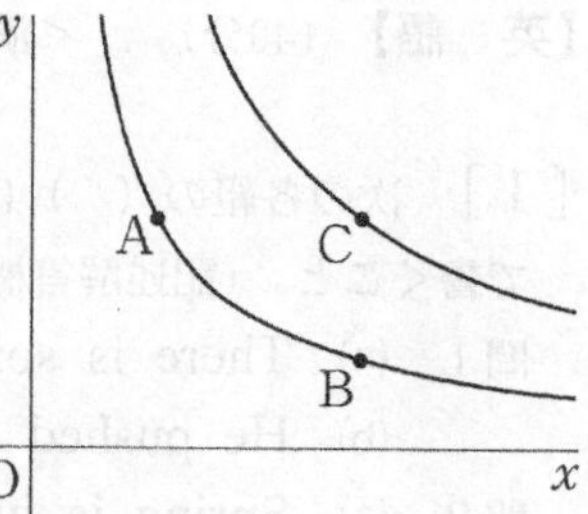

⑴ 点Bの座標を a を用いて表せ。[A]

⑵ 点Cを通り，傾き $\frac{1}{3}$ の直線 l をひく。直線 l 上にあって，点Aと x 座標が等しい点を点Dとする。

(i) △BCDの面積を求めよ。[B]

(ii) $a=\frac{1}{2}$ のとき，直線 l を軸として△BCDを１回転してできる立体の体積を求めよ。[C]

［3］ 点Oを中心とする円を円Oとする。円Oの外側に接する円を，円Oをちょうど一周するようにいくつかかく。ただし，外側の円は互いに接しており，半径がすべて等しい。例えば，図１は８個，図２は23個の場合である。このとき，次の各問いに答えよ。

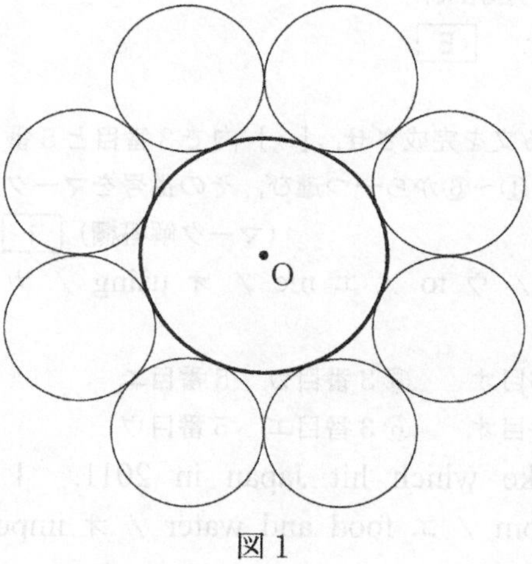

図１

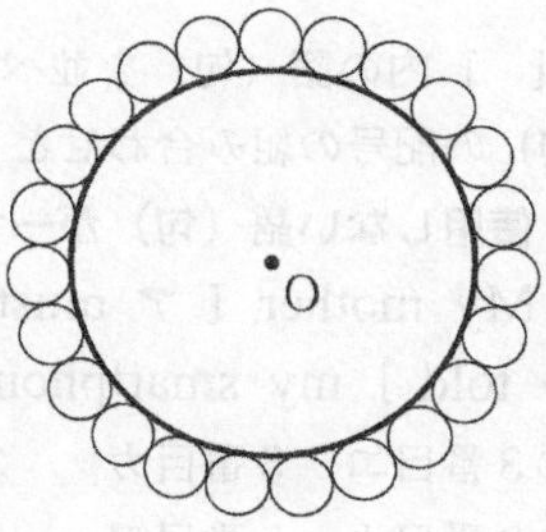

図２

⑴ 問題の条件を満たすように，円Oの外側に半径 r の円を４つかく。円Oの半径が $\sqrt{2}-1$ のとき，円Oの外側にかいた円の半径 r を求めよ。[D]

⑵ 問題の条件を満たすように，円Oの外側に円Oと半径の等しい円をいくつかかく。このとき，円Oの外側にはいくつの円がかけるか。[E]

⑶ 円Oおよび円Oの外側のすべての円の面積と，円Oの外側の円をかくときに生じるすべての隙間《すきま》の面積の和（図３のようにかげ「▒」をつけた部分の面積の和）を S とする。⑵の場合で，円Oの半径が１のときの S を求めよ。[F]

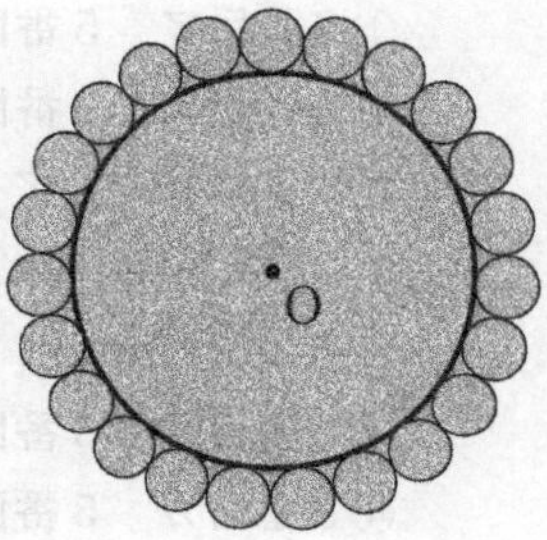

図３

【英　語】（40分）　＜満点：100点＞

［1］ 次の各組の（　）には共通の単語が入る。その単語を答えよ。ただし，解答はすべて小文字で書くこと。（記述解答欄）[A] ～ [E]

問1 (a) There is someone (　　　) him.
(b) He pushed me from (　　　). [A]

問2 (a) Spring is just (　　　) the corner.
(b) The teacher looked (　　　) in the classroom. [B]

問3 (a) By what (　　　) do you say that?
(b) She came from the (　　　) side of the stage. [C]

問4 (a) (　　　) of the letters are written in English.
(b) The town is the (　　　) beautiful in the country. [D]

問5 (a) The man (　　　) in a very big house.
(b) AI can make our (　　　) better. [E]

［2］ ［　］内の語（句）を並べかえて意味の通る文を完成させ，［　］内で3番目と5番目にくる語（句）の記号の組み合わせとして正しいものを①～⑥から一つ選び，その番号をマークせよ。ただし，使用しない語（句）が一つある。（マーク解答欄）[1] ～ [5]

問1 My mother [ア must / イ always / ウ to / エ me / オ using / カ stop / キ told] my smartphone. [1]

①3番目エ　5番目カ　②3番目エ　5番目オ　③3番目カ　5番目エ
④3番目カ　5番目ア　⑤3番目イ　5番目オ　⑥3番目エ　5番目ウ

問2 I read a book about the earthquake which hit Japan in 2011. I learned [ア preparing / イ becoming / ウ from / エ food and water / オ important / カ is]. [2]

①3番目オ　5番目エ　②3番目ア　5番目イ　③3番目カ　5番目オ
④3番目ウ　5番目エ　⑤3番目イ　5番目カ　⑥3番目イ　5番目エ

問3 Can you [ア after / イ the / ウ me / エ book / オ mine / カ send] you finish reading it? [3]

①3番目ア　5番目エ　②3番目イ　5番目オ　③3番目エ　5番目オ
④3番目エ　5番目ア　⑤3番目イ　5番目ア　⑥3番目イ　5番目エ

問4 A：Who [ア think / イ came / ウ when / エ this / オ into / カ room] I was out?
B：Mr. Smith did. [4]

①3番目オ　5番目カ　②3番目オ　5番目ウ　③3番目イ　5番目オ
④3番目カ　5番目イ　⑤3番目エ　5番目ウ　⑥3番目エ　5番目ア

問5 A：Do you like this movie?
B：Yes. I [ア movie / イ ever / ウ such / エ have / オ an impressive / カ seen / キ never] before. [5]

①３番目エ　５番目イ　②３番目カ　５番目ア　③３番目ア　５番目キ
④３番目カ　５番目オ　⑤３番目カ　５番目ウ　⑥３番目イ　５番目カ

［３］ 次の英文は，Yumiがペットについて調べ，クラスで発表をしたときのYumiとクラスメイトとの会話である。よく読んで問いに答えよ。

Yumi : Hi, everyone. Today, I'm going to talk about pets. In Japan many people have pets. So I asked my classmates about their pets. I'm going to ask some questions. Let's start! Question No. 1. What are the most popular pets in our class?

Ken : Dogs!

Yumi : No! They are the second.

Mio : Cats?

Yumi : Yes!

Ken : Really? I am surprised. I thought dogs were more popular than cats.

Yumi : I was surprised, too. But look at the Graph 1 and Graph 2. In Japan, cats have been more popular than dogs since (①). Then, question No. 2. What are the third most popular pets in our class?

Mio : Rabbits?

Yumi : No. Only two of us have rabbits.

Ryota : Birds?

Yumi : Birds are the fourth!

Ken : Fish!

Yumi : Great! Let's look at the Graph 3. There are ②40 students in our class. Eleven students have cats, but ten have dogs.

Ken : There is only one ③difference. *By the way, why are cats more popular than dogs?

Yumi : I couldn't find ④the reason on the Internet. So I asked my classmates. ⑤Some (to / a dog / said / walk / so / were / busy / they / too). *On the other hand, cats' *owners don't need to take them for a walk (⑥) dogs. Cats go around *freely and come back home *by themselves. They don't want us ⑦walk them. They enjoy their time by themselves!

Ken : I have a dog named Coco. She is really cute and she is a member of our family. When I am tired, I don't want to walk her, but I hope more people will have dogs.

Mrs. Kato : Excuse me. In fact, I have a dog. So if you add me, (⑧). I like dogs, too. I walk my dog to do *exercise.

Yumi : I'm sorry, Mrs. Kato. Thank you. I have two cats now, but I hope to have a dog someday.

Graph 1

Graph 2

Graph 3

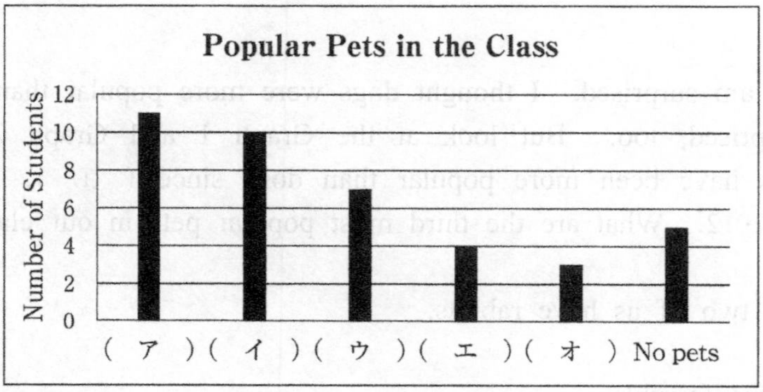

注) by the way：ところで　on the other hand：もう一方では　owner：飼い主　freely：自由に
by themselves：自分たちで　exercise：運動

問1　空所①に入る，本文の内容に合う数字を一つ選び，その番号をマークせよ。
(マーク解答欄) 6

①2014　②2015　③2016　④2017　⑤2018

問2　下線部②の数字を英語に直せ。(記述解答欄) F

問3　下線部③の意味として最も適切なものを一つ選び，その番号をマークせよ。
(マーク解答欄) 7

①差　②難しさ　③種類　④人

問4　下線部④の内容として最も適切なものを一つ選び，その番号をマークせよ。
(マーク解答欄) 8

①犬が猫より人気がある理由　②猫が犬より人気がある理由
③犬と猫が同じくらい人気がある理由　④猫を散歩に連れて行かない理由

問5　下線部⑤が意味の通る文になるように(　)内の語(句)を並べかえたとき，不要となる語(句)を一つ答えよ。(記述解答欄) G

問6　空所⑥に入る最も適切なものを一つ選び，その番号をマークせよ。(マーク解答欄) 9

① make　② like　③ get　④ find

問7　下線部⑦を適切な形にせよ。ただし，1語とは限らない。(記述解答欄) H

問８　空所⑧に入る最も適切な英文を一つ選び，その番号をマークせよ。（マーク解答欄）[10]

① dogs are more popular than cats in the class
② dogs are the most popular pets in the class
③ dogs are not as popular as cats in the class
④ dogs are as popular as cats in the class

問９　Graph 3の（ア）～（オ）に入る語を一つずつ選び，その番号をマークせよ。
（マーク解答欄）[11] ～ [15]

① Fish　② Dogs　③ Others　④ Cats　⑤ Birds　⑥ Rabbits

（ア）[11]　（イ）[12]　（ウ）[13]　（エ）[14]　（オ）[15]

［4］ 次の英文は，Ryotaさんが英語の授業で行ったスピーチの原稿である。Ryotaさんはアメリカの文学作品『トム・ソーヤの冒険』の主人公であるトムが通っていた学校について調べた。原稿をよく読んで問いに答えよ。

What are your *hobbies? Listening to music? Reading? Playing soccer? My hobby is reading and my favorite book is "*The Adventures of Tom Sawyer.*" It was [あ] write by a famous American writer, Mark Twain. He wrote this book in 1876. Tom Sawyer was a boy who was about ten years old and went to school. His school is different （ ア ） our school. His school is "a one-room school". Have you ever heard "one-room school"? I am interested （ イ ） one-room schools. So I'd like to talk about one-room schools. Tom lived in a town [い] call St. Petersburg, but it is *fictional. Mark Twain *grew up in *Hannibal in *Missouri.

Tom and the other children of St. Petersburg went to a one-room school. There were many one-room schools in small towns in the United States during the 18th and 19th *centuries. During the late 1880s there were about ①190,000 one-room schools, and today there are about 400.

What was the one-room school like? The school looked like a small house with one big room. （ ウ ） top of the *roof of the school there was a school *bell. In the big room there were small *wooden desks and chairs for the students. The teacher's desk and a big *blackboard were in front （ エ ） the room. The students' parents usually made the desks and chairs. Every one-room school had a *stove. During the winter the teacher burned wood in the stove to make the room （ A ）. The children who sat near the stove were often too （ B ）, and the children who sat near the windows were often too （ C ）.

The girls sat on one side of the room and the boys sat on the other. The younger students sat in the front near the teacher and the older students sat in the back. The youngest students were about six years old, and the oldest were about 14 or 15. There were between 6 to 40 students in the one-room school. The teacher had to teach them all!

Some children walked to school and others [う] <u>ride</u> a *horse. The school day began (オ) 8 a.m. and ended (オ) 4 p.m. The first subject was always reading. Then there were games for fifteen minutes. The second subject was math and then writing. After an hour's *break for lunch it was time for *spelling and *grammar, and then history. The last subject was *geography. The teacher [え] <u>teach</u> the younger students first and then the older students. The older students ②<u>(the younger students / reading and math / with / helped)</u>. There was no homework because most students had to work on the family farm when they got home.

Are you interested (イ) one-room schools? I want to go to a one-room school because I don't have any brothers or sisters. It is fun if I can teach younger students. Thank you for [お] <u>listen</u>.

表

School timetable

1	(カ)
15 minutes	(キ)
2	(ク)
3	(ケ)
1 hour	Lunch
4	Spelling and Grammar
5	(コ)
6	Geography

教室の図

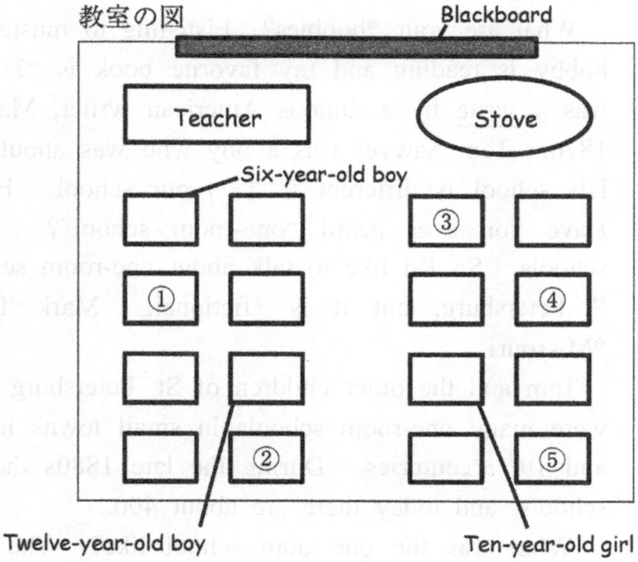

注）hobby：趣味　fictional：架空の　grow up：育つ　Hannibal：ハンニバル（町の名前）
Missouri：ミズーリ（アメリカ合衆国の州）　century：世紀　roof：屋根　bell：鐘
wooden：木製の　blackboard：黒板　stove：ストーブ　horse：馬　break：休憩
spelling：つづり方　grammar：文法　geography：地理

問１　下線部[あ]～[お]を正しい形にしたものを一つ選び，その番号をマークせよ。

（マーク解答欄）[16]～[20]

[あ] ① write　② wrote　③ written　④ writing　⑤ to write　[16]

[い] ① calls　② called　③ calling　④ to call　⑤ to be called　[17]

[う] ① ride　② rode　③ ridden　④ riding　⑤ to ride　[18]

[え] ① teaches　② taught　③ teaching　④ to teach　⑤ to be taught　[19]

[お] ① listen　② listened　③ listening　④ to listen　⑤ to be listened　[20]

問２　（ア）～（オ）に入る語を一つずつ選び，その番号をマークせよ。ただし，どれも一度しか使えない。また，文頭にくる語も小文字で示してある。（マーク解答欄）21 ～ 25

① at　② on　③ from　④ in　⑤ of

（ア）21　（イ）22　（ウ）23　（エ）24　（オ）25

問３　下線部①の読み方として正しいものを一つ選び，その番号をマークせよ。
（マーク解答欄）26

① nineteen hundred thousand
② nineteen thousand
③ one hundred and nineteen thousand
④ one hundred and ninety thousand

問４（Ａ）～（Ｃ）に入る語の組み合わせとして最も適切なものを一つ選び，その番号をマークせよ。（マーク解答欄）27

①（Ａ）warm　（Ｂ）hot　（Ｃ）cold
②（Ａ）warm　（Ｂ）cold　（Ｃ）hot
③（Ａ）cool　（Ｂ）hot　（Ｃ）cold
④（Ａ）cool　（Ｂ）cold　（Ｃ）hot

問５　下線部②を意味の通じる英語になるように並べかえよ。（記述解答欄）Ⅰ

問６　前のページの表の “School timetable” の，（カ）～（コ）に入る語を一つずつ選び，その番号をマークせよ。（マーク解答欄）28 ～ 32

① History　② Writing　③ Reading　④ Games　⑤ Math

（カ）28　（キ）29　（ク）30　（ケ）31　（コ）32

問７　「教室の図」は本文をもとに描かれている。次の２人の生徒は，①～⑤のどの座席に座っていたと思われるか。最も適切な座席を選び，その番号をマークせよ。（マーク解答欄）33，34

生徒１：He is eight years old.　33
生徒２：She is thirteen years old.　34

問８　次の①～⑦の記述のうち本文の内容と一致するものはいくつあるか。その数をマークせよ。例えば，一致するものが一つの場合はマークシートの１をマークせよ。（マーク解答欄）35

① Mark Twain is a famous American writer who wrote “*The Adventures of Tom Sawyer.*”
② Tom Sawyer lived in Hannibal in Missouri.
③ Today about 400 children go to one-room school.
④ Parents built the school building.
⑤ Children from six to fifteen went to one-room school.
⑥ Students went to school on foot or by train.
⑦ Students had to do a lot of homework every day.

【理　科】（社会と合わせて60分）　＜満点：75点＞

【注意】 計算機は使用できません。

［1］ ふりこの運動や，コイルのまわりの磁界について実験，考察を行った。あとの問いに答えよ。ただし，ふりこのおもりや糸には空気抵抗ははたらかないものとし，力学的エネルギーは常に一定に保たれているものとする。

［実験1］ 図1のように，図の位置ａからふりこのおもりを静かにはなすと，位置ｂ，最下点である位置ｃ，位置ｄを通り，おもりは位置ａと同じ高さの位置ｅまで上がった。

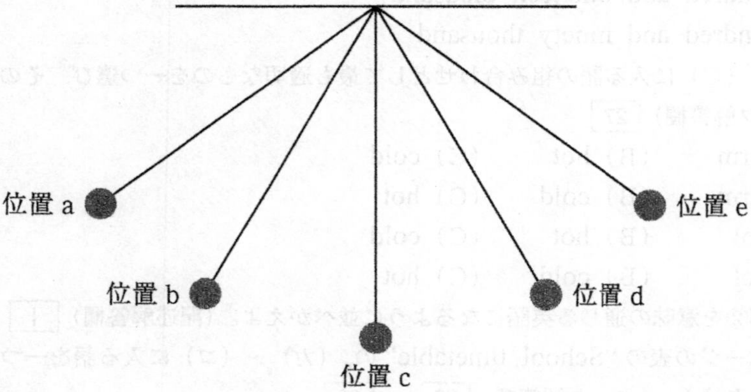

図１

⑴　位置ａから位置ｃまで移動する間に減少する，おもりがもつ位置エネルギーと大きさが等しいものはどれか。それらを過不足なく含むものを，下の①～⑦のうちから一つ選べ。
（マーク解答欄）［1］

ア　位置ｃでおもりがもつ運動エネルギーの大きさ
イ　位置ｅでおもりがもつ運動エネルギーの大きさ
ウ　位置ｃから位置ｅまで移動する間に増加する，おもりがもつ位置エネルギーの大きさ

①ア　②イ　③ウ　④ア，イ
⑤ア，ウ　⑥イ，ウ　⑦ア，イ，ウ

⑵　この実験のある位置において，おもりがもつ位置エネルギーの大きさが，力学的エネルギーの大きさの25％のときがあった。このとき，おもりがもつ運動エネルギーの大きさは，位置エネルギーの大きさの何倍であるか答えよ。（記述解答欄）［A］

⑶　図１で，おもりが位置ｅにきたとき，おもりをつるしていた糸が切れると，おもりはどの向きに運動するか。最も適当なものを，次のページの図２の①～⑥のうちから一つ選べ。
（マーク解答欄）［2］

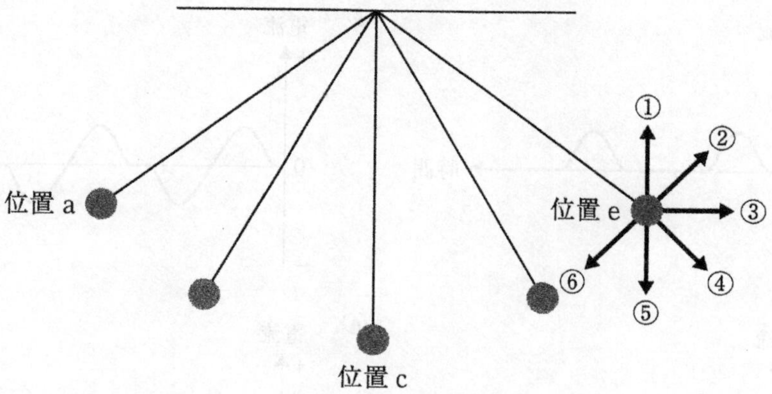

図２

［実験２］　実験１のふりこのおもりを棒磁石にとりかえ，最下点の位置ｃの下にふりこの中心軸とコイルの中心軸が一致するようにコイルを設置し，棒磁石を位置ａから運動させた（図３）。コイルには端子Ａと端子Ｂがあり，端子Ａから抵抗器Ｒを通って端子Ｂに電流が流れるときを＋（プラス）とする。

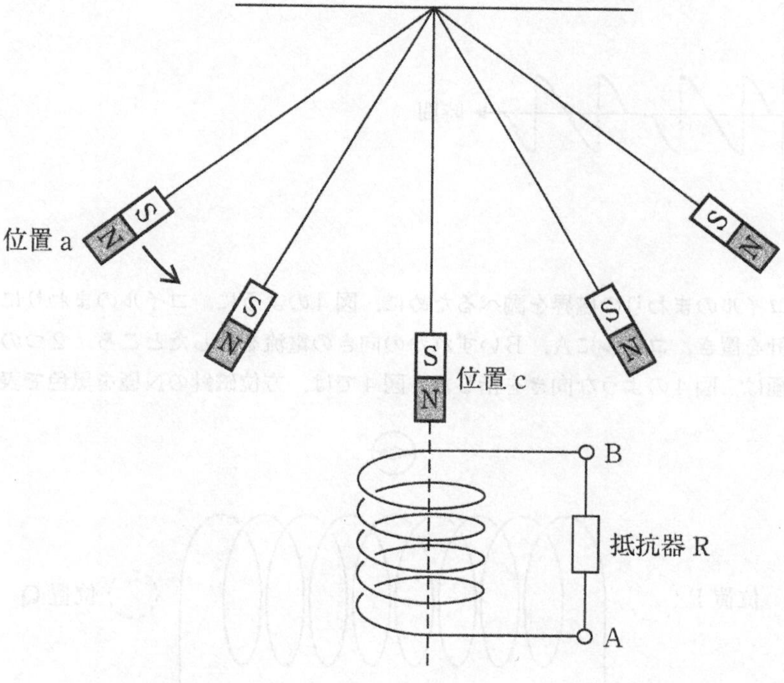

図３

⑷　この実験で，棒磁石が位置ａにある瞬間を時刻０としたとき，コイルに流れる電流の時間変化のようすを表すグラフとして最も適当なものを，次のページの①～⑤のうちから一つ選べ。ただし，棒磁石のＮ極がコイルに近づくと，＋の向きに電流が流れるものとする。
（マーク解答欄）［３］

①

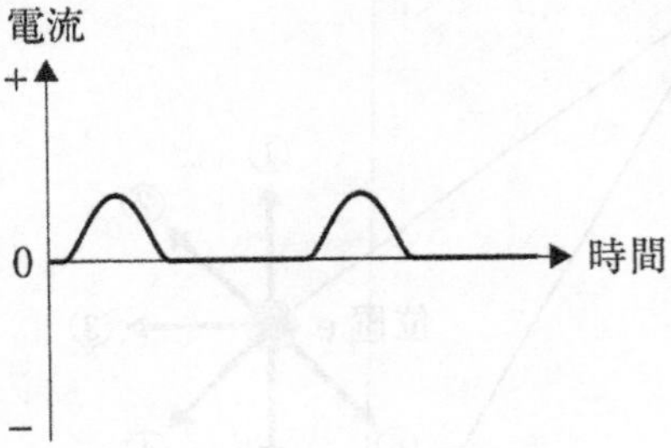

②

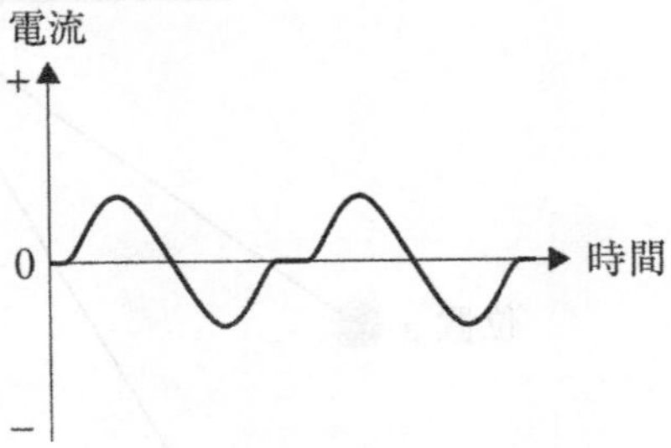

③

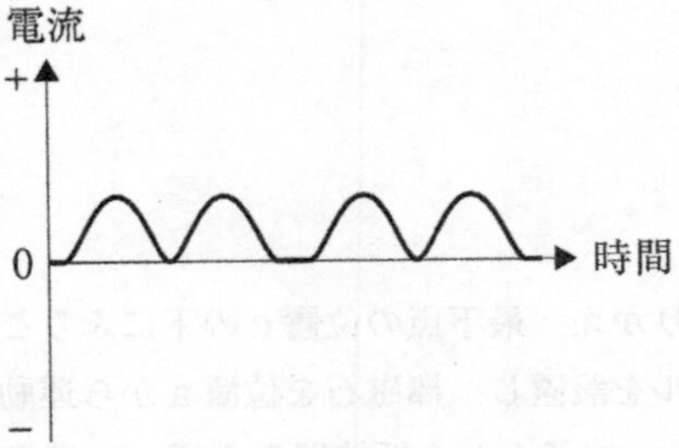

④

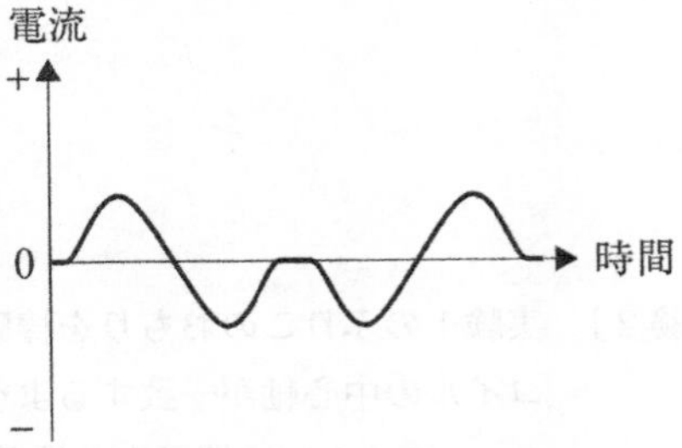

⑤

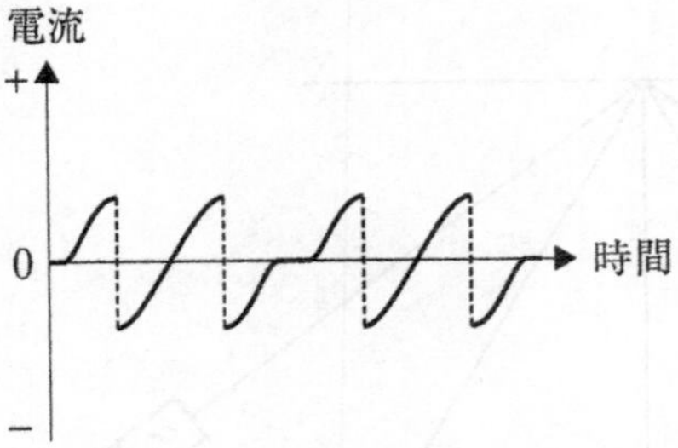

［実験３］ コイルのまわりの磁界を調べるために，図４のように，コイルのまわりに２つの方位磁針を置き，コイルにＡ，Ｂいずれかの向きの電流を流したところ，２つの方位磁針のＮ極は，図４のような向きを指した。図４では，方位磁針のＮ極を黒色で表している。

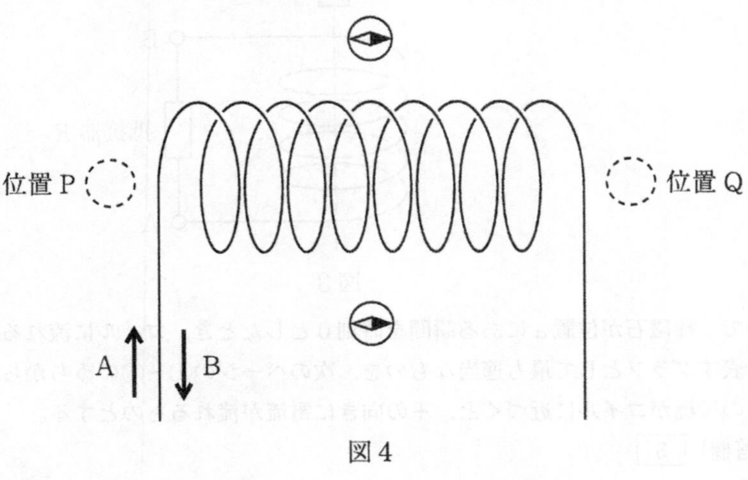

図４

⑸　実験３でコイルに流れている電流の向きと，図４の位置Ｐおよび位置Ｑに方位磁針を置いたときにＮ極が指す向きを組み合わせたものとして最も適当なものを，次の①～⑧のうちから一つ選べ。（マーク解答欄）4

	コイルに流れている電流の向き	位置Ｐ	位置Ｑ
①	図４のＡの向き		
②	図４のＡの向き		
③	図４のＡの向き		
④	図４のＡの向き		
⑤	図４のＢの向き		
⑥	図４のＢの向き		
⑦	図４のＢの向き		
⑧	図４のＢの向き		

［２］　Ａさんは，休日に屋外でのフィールドワークを行った。Ａさんの調査対象は主に火山と火成岩，太陽や月についての観察であった。あとの問いに答えよ。

Ａさんは川原でいくつかの火成岩を採取することができた。ルーペでよく観察すると次の４つのグループに分類することができた。

［火成岩ａ］　白っぽい色，小さな粒からなる部分と比較的大きな鉱物の部分からできている
［火成岩ｂ］　白っぽい色，比較的大きな鉱物だけでできている
［火成岩ｃ］　黒っぽい色，小さな粒からなる部分と比較的大きな鉱物の部分からできている
［火成岩ｄ］　黒っぽい色，比較的大きな鉱物だけでできている

⑴　次の文中の（ア）～（ウ）にあてはまる語句の組み合わせとして最も適当なものを，次のページの①～⑧のうちから一つ選べ。（マーク解答欄）5

火成岩の色から，火成岩となったマグマの（　ア　）がわかる。また，火成岩のつくりから，火成岩となったマグマの（　イ　）がわかる。これらのことから考えると，火成岩ａ～ｄのグループのうち，ねばりけの弱いマグマが急に冷えてできたのは，（　ウ　）のグループと考えられる。

	ア	イ	ウ
①	冷え方	ねばりけの強さ	火成岩 a
②	冷え方	ねばりけの強さ	火成岩 b
③	冷え方	ねばりけの強さ	火成岩 c
④	冷え方	ねばりけの強さ	火成岩 d
⑤	ねばりけの強さ	冷え方	火成岩 a
⑥	ねばりけの強さ	冷え方	火成岩 b
⑦	ねばりけの強さ	冷え方	火成岩 c
⑧	ねばりけの強さ	冷え方	火成岩 d

⑵ ［火成岩 b］のグループに関する記述として最も適当なものを，次の①～⑧のうちから一つ選べ。（マーク解答欄） 6

①斑状組織をしており，流紋岩に分類される
②斑状組織をしており，花こう岩に分類される
③斑状組織をしており，はんれい岩に分類される
④斑状組織をしており，玄武岩に分類される
⑤等粒状組織をしており，流紋岩に分類される
⑥等粒状組織をしており，花こう岩に分類される
⑦等粒状組織をしており，はんれい岩に分類される
⑧等粒状組織をしており，玄武岩に分類される

⑶ Aさんは，さらに採取した火山灰の粒をルーペでよく観察したところ，セキエイやチョウ石などの無色鉱物がほとんどで，有色鉱物は少なかった。このことから推定できる火山灰を噴出した当時の火山の形と，その形に近い火山の組み合わせとして最も適当なものを，次の①～⑥のうちから一つ選べ。（マーク解答欄） 7

	火山の形	その形に近い火山
①	おわんをふせたような形	有珠山
②	おわんをふせたような形	三原山（伊豆大島）
③	おわんをふせたような形	浅間山
④	傾斜のゆるやかな形	キラウエア山
⑤	傾斜のゆるやかな形	雲仙普賢岳
⑥	傾斜のゆるやかな形	富士山

⑷ Aさんは，日中に次のページの図1の天体望遠鏡をつかって，太陽を直接見ないように注意しながら，太陽の観察を行った。太陽の像を太陽投影板にうつしたところ，図2のように，太陽投影板上に取りつけた記録用紙の円よりも太陽の像が大きくうつり，像は a 側にずれてしまった。この太陽の像を記録用紙の円に大きさと位置を合わせる方法として最も適当なものを，あとの①～④のうちから一つ選べ。（マーク解答欄） 8

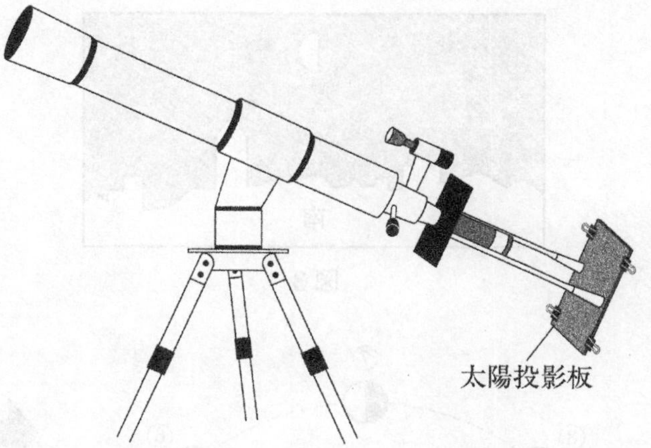

図1

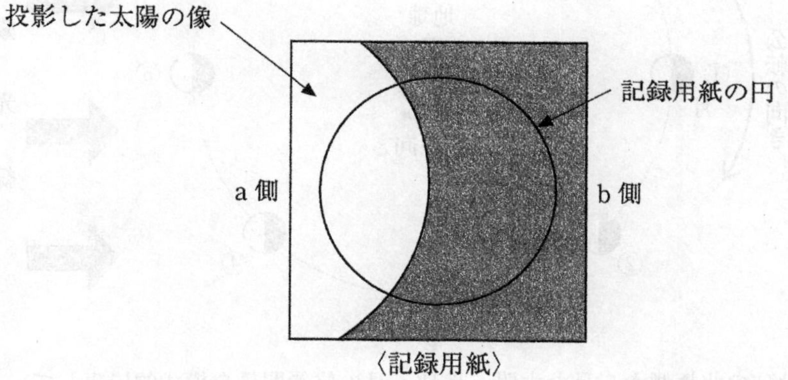

図2

①太陽投影板を接眼レンズに近づけ，望遠鏡の向きを東にずらす
②太陽投影板を接眼レンズから遠ざけ，望遠鏡の向きを東にずらす
③太陽投影板を接眼レンズに近づけ，望遠鏡の向きを西にずらす
④太陽投影板を接眼レンズから遠ざけ，望遠鏡の向きを西にずらす

⑸　⑷ののち，Aさんは，太陽の像を記録用紙の円の大きさに合わせて投影することができた。記録用紙の円の直径は12㎝であり，ちょうど円の中心に１つの黒点が観察された。観察された黒点はほぼ円形で直径は３㎜であった。黒点の実際の直径は，地球の直径の何倍か。小数第２位を四捨五入して小数第１位まで求めよ。ただし，太陽の直径は地球の直径の109倍とする。(記述解答欄) B

⑹　Aさんは，フィールドワークのしめくくりとして，この日の月の見え方を観察した。次のページの図３は午後６時頃に日本のある地点でAさんが月を観察したスケッチである。図３のスケッチを描いたときの地球に対する月の位置として最も適当なものを，図４の①～⑧のうちから一つ選べ。(マーク解答欄) 9

図３

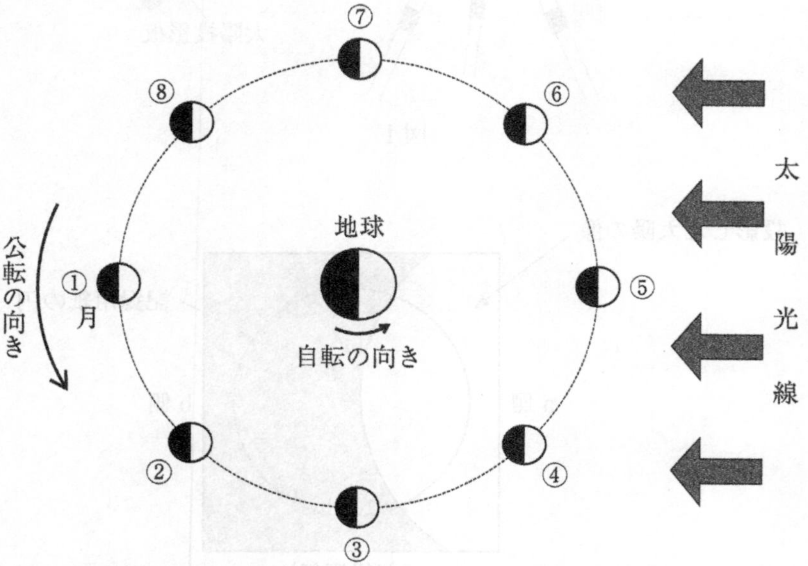

〈地球の北極側から見た太陽，地球，月の位置関係を模式的に表している〉

図４

［３］　身のまわりの大気の状態や大気圧について，あとの問いに答えよ。

⑴　ある日の午前６時，家のまわりには霧が発生していて，気温は２℃，湿度は90％であった。その後，霧が消えて快晴となり，午前８時の気温は10℃，湿度は70％であった。表１は，気温と飽和水蒸気量の関係を示したものである。この日，家のまわりの空気１ m^3 中に含まれていた水蒸気の質量は，午前６時と午前８時では，どちらの時刻が何ｇ多かったか，小数第２位を四捨五入して小数第１位まで求めよ。(記述解答欄) C

気温〔℃〕	飽和水蒸気量〔g/m^3〕
2	5.6
4	6.4
6	7.3
8	8.3
10	9.4
12	10.7
14	12.1

表１

(2)　図1のように断面積が1.0㎠で一端を閉じた太さが一様な長いガラス管に水銀を満たし，水銀の入った容器の中で口を下にして，空気が管内に入らないようにして垂直に立てたところ，水銀柱の液面が，容器の水銀の液面から h =76.0㎝の高さまで下がったところで静止した。大気による圧力は何N/㎠か。ただし，100gの物体にはたらく重力の大きさを1.0Nとし，水銀の密度は13.6g/㎤とする。解答は小数第2位を四捨五入して小数第1位まで求めよ。(記述解答欄) D

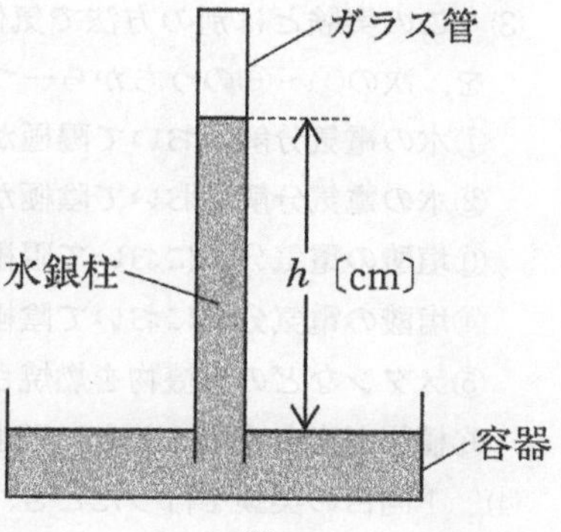

図1

［4］　化学変化と質量の関係を調べる実験を行った。あとの問いに答えよ。

〔実験〕図1のように，炭素の粉末0.15gと，さまざまな質量の酸化銅の粉末を乳ばちの中でよく混ぜ合わせてから，すべて試験管に入れた。この試験管をガスバーナーで十分に加熱して，混合物を反応させた。しばらく経ってから反応後の試験管に残ったものを取り出し，質量を測定したところ，表1の結果を得た。5回目の実験を行ったとき，酸化銅と炭素がどちらも余ることなく反応するようすが観察できた。ただし，炭素の粉末は酸化銅とのみ反応するものとする。

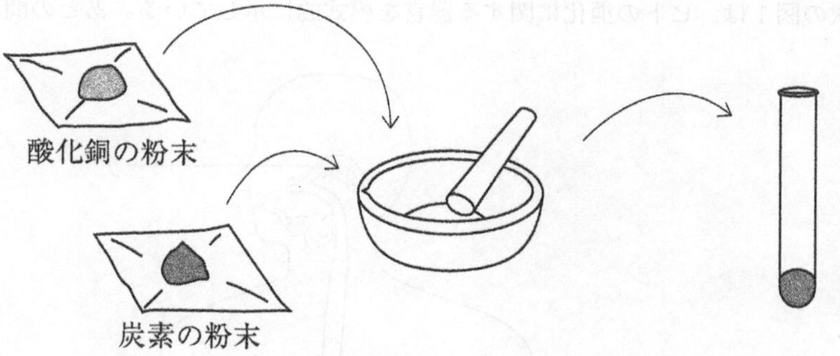

図1

表1

	1回目	2回目	3回目	4回目	5回目	6回目
用意した酸化銅の質量〔g〕	0.40	0.80	1.20	1.60	2.00	2.40
反応後の試験管に残ったものの質量〔g〕	0.44	0.73	1.02	1.31	1.60	2.00

(1)　この実験では，酸化銅の粉末は酸素がうばわれる化学変化が起きた。このような化学変化を何というか。漢字2文字で答えよ。(記述解答欄) E

(2)　この実験では，反応がはじまると気体Aが発生した。気体Aの化学式を答えよ。(記述解答欄) F

⑶　この実験とは別の方法で気体Ａが発生していると考えられるものはどれか。最も適当なものを，次の①～⑥のうちから一つ選べ。(マーク解答欄) 10

①水の電気分解において陽極から発生
②水の電気分解において陰極から発生
③塩酸の電気分解において陽極から発生
④塩酸の電気分解において陰極から発生
⑤メタンなどの有機物を燃焼させると水とともに発生
⑥植物が光合成するときに発生

⑷　１回目の実験を行ったとき，発生した気体Ａは何ｇか。最も適当なものを，次の①～⓪のうちから一つ選べ。(マーク解答欄) 11

①0.06 g　②0.07 g　③0.08 g　④0.09 g　⑤0.10 g
⑥0.11 g　⑦0.12 g　⑧0.13 g　⑨0.14 g　⓪0.15 g

⑸　５回目の実験のようすから，６回目の実験では酸化銅の粉末は一部反応せずに残っていると考えられる。これを完全に反応させるためには，炭素の粉末があと何ｇ必要であるか。最も適当なものを，次の①～⓪のうちから一つ選べ。(マーク解答欄) 12

①0.01 g　②0.03 g　③0.05 g　④0.07 g　⑤0.10 g
⑥0.12 g　⑦0.14 g　⑧0.16 g　⑨0.18 g　⓪0.20 g

［５］　次の図１は，ヒトの消化に関する器官を模式的に示している。あとの問いに答えよ。

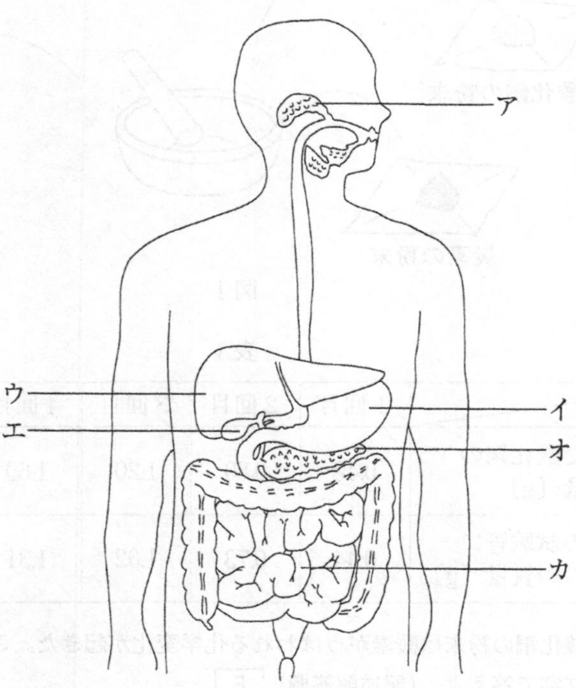

図１

⑴　前のページの図１のア～カの器官のはたらきに関する記述として最も適当なものを，次の①～⑥のうちから一つ選べ。（マーク解答欄）13

①デンプンにはたらく消化酵素を含む液を出すのは，アのみである。

②イから出る消化液によって，タンパク質はすべてアミノ酸に分解される。

③体内に吸収された養分のうち，ブドウ糖の一部はウや筋肉でグリコーゲンに変えられてたくわえられる。

④タンパク質の分解を助けるはたらきをする胆汁は，エにたくわえられる。

⑤オから出る消化液は，タンパク質にはたらく消化酵素と，脂肪にはたらく消化酵素を含むが，デンプンにはたらく消化酵素は含まない。

⑥消化によって吸収されやすい物質に変化した養分や水分は，すべてカで吸収される。

⑵　図１のイの消化液には塩酸が含まれている。塩酸はある物質が水に溶けたものである。ある物質の名称を答えよ。（記述解答欄）G

⑶　次の物質のうち，小腸で直接毛細血管に取り込まれるものはどれか。それらを過不足なく含むものを，下の①～⓪のうちから一つ選べ。（マーク解答欄）14

a　麦芽糖　b　タンパク質　c　脂肪　d　モノグリセリド
e　アミノ酸　f　ブドウ糖　g　脂肪酸　h　デンプン

①a　②b，e　③b，f　④c，d　⑤c，g
⑥d，g　⑦e，f　⑧a，e，f　⑨a，f，h　⓪d，e，g

⑷　次の文章は，食物を分解する消化酵素について述べたものである。（W）～（Z）にあてはまる語句の組み合わせとして最も適当なものを，下の①～⑥のうちから一つ選べ。
（マーク解答欄）15

中川くんは，朝食で鶏肉のささみをゆでたものを食べ，京野さんは朝食でトーストにバターをぬり，粒あんをのせた小倉トーストを食べた。鶏肉のささみの主な成分を分解する消化酵素は（　W　）と（　X　）であり，小倉トーストの主な成分を分解する消化酵素は（　Y　）と（　Z　）である。

	W	X	Y	Z
①	アミラーゼ	トリプシン	ペプシン	リパーゼ
②	アミラーゼ	リパーゼ	ペプシン	トリプシン
③	リパーゼ	トリプシン	アミラーゼ	ペプシン
④	リパーゼ	ペプシン	トリプシン	アミラーゼ
⑤	ペプシン	トリプシン	アミラーゼ	リパーゼ
⑥	ペプシン	アミラーゼ	トリプシン	リパーゼ

⑸　吸収されたブドウ糖は，全身の細胞に運ばれ，呼吸により酸素を使って分解される。このときに生じる物質の化学式の組み合わせとして最も適当なものを，次の①～⑨のうちから一つ選べ。
（マーク解答欄）16

①O_2，CO_2　②O_2，H_2O　③O_2，NH_3　④CO_2，H_2O　⑤CO_2，NH_3
⑥H_2O，NH_3　⑦N_2，CO_2　⑧N_2，H_2O　⑨N_2，NH_3

［6］ 家庭科の授業で調理実習をした際の会話文を読み，あとの問いに答えよ。

A子：今日のメニューはカレーライスとグリーンピースのサラダね。

B男：グリーンピースか。僕，ちょっと苦手だな。
同じ豆でも，スナップエンドウのサラダなら大好物なんだけどな。

A子：何言っているの。グリーンピースもスナップエンドウも，同じエンドウマメでしょう。

B男：えっ，そうなの？

A子：グリーンピースは実エンドウとも呼ばれて，エンドウの未熟な種子を食用としたものよ。スナップエンドウは，エンドウのなかでも，豆が成長して大きくなってもアさやごと食べられるように，アメリカで改良された品種よ。

B男：エンドウって，どういう植物だっけ？

A子：エンドウは被子植物の中でも双子葉類に分類されるから，葉脈は [イ] ，維管束は [ウ] ，根は [エ] という特徴をもっているわね。

B男：オメンデルの実験では遺伝の研究に使われていたよね？

A子：そうね。種子の形やさやの色についての実験があったわね。

B男：カ身のまわりのものとむすびつけて考えれば，理科の勉強も楽しくなるかな。

問1　会話文中の下線部アについて，エンドウのさやはどの部分が成長したものか。最も適当なものを，次の①～⑧のうちから一つ選べ。（マーク解答欄） [17]

①花弁　②がく　③おしべ　④胚珠　⑤子房　⑥葉　⑦根　⑧茎

問2　会話文中の空欄 [イ] ～ [エ] にあてはまる特徴の組み合わせとして最も適当なものを，次の①～⑧のうちから一つ選べ。（マーク解答欄） [18]

	イ	ウ	エ
①	網状脈	輪状にならんでいる	ひげ根
②	網状脈	輪状にならんでいる	主根と側根
③	網状脈	ばらばらに分布している	ひげ根
④	網状脈	ばらばらに分布している	主根と側根
⑤	平行脈	輪状にならんでいる	ひげ根
⑥	平行脈	輪状にならんでいる	主根と側根
⑦	平行脈	ばらばらに分布している	ひげ根
⑧	平行脈	ばらばらに分布している	主根と側根

問3　会話文中の下線部オについて，次の文章を読み，あとの問いに答えよ。

メンデルが調べたエンドウの7つの形質のうち，子葉の色については黄色と緑色の2つが対立形質になっていて，黄色の子葉か緑色の子葉しか現れない。図1のように，子葉の色が黄色になる純系のエンドウと緑色になる純系のエンドウを親の代としてできる子の代の子葉の色は，すべて黄色になる。また，子の代を自家受粉させると，孫の代の子葉の色は黄色と緑色の両方の個体が生じる。エンドウの子葉の色を黄色にする遺伝子をB，緑色にする遺伝子をbとすると，図1の親の代の黄色と緑

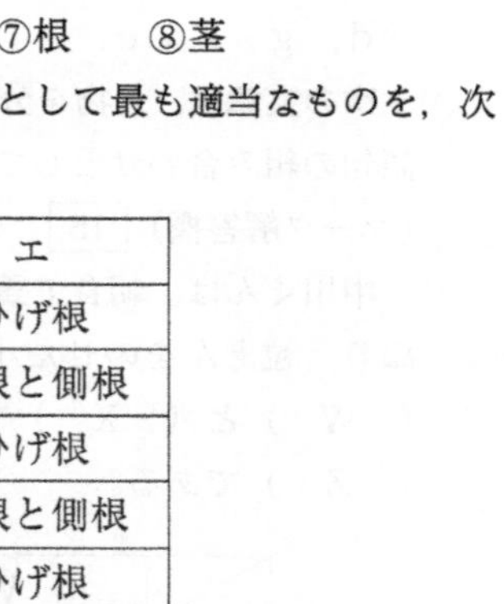

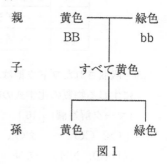

図1

色の個体の遺伝子の組み合わせは，それぞれBB，bbである。

⑴　遺伝子の本体は何という物質か。アルファベット３文字で答えよ。(記述解答欄) H

⑵　子の代の遺伝子の組み合わせはどのようになるか。また，子の代の子葉の色がすべて黄色になるのはなぜか。正しい記述を過不足なく含むものを，下の①～⑨のうちから一つ選べ。(マーク解答欄) 19

【子の代の遺伝子の組み合わせ】

キ　BB　　ク　Bb

【子の代の子葉の色がすべて黄色になる理由】

ケ　緑色の遺伝子が消失してしまったから

コ　緑色の遺伝子が黄色の遺伝子に変化してしまったから

サ　黄色の遺伝子は緑色の遺伝子に対して優性の形質だから

①キ，ケ　②キ，コ　③キ，サ　④ク，ケ　⑤ク，コ

⑥ク，サ　⑦キ，ク，ケ　⑧キ，ク，コ　⑨キ，ク，サ

問４　会話文中の下線部カに関する記述として**誤りを含むもの**を，次の①～④のうちから一つ選べ。(マーク解答欄) 20

①うがいをするために質量パーセント濃度が0.9%の食塩水を200ｇつくるとき，必要な食塩は18ｇである。

②１円硬貨は密度2.7ｇ/cm^3のアルミニウムでできており，質量は１ｇであるから，その体積はおよそ0.37cm^3と推定できる。

③10km離れた公園に行くため，午後１時に自転車に乗って自宅を出発した。自転車の平均の速さを12km/ｈとすると，公園に到着するのは午後１時50分頃である。

④５倍希釈と書かれているめんつゆの原液30mLを表示どおりにうすめるには，水は150mL必要である。

問５　会話文中の下線部カについて，身のまわりにあるさまざまな電池のうち，携帯電話やノートパソコンなどに使われる電池は小型軽量で，充電可能な電池(二次電池)として知られている。その開発にあたっては環境問題への貢献なども評価され，2019年，アメリカのジョン・グッドイナフ，スタンリー・ウィッティンガム，および日本の吉野彰の３名がノーベル化学賞を受賞した。この電池の名称を答えよ。

(記述解答欄) I 電池

【社　会】（理科と合わせて60分）　＜満点：75点＞

〔1〕 次の表は日本の歴史上，何らかの理由で外国との関わりが深かった人物Ａ～Ｅとその事績である。Ａ～Ｅの人物に関わる以下の問いに答えよ。

記号	人物名	事績
A	北条時宗	文永・弘安の役で中国とａ．朝鮮の連合軍の２度の襲来をうけながらも，武士たちの必死の防戦と暴風雨により，２度とも退却させた。
B	大村純忠	開港した長崎を海外貿易とキリスト教布教の一大中心地とし，ｂ．他のキリシタン大名らと共に４人の少年をローマ教皇のもとに派遣した。
C	小野妹子	南北が統一されたばかりの中国へ派遣され，ｃ．聖徳太子からの国書を持参して，対等の立場での国交の成立を試みた。
D	足利義満	室町幕府第３代将軍。ｄ．中国と朝貢形式での貿易を行い，その利益を幕府の財源とした。
E	阿倍仲麻呂	留学生として中国の優れたｅ．律令制度や文化を学び，活躍した。50年以上中国に留まり，帰国することなく一生を終えた。

問１　表中のＡ・Ｃ・Ｄ・Ｅはいずれも中国との関係が深かった人物である。Ａ・Ｃ・Ｄ・Ｅそれぞれが関わった時代の中国の王朝の組み合わせとして最も適当なものを，①～⑥から１つ選んで番号で答えよ。（マーク解答欄）1

	A	C	D	E		A	C	D	E
①	魏	隋	宋	唐	②	魏	秦	宋	隋
③	宋	唐	隋	明	④	元	隋	明	唐
⑤	元	隋	唐	宋	⑥	元	魏	唐	宋

問２　表中の下線部ａについて，この時の朝鮮は何という国家であったか。その名称として最も適当なものを，①～④から１つ選んで番号で答えよ。（マーク解答欄）2

①高句麗　②高麗　③百済　④新羅

問３　表中の下線部ｂについて，この使節の名称を答えよ。（記述解答欄）A

問４　表中の下線部ｃについて，聖徳太子の建立した法隆寺の構造として最も適当なものを，次のページの①～③から１つ選んで番号で答えよ。（マーク解答欄）3

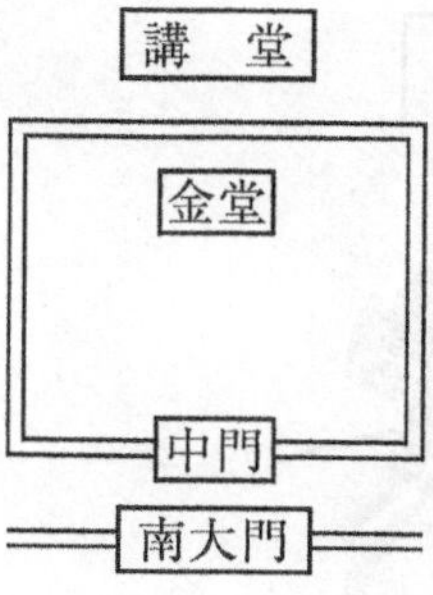

①

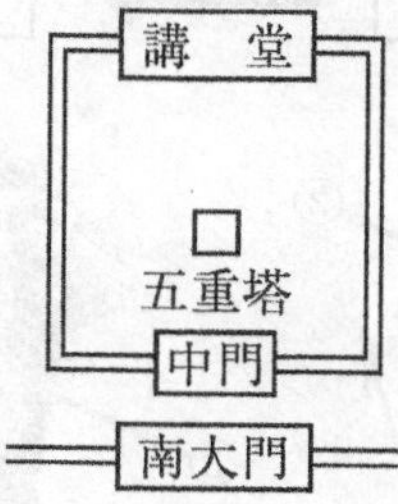

②

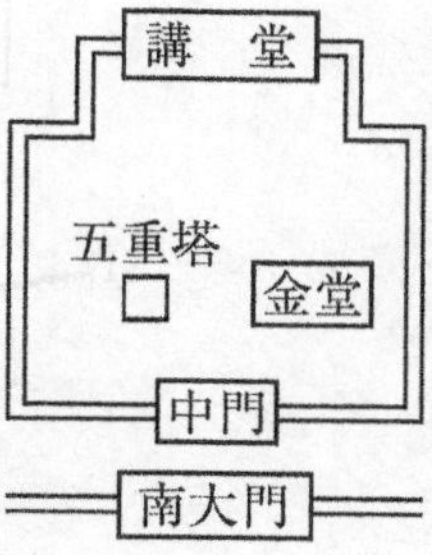

③

問５　前のページの表中の下線部ｄについて，この時代の中国との貿易の名称として最も適当なものを，①～④から１つ選んで番号で答えよ。（マーク解答欄）4

①南蛮貿易　　②勘合貿易　　③朱印船貿易　　④日宋貿易

問６　表中の下線部ｅについて，律令制度が成立した頃の日本に関する文として**誤っているもの**を，①～④から１つ選んで番号で答えよ。（マーク解答欄）5

①701年，中国の法律にならって大宝律令が制定され，中央に神祇官と太政官の二官がおかれた。

②708年，和同開珎が鋳造されたが，この貨幣は役人の給与として与えられた程度で，一般の商業においてはほとんど普及・流通しなかった。

③農民には租・調・庸や雑徭などの負担があり，負担の大部分は成年男子にかけられていた。

④710年，平城京に都が移されたが，この都は唐の長安にならって建設され，東西南北に道路が走っていた。

〔２〕　次の表は近現代の主な出来事を取り上げたものである。表を見て以下の問いに答えよ。

西暦	日本の出来事	世界の出来事
1789		フランス革命が起こる・・・a
1853	ペリーが浦賀に来航する・・・b	
1867	王政復古の大号令が出される・・・c	
	A	
1914	第一次世界大戦に参戦する	第一次世界大戦が始まる
		B
1939		第二次世界大戦が始まる

問１　表中のａの出来事について，次のページの絵は革命の前後で人々の税負担が変化したことを示しており，①～③は当時の３つの身分の人々を描いている。３つの身分のうち，革命の担い手となった身分として最も適当なものを，①～③から１つ選んで番号で答えよ。（マーク解答欄）6

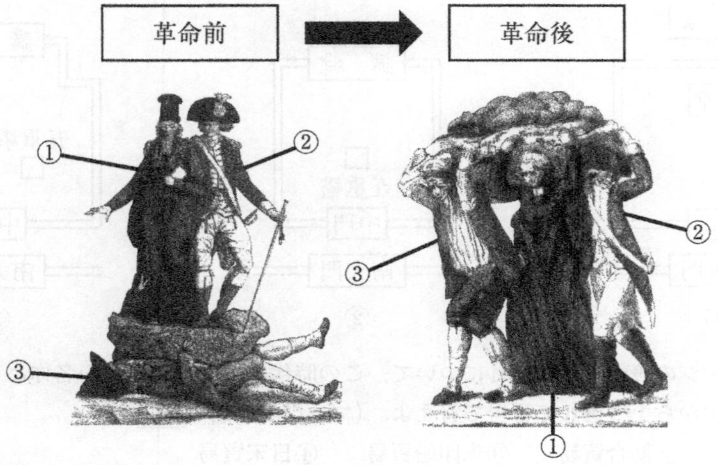

問2　問1の革命の担い手となった身分の人々が目指した社会について説明した文として最も適当なものを，①～④から1つ選んで番号で答えよ。(マーク解答欄) [7]

①国王や皇帝に統治の権限があり，国王や皇帝の思うままの政治が行われる社会

②自由・平等などの基本的人権を尊重し，人民主権の考えに基づく社会

③労働者が労働組合をつくって団結し，労働者を中心とする平等な社会

④民族と国家の利益を最優先とし，軍国主義的な独裁政治を行う社会

問3　前のページの表中のｂの出来事について，これをきっかけに開国を決断する日本に大きな影響を与えた世界の出来事として最も適当なものを，①～④から1つ選んで番号で答えよ。

(マーク解答欄) [8]

①インド大反乱　②アメリカ南北戦争　③甲午農民戦争　④アヘン戦争

問4　表中のｃの出来事について説明した文として最も適当なものを，①～④から1つ選んで番号で答えよ。(マーク解答欄) [9]

①薩長を中心とする倒幕派が朝廷の実権を握り，天皇を中心とする新政府の樹立を宣言した。

②徳川慶喜は政権を維持していくのは困難と判断し，朝廷に政権の返上を願い出た。

③坂本龍馬の仲立ちにより，薩摩藩と長州藩が同盟を結び，倒幕運動を開始した。

④江戸を東京と改称し，年号を明治と改めて，政治の中心を京都から東京に移した。

問5　表中の [A] の時期の出来事として年代順に正しく並べられたものを，①～④から1つ選んで番号で答えよ。但し出来事は日本だけでなく世界も含むものとする。(マーク解答欄) [10]

①安政の大獄→廃藩置県の実施→日露戦争→義和団事件

②戊辰戦争→地租改正条例の制定→日清戦争→辛亥革命

③五箇条の御誓文の提示→大日本帝国憲法の発布→ポーツマス条約の締結→三国干渉

④西南戦争→岩倉使節団の欧米派遣→日英同盟の成立→ベルサイユ条約の成立

問6　次のア～エは，表中の [B] の時期に起こった出来事である。ア～エを年代順に正しく並べかえたものとして最も適当なものを，①～④から1つ選んで番号で答えよ。

(マーク解答欄) [11]

ア　満州事変　イ　世界恐慌　ウ　ロシア革命　エ　ワイマール憲法制定

①ア→イ→ウ→エ　②イ→エ→ウ→ア　③ウ→エ→イ→ア　④エ→イ→ウ→ア

〔3〕 次の地図を見て以下の問いに答えよ。

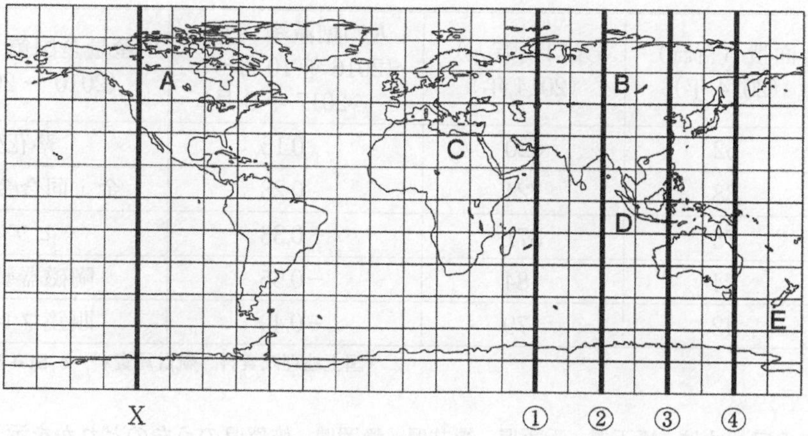

問1 地図中のXは，西経120度を示している。Xの経線に対して地球の反対側を通る東経60度を示すものとして最も適当なものを，地図中の①～④から1つ選んで番号で答えよ。
（マーク解答欄） 12

問2 中京大輔君は，冬休みにX線上にあるロサンゼルスに家族で旅行に行った。12月23日の午後5時に成田国際空港を出発し現地空港に到着した時，時刻を現地時間に合わせていなかった大輔君の時計は12月24日の午前3時を指していた。現地時間として最も適当なものを，①～⑥から1つ選んで番号で答えよ。（マーク解答欄） 13

①23日午前10時　②24日午前10時　③25日午前10時
④23日午後10時　⑤24日午後10時　⑥25日午後10時

問3 地図中のA～Eの国はそれぞれカナダ，ロシア，エジプト，インドネシア，ニュージーランドを示している。また，次の表はA～E国の1人当たりの国内総生産とおもな輸出品及び輸出総額を表している。D国に当てはまるものを，表中の①～⑤から1つ選んで番号で答えよ。
（マーク解答欄） 14

A～E国の1人当たりの国内総生産とおもな輸出品及び輸出総額（2015年）

		①	②	③	④	⑤
1人当たりの国内総生産（ドル）		9,243	3,452	43,206	3,346	38,294
おもな輸出品	第1位	原油	野菜・果実	自動車	石炭	酪農品
	第2位	石油製品	原油	原油	パーム油	肉類
	第3位	天然ガス	機械類	機械類	機械類	野菜・果実
	第4位	鉄鋼	石油製品	金(非貨幣用)	衣類	木材
	第5位	機械類	繊維品	石油製品	液化天然ガス	機械類
輸出総額（百万ドル）		343,908	21,967	408,804	150,366	34,357

（世界国勢図会 2017/18 年版より作成）

〔４〕 次の表を見て以下の問いに答えよ。

県名	面積（百km²）(2014年)	人口（万人）(2014年)	人口増減率（％）(2016年10月～2017年9月)	生産量全国第１位の品目 (2010～2013年)
ア	52	620	0.16	落花生
イ	38	724	0.28	金・同合金展伸材
ウ	78	371	－0.33	ピアノ
エ	24	84	－0.55	陶磁器製置物
オ	42	79	－0.49	眼鏡フレーム

(国土地理院資料，統計局資料，e-Statをもとに作成)

問１　表中のア～オは，埼玉県，千葉県，福井県，静岡県，佐賀県のうちのどれかを示している。そのうち，イとエの県名の組み合わせとして最も適当なものを，①～⑧から１つ選んで番号で答えよ。(マーク解答欄) 15

①イ：埼玉県　エ：千葉県
②イ：埼玉県　エ：佐賀県
③イ：福井県　エ：静岡県
④イ：福井県　エ：佐賀県
⑤イ：佐賀県　エ：千葉県
⑥イ：佐賀県　エ：静岡県
⑦イ：千葉県　エ：静岡県
⑧イ：千葉県　エ：福井県

問２　次の，ある都道府県を切り抜いたもの（縮尺・方位は同じではない）のうち，表中のオを示すものとして最も適当なものを，①～⑤から１つ選んで番号で答えよ。(マーク解答欄) 16

①	②	③	④	⑤

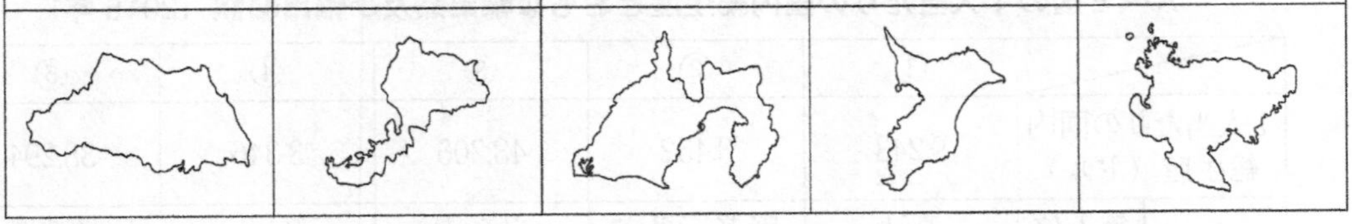

〔5〕　次の地図は，愛知県名古屋市昭和区近辺を東西南北に点線で北東部，北西部，南東部，南西部の４地域に分けたものである。この地図を見て以下の問いに答えよ。

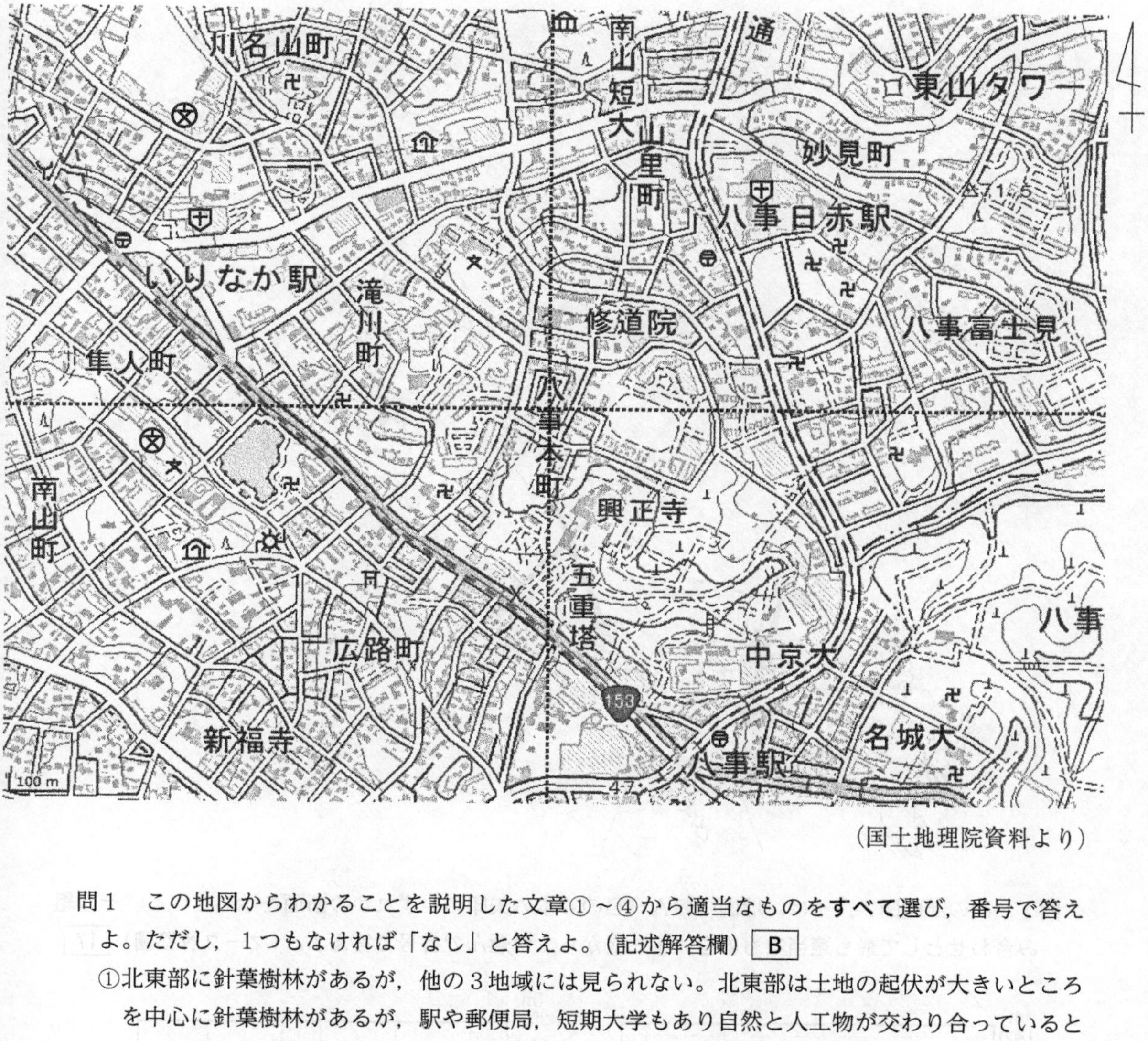

（国土地理院資料より）

問１　この地図からわかることを説明した文章①～④から適当なものを**すべて**選び，番号で答えよ。ただし，１つもなければ「なし」と答えよ。（記述解答欄）［B］

①北東部に針葉樹林があるが，他の３地域には見られない。北東部は土地の起伏が大きいところを中心に針葉樹林があるが，駅や郵便局，短期大学もあり自然と人工物が交わり合っているといえる。

②４地域すべてにおいて小・中学校もしくは大学，短期大学などの教育機関のいずれかがあることがわかる。また，郵便局も同様に４地域すべてにある。しかし，消防署は北西部にしかないことや，北東部，北西部にしか病院がないため，緊急時の救助体制が不安視される。

③４地域すべてにおいて寺院がある。また南東部を除く３地域には老人ホームがあることがわかる。

④南東部には興正寺や五重塔がある。それ以外にも，史跡の地図記号が数多くあり，歴史を感じる場所が点在しているといえる。

〔6〕 次の地図を見て，以下の問いに答えよ。

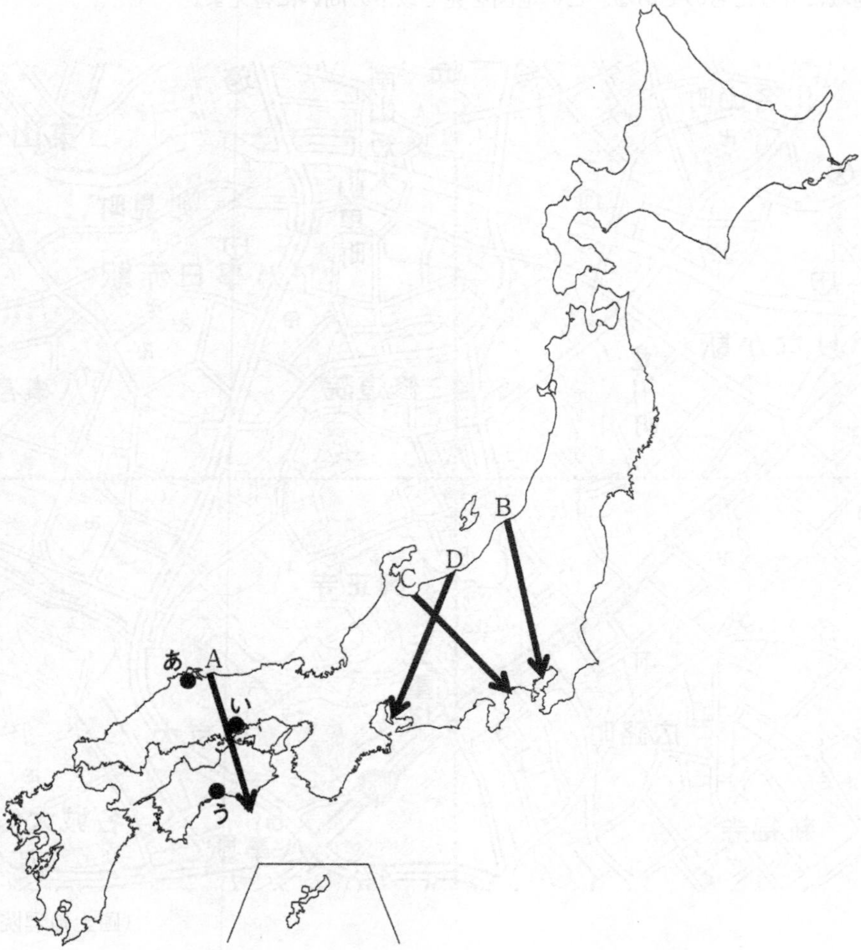

問１　次の断面図ア，イは，地図中のA～Dの４本の矢印のいずれかの断面を示している。その組み合わせとして最も適当なものを，①～⑧から１つ選んで番号で答えよ。（マーク解答欄） 17

ア

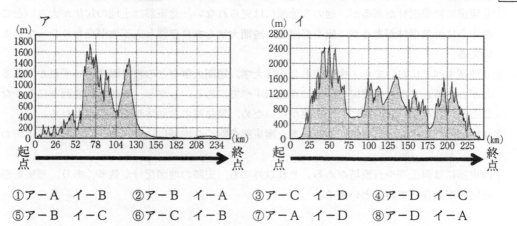

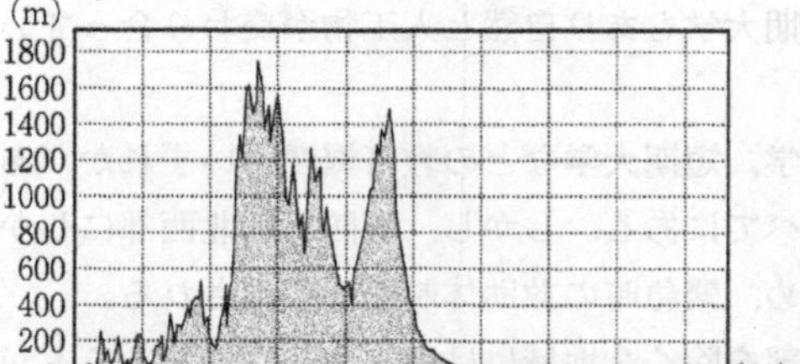

イ

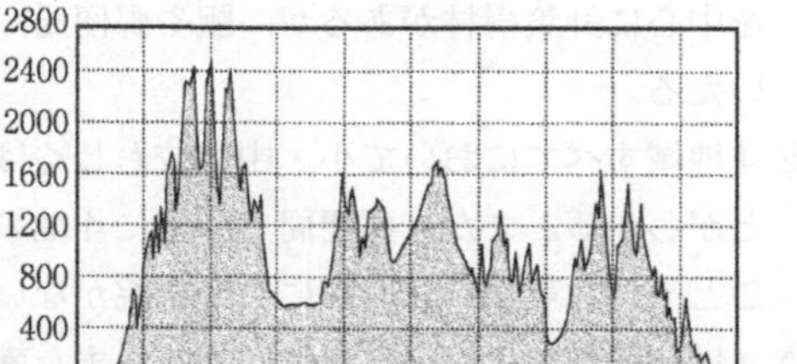

①アーA　イーB　　②アーB　イーA　　③アーC　イーD　　④アーD　イーC
⑤アーB　イーC　　⑥アーC　イーB　　⑦アーA　イーD　　⑧アーD　イーA

問２　次の雨温図ア，イは前のページの地図中の黒点あ・い・うのいずれかを示す。雨温図を読み取り，地図中の黒点が示す地点の組み合わせとして最も適当なものを，①～⑥から１つ選んで番号で答えよ。(マーク解答欄) 18

ア
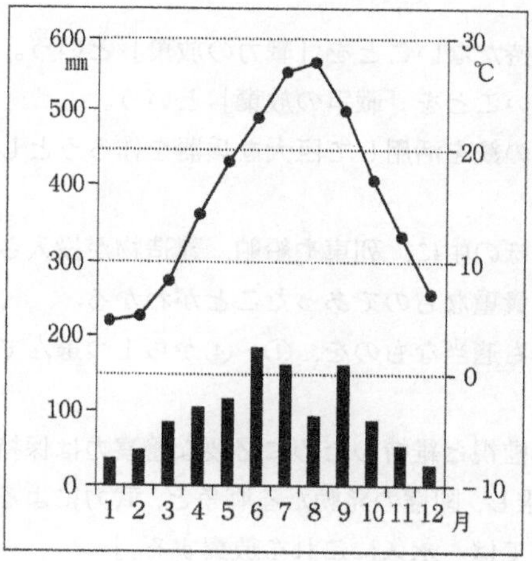

イ
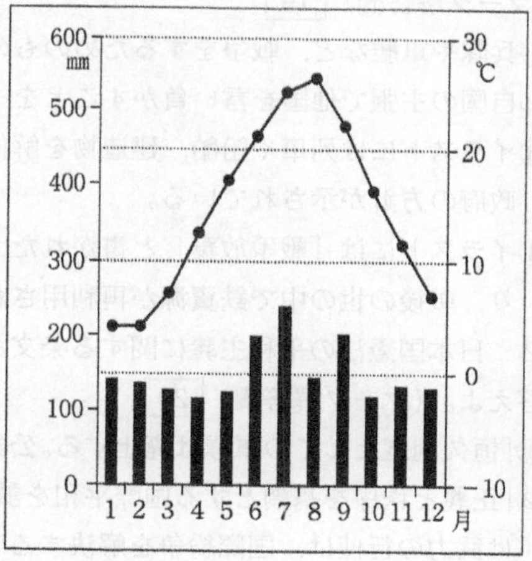

①アーあ　イーい　　②アーあ　イーう　③アーい　イーあ
④アーい　イーう　　⑤アーう　イーあ　⑥アーう　イーい

〔７〕　次の資料を読み，以下の問いに答えよ。

・・・(略)

そこでこんどの憲法では，日本の國が，けっして二度と戦争をしないように，二つのことをきめました。その一つは，兵隊も軍艦も飛行機も，およそ戦争をするためのものは，いっさいもたないということです。これからさき日本には，陸軍も海軍も空軍もないのです。これを戦力の放棄といいます。「放棄」とは「すててしまう」ということです。しかしみなさんは，けっして心ぼそく思うことはありません。日本は正しいことを，ほかの國よりさきに行ったのです。世の中に，正しいことぐらい強いものはありません。

もう一つは，よその國と争いごとがおこったとき，けっして戦争によって，相手をまかして，じぶんのいいぶんをとおそうとしないということをきめたのです。おだやかにそうだんをして，きまりをつけようというのです。なぜならば，いくさをしかけることは，けっきょく，じぶんの國をほろぼすようなはめになるからです。また，戦争とまでゆかずとも，國の力で，相手をおどすようなことは，いっさいしないことにきめたのです。これを戦争の放棄というのです。そうしてよその國となかよくして，世界中の國が，よい友だちになってくれるようにすれば，日本の國は，さかえてゆけるのです。

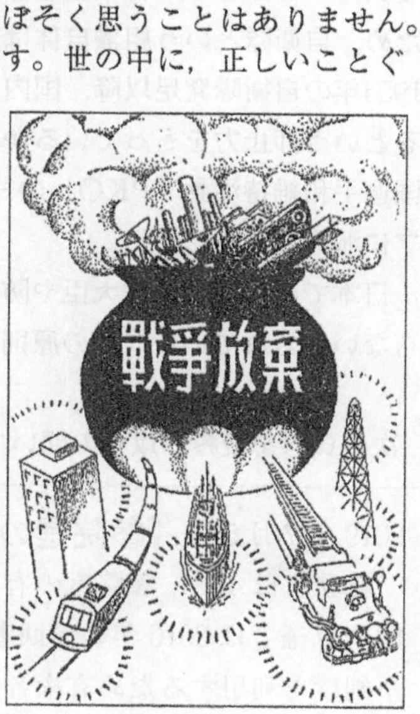

みなさん，あのおそろしい戦争が，二度とおこらないように，また戦争を二度とおこさないようにいたしましょう。

(以下略)・・・

注）國…「国」のこと　戰爭…「戦争」のこと　爭い…「争い」のこと

（1947年 文部省『あたらしい憲法のはなし』より）

問1　資料の内容を説明する文として最も適当なものを，①～④から1つ選んで番号で答えよ。
（マーク解答欄）19

①兵隊や軍艦など，戦争をするためのものを一切持たないことを「戦力の放棄」という。

②自国の主張で他国を言い負かすことを一切しないことを「戦争の放棄」という。

③イラストには列車や船舶，建造物を解体し，その鉄を活用して巨大な兵器を作ろうとしている政府の方針が示されている。

④イラストには「戦争放棄」と書かれた大きなつぼの中に，列車や船舶，建造物が投入されており，戦後の世の中で鉄資源が再利用されるほど貴重なものであったことがわかる。

問2　日本国憲法の平和主義に関する条文として最も適当なものを，①～④から1つ選んで番号で答えよ。（マーク解答欄）20

①「恒久制度としての軍隊は廃止する。公共秩序の監視と維持のために必要な警察力は保持する。」

②「正義と秩序を基調とする国際平和を誠実に希求し，国権の発動たる戦争と，武力による威嚇又は武力の行使は，国際紛争を解決する手段としては，永久にこれを放棄する。」

③「諸国民の平和的共同生活を妨げ，特に侵略戦争の遂行を準備するのに役立ち，かつ，そのような意図をもってなされる行為は，違憲である。」

④「平和政策を追求し，合法的な防衛の場合にのみ武力に訴える。すべての国の軍縮を支持する。」

問3　日本の自衛隊に関する説明として**誤っているもの**を，①～④から1つ選んで番号で答えよ。
（マーク解答欄）21

①自国の平和と安全を守るために組織されたものであるが，現在では海外への災害派遣や国際協力の任務も担っている。

②歴代の日本政府は，すべての主権国家には自衛権があり，「自衛のための必要最低限度の実力」を保持することは，日本国憲法第9条で禁じている「戦力」ではないという考えを示しているため，自衛隊という組織自体は憲法違反とはいえないという立場にある。

③1954年の自衛隊発足以降，国内で戦争が起こったことが一度もないのは，核兵器を保有しているという抑止力をもっているからである。

④国連平和維持活動（PKO）の一環として，1992年，PKO協力法の成立後に自衛隊はカンボジアに派遣された。

問4　日本では，内閣総理大臣や防衛大臣を含む国務大臣は「軍人」ではなく「文民」でなければならないとされている。この原則を何というか。カタカナ11文字で答えよ。（記述解答欄）C

〔8〕　次の資料を読み，以下の問いに答えよ。

2019年7月5日『参院選の「1票の格差」縮小　2.998倍に』

総務省は4日，参院選の有権者となる3日現在の選挙人名簿登録者数を発表した。国内有権者は2016年の前回参院選より8096人少ない1億648万人だった。在外投票制度を利用するため有権者登録した在外邦人は4338人減の10万1192人で，国内外合わせた有権者総数は1億658万人だった。

日本経済新聞社の試算によると，議員１人あたりの有権者数の格差を示す「１票の格差」は最大 2.998 倍で，前回の 3.077 倍から縮小した。隣接する鳥取・島根両県と徳島・高知両県を１つの選挙区にする合区を導入した前回の参院選から格差がさらに縮まった。

最高裁は１票の格差をめぐり，最大格差が 5.00 倍だった 10 年参院選と同 4.77 倍だった 13 年の参院選を「違憲状態」と判断した。格差縮小のために合区を導入した 16 年参院選については「合憲」と判断している。

18 年に成立した改正公職選挙法では１票の格差を是正するため参院定数の６増を決めた。今回と 22 年の参院選で３ずつ増やし，最終的に選挙区 148，比例代表 100 の 248 になる。

（2019 年７月５日 日本経済新聞より）

問１　この資料に関する説明として**誤っているもの**を，①～④から１つ選んで番号で答えよ。（マーク解答欄）22

①有権者であっても選挙期間中に日本国内にいない場合は，国政選挙に参加することはできない。
②「１票の格差」とは，各選挙区において議員１人あたりの有権者数が異なることを示す。
③最高裁判所は今までに「１票の格差」問題に関して，「違憲」判決を出したことがある。
④有権者数の少ない選挙区ほど１票の価値は高くなるため，鳥取・島根両県と徳島・高知両県を１つの選挙区にする合区を導入したことは格差是正につながっている。

問２　次の表は，選挙制度についてまとめたものである。表中ア・イ・ウの選挙制度の組み合わせとして最も適当なものを，①～⑥から１つ選んで番号で答えよ。（マーク解答欄）23

	特　徴
ア	・死票が生まれにくく，国民の多様な意見を反映しやすい。 ・多党制になりやすく，議会に責任ある多数派ができにくい。
イ	・参議院議員選挙の際に行う。 ・１つまたは２つの都道府県で得票数の多い候補者から当選する。
ウ	・いずれかの政党が単独で議会の過半数の議席を獲得しやすいため，政権の安定が図れる。 ・少数意見が反映されにくく，死票が多くなる傾向にある。

①アー選挙区制　　イー比例代表制　　ウー小選挙区制
②アー選挙区制　　イー小選挙区制　　ウー比例代表制
③アー比例代表制　　イー選挙区制　　ウー小選挙区制
④アー比例代表制　　イー小選挙区制　　ウー選挙区制
⑤アー小選挙区制　　イー選挙区制　　ウー比例代表制
⑥アー小選挙区制　　イー比例代表制　　ウー選挙区制

問３　次のページの表は，ある比例代表選挙の得票数を示している。この結果を活用して，定数５人のうち，４番目の当選者と５番目の当選者の組み合わせとして最も適当なものを，①～⑨から１つ選んで番号で答えよ。（マーク解答欄）24

政党名	A党	B党	C党
得票数	1200	900	480

①４番目－A党　　５番目－B党　　②４番目－A党　　５番目－C党
③４番目－B党　　５番目－A党　　④４番目－B党　　５番目－C党
⑤４番目－C党　　５番目－A党　　⑥４番目－C党　　５番目－B党
⑦４番目－A党　　５番目－A党　　⑧４番目－B党　　５番目－B党
⑨４番目－C党　　５番目－C党

〔９〕 次の表は，日本国内の政治や制度に関する様々な年齢についてまとめたものである。表を見て，以下の問いに答えよ。

（ア）歳から	・犯罪行為をした場合に刑事上の責任を問われる。
18 歳から	・（イ）
20 歳から	・飲酒や喫煙が認められる。
25 歳から	・（A）
30 歳から	・（B）

問１　表中（ア）に当てはまる数字として最も適当なものを，①～⑦から１つ選んで番号で答えよ。
（マーク解答欄）25
①11　②12　③13　④14　⑤15　⑥16　⑦17

問２　表中（イ）に当てはまる文として**誤っているもの**を，①～⑥から１つ選んで番号で答えよ。
（マーク解答欄）26
①国政選挙の選挙権を有する。
②地方公共団体の議員選挙の選挙権を有する。
③地方公共団体の首長の選挙権を有する。
④地方公共団体への直接請求権を有する。
⑤国民審査の権利を有する。
⑥国や地方公共団体に対して請願する権利を有する。

問３　表中（A）（B）に当てはまる文の組み合わせとして最も適当なものを，①～④から１つ選んで番号で答えよ。（マーク解答欄）27
①A－衆議院議員と市区町村長の被選挙権を有する。
　B－参議院議員の被選挙権を有する。
②A－衆議院議員の被選挙権を有する。
　B－参議院議員と市区町村長の被選挙権を有する。
③A－参議院議員と都道府県知事の被選挙権を有する。
　B－衆議院議員の被選挙権を有する。
④A－参議院議員の被選挙権を有する。
　B－衆議院議員と都道府県知事の被選挙権を有する。

（記述解答欄）（1）は E 、（2）は F

問四　空欄 Z に入る語として最も適当なものを、次の①～⑤のうちから一つ選べ。（マーク解答欄） 22

①ゆかし　②恐ろし　③かなし　④悔し　⑤をかし

問五　傍線部d「この式神を使ひけるにや」の主語として最も適当なものを、次の①～⑤のうちから一つ選べ。（マーク解答欄） 23

①晴明　②広沢の僧正　③若き僧ども　④御坊　⑤語り手

問六　本文の出典「宇治拾遺物語」は「今昔物語集」と同じジャンル（文学形態）で、人の口から口へと語り継がれる世の中の珍しい物語を集めた作品である。そのジャンル名を、次の①～⑤のうちから一つ選べ。（マーク解答欄） 24

①浮世草子　②随筆　③口承文学　④説話文学　⑤作り物語

心情に親しみを持たせようとしている。

⑤「姉がかぶっていた麦藁帽子の、赤いリボンがちらちらと揺れている様子」は、自由奔放な姉を暗に表現し、それに対し「わたし」の「紺のリボンがついた帽子」は姉と対照的な孤独な「わたし」を暗に表現している。

〔三〕 次の文章を読んで、後の問いに答えよ。

この（※1）晴明、ある時、（※2）広沢の僧正の（※3）御房に参りて物申し承りける間、若き僧どもの晴明にいふやう、「（※4）式神《しきがみ》を使ひ給《たま》ふなるは、たちまちに人をば殺し給ふや」といひければ、「やすくはえ殺さじ。［X］殺してん」といふ。「さて虫なんどをば、［Y］必ず殺しつべし。さて生くるやうを知らねば、罪を得つべければ、a さやうの事よしなし」といふ程に、庭に蛙《かはづ》の出《い》で来て、五つ六つばかり躍りて池の方ざまへ行きけるを、「あれ一つ、b さらば殺し給へ。試みん」と僧のいひければ、「罪を作り給ふ御坊かな。c されども試み給へば、殺して見せ奉《たてまつ》らん」とて、草の葉を摘み切りて、（※5）物を誦《よ》むやうにして蛙の方へ投げやりければ、その草の葉の、蛙の上にかかりければ、蛙真平にひしげて死にたりけり。これを見て、僧どもの色変《かは》りて、［Z］と思ひけり。

家の中に人なき折は、d この式神を使ひけるにや、人もなきに（※6）蔀《しとみ》を上げ下《おろ》し、門をさしなどしけり。

（『宇治拾遺物語《うじしゅういものがたり》』より）

語注 （※1）晴明…安倍晴明《あべのせいめい》。平安中期の陰陽師。
（※2）広沢の僧正…遍照寺《へんじょうじ》（真言宗）の僧。
（※3）御房…僧の住む部屋。
（※4）式神…陰陽師の使役する鬼神。
（※5）物を誦む…呪文を唱える。
（※6）蔀…平安時代から住宅や社寺建築において使われた、格子を取り付けた板戸。

問一 空欄［X］・［Y］に入る語句として最も適当なものを、それぞれ次の①・②から一つずつ選べ。ただし同じものを選んではならない。

（マーク解答欄）［X］は［18］、［Y］は［19］

①力を入れて　②少しの事せんに

問二 傍線部a「さやうの事よしなし」・b「さらば」の現代語訳として最も適当なものを、それぞれ次の①～⑤のうちから一つずつ選べ。

（マーク解答欄）aは［20］、bは［21］

a「さやうの事よしなし」

①式神を使役するのは、造作もないことです。
②僧が殺生の罪を犯すのは、無体なことです。
③生き物の命を奪うのは、無益なことです。
④罪を犯すのは、生きる甲斐《かい》のないことです。
⑤仏教の教えに背くのは、理不尽なことです。

b「さらば」

①みごとに　②本当ならば　③あっという間に
④けれども　⑤きっと

問三 傍線部c「されども試み給へば、殺して見せ奉らん」は、「しかし私をお試しになるのですから、殺してお見せいたしましょう」と訳される。現代語訳を参照して（1）「給へ（給ふ）」、（2）「奉ら（奉る）」の敬語の種類を、それぞれ漢字二字で答えよ。

るということ。

問五　傍線部ｄ「頬がかっと熱くなった」・ｅ「確かめるように、答えた」について、「わたし」の心情の説明として最も適当なものを、次の①～⑤のうちから一つ選べ。（マーク解答欄）15

①一番心をかき乱されたくない姉に、失恋の傷を悟られるのが嫌で強がってみせたが、何も知らない姉に罪はないことが分かり、怒りが収まった。

②心配を装って好奇心をにじませている姉に対していら立ちを覚えたが、悪いのは姉の才能を馬鹿にした彼であって、怒りの矛先を間違えたことに気づき、反省した。

③失恋したことを姉に同情されたと思い恥ずかしくなったが、誤解だと気づき、今は姉の才能を馬鹿にした彼のことは考えないようにしようと必死に自分を落ち着かせた。

④姉の存在に悩まされてきた自分の気も知らないで発する姉の一言に怒りがこみ上げたが、これまで姉のせいにしてきた自分を冷静に見つめようとした。

⑤失恋のきっかけとなった姉から自分を気遣う言葉をかけられて動揺したが、姉は失恋のことを知るはずもなく、黙っていればこの気持ちは知られずに済むと安堵《あんど》した。

問六　「姉」に対する「わたし」の心情として最も適当なものを、次の①～⑤のうちから一つ選べ。（マーク解答欄）16

①幼い頃の「わたし」は、姉という存在を無条件に慕っていたが、自我が確立していくにつれて、気まぐれな姉に振り回されることに対して不満を抱くようになった。

②幼い頃あこがれていた姉は、実は自己中心的な尊敬に値しない人間であったことがわかり、これまで姉の言うことを聞いてきた自分を情けなく思い悲観的になっている。

③幼い頃から、姉の方が家族から優遇されていたことから、家族に対して不信感があり、姉さえいなければ、家族に自分を認めてもらえたのではないかと孤独を感じている。

④自由奔放に生きる姉をどこかで羨ましく思っており、姉のように生きたいと心の中で思う反面、姉を目の前にすると強く当たってしまう自分に嫌気がさしている。

⑤思春期の「わたし」は、姉に対して強い反抗心があり、姉の気遣いも嫌味にしか受け取れず、ひどい態度を取ってしまう自分自身をうまくコントロールできずに心を乱している。

問七　この文章の表現に関する説明として最も適当なものを、次の①～⑤のうちから一つ選べ。（マーク解答欄）17

①本文は登場人物である「わたし」の視点から描かれ、姉の言動をきっかけにして揺れ動く「わたし」の心情が客観的に表現されている。

②本文の会話表現に着目すると、会話表現であっても「　」がつけられているものと「　」がつけられていないものとがあり、それは過去の出来事の回想場面か現在の場面かによって区別されている。

③「姉さえいなければ」という「わたし」の心情表現が二度用いられている。それは「わたし」の姉に対する憎悪が繰り返し湧き起こってくることを表現している。

④「あれは、どこの海だったのだろう。」という問いかけは、読者を過去の回想場面に誘う契機となり、それによって読者に「わたし」の

いのだ。それに姉自身が少しだけ関係していることも。

「クッキーの続き、やってくるね」

わたしは立ち上がり、キッチンに向かった。

（瀧《たき》羽《わ》麻子《あさこ》「ぱりぱり」より　ただし一部変更した箇所がある）

語注（※）符牒…仲間だけにしかわからない言葉や記号。

問一　二重傍線部（ア）・（イ）と傍線部が同じ漢字であるものを、それぞれ次の①～⑤のうちから一つずつ選べ。

（マーク解答欄）（ア）は 11 、（イ）は 12

（ア）ヒンパン

①無料でハンプする。

②ジュウハンの部数を決める。

③ショハンの事情がある。

④即座にハンショウを挙げる。

⑤草木がハンモする。

（イ）キュウダン

①会議がフンキュウする。

②カキュウの用事がある。

③キュウチに立たされる。

④暴動がハキュウする。

⑤キュウリョウを歩く。

問二　傍線部ａ「邪険な口ぶりになってしまった」とあるが、「わたし」はなぜこのような態度になったのか。その説明として最も適当なものを、次の①～⑤のうちから一つ選べ。（マーク解答欄）13

①失恋に姉が関係しているにもかかわらず、その姉に心配されたことが気にくわなかったから。

②気づかないふりをして人の失恋の痛手に興味本位で踏み込んでくる姉が許せなかったから。

③いりこを欲する姉のペースに巻き込まれそうになり、平常の自分を取り戻したかったから。

④自分自身が気づかないうちにいらいらしていたことを姉に指摘され、恥ずかしく思ったから。

⑤姉の発言を聞いて、かつて姉の無神経さにうんざりしていたことを思い出し、嫌悪感を抱いたから。

問三　傍線部ｂ「うちの場合は、カルシウム、というのがそのひとつだ」とあるが、「カルシウム」という言葉は「わたし」にとってどのようなものだったのか。本文から七字で抜き出せ。（記述解答欄）D

問四　傍線部ｃ「常に船酔いしているようなものだった」とはどういうことか。その説明として最も適当なものを、次の①～⑤のうちから一つ選べ。（マーク解答欄）14

①姉に対する怒りとひそかなあこがれという相反する感情が同居して混乱しているということ。

②姉をいらだたしく思う反面、不憫《ふびん》に思ってしまう気持ちも生じ、右往左往しているということ。

③風変わりな姉に振り回され、つかみどころのない負の感情にさいなまれ続けているということ。

④姉の軽率な言動をそれとなく戒めようとするが思うようにいかず、疲弊しているということ。

⑤姉さえいなければという思いを抱く自分を責め、悲観的になってい

自分がそんなふうに考えているとはじめて気づいたときは、うろたえた。根が小心者なのだ。それからは一定の周期で、強気になったり弱気になったりを繰り返した。わたしには姉を(イ)キュウダンする権利がある、と開き直ってみたり、実の姉を疎ましがるなんて人間としてどうなんだろうか、と落ち込んだりもした。

姉さえいなければ。強気なときも、弱気なときも、そのひと言はなにかにつけて脳裡《のうり》をよぎった。よぎるたびに、わたしの心をぐしゃぐしゃとかき乱した。

気になるのはいつだって、ささいなことだった。大雨の中、傘を持たない姉を図書館まで迎えにいく。ソファの上に置き去りにされた靴下を洗濯機に放りこむ。空になったぱりぱりの大袋が、さも中身が入っているかのように、戸棚にしまってある。家の鍵を忘れて出かけた姉のために、部活を早引けして駆け戻る。辛いものが苦手な姉の分だけ別鍋に甘口のカレーが用意され、しかもわざわざにんじんが抜いてある。どれもささいなことなのに、気になりはじめたらもうだめなのだった。わたしがカレーを作るわけでも、別ににんじんがきらいなわけでもないのに。

中学の三年間を思い起こすとき、わたしの頭には暗黒時代という言葉が浮かんでくる。姉に怒りをぶつけては自己嫌悪におちいり、嫉妬しては罪悪感にさいなまれ、心がすっきり晴れるということがなかった。自分で自分を持て余していることへの恐怖も、あっただろう。

もっとも、振り返ってみればそんな気がするというだけの話で、当時はそう冷静にはなれなかった。ただ混乱していた。得体の知れない感情がいくつもまじりあい、ぐるぐると渦巻き、わたしを揺さぶった。c常に船酔いしているようなものだった。

わたしはしばしば、小さい頃の家族旅行を思い出した。

あれは、どこの海だったのだろう。わたしたちは四人でフェリーに乗った。出航してまもなく、わたしは甲板にへたりこんで身動きできなくなった。すぐ乗りものに酔う姉のほうは珍しくけろりとしていて、ねえどうしたの、気持ち悪いの、と気遣いというよりは好奇心をにじませてまとわりついてきた。

視界はぼやけていたのに、姉がかぶっていた麦藁《むぎわら》帽子の、赤いリボンがちらちらと揺れている様子だけは、どういうわけかやけにくっきりと覚えている。色違いの、紺のリボンがついた帽子をかぶっていたはずのわたしは、満足に返事もできなかった。ぐったりしていたら、さすがの姉も気の毒になってきたのか、不器用に背中をさすってくれたのだった。大丈夫？　ねえ、大丈夫？

「大丈夫？」

いつかと同じように、姉が言った。現実にひきもどされたわたしの腕をとって、ぱりぱりをひとつつかみ、手のひらにのせてくれた。

「やっぱりいいや」

わたしはぱりぱりを袋に返して、ソファの上で膝を抱いた。姉が心配そうにこちらをのぞきこむ。

「無理しないほうがいいよ」

d頬がかっと熱くなった。顔をそむけ、交差させた腕に力をこめる。

「無理なんか、してない」

姉というよりも、自分に言い聞かせるように、e確かめるように、答えた。

姉は悪くない。昨日わたしが失恋したばかりだということを、知らな

「元気だよ」

a 邪険な口ぶりになってしまったのが、自分でもわかった。姉は無言で袋の中へ手を差し入れた。

どこの家庭にも、家の中でだけ通用する合言葉というか(※)符牒《ふちょう》というか、独特の言い回しのようなものはあると思う。b うちの場合は、カルシウム、というのがそのひとつだ。

カルシウムを最初に必要としたのは、姉だった。背が伸びると母に教わって、大きらいだった牛乳と小魚を食べはじめ、やがてそれが習慣になったという。まだわたしが生まれる前の話だ。

成長期を過ぎてしまってからも、カルシウム、カルシウム、と呪文のように唱えながら、姉は毎日牛乳を飲み、小魚を食べていた。それを骨ごと噛《か》みくだく、ぱりぱりという軽やかな響きは、だからわたしにとっては姉の音だ。わたしたち家族はこの健康的なおやつのことを、小魚でもいりこでもなく「ぱりぱり」と呼んでいる。

正直にいえば、今も昔も、わたしはぱりぱりがあまり好きではない。しょっぱくてのどがかわくし、あごがくたびれるし、じっとこちらを見つめている小さな目玉も気味が悪い。それでも口さびしいときには姉の横からつまんでいたところ、皮肉にもわたしの方がぐんぐん背が伸びた。あんたはもういらないでしょう、お姉ちゃんにあげなさいな、と母は笑ったものだった。

ところが反対に、わたしは成長するにつれて、よりヒン(ア)パンにぱりぱりを食べるようになった。背を高くする以外にも、カルシウムが役に立つと知ったのだ。

カルシウムが足りないといらいらしやすくなる、というのは中学で聞いた。いつも牛乳をがぶ飲みしているクラスメイトに、別の友達が言っているのを小耳に挟んだのだった。カルシウムをいっぱいとると、いらいらしなくなるらしいよ。いや、おれは別にいらいらなんかしてないよ、背が高くなりたいだけだって。

わたしがさっそく新知識を持ち帰って以降、我が家では、背が伸びることより、いらだちを鎮めることがカルシウムの主な効用とみなされるようになった。「カルシウム」という言葉自体にも、新たな用法が加わった。カルシウムがほしいなと言えば、いらいらする、むしゃくしゃするという意味になる。なかなか使い勝手のいい言い回しだった。いらつく、むかつく、などと直截《ちょくせつ》に表現するよりもずっと気がきいている。

家族に定着した、この穏便な意思表示を、誰よりもわたしが重宝した。ことに中学時代は実に出番が多かった。

なにしろ、わたしはいらいらしていたから。

もともと、教室でのどうということのない雑談が耳にとまったのも、「カルシウム」と「いらいら」という言葉の組み合わせのせいだっただろう。どちらの単語も、わたしに姉を連想させた。

成長し、いわば世の中を知るにつれて、幼かった頃の純粋なあこがれが薄れた後も、わたしは姉の気まぐれな言動を受け入れていた。それが愛すべきものではなくただの自分勝手と感じられるようになったのは、中学に入ったあたりからだろうか。本人に迷惑をかけている自覚が足りない、というかまったくないところも、たちが悪い。振り回される周りの人間のことを、姉はちっとも考えていない。

姉さえいなければ。

変えることになった」とあるが、「『書く』という行為」が現代ではどのようなものであるかについて端的に述べられた表現を、本文から三十字以内（句読点を含む）で抜き出し、始めと終わりの三字を答えよ。（記述解答欄）B

問六　空欄 ア に当てはまる表現として最も適当なものを、次の①～⑤のうちから一つ選べ。（マーク解答欄）9

①誤解による　②過剰な反応による　③受け取り方による
④気分による　⑤道徳心による

問七　空欄 イ に当てはまる表現を、本文から五字以内（句読点は含まない）で抜き出せ。（記述解答欄）C

問八　本文の内容と合致するものを、次の①～⑤のうちから一つ選べ。（マーク解答欄）10

①近代テクノソフィアは、人間の生きる環境を破壊した。それは科学技術の進歩のスピードが想定以上に速かったからである。
②情報技術が発達し巨大なネットワークが生まれたことによって、書籍などの古い媒体は衰退し、コミュニケーションのあり方が変化した。
③メガテクノソフィアは、巨大ソフィアと融合することによって、その巨大なネットワークを活用して人間より優れた判断を行う。
④近代テクノソフィアは、人間に「想定外」の結果をもたらしたが、近い将来に出現するメガテクノソフィアは、さらに危機をもたらす可能性がある。
⑤科学に誤りはないという考えは「神話」であり、人間の思慮深さには限界があるという制約を自覚して科学技術に関わるべきである。

〔二〕次の文章を読んで、後の問いに答えよ。

あらすじ　「わたし」には詩人である姉がいる。その姉の詩集について話したことをきっかけにしてクラスメイトの男子に好意を抱いた。しかし、デートの最中、彼に姉の才能を馬鹿にされた「わたし」は、彼をひどく罵ってしまう。その翌日、一人暮らしの姉が実家へ帰ってきた。

「おなかすいた」
姉がひとりごち、むっくりと起きあがった。ソファを離れ、ダイニングテーブルの横にすえられた戸棚に手をかける。
「あれ、あるよね？」
質問というより念押しだった。わたしは姉の体温がほのかに残るソファに腰かけて、あると思うよ、と短く答えた。
「この大袋、ひさしぶり」
姉が戸棚からひっぱり出した袋をかかげ、はしゃいだ声を上げた。スナック菓子のような袋に入った乾燥のいりこが、うちには常備されている。姉がいるときから切らさないようにしていたそれを、母は今でもよく買ってくる。大事そうに袋を抱えて戻ってきた姉は、わたしの隣に座っていそいそと封を切った。
「ちょっとちょうだい」
わたしが手のひらを差し出すと、姉は首をかしげた。
「もしかして、カルシウム不足？」
わたしは手をひっこめた。
「ねえ、ほんとに元気なの？」

語注（※1）アリストテレス…古代ギリシアの哲学者。

（※2）フロネーシス…アリストテレスが説いた知性的徳の一つ。善悪を分別し、行動や態度の適切さを判断する能力。知慮。本文では「フロネーシスは、行為にかかわる思慮深さである。」と述べられている。

（※3）帰趨…行き着くところ。

（※4）「神話だった」…「神話」とは、ここでは「実体は明らかではないのに、長い間人々によって絶対のものと信じこまれてきたもの」という意味。問題本文より前の部分で、東日本大震災における東京電力福島第一原子力発電所の事故について、次のように述べられている。

かれら（技術者や科学者：引用者注）は、かれらのもっていた科学技術が自然災害にも十分対応できると科学的に信じていたにもかかわらず、その信念が崩れたときに、それを「自分たちの科学認識が誤っていた」とか「認識が不十分であった」といわずに、「安全神話にオチイっていた」と語ったのである。科学的想定を超える事態が生じたとき、かれらが「神話」ということばを使ったことがわたしの耳には異様に聞こえたのであった。そこには、科学は誤らず、誤っていたとすれば、科学ではなく、神話であるという、科学者たちの科学観があった。

問一　二重傍線部（ア）・（イ）と傍線部が同じ漢字であるものを、それぞれ次の①～⑤のうちから一つずつ選べ。

（マーク解答欄）（ア）は 1 、（イ）は 2

（ア）　キョウイ

①イサイは後日お話しします。　②斬新なイショウのパソコン。
③国のイシンをかけて守る。　④超常現象のカイイ。
⑤イケイの念を抱く。

（イ）　オチイって

①世の悪にカンゼンと立ち向かう。
②今場所は幕下にカンラクした。
③イカンながら出席できません。
④プレゼントで彼女のカンシンを買う。
⑤目標のカンスイに努力する。

問二　空欄 Ⅰ ～ Ⅲ に入る言葉として最も適当なものを、それぞれ次の①～⑤のうちから一つずつ選べ。ただし同じものを選んではならない。

（マーク解答欄） Ⅰ は 3 、Ⅱ は 4 、Ⅲ は 5

①たとえば　②ゆえに　③しかしながら
④いわば　⑤あたかも

問三　傍線部a「この危機をもたらしたのがわたしたち自身の知によるものだった」とはどういうことか。三十字（句読点を含む）で本文から抜き出し、始めと終わりの三字を答えよ。（記述解答欄） A

問四　空欄 X ～ Z に当てはまる語を、それぞれ次の①～⑧のうちから一つずつ選べ。ただし同じものを選んではならない。

（マーク解答欄） X は 6 、Y は 7 、Z は 8

①普遍　②特殊　③自律　④他律
⑤具体　⑥抽象　⑦主観　⑧客観

問五　傍線部b「SNSでは、『書く』という行為も大きくその意味をさらに、bSNSでは、「書く」という行為も大きくその意味を変えることになった。［Ⅲ］、わたしはこの本を書いているが、書き手は自分の考えを文字で表し、それをインクと紙という物質・物体に［Y］化する。印刷する人たち、出版する人たち、販売する人たちの手を経て、購入した人が読んだとき初めて、コミュニケーションが成立する。ただ、このコミュニケーションは一方向である。読み手が書き手にメッセージを伝えるとすれば、本に挟まれた読者カードがあるとき、そのカードを読み手が出版社に送ったときである。どのくらいの読者に書き手の考えが届いたかは、販売された部数によるが、それはあくまで売れた本の数であり、読まれた本の数ではない。

他方、SNSでは、情報の発信は、読み手が閲覧し、「いいね」を返せば、そのメッセージは書き手のもとに戻る。メールで感想を送り返すのも簡単である。情報の受け手は、即座に情報の発信者となって、双方向の情報交換が可能になる。それだけではない。受け手はたちどころに情報を多数の他者へ発信する主体に変化する。情報は簡単に拡散してゆく。

双方向のコミュニケーションから拡散する情報へと展開する現代の情報環境は、さまざまな観点から「便利」であるが、こうした情報技術には、その裏側にリスクも潜んでいる。その例をいえば、個人へのメールやSNSによる悪意ある書き込みである。あるいは、悪意なく書き込んだものでも、受け取り手によっては悪意を感じてしまうこともある。ネット上の書きことばは、書き手の意図ではなく、読み手の［ア］コミュニケーションである。悪意ある表現、あるいは悪意と受け取れる表現も簡単にやりとりすることができる。受け取った情報は、容易に拡散してゆく。ネット空間は、思いもよらない膨大なリスク空間であることをわたしたち一人ひとりが認識しておかなくてはならない。

こうした巨大ネットワークがAIやロボット技術と連動して［Z］的に機能するようになると、アリストテレスが区分したソフィアと(※2)フロネーシスの境界領域に踏み込んでくるようにも見える。人工知能が［Z］的に判断し、選択することができるようになると、これはこれで一種のフロネーシスのようにも見えるからである。この人工擬似フロネーシスは、グローバルなネットワークのなかで［Z］的な行為選択の機能をもつことになると、人間の選択にかかわるフロネーシスを簡単に超えてしまうであろう。この人工擬似フロネーシスを備えた近代テクノソフィアをメガテクノソフィアと呼ぶならば、この知は、巨大ソフィアと融合して、人類の生活環境そのものを選択することも考えられる。しかし、このメガテクノソフィアは、生身の人間ではなく、その環境は生身の人間の生きる環境ではない。いずれにせよ、そのようなメガテクノソフィアという知能・知性が近い将来に出現することは十分予想することができる。

わたしたちの生きる現実が科学技術の進展によって、そしてまた科学技術を用いた人間の［イ］によってどのような行く末をもたらすか、その(※3)帰趨《きすう》を正確に予測することはできないであろう。どんな思慮深さをもってしても、現代の科学者が「想定外」と呼んだり、自分たちの考えを「(※4)神話だった」といったりすることがあるということを東日本大震災は教えてくれたのである。だから、わたしたちは、この上なく思慮深くあるべきである。しかも、その思慮深さは、人間という存在が抱えている制約に対する自覚を含んでいなければならない。

（桑子敏雄《くわことしお》「何のための『教養』か」より　ただし一部変更した箇所がある）

【国　語】（四〇分）〈満点：一〇〇点〉

〔一〕　次の文章を読んで、後の問いに答えよ。

社会との境界で不調和を生み出すに至った近代科学は、ソフィアの歴史的展開のうちに、強固な力をもつにいたったシステムである。（※1）アリストテレスはソフィアを純粋な個人の知的活動、それ自体として求められる活動であると考えたが、近代西洋科学は複雑かつ巨大な技術と融合した。この科学技術は、個人のもつ能力というよりも、巨大なシステムとして、私たちの世界を劇的に改変する力をもった。この力は、たんに世界の真理を認識するだけの力ではなく、知の対象を変化させ、また、わたしたちの生きる環境をも過激に改変する技術とセットになっていた。この科学技術を技術（テクネー）とソフィアの融合ということで、「近代テクノソフィア」と呼ぶことにしよう。

　二十世紀になって自覚された環境問題とは、近代テクノソフィアの働きの結果であった。ただし、この結果は、近代テクノソフィアが目標として達成した結果ではなく、また意図した結果でもなかった。人間は自分の生きる環境を破壊しようという意図をもって行為を選択したのではないからである。わたしたちが直面している地球環境問題とは、人間の選択したさまざまな行為による環境の劣化が人間自身の生存の根幹、すなわち「生命」に対するキョウ（ア）イとして現れた、意図せざる結果として生じた出来事である。すなわち、人間は自分の行為が自らの生存をおびやかすという結果を生み出しているということを、その結果に直面することによってはじめて知ったのである。

　わたしたちが気づいたのは、地球環境に危機が迫っているということだけではなく、ａこの危機をもたらしたのがわたしたち自身の知によるものだったということである。しかも、近代的ソフィアの活動によってもたらされた結果に気づいたのは、二十世紀になってからであり、この結果をもたらした行為の選択を人間が行ったときには、想定していなかったのである。いわば「想定外」の結果である。近代テクノソフィアが想定していなかった事態である。

（中　略）

　科学技術と社会の不調和という事態の認識は、ますますその重要度を高めているが、二十一世紀に入り、課題の広がりと深さは計り知れないものへと変化しつつある。とくに、情報技術がより巨大な影響力をもつに至ったことは重大な変化で、インターネットの発達によって形成された、人間のいわば外部記憶装置としてのグローバルなネットワークは、個人という単位をはるかに超越して、巨大な知的装置として機能するに至っている。

　わたしたちはインターネットによって、自分の脳のなかに蓄積されていない知識や情報に手元のスマートフォンから直接アクセスできるようになった。［Ⅰ］、巨大な百科事典や辞典を操作できるようになったのである。意味の分からないことばや、学んだことのない出来事などについても、検索すれば、簡単に情報に接することができる。音声入力によっても操作できるようになり、［Ⅱ］スマートフォンが一個の人格であるかのような錯覚に（イ）オチイってしまう。インターネットに入力した情報は、その巨大なネットワークのどこかに蓄積されている。一般的で［Ｘ］的な情報も個人データもこのネットワークのどこかにある。

中京大学附属中京高等学校

2020年度

解　答　と　解　説

《2020年度の配点は解答欄に掲載してあります。》

＜数学解答＞

[1]　(1)　ア　－　イ　7　(2)　ウ　2　エ　1　オ　0　(3)　カ　1　キ　2　ク　2　(4)　ケ　1　コ　2　(5)　サ　8　シ　3　(6)　ス　1　セ　3　ソ　6　(7)　タ　3　(8)　チ　2　ツ　1　(9)　テ　－　ト　1　ナ　0　ニ　8　(10)　(ⅰ)　ヌ　1　ネ　9　(ⅱ)　ノ　1　ハ　4　(ⅲ)　ヒ　1　フ　4

[2]　A　(1)　$\left(3a,\ \dfrac{5}{3a}\right)$　B　(2)　(ⅰ)　$\dfrac{10}{3}$　C　(ⅱ)　$\dfrac{40\sqrt{10}}{9}$

[3]　D　(1)　$r=1$　E　(2)　6個　F　(3)　$S=6\sqrt{3}+4\pi$

○推定配点○

[1]　(1)～(8)　各5点×8　(9)・(10)　各6点×4　[2]　各6点×3　[3]　各6点×3　計100点

＜数学解説＞

[1]　(正負の数，数の性質，式の値，関数，確率，連立方程式，点対称移動，資料の整理と確率)

基本　(1)　$\left\{(-12)\times\left(-\dfrac{5}{3}\right)-6\right\}\times\left(-\dfrac{1}{2}\right)=(20-6)\times\left(-\dfrac{1}{2}\right)=14\times\left(-\dfrac{1}{2}\right)=-7$

重要　(2)　$6=2\times3$，$84=2^2\times3\times7$，$245=5\times7^2$より，題意を満たす自然数nは，$2\times3\times5\times7=210$

基本　(3)　$x^2-y^2=(x+y)(x-y)=\{(3+\sqrt{2})+(3-\sqrt{2})\}\{(3+\sqrt{2})-(3-\sqrt{2})\}=6\times2\sqrt{2}=12\sqrt{2}$

基本　(4)　$y=ax^2$に$x=-4$，$y=8$を代入して，$8=a\times(-4)^2$　$a=\dfrac{1}{2}$

(5)　$(x+2)\div\left(\dfrac{11}{3}-\dfrac{5}{2}\right)=4$　$x+2=4\times\left(\dfrac{22}{6}-\dfrac{15}{6}\right)$　$x+2=\dfrac{14}{3}$　$x=\dfrac{8}{3}$

(6)　3回とも同じ目が出る場合は，1から6の6通りあるから，求める確率は，$\dfrac{6}{6\times6\times6}=\dfrac{1}{36}$

基本　(7)　$10^2=100$，$19^2=361$より，$100<n^2<360$を満たす素数nは，11，13，17の3個。

基本　(8)　$2x+y=5$…①　$5x-5y=5$より，$x-y=1$…②　①＋②より，$3x=6$　$x=2$　これを①に代入して，$4+y=5$　$y=1$

重要　(9)　B$(x,\ y)$とすると，線分ABの中点がPとなるから，$\dfrac{4+x}{2}=-3$より，$x=-10$　$\dfrac{2+y}{2}=5$より，$y=8$　よって，B$(-10,\ 8)$

(10)　残り$25-23=2$(人)のさいころの目の出方の総数は$6\times6=36$(通り)

(ⅰ)　2人の生徒の得点をa，bとすると，2人の得点の合計は，$3.56\times25-(1\times4+2\times3+3\times5+4\times3+5\times5+6\times3)=89-80=9$(点)　これを満たす得点の組合せは，$(a,\ b)=(3,\ 6)$，$(4,\ 5)$，$(5,\ 4)$，$(6,\ 3)$の4通りだから，求める確率は，$\dfrac{4}{36}=\dfrac{1}{9}$

(ⅱ)　中央値が4点のとき，得点の低い順に並べたとき13番目が4点となる。3点以下の人数は4＋

3＋5＝12(人)だから，a，bはともに4以上となるから，得点の組合せは，3×3＝9(通り)　よって，求める確率は，$\frac{9}{36}=\frac{1}{4}$

(ⅲ)　題意を満たすのは，少なくとも1人が3点で，もう1人が5点でなければよいので，$(a, b)=(1, 3), (2, 3), (3, 1), (3, 2), (3, 3), (3, 4), (3, 6), (4, 3), (6, 3)$の9通りだから，求める確率は，$\frac{9}{36}=\frac{1}{4}$

[2]　(図形と関数・グラフの融合問題)

基本　(1)　$y=\frac{5}{x}$に$x=a$を代入して，$y=\frac{5}{a}$　よって，$\mathrm{A}\left(a, \frac{5}{a}\right)$　$y=\frac{15}{x}$に$y=\frac{5}{a}$を代入して，$\frac{5}{a}=\frac{15}{x}$　$x=3a$　よって，$\mathrm{C}\left(3a, \frac{5}{a}\right)$　したがって，$y=\frac{5}{x}$に$x=3a$を代入して，$y=\frac{5}{3a}$　よって，$\mathrm{B}\left(3a, \frac{5}{3a}\right)$

重要　(2)　(ⅰ)　AD//CBより，$\triangle\mathrm{BCD}=\frac{1}{2}\times\mathrm{BC}\times\mathrm{AC}=\frac{1}{2}\times\left(\frac{5}{a}-\frac{5}{3a}\right)\times(3a-a)=\frac{1}{2}\times\frac{10}{3a}\times 2a=\frac{10}{3}$

重要　(ⅱ)　$a=\frac{1}{2}$のとき，$\mathrm{C}\left(\frac{3}{2}, 10\right)$　直線lの式を$y=\frac{1}{3}x+b$とおく。直線lは点Cを通るから，$10=\frac{1}{3}\times\frac{3}{2}+b$　$b=\frac{19}{2}$　よって，$y=\frac{1}{3}x+\frac{19}{2}$　これに$x=\frac{1}{2}$を代入して，$y=\frac{1}{3}\times\frac{1}{2}+\frac{19}{2}=\frac{29}{3}$　よって，$\mathrm{D}\left(\frac{1}{2}, \frac{29}{3}\right)$　$\mathrm{CD}=\sqrt{\left(\frac{3}{2}-\frac{1}{2}\right)^2+\left(10-\frac{29}{3}\right)^2}=\frac{\sqrt{10}}{3}$　点Bから線分CDにひいた垂線をBHとすると，$\triangle\mathrm{BCD}=\frac{1}{2}\times\frac{\sqrt{10}}{3}\times\mathrm{BH}=\frac{10}{3}$　$\mathrm{BH}=2\sqrt{10}$　したがって，求める立体の体積は，$\frac{1}{3}\times\pi\times\mathrm{BH}^2\times\mathrm{CH}+\frac{1}{3}\times\pi\times\mathrm{BH}^2\times\mathrm{DH}=\frac{1}{3}\times\pi\times\mathrm{BH}^2\times\mathrm{CD}=\frac{1}{3}\times\pi\times(2\sqrt{10})^2\times\frac{\sqrt{10}}{3}=\frac{40\sqrt{10}}{9}\pi$

[3]　(平面図形)

重要　(1)　円Oの外側にかいた4つの円の中心を頂点とする正方形の1辺の長さは$2r$だから，対角線の長さは$\sqrt{2}\times 2r=2\sqrt{2}r$　この対角線の中点がOであるから，$r+(\sqrt{2}-1)=\frac{1}{2}\times 2\sqrt{2}r$　$(\sqrt{2}-1)r=\sqrt{2}-1$　$r=1$

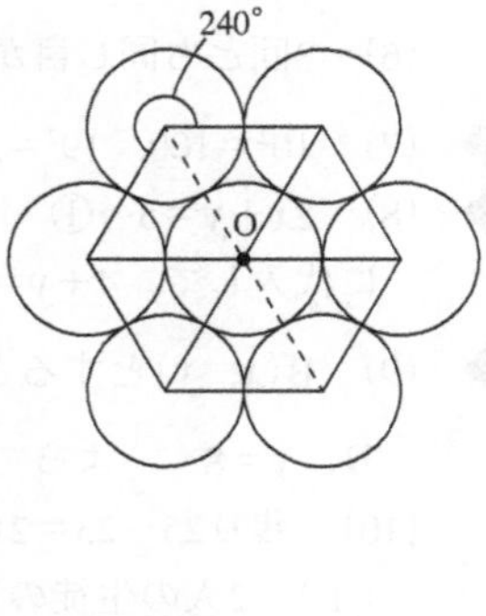

基本　(2)　円Oと互いに接する円の中心を結んでできる三角形は正三角形だから，1つの内角の大きさは60°　よって，360°÷60°＝6より，円Oの外側には6個の円がかける。

重要　(3)　右の図のように，求める図形の面積は，1辺の長さが2の正三角形6個と，半径が1で中心角の大きさが360°－60°×2＝240°のおうぎ形6個の面積の和に等しい。1辺の長さがaの正三角形の高さは$\frac{\sqrt{3}}{2}a$で表されるから，$\mathrm{S}=\frac{1}{2}\times 2\times\left(\frac{\sqrt{3}}{2}\times 2\right)\times 6+\pi\times 1^2\times\frac{240}{360}\times 6=6\sqrt{3}+4\pi$

★ワンポイントアドバイス★

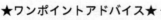

関連小問2，3題からなる図形，関数の大問では，前問を手がかりに解いていくので，ミスのないようにしたい。

＜英語解答＞

[1] 問1 ［A］ behind 問2 ［B］ around 問3 ［C］ right 問4 ［D］ most
問5 ［E］ lives

[2] 問1 ［1］ ① 問2 ［2］ ③ 問3 ［3］ ⑤ 問4 ［4］ ⑤ 問5 ［5］ ④

[3] 問1 ［6］ ④ 問2 ［F］ forty 問3 ［7］ ① 問4 ［8］ ② 問5 ［G］ so
問6 ［9］ ② 問7 ［H］ to walk 問8 ［10］ ④ 問9 （ア） ［11］ ④
（イ） ［12］ ② （ウ） ［13］ ① （エ） ［14］ ⑤ （オ） ［15］ ③

[4] 問1 ［あ］ ［16］ ③ ［い］ ［17］ ② ［う］ ［18］ ② ［え］ ［19］ ② ［お］ ［20］ ③
問2 （ア） ［21］ ③ （イ） ［22］ ④ （ウ） ［23］ ② （エ） ［24］ ⑤ （オ） ［25］ ①
問3 ［26］ ④ 問4 ［27］ ① 問5 ［I］ helped the younger students with reading and math 問6 （カ） ［28］ ③ （キ） ［29］ ④ （ク） ［30］ ⑤ （ケ） ［31］ ②
（コ） ［32］ ① 問7 （生徒1） ［33］ ① （生徒2） ［34］ ⑤ 問8 ［35］ ②

○推定配点○

［1］～［5］・［35］・［A］～［E］・［I］ 各3点×12 ［6］～［34］・［F］～［H］ 各2点×32 計100点

＜英語解説＞

や難 [1] （共通語補充問題：前置詞，名詞，副詞，形容詞，動詞）

問1 (a)「彼の後ろにだれかいます」，(b)「彼は私を後ろから押しました」 (a)は直後が人称代名詞の目的格であることから，直前の someone を修飾する前置詞が入ると判断する。(b)は直前に前置詞があることから，名詞または名詞に相当する語句。前置詞と名詞の両方の働きを持つ語で，文意に合うのは behind「(～の)後ろ(に)」。

問2 (a)「春はすぐそこです」，(b)「先生は教室を見わたしました」 まずは(b)から考えるとよい。look のあとにはさまざまな前置詞や副詞がくるが，その中で(a)にあてはまるものを考える。(just) around the corner ＝「(距離・時間的に)すぐそこに」，look around ＝「見わたす」

問3 (a)「あなたは何の権利があってそんなことを言うのですか」，(b)「彼女は舞台の右側からやって来ました」 (a)の right は「権利」を意味する名詞，(b)は「右の」を意味する形容詞。right には他に，「正しい(形容詞)」という意味もある。

問4 (a)「手紙の大部分は英語で書かれています」，(b)「その町は国内で最も美しい」 (b)は直前に the，直後につづりの長い形容詞 beautiful があることから，最上級をつくる most が入る。(a)は most of ～ ＝「～の大部分，ほとんど」の表現。

問5 (a)「その男性はとても大きな家に住んでいます」，(b)「AI(人工知能)は私たちの生活をより良くする可能性があります」 (a)は動詞 live「住む」の3人称単数現在形，(b)は名詞 life「生活，人生」の複数形。-f(e) で終わる名詞の複数形は，-f(e) を v にかえて es をつける。

重要 [2] （語句整序問題：不定詞，動名詞，進行形，文の構造，接続詞，過去形，現在完了形）

問1 (My mother) always told me to stop using (my smartphone.) 語群の to，me，told から〈tell ＋人＋ to ＋動詞の原形～〉「(人)に～するように言う」の過去の文と考える。always「いつも」は，頻度を表す副詞なので一般動詞 told の直前に置く。動詞の原形は stop を用い，stop ～ing「～するのをやめる」の表現を考え，using を続ける。使用しない語はアの must。「私の母はいつも私に，携帯電話を使うのをやめるように言いました」

問2 (～ I learned) preparing food and water is becoming important(.) まず〈learn (that) ＋文[節]〉「～と学ぶ，知る」の表現と考え，並べかえ部分だけで主語と動詞のある「文」の形

になると判断する。文の動詞になるのは is のみなので，直後に preparing か becoming を伴って進行形になると考える。述語[動詞]を is becoming として，動名詞句 preparing food and water とすると自然な文になる。important は becoming の直後に置いて補語とする。使用しない語はウの from。「私は，食べ物と水を準備しておくことは重要になりつつあると知りました」

問3　(Can you) send me the book after (you finish reading it?)　語群に send があることから〈send ＋人＋もの〉または〈send ＋もの＋ to ＋人〉の表現を考えるが，to がないので前者を使う。また，直後に〈主語＋動詞～〉が続くことから，after はここでは接続詞と考えて最後に置く。使用しない語はオの mine。「あなたが読み終わったあと，私にその本を送ってくれませんか」

問4　(Who) came into this room when (I was out?)　Bが Mr. Smith did.「スミスさんが～しました」と答えていることから，一般動詞の過去の疑問文「だれが～しましたか」とわかる。疑問詞 Who が主語になるので，肯定文と同様の語順で動詞 came を直後に置き，come into [in]～「～に入る」の表現を考える。when はここでは「～とき」を意味する接続詞として用い，不要になる語はアの think。「私が外出していたときに，だれがこの部屋に入りましたか」

問5　(～ I) have never seen such an impressive movie (before.)　現在完了(経験用法)の否定形〈have never ＋過去分詞〉＝「(一度も)～したことがない」を用いた文と考え，直後に such a [an]～「そんな[こんな]～」の形を続ける。不要になる語はイの ever。「私はこんなに印象的な映画を(一度も)見たことがありません」

基本　[3]　(会話文読解問題：語句選択，語い，語句解釈，内容吟味，語句整序，語形変化)

(全訳) ユミ　：こんにちは，みなさん。今日はペットについて話そうと思います。日本では多くの人がペットを飼っていますね。そこで私は同級生に，ペットについてたずねました。いくつか質問をしようと思います。始めましょう！　質問1です。私たちのクラスで最も人気のあるペットは何でしょうか？

ケン　：犬！

ユミ　：いいえ！　それは2位です。

ミオ　：猫？

ユミ　：そう！

ケン　：本当ですか？　驚きです。ぼくは，犬のほうが猫よりも人気があると思っていました。

ユミ　：私も驚きました。でもグラフ1とグラフ2を見てください。日本では①2017年以来，猫のほうが犬より人気があります。それでは，質問2です。私たちのクラスで3番目に人気のあるペットは何でしょうか？

ミオ　：ウサギ？

ユミ　：違います。私たちの中では2人しかウサギを飼っていません。

リョウタ　：鳥？

ユミ　：鳥は4位です！

ケン　：魚！

ユミ　：そうです！　グラフ3を見てください。私たちのクラスには②40人の生徒がいます。11人の生徒が猫を飼っていますが，10人は犬を飼っています。

ケン　：たった1人の③差しかありませんね。ところで，どうして猫は犬よりも人気があるのでしょうか？

ユミ　：インターネット上で④その理由を見つけることはできませんでした。そこで私は同級生にたずねました。⑤何人かは，忙しすぎて犬を散歩させることができないと言いました。その一方で，猫の飼い主は犬⑥のように散歩に連れていく必要がありません。

猫は自分たちで自由にあちこちへ行き，帰ってきます。猫たちは私たちに⑦散歩させてほしいと思っていません。彼らは自分の時間を自分で楽しむのです！

ケン　：ぼくはココという名前の犬を飼っています。彼女は本当にかわいくて，家族の一員です。ぼくは，疲れているときは，彼女を散歩させたくないと思ってしまいますが，もっと多くの人が犬を飼うことを願っています。

カトウ先生：ちょっとすみません。実は，私は犬を飼っています。だからもし私を加えたら，⑧犬はクラス内で猫と同じらい人気です。

ユミ　：すみません，カトウ先生。ありがとうございます。私は今，猫を2匹飼っていますが，いつか犬を飼いたいです。

問1　空所を含む文には現在完了形 have been があり，また直前に since があることから，「～以来(ずっと)…だ」という意味の継続用法の文とわかる。したがって文全体の意味は「日本では(　①　)年以来，猫のほうが犬より人気があります」となる。またグラフ1・2を見ると，猫の飼育頭数が犬の飼育頭数をこえるのは2017年から。

問2　four「4」や fourteen「14」とのつづりの違いに注意する。

問3　直前でユミが「11人の生徒が猫を飼っていますが，10人はイヌを飼っています」と言っていることから，差が1人であるという意味。

問4　直前のケンの発言，「どうして猫は犬よりも人気があるのでしょうか」を受けている。

問5　直前の文の動詞が過去形 asked なので，下線部も過去の文と考えられる。語群の中で過去形の動詞は said と were があるが，ここでは〈say(＋ that)＋主語＋動詞～〉の文と考える。be動詞 were に対応する主語は they。また to，walk，too があることから，〈too ～ to ＋動詞の原形…〉「～すぎて…できない」の文と判断する。以上より完成文は (Some) said they were too busy to walk a dog(.) であり，不要となる語は so。

問6　下線部⑤で，犬は飼い主が必ず散歩させなければならないことを示唆している。それに対して，猫は犬のように散歩させる必要がない，とすると自然な流れになる。

問7　〈want ＋人＋ to ＋動詞の原形〉「(人)に～してほしい，～してもらいたい」の文。

問8　ユミの7番目の発言より，クラスで猫を飼っているのは11人，犬を飼っているのは10人。また空所を含む発言で，カトウ先生は犬を飼っていると言っているので，もしカトウ先生を人数に加えたら，犬を飼っているのは11人となる。よって④が適切。

問9　ユミの最初～3番目の発言より，最も人気のあるアが④「猫」，2位のイが②「犬」。またユミは5番目の発言で「私たちの中では2人しかウサギを飼っていません」と言っているが，2人の項目はないため，③「その他」に含まれると考える。ユミの6番目の発言より4位のエが⑤「鳥」，直後のケンとユミのやりとり(ユミの4番目の発言も参照)から3位のウが①「魚」。残るオが③「その他」になると判断する。

[4]　(長文読解問題・スピーチ：語形変化，適語選択，語句整序，内容吟味，内容真偽)

(全訳)　あなたの趣味は何ですか？　音楽を聞くことでしょうか？　読書でしょうか？　サッカーをすること？　ぼくの趣味は読書で，ぼくの好きな本は『トム・ソーヤの冒険』です。それはアメリカの有名な作家であるマーク・トウェインによってあ書かれました。彼はこの本を1876年に書きました。トム・ソーヤは10歳ぐらいの少年で，学校へ行っていました。彼の学校は，ぼくたちの学校アと異なっています。彼の学校は『ワンルーム学校』です。あなたは今までに『ワンルーム学校』という言葉を聞いたことがありますか？　ぼくはワンルーム学校イに興味を持っています。そこでワンルーム学校について話したいと思います。トムはセント・ピーターズバーグとい呼ばれる町に住んでいましたが，それは架空のものです。マーク・トウェインはミズーリ州のハンニバルで育ちました。

トムとセント・ピーターズバーグの他の子どもたちはワンルーム学校に通っていました。18・19世紀のアメリカの小さな町には，多くのワンルーム学校がありました。1880年代の後半には，およそ①190,000のワンルーム学校がありましたが，現在では400校ほどです。

ワンルーム学校とはどのようなものだったのでしょうか？ そのような学校は大きな部屋が1つある，小さな家のように見えました。校舎の屋根の上ウには学校の鐘がありました。その大きな部屋には生徒のための，木製の机といすがありました。先生の机と大きな黒板が部屋の前エにありました。生徒の親たちがふつう，その机といすを作りました。どのワンルーム学校にもストーブがありました。冬の間，先生は部屋をA暖かくするため，ストーブで木を燃やしました。ストーブの近くに座っている子どもたちにはしばしばB暑すぎ，窓の近くに座っている子どもたちにはしばしばC寒すぎました。

女子が部屋の一方に座り，男子がもう一方に座りました。年少の生徒たちが先生の近くになる前に座り，年長の生徒たちが後ろに座りました。もっとも年少の生徒は6歳ぐらいで，最年長は14～15歳でした。ワンルーム学校には6人から40人の間の生徒がいました。先生は彼ら全員を教えなければならなかったのです！

歩いて学校に行った生徒もいれば，馬に[う]乗って行った生徒もいました。学校での1日は午前8時オに始まり午後4時オに終わりました。最初の科目はつねに読書[読むこと]でした。それから15分間ゲームがありました。2つ目の科目は算数で，それから作文[書くこと]でした。昼食のための1時間の休憩のあとはつづり方と文法，それから歴史の時間でした。最後の科目は地理でした。先生は年少の生徒を最初に[え]教えました，それから年長の生徒です。年長の生徒は②年少の生徒の作文[書くこと]や算数を手助けしました。ほとんどの生徒は帰宅すると家の農園で働かなければならなかったので，宿題はありませんでした。

あなたはワンルーム学校イに興味がありますか？ ぼくには兄弟も姉妹もいないので，ワンルーム学校に行ってみたいです。年少の生徒を教えることができたら楽しいです。[お]聞いていただきありがとうございました。

問1 [あ] 主語のItは『トム・ソーヤの冒険』を指すので，「書かれた」と受け身にすると意味が通る。writeの過去分詞はwritten(wroteは過去形)。 [い] 直前の名詞townを修飾する分詞。「セント・ピーターズバーグと呼ばれる町」と受け身の意味にするのが自然なので，過去分詞を選ぶ。 [う] 文の前半の動詞walkedが過去形なので，下線部も過去形になる。ride「乗る」の過去形はrode(riddenは過去分詞)。 [え] 前後の流れから過去形にする。teachはteach－taught－taughtと変化する。 [お] 前置詞forのあとなので動名詞(～ing形)。

問2 ア be different from ～＝「～と異なる」 イ be interested in ～＝「～に興味がある」 ウ be different from ～＝「～と異なる」 エ in front of ～＝「～の前に」 オ 時刻を表すときの前置詞はat。

問3 英語ではカンマ(,)の位置で桁を区切るので，ここではthousand「千」で区切る。

問4 Aの直前の部分は〈make＋A＋B〉「AをB(の状態)にする」の表現。またその前に「ストーブで木を燃やした」とあるため，warm「暖かい」を入れて「部屋を暖かくするために」とするのが適切。Bは主語が「ストーブの近くに座った子ども」なのでhot「暑い」，Cは「窓の近くに座った子ども」なのでcold「寒い」が入る。

問5 〈help＋人＋with ～〉「(人)の～を手助けする」の表現と考える。

重要 問6 本文第5段落参照。まず3文目より，最初の科目(カ)は③「読書[読むこと]」，続く(キ)は4文目より15分間の④「ゲーム」，5文目より2つ目の科目(ク)は⑤「算数」で，その次(ケ)が②「作文[書くこと]」。(and) then は「それから」の意味で，時間の経過・順序を表すことに注意。(コ)は第5段落6文目に「昼食のための1時間の休憩のあとはつづり方と文法，それから歴史の時間だった」とあるため，①「歴史」が入る。

問7　本文第4段落1～2文目参照。まず1文目に，女子が部屋の一方，男子がもう一方に座ったとある。「教室の図」では左側が男子，右側が女子となる。また2文目には年少の生徒が先生に近くなる前(図では上)，年長の生徒が後ろ(図では下)に座ったと記述がある。以上から「彼は8歳です」とある生徒1は左側で，Six-year-old boy「6歳の男子」と Twelve-year-old boy「12歳の男子」の中間に位置する①。「彼女は13歳です」とある生徒2は右側で，Ten-year-old girl「10歳の女子」よりも後ろに位置する⑤が正解となる。

やや難　問8　選択肢の意味は以下の通りで，×のものについては，下線部が誤っている部分。①「マーク・トウェインは『トム・ソーヤの冒険』を書いたアメリカの有名な作家です」(○)　本文第1段落前半の内容に合う。　②「トム・ソーヤはミズーリ州のハンニバルに住んでいました」(×)　本文第1段落後半参照。ハンニバルは作者のマーク・トウェインが育った町であり，トム・ソーヤが住んでいたのはセント・ピーターズバーグと呼ばれる架空の町。　③「現在では約400人の子どもがワンルーム学校に通っています」(×)　本文第2段落最終文参照。子どもの数ではなく，ワンルーム学校の数が約400。　④「親たちが学校の建物[校舎]を建てました」(×)　本文第3段落半ばを参照。親たちが作ったのは机といす。　⑤「6歳から15歳までの子どもがワンルーム学校に通いました」(○)　本文第4段落後半の内容に合う。　⑥「生徒たちは徒歩または列車で学校に行きました」(×)　本文第5段落1文目参照。生徒たちの通学手段は徒歩または馬。on foot＝「徒歩で」　⑦「生徒たちは毎日，たくさんの宿題をしなければなりませんでした」(×)　本文第5段落最終文を参照。宿題はなかった。　以上より，一致するものは①，⑤の2つ。

★ワンポイントアドバイス★

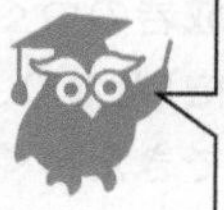

並べかえ問題では，まずは動詞に注目するとよい。また動詞の中でも三人称単数現在形や過去形は必ず述語になるが，原形は不定詞として用いたり，~ing形は進行形や名詞の修飾語になったりすることに注意しよう。

＜理科解答＞

[1]　(1)　⑤　　(2)　3(倍)　　(3)　⑤　　(4)　②　　(5)　⑧

[2]　(1)　⑦　　(2)　⑥　　(3)　①　　(4)　③　　(5)　2.7(倍)　　(6)　⑦

[3]　(1)　(午前)8(時が)1.5(g多かった)　　(2)　10.3(N/m^2)

[4]　(1)　還元　　(2)　CO_2　　(3)　⑤　　(4)　⑥　　(5)　②

[5]　(1)　③　　(2)　塩化水素　　(3)　⑦　　(4)　⑤　　(5)　④

[6]　問1　⑤　　問2　②　　問3　(1)　DNA　　(2)　⑥　　問4　④[①]
　　問5　リチウムイオン(電池)

○推定配点○

[1]　各3点×5　　[2]　(1)～(3)　各2点×3　　他　各3点×3　　[3]　各3点×2

[4]　(4)・(5)　各3点×2　　他　各2点×3　　[5]　(4)・(5)　各3点×2　　他　各2点×3

[6]　問1・問2・問3(2)　各2点×3　　他　各3点×3　　計75点

＜理科解説＞

[1]　（運動とエネルギー・磁界とその変化―ふり子の運動・電流と磁界）

重要　(1)　位置エネルギーと運動エネルギーの和である力学的エネルギーは一定なので，おもりが位置aから位置cまで移動する間に減少した位置エネルギーの大きさと，位置aから位置cまで移動する間に増加した運動エネルギーの大きさは等しい。また，位置aと位置eは高さが等しく，位置エネルギーも等しくなるので，位置cから位置eまで移動する間に増加した位置エネルギーの大きさとも等しくなる。

やや難　(2)　力学的エネルギーは一定なので，位置エネルギーの大きさが力学的エネルギーの75％のとき，運動エネルギーの大きさは力学的エネルギーの100－75＝25(％)である。よって，運動エネルギーの大きさは，位置エネルギーの大きさの75÷25＝3(倍)である。

重要　(3)　力学的エネルギーが一定なので，高さの等しい位置aと位置eでの位置エネルギーは等しくなり，位置eでの運動エネルギーは0であることがわかる。運動エネルギーが0であるおもりの速さは0なので，糸が切れると，おもりは自由落下運動をはじめるため，真下に向かって移動する。

やや難　(4)　棒磁石が，「位置a→位置c→位置e→位置c→位置a→…」と移動するとき，コイルに対して棒磁石の「N極が近づく(a→c)→N極が遠ざかる(c→e)→N極が近づく(e→c)→N極が遠ざかる(c→a)→…」というように変化する。コイルに対する磁石の極の動く向きが反対になると，電流の流れる向きも反対になるので，電流の向きは，「＋→－→＋→－→…」というように変化する。

基本　(5)　図4で，コイルの外側の2つの方位磁針の向きから，コイルの左側がN極，右側がS極となっていると考えられる。よって，位置P，Qに置かれた方位磁針は，どちらもN極が左側を向く。また，コイルに流れる電流の向きに合わせてコイルを右手でにぎったとき，親指のあるほうが磁石のN極のはたらきをするので，電流は図4のBの向きに流れることがわかる。

[2]　（地学総合―火成岩と火山・地球と太陽，月・）

重要　(1)　火成岩をつくるマグマのねばりけの強さによって火成岩の色はちがい，マグマのねばりけが強いと白っぽく，ねばりけが弱いと黒っぽくなる。また，マグマの冷え方によって火成岩のつくりはちがい，ゆっくり冷え固まると比較的大きな鉱物だけでできたつくり(等粒状組織)となり，急に冷え固まると小さな粒からなる部分(石基)と比較的大きな鉱物の部分(斑晶)からできたつくり(斑状組織)となる。よって，ねばりけが弱いマグマが急に冷えてできたのは，黒っぽく，斑状組織をもつ火成岩cであることがわかる。

(2)　等粒状組織は深成岩，斑状組織は火山岩の特徴である。火成岩bのつくりは等粒状組織で，白っぽい色をしていることから，白っぽい深成岩である花こう岩だとわかる。流紋岩は白っぽい火山岩，はんれい岩は黒っぽい深成岩，玄武岩は黒っぽい火山岩である。

重要　(3)　セキエイやチョウ石を多くふくむと白っぽい岩石となるので，マグマのねばりけは強いことがわかる。ねばりけが強いマグマでできた火山はおわんをふせたような形になり，有珠山や雲仙普賢岳がその代表である。

(4)　太陽の像は，接眼レンズから遠ざかると大きくなるので，記録用紙の円の大きさに合わせるためには，太陽投影板を接眼レンズに近づける。また，太陽は南の方角にあるので，図2では，a側が東，b側が西である。投影した太陽の像を記録用紙の円に合わせるには，太陽の像をb側にずらせばよいので，望遠鏡の向きは西にずらす。

(5)　記録用紙の太陽の大きさと黒点の大きさから，黒点の直径は，太陽の直径の3(mm)÷120(mm)＝$\frac{1}{40}$倍である。また，太陽の直径は，地球の直径の109倍なので，黒点の実際の直径は，地球の直径の，109×$\frac{1}{40}$＝2.725(倍)

基本 (6)　月は太陽がある側が輝いて見えるので，地球から月を見たとき，太陽は図3の月の右手(西側)にあることがわかる。右半分が輝いて見え，日の入りごろに南中するのは，図4の⑦の位置にある月で，上弦の月である。

[3]　(天気の変化―空気中の水蒸気・大気圧)

重要 (1)　空気$1m^3$中の水蒸気の質量は，午前6時は，気温が2℃，湿度が90%なので，5.6(g)×0.9＝5.04(g)，午前8時は，気温が10℃，湿度が70%なので，9.4(g)×0.7＝6.58(g)である。よって，空気$1m^3$中の水蒸気の質量は，午前8時のほうが，6.58－5.04＝1.54(g)多いことがわかる。

やや難 (2)　容器の液面より高い位置にある水銀柱の体積は，1.0(cm^2)×76.0(cm)＝76.0(cm^3)である。水銀の密度は13.6g/cm^3なので，水銀柱の質量は，13.6(g/cm^3)×76.0(cm^3)＝1033.6(g)で，100gの物体にはたらく重力の大きさは1Nなので，水銀柱にはたらく重力の大きさは，10.336Nである。よって，容器の液面より高い位置にある水銀柱による，容器の水銀の液面への圧力の大きさは，10.336(N)÷1(cm^2)＝10.336(N/cm^2)である。液体中で，同じ深さにおける圧力の大きさは等しいので，容器の水銀の液面の高さにおける水銀柱と容器の水銀の間ではたらく圧力の大きさと，容器の液面と大気の間ではたらく圧力の大きさは等しい。したがって，大気による圧力の大きさは，容器の水銀の液面への圧力の大きさと同じ10.336N/cm^2である。

[4]　(化学変化と質量―酸化銅の炭素による還元)

基本 (1)　酸化物から酸素がうばわれる化学変化を還元という。

基本 (2)　炭素Cは酸化銅CuOから酸素をうばい，酸化して二酸化炭素CO_2となって発生する。

重要 (3)　①と⑥では酸素，②と④では水素，③では塩素が発生する。

(4)　炭素の粉末0.15gと酸化銅0.40gを混ぜ合わせているので，反応前の物質全体の質量は，0.15＋0.40＝0.55(g)である。酸化銅と炭素の混合物を加熱すると，銅ができて二酸化炭素が発生するので，質量保存の法則より，反応前後の質量の差が発生した二酸化炭素の質量であることがわかる。よって，1回目に発生した二酸化炭素の質量は，0.55－0.44＝0.11(g)

重要 (5)　(4)と同様に考えると，炭素の粉末，酸化銅，反応後の試験管に残ったものの質量，発生した二酸化炭素の質量をまとめると，次の表のようになる。

	1回目	2回目	3回目	4回目	5回目	6回目
炭素の粉末の質量(g)	0.15	0.15	0.15	0.15	0.15	0.15
酸化銅の質量(g)	0.40	0.80	1.20	1.50	2.00	2.40
残った物質の質量(g)	0.44	0.73	1.02	1.31	1.60	2.00
二酸化炭素の質量(g)	0.11	0.22	0.33	0.44	0.55	0.55

表から，5回目までは，酸化銅が0.40g増加すると発生する二酸化炭素の質量が0.11g増加することがわかる。また，5回目と6回目で発生した二酸化炭素の質量が等しい。これらのことから，炭素の粉末0.15gと酸化銅2.00gが過不足なく反応して，二酸化炭素が0.55g発生することがわかる。6回目では，酸化銅が2.40－2.00＝0.40(g)未反応で残っていると考えられるので，これと過不足なく反応する炭素の粉末をxgとすると，0.15(g)：2.00(g)＝x(g)：0.40(g)　x＝0.03(g)

[5]　(ヒトの体のしくみ―消化と吸収)

重要 (1)　アはだ液せん，イは胃，ウは肝臓，エは胆のう，オはすい臓，カは小腸である。デンプンが分解されたブドウ糖の一部は，吸収されて肝臓や筋肉でグリコーゲンに変えられてたくわえられる。①…デンプンにはたらく消化酵素は，だ液せんから出されるだ液以外に，すい臓から出されるすい液や小腸の壁から出される消化液にも含まれている。②…タンパク質は，最終的に小腸でアミノ酸に分解される。④…胆汁は脂肪の分解を助ける。⑤…すい液には，デンプンにはたらく消化酵素のアミラーゼが含まれている。⑥…水分は大腸でも吸収される。

(2)　塩酸は塩化水素の水溶液である。

重要 (3)　小腸の毛細血管からは，デンプンが分解されたブドウ糖とタンパク質が分解されたアミノ酸が吸収される。脂肪が分解された脂肪酸とモノグリセリドは，再び脂肪に戻ってリンパ管から吸収される。

やや難 (4)　肉の主な成分はタンパク質で，タンパク質にはたらく消化酵素には，ペプシン，トリプシン，ペプチダーゼがある。小倉トーストには，脂肪とデンプンが主に含まれていて，脂肪にはたらく消化酵素はリパーゼ，デンプンにはたらく消化酵素にはアミラーゼやマルターゼ，スクラーゼがある。

(5)　ブドウ糖は有機物で，呼吸で分解されると二酸化炭素CO_2と水H_2Oが生じる。

[6]　(総合一植物のつくり・遺伝の規則性・時事)

問1　エンドウのさやは果実で，果実は子房が成長したものである。

重要 問2　双子葉類の葉脈はもう静脈で，茎の維管束は輪状にならび，根は主根と側根からなる。

重要 問3　(1)　遺伝子の本体は，DNA(デオキシリボ核酸)という物質である。

(2)　子は，両親のもつ遺伝子の組み合わせのうちの一方をそれぞれから受け継ぐので，子の代の遺伝子の組み合わせはすべてBbとなる。また，黄色の形質を伝える遺伝子Bは，緑色の形質を伝える遺伝子bに対して優性の形質であるため，子はすべて黄色の子葉となる。

やや難 問4　④…5倍希釈は，全体を5倍の30(mL)×5＝150(mL)にするので，必要な水は，150－30＝120(mL)である。なお，①の必要な食塩は1.8g。

問5　2019年，ジョン・グッドイナフ，スタンリー・ウィッティンガム，吉野彰がノーベル化学賞を受賞したのは，リチウムイオン電池の開発によるものである。

★ワンポイントアドバイス★

標準レベルが中心の出題だが，選択肢がやや複雑なものがあったり，複数分野の知識を必要とする問題もあったりするので，かたよりのない学習と，単元をこえたつながりも意識した学習を心がけよう。

＜社会解答＞

［1］　問1　④　問2　②　問3　天正遣欧(少年)使節［天正少年使節］　問4　③
問5　②　問6　②

［2］　問1　③　問2　②　問3　④　問4　①　問5　②　問6　③

［3］　問1　①　問2　①　問3　④　［4］　問1　②　問2　②

［5］　問1　なし　［6］　問1　⑤　問2　③

［7］　問1　①　問2　②　問3　③　問4　シビリアンコントロール

［8］　問1　①　問2　③　問3　⑥　［9］　問1　④　問2　⑥　問3　①

○推定配点○

〔1〕　問3　4点　他　各2点×5　〔2〕　各2点×6　〔3〕　各3点×3　〔4〕　各2点×2
〔5〕　4点　〔6〕　各2点×2　〔7〕　問4　4点　他　各2点×3　〔8〕　各3点×3
〔9〕　各3点×3　計75点

＜社会解説＞

［1］（日本の歴史―飛鳥時代から平安時代に関する問題）

問1　A　北条時宗が執権の時代に，1274年と1281年の2回，元寇があった。C　小野妹子は607年に聖徳太子によって遣隋使として隋の煬帝のもとへ派遣された。D　足利義満は将軍職を足利義持に譲った後の1401年に明との国交をもつようになる。E　阿倍仲麻呂は717年に留学生として唐にわたり，唐朝に仕え，玄宗皇帝に重用された。

重要　問2　元寇の際の朝鮮半島にあった国は高麗。高麗は918年に成立し，936年に朝鮮半島を統一，13世紀には一時モンゴルに服属し，1392年に李氏朝鮮にかわられる。

問3　天正遣欧使節は，1582年にキリシタン大名の大友宗麟，大村純忠，有馬晴信らが宣教師ヴァリニャーニの勧めでローマ教皇グレゴリオ13世のもとに派遣したもの。

やや難　問4　伽藍の中には普通は塔と金堂，講堂がある。塔はもともとは仏舎利を収納してある場所で大事なもので一つであったが，時代が下ると仏舎利はなく，塔が複数になり，さらには伽藍の外へ設けるものも出てくる。

問5　勘合貿易は室町時代，足利義満が中国の明朝から勘合符を得て始めたもの。日本から明へ朝貢し，その見返りとして得られる褒美の品々を日本で売却し利益を得る。

やや難　問6　和同開珎は役人の給与だけのものではなかったが，あまり流通はしなかった。

［2］（歴史―近現代の日本と世界の歴史の問題）

やや難　問1　左の絵はフランス革命前の「旧制度(アンシャンレジーム)」と呼ばれる身分制の時代のもの。第一身分の聖職者，第二身分の貴族が第三身分の平民に税負担を押し付けている状態。これが，革命によりすべての身分が税を負担するようになった。

問2　いわゆる市民革命は基本的に自由平等を求め，人民主権を確立することを目指す。①は市民革命が倒す国王や皇帝の専制政治。③はロシア革命などのプロレタリア革命が目指す社会主義の社会の確立。④はファシズム国家のスタイル。

重要　問3　アヘン戦争は1840年から1842年にかけてのもの。このアヘン戦争で清朝がイギリスに大敗したことを受け，日本は1825年の異国船打払い令を緩和していた。他の選択肢はいずれも日本の開国後のもの。①のインド大反乱は1857年から59年，②のアメリカ南北戦争は1861年から1865年，③の甲午農民戦争は1894年。

問4　王政復古の大号令は1867年12月に出される。同年10月に大政奉還を徳川慶喜が申し出たことで，その直前に薩摩長州に討幕を朝廷が命じたのが中途半端な状態になり，改めて新政府から徳川を排除する方針を固めて王政復古の大号令が出された。この内容に反発した旧幕府側と新政府側が1868年に京都で衝突し戊辰戦争となる。

問5　1868年戊辰戦争→1873年地租改正条例→1894年日清戦争→1912年辛亥革命。①は義和団事件は日露戦争の前。③は三国干渉はポーツマス条約の前。④は西南戦争が岩倉使節団の渡欧より後。

問6　ウ　1917年→エ　1919年→イ　1929年→ア　1931年の順。

［3］（地理―世界地理に関する様々な問題）

重要　問1　ある経度の地球上の反対側は，東経と西経を逆にし，経度の数字を二つ合わせて180度になるようにすればよい。したがって，西経120度の反対側は東経60度になるので①が答え。設問の地図の経線は15度間隔でひかれている。②が東経90度，③が12度，④が東経150度になる。

問2　成田空港を12月23日の17時に飛び立った飛行機が日本時間で12月24日の午前3時に到着しているので，所要時間は10時間になる。東経135度と西経120度の間の時差は，経度差255度分なので17時間になり，日本時間の方が先行している。ロサンゼルスの現地時間を出すのなら，到着時の日本時間から17時間戻せばよいので23日の午前10時が答えになる。

問3　Dはインドネシアで④の貿易になる。Aはカナダで③，Bはロシアで①，Cはエジプトで②，Eはニュージーランドで⑤になる。

［4］（日本の地理一各県の地誌に関する問題）

問1　イが埼玉県，エが佐賀県のもの。アは千葉県，ウは静岡県，オは福井県。

重要　問2　オは眼鏡フレームから福井県鯖江市を連想できれば良い。福井県のシルエットは②。①は埼玉県，③は静岡県，④は千葉県，⑤は佐賀県。

やや難　［5］（日本の地理一地形図の読図に関する問題）

問1　すべての選択肢が誤り。①　南西部の地図にも針葉樹林の記号がある。②　郵便局は南西部にはない。消防署はこの図の中にはない。③　老人ホームは北東部にもない。④　南東部には史跡のマークはない。

［6］（日本の地理一日本の地形，気候に関する問題）

やや難　問1　C，Dの断面はいわゆる日本アルプスを通るが，他は通らない。Aは両端が海で瀬戸内海を挟んで中国山地，四国山地があるので，該当する断面図はない。Bは越後山脈を越えた後は関東平野が広がるのでアの断面図になる。CとDとではDは北アルプスを越えたあと濃尾平野が広がるので該当するものはない。アの断面図だと北アルプスにしては山が低い。したがってCの断面図がイになる。

問2　地図中のあは日本海側なのでイのグラフになる。いとうとで考えると，アのグラフはうにしては降水量が少ないのでいと判断できる。

［7］（公民一平和主義，日本国憲法に関する問題）

問1　日本の戦争放棄・平和主義は戦力を持たないということ，交戦権を認めないということを前提としている。

問2　この条文が日本国憲法第9条の第1項。

問3　日本は「非核三原則」を表明し，核兵器の不保持を宣言しているので誤り。

重要　問4　最終的に自衛隊を動かし戦争を行ったりすることを決める権限を内閣総理大臣およびその他の国務大臣が握るが，そこに軍人を置かないというのがシビリアンコントロール。文民統制ともいう。

［8］（公民一選挙に関する問題）

問1　海外に居住，もしくは選挙時に日本にいない人は，不在者投票もしくは期日前投票の制度を利用すれば投票できるので誤り。

問2　アは比例代表制の特徴。イは参議院議員選挙の際の選挙区制。都道府県単位が基本だが，現状では人口が少ない徳島県と高知県，島根県と鳥取県の4県においてそれぞれを合わせた合区が一票の重さの格差是正のために採用されている。ウは衆議院議員選挙で採用されている小選挙区制のもの。

重要　問3　比例代表制選挙で各党に割り振る議席数を確定する際に採用されている方式がドント式。各党の得票数を整数で順に割った数字を並べた表を作成し，その数値の大きいものから定数分の数値を拾い，その拾われた数値の個数が各党の議席になるというもの。

この場合，A党の得票数1200を順に整数で割ると，1200，600，400，300，…となり，同様にB党は900，450，300，225，…，C党は480，240，160，120，…となる。この中から大きい順に数字を5個拾うと1200，900，600，480，450となる。A党が最初の1200と3番目の600で2議席獲得，B党が2番目の900と5番目の450で2議席，C党は4番目の480のみで1議席になる。

［9］（公民一様々な権利の年齢制限に関する問題）

問1　少年法で刑事責任を問う年齢を，2000年にそれまでの16歳以上を14歳以上に引き下げている。

問2　請願権は国や地方公共団体に対して希望，苦情，要請を申し立てる権利であり，これには年齢制限はない。

重要　問3　日本の現在の選挙制度では，被選挙権の与えられる年齢は都道府県知事と参議院議員のみが30歳以上で，それ以外は25歳以上となる。

★ワンポイントアドバイス★

40分の試験時間で小問数が30題なので時間的には焦る必要はない。語句で答える問題が3題であとはすべて選択肢のもの。選択肢は多くて9までであり，それぞれの選択肢の違いを把握することが大事。

＜国語解答＞

〔一〕　問一　（ア）　③　（イ）　②　問二　Ⅰ　④　Ⅱ　⑤　Ⅲ　①
問三　自分の　～　ている　問四　X　①　Y　⑤　Z　③
問五　双方向の　～　開する　問六　③　問七　行為(の)選択　問八　④

〔二〕　問一　（ア）　⑤　（イ）　①　問二　①　問三　穏便な意思表示　問四　③
問五　④　問六　①　問七　③

〔三〕　問一　X　①　Y　②　問二　a　③　b　②　問三　(1)　尊敬　(2)　謙譲
問四　②　問五　①　問六　④

○推定配点○

〔一〕　問三・問五・問七・問八　各5点×4　他　各2点×9
〔二〕　問一　各2点×2　問二・問四　各4点×2　他　各5点×4
〔三〕　問一・問六　各2点×3　他　各4点×6　計100点

＜国語解説＞

〔一〕（論説文一漢字，脱文・脱語補充，接続語，文脈把握，内容吟味，要旨）

問一　（ア）　脅威　①　委細　②　意匠　③　威信　④　怪異　⑤　畏敬
（イ）　陥って　①　敢然　②　陥落　③　遺憾　④　歓心　⑤　完遂

問二　Ⅰ　直前に示されている「インターネット」「スマートフォン」を直後で「巨大な百科事典や辞典」と言い換えているので，別の言葉でいえば，という意味の「いわば」が入る。
Ⅱ　後の「……かのような」に呼応する語として，「あたかも」が入る。　Ⅲ　直前に「SNSでは，『書く』という行為も大きくその意味を変えることになった」とあり，直後で「わたしは……」と具体例を示しているので，例示を表す「たとえば」が入る。

やや難　問三　同様のことは，直前で「自分の行為が自らの生存をおびやかすという結果を生み出している(30字)」と言い換えられている。

問四　X　直前の「一般的」と並立する語が入るとわかるので，すべてのものに共通してあてはまること，という意味の「普遍」が入る。　Y　直前に「インクと紙という物質・物体に」とあるので，「具体(化する)」とするのが適切。「具体」は，はっきりした形・形態をそなえていること。「考え」という抽象的なものを文字化し，印刷物という目に見えるものにすることを「具体化」としているのである。　Z　直後にそれぞれ「フロネーシスの境界領域に踏み込んでくる」，「一種のフロネーシスのようにも見える」,「行為選択の機能」とあることに着目する。「フロネーシス」は,注釈に「善悪を分別し,行動や態度の適切さを判断する能力」とあるので,自分で自分の気持ちを抑えたり,自分の規範に従って行動したりすること,という意味の「自律(的)」とするのが適切。

問五　「『書く』という行為」については,直後で「このコミュニケーションは一方向である」とし,「他方,SNSでは,情報の発信は,読み手が閲覧し……そのメッセージは書き手のもとに戻る」と説明されている。これが,現代における「『書く』こと」の意味にあたる。メッセージが発信者のもとに戻ることは「双方向の情報交換」と表現されており,「双方向のコミュニケーションから拡散する情報へと展開する(27字)」と説明されている。

問六　直前の「受け取り手によっては悪意を感じてしまうこともある」を言い換えているので,「(読み手の)受け取り方による」とするのが適切。

問七　直後に「どのような行く末をもたらすか」とある。行く末の原因となるものとしては,「行為選択」が適切。

やや難　問八　④は,「こうした……」で始まる段落に「このメガテクノソフィアは,生身の人間ではなく,その環境は生身の人間の生きる環境ではない。いずれにせよ,そのようなメガテクノソフィアという知能,知性が近い将来に出現することは十分予想することができる」とあることと合致する。①は「生きる環境を破壊した」,②は「書籍などの古い媒体は衰退」,③は「人間より優れた判断を行う」,⑤は「科学に誤りはないという考え」「人間の思慮深さには限界がある」という部分が,本文の内容と合致しない。

〔二〕（小説一漢字,情景・心情,文脈把握,内容吟味,表現,大意）

問一　(ア)　頻繁　①　頒布　②　重版　③　諸般　④　反証　⑤　繁茂
　　　(イ)　糾弾　①　紛糾　②　火急　③　窮地　④　波及　⑤　丘陵

問二　本文前の「あらすじ」に「デートの最中,彼に姉の才能を馬鹿にされた『わたし』は,彼をひどく罵ってしまう」とある。姉のことが原因で,好意を抱いていた「彼」との関係が悪くなってしまったのである。それなのに,その姉に「『ねえ,ほんとに元気なの?』」と気遣われたことが気に入らなかったので邪険な態度をとってしまったと考えられる。また,この時の心情は,本文の最後近くに「姉は悪くない。昨日わたしが失恋したばかりだということを,知らないのだ。それに姉自身が少しだけ関係していることも」と表現されているので①が適切。「邪険」は,人に対する態度などが,冷たくて意地の悪い様子。

やや難　問三　直前に「家の中でだけ通用する合言葉というか符牒というか,独特の言い回しのようなもの」とあり,「我が家では,……カルシウムがほしいなと言えば,いらいらする,むしゃくしゃするという意味になる,なかなか使い勝手のいい言い回しだった」と説明されている。同様のことは,「家族に定着した……」で始まる段落で「家族に定着した,この穏便な意思表示」と言い換えられているので,「穏便な意思表示(7字)」が適切。

問四　直前に「得体の知れない感情がいくつもまじりあい,ぐるぐると渦巻き,わたしを揺さぶった」とあり,同段落冒頭には「中学の三年間を思い起こすとき,わたしの頭には暗黒時代という言葉が浮かんでくる。姉に怒りをぶつけては自己嫌悪におちいり,嫉妬しては罪悪感にさいなまれ,心がすっきり晴れるということがなかった」とあるので,③が適切。姉に振り回され,自己嫌悪や罪悪感など,様々な思いに揺さぶられ続けていた状態を「船酔いしているよう」と表現しているのである。

問五　「頬がかっと熱くなった」という様子からは,「『無理しない方がいいよ』」と声をかけてきた姉に対する反発が感じられ,「確かめるように,答えた」の直前には「自分に言い聞かせるように」とあるので，「姉の一言に怒りがこみ上げたが，……自分を冷静に見つめようとした」とする④が適切。

問六　①は，「成長し……」で始まる段落に「成長し，いわば世の中を知るにつれて，幼かった頃の純粋なあこがれが薄れた後も，わたしは姉の気まぐれな言動を受け入れていた。それが愛すべきものではなくただの自分勝手と感じられるようになったのは，中学に入ったあたりからだろうか」とあることと合致する。

やや難　問七　①は，「客観的に表現されている」という部分があてはまらない。②は，「回想場面か現在の場面かによって区別」という部分があてはまらない。「」がつけられているのは，「姉」と「わたし」の会話部分である。③は，「姉さえいなければ。／自分がそんなふうに考えているとはじめて気づいたときは，うろたえた。……それからは一定の周期で，強気になったり弱気になったりを繰り返した。……」「姉さえいなければ。強気なときも，弱気なときも，そのひと言はなにかにつけて脳裡をよぎった。……わたしの心をぐしゃぐしゃとかき乱した」と繰り返されていることと合致する。④は，「(読者への)問いかけ」ではなく，自身の回想なので適切でない。⑤は，「孤独な『わたし』」が適切でない。

〔三〕（古文―脱語補充，口語訳，敬語，主語，文学史）

〈口語訳〉　この安倍晴明が，ある時，広沢の僧正の御房に参上して申し上げ，返答を承る間に，若い僧たちは清明に，「式神をお使いなると，たちまちに人を殺してしまわれるといいますが(本当ですか)」と言うと，「簡単には殺せません。力を入れて殺します」と言う。「それから，虫などは少しの事をすれば必ず殺せます。しかし，生き返らせる方法を知らないため，罪を犯すことになるので，そのようなことは無意味です」と言っていると，庭に蛙が出てきて，五，六匹ほどが飛び跳ねて池の方へ行くのを(指して)「あれを一匹，では殺してみてください。試してみましょう」と僧が言うと，「罪を作りなさるお坊様ですね。しかし私をお試しになるのですから，殺してお見せいたしましょう」と言って，草の葉を摘んで切って，呪文を唱えるようにして，蛙の方へ投げ，その草の葉が蛙の上にかぶさると，蛙はまったいらにつぶれて死んだのであった。これを見て僧たちの顔色は変わり，恐ろしいと思ったのであった。

(清明は)家の中に人がいない時には，この式神を使ったのであろうか，人もいないのに蔀が上下し，門を閉じたりなどした。

問一　X　直前に「やすくはえ殺さじ(簡単には殺せない)」とあるので，「力を入れて(殺してん)」とするのが適切。　Y　直後に「必ず殺しつべし」とあるので，「少しの事せんに」が入る。虫などは，少しの手間で殺せるというのである。

問二　a「さやうの事」は，そのようなこと，という意味で，直前の「虫なんどをば……必ず殺しつべし」という内容を指す。「よしなし」は，つまらない，無意味だ，という意味なので，「生きものの命を奪うのは無益なことです」とする③が適切。　b「さらば」は，それならば，それでは，という意味。直前の「虫なんどをば……必ず殺しつべし」という内容を受け，「殺し給へ」と続いているので。②の「本当ならば」が適切。

問三　(1)「お試しになる」は，「試す」の尊敬表現。　(2)「いたしましょう」は「しましょう」の謙譲表現。

問四　直前に「僧どもの色変りて(顔色が変わって)」とあるので，「恐ろし」が適切。清明が，蛙を事もなく殺してしまうのを目の当たりにして恐れをなしたのである。

問五　冒頭に「若き僧ども清明にいふやう，『式神を使ひ給ふなるは，……』といひければ」とある。「式神」を使うのかと「清明」に尋ねているので，「式神を使ひける」の主語は「清明」。

問六　『宇治拾遺物語』は鎌倉時代，『今昔物語集』は平安時代末期に成立した説話文学。「説話」

は民間に伝わる口承や伝承を書き起こしたもの。大別すると，出家遁世した人の話や高僧の逸話などを集めた仏教説話と，武士や庶民の生活を描いた世俗説話に分けられる。鎌倉時代には多数の説話集が編まれた。主な説話集はほかに『発心集』『沙石集』『十訓抄』『古今著聞集』など。

★ワンポイントアドバイス★

現代文の読解は，本文を隅々まで丁寧に読んで解答する練習をしておこう！
論説文は，やや難しい内容の文章にも読み慣れておこう！

解答用紙集

○月×日 △曜日　天気（合格日和）

◆ご利用のみなさまへ

＊解答用紙の公表を行っていない学校につきましては、弊社の責任において、解答用紙を制作いたしました。

＊編集上の理由により一部縮小掲載した解答用紙がございます。

＊編集上の理由により一部実物と異なる形式の解答用紙がございます。

人間の最も偉大な力とは、その一番の弱点を克服したところから生まれてくるものである。——カール・ヒルティ——

東京学参株式会社

中京大学附属中京高等学校　2024年度

◇数学◇

※ 127%に拡大していただくと，解答欄は実物大になります。

解答番号	-	0	1	2	3	4	5	6	7	8	9
ア	-	0	1	2	3	4	5	6	7	8	9
イ	-	0	1	2	3	4	5	6	7	8	9
ウ	-	0	1	2	3	4	5	6	7	8	9
エ	-	0	1	2	3	4	5	6	7	8	9
オ	-	0	1	2	3	4	5	6	7	8	9
カ	-	0	1	2	3	4	5	6	7	8	9
キ	-	0	1	2	3	4	5	6	7	8	9
ク	-	0	1	2	3	4	5	6	7	8	9
ケ	-	0	1	2	3	4	5	6	7	8	9
コ	-	0	1	2	3	4	5	6	7	8	9
サ	-	0	1	2	3	4	5	6	7	8	9
シ	-	0	1	2	3	4	5	6	7	8	9
ス	-	0	1	2	3	4	5	6	7	8	9
セ	-	0	1	2	3	4	5	6	7	8	9
ソ	-	0	1	2	3	4	5	6	7	8	9
タ	-	0	1	2	3	4	5	6	7	8	9
チ	-	0	1	2	3	4	5	6	7	8	9
ツ	-	0	1	2	3	4	5	6	7	8	9
テ	-	0	1	2	3	4	5	6	7	8	9
ト	-	0	1	2	3	4	5	6	7	8	9
ナ	-	0	1	2	3	4	5	6	7	8	9
ニ	-	0	1	2	3	4	5	6	7	8	9
ヌ	-	0	1	2	3	4	5	6	7	8	9
ネ	-	0	1	2	3	4	5	6	7	8	9
ノ	-	0	1	2	3	4	5	6	7	8	9

(マーク解答欄)

解答番号	-	0	1	2	3	4	5	6	7	8	9
ハ	-	0	1	2	3	4	5	6	7	8	9
ヒ	-	0	1	2	3	4	5	6	7	8	9
フ	-	0	1	2	3	4	5	6	7	8	9
ヘ	-	0	1	2	3	4	5	6	7	8	9
ホ	-	0	1	2	3	4	5	6	7	8	9
マ	-	0	1	2	3	4	5	6	7	8	9
ミ	-	0	1	2	3	4	5	6	7	8	9
ム	-	0	1	2	3	4	5	6	7	8	9
メ	-	0	1	2	3	4	5	6	7	8	9
モ	-	0	1	2	3	4	5	6	7	8	9
ヤ	-	0	1	2	3	4	5	6	7	8	9
ユ	-	0	1	2	3	4	5	6	7	8	9
ヨ	-	0	1	2	3	4	5	6	7	8	9
ラ	-	0	1	2	3	4	5	6	7	8	9
リ	-	0	1	2	3	4	5	6	7	8	9
ル	-	0	1	2	3	4	5	6	7	8	9
レ	-	0	1	2	3	4	5	6	7	8	9

	記述解答欄	※
A	[3](1)	
B	[3](2)	
C	[3](3)	

	※

中京大学附属中京高等学校　2024年度

◇英語◇

※ 127%に拡大していただくと，解答欄は実物大になります。

解答番号	マーク解答欄 1	2	3	4	5	6	7	8	9	0
1	1	2	3	4	5	6	7	8	9	0
2	1	2	3	4	5	6	7	8	9	0
3	1	2	3	4	5	6	7	8	9	0
4	1	2	3	4	5	6	7	8	9	0
5	1	2	3	4	5	6	7	8	9	0
6	1	2	3	4	5	6	7	8	9	0
7	1	2	3	4	5	6	7	8	9	0
8	1	2	3	4	5	6	7	8	9	0
9	1	2	3	4	5	6	7	8	9	0
10	1	2	3	4	5	6	7	8	9	0
11	1	2	3	4	5	6	7	8	9	0
12	1	2	3	4	5	6	7	8	9	0
13	1	2	3	4	5	6	7	8	9	0
14	1	2	3	4	5	6	7	8	9	0
15	1	2	3	4	5	6	7	8	9	0
16	1	2	3	4	5	6	7	8	9	0
17	1	2	3	4	5	6	7	8	9	0
18	1	2	3	4	5	6	7	8	9	0
19	1	2	3	4	5	6	7	8	9	0
20	1	2	3	4	5	6	7	8	9	0
21	1	2	3	4	5	6	7	8	9	0
22	1	2	3	4	5	6	7	8	9	0
23	1	2	3	4	5	6	7	8	9	0
24	1	2	3	4	5	6	7	8	9	0
25	1	2	3	4	5	6	7	8	9	0

解答番号	マーク解答欄 1	2	3	4	5	6	7	8	9	0
26	1	2	3	4	5	6	7	8	9	0

	記述解答欄	※
A		
B		
C		
D		
E		
F		
G		
H		

※

中京大学附属中京高等学校　2024年度

◇理科◇

※ 127%に拡大していただくと，解答欄は実物大になります。

解答番号	1	2	3	4	5	6	7	8	9	0
1	1	2	3	4	5	6	7	8	9	0
2	1	2	3	4	5	6	7	8	9	0
3	1	2	3	4	5	6	7	8	9	0
4	1	2	3	4	5	6	7	8	9	0
5	1	2	3	4	5	6	7	8	9	0
6	1	2	3	4	5	6	7	8	9	0
7	1	2	3	4	5	6	7	8	9	0
8	1	2	3	4	5	6	7	8	9	0
9	1	2	3	4	5	6	7	8	9	0
10	1	2	3	4	5	6	7	8	9	0
11	1	2	3	4	5	6	7	8	9	0
12	1	2	3	4	5	6	7	8	9	0
13	1	2	3	4	5	6	7	8	9	0
14	1	2	3	4	5	6	7	8	9	0
15	1	2	3	4	5	6	7	8	9	0
16	1	2	3	4	5	6	7	8	9	0
17	1	2	3	4	5	6	7	8	9	0
18	1	2	3	4	5	6	7	8	9	0
19	1	2	3	4	5	6	7	8	9	0
20	1	2	3	4	5	6	7	8	9	0
21	1	2	3	4	5	6	7	8	9	0
22	1	2	3	4	5	6	7	8	9	0
23	1	2	3	4	5	6	7	8	9	0
24	1	2	3	4	5	6	7	8	9	0
25	1	2	3	4	5	6	7	8	9	0

解答番号	1	2	3	4	5	6	7	8	9	0
26	1	2	3	4	5	6	7	8	9	0

	記述解答欄	※
A		
B	倍	
C		
D	Ω	

	※

中京大学附属中京高等学校　2024年度

◇社会◇

※ 127%に拡大していただくと，解答欄は実物大になります。

解答番号	マーク解答欄 1	2	3	4	5	6	7	8	9	0
1	1	2	3	4	5	6	7	8	9	0
2	1	2	3	4	5	6	7	8	9	0
3	1	2	3	4	5	6	7	8	9	0
4	1	2	3	4	5	6	7	8	9	0
5	1	2	3	4	5	6	7	8	9	0
6	1	2	3	4	5	6	7	8	9	0
7	1	2	3	4	5	6	7	8	9	0
8	1	2	3	4	5	6	7	8	9	0
9	1	2	3	4	5	6	7	8	9	0
10	1	2	3	4	5	6	7	8	9	0
11	1	2	3	4	5	6	7	8	9	0
12	1	2	3	4	5	6	7	8	9	0
13	1	2	3	4	5	6	7	8	9	0
14	1	2	3	4	5	6	7	8	9	0
15	1	2	3	4	5	6	7	8	9	0
16	1	2	3	4	5	6	7	8	9	0
17	1	2	3	4	5	6	7	8	9	0
18	1	2	3	4	5	6	7	8	9	0
19	1	2	3	4	5	6	7	8	9	0
20	1	2	3	4	5	6	7	8	9	0
21	1	2	3	4	5	6	7	8	9	0
22	1	2	3	4	5	6	7	8	9	0
23	1	2	3	4	5	6	7	8	9	0
24	1	2	3	4	5	6	7	8	9	0
25	1	2	3	4	5	6	7	8	9	0

解答番号	マーク解答欄 1	2	3	4	5	6	7	8	9	0
26	1	2	3	4	5	6	7	8	9	0
27	1	2	3	4	5	6	7	8	9	0

	記述解答欄	※
A		
B	時　分	
C		

※

中京大学附属中京高等学校　2024年度

◇国語◇

※ 127%に拡大していただくと，解答欄は実物大になります。

解答番号	マーク解答欄									
	1	2	3	4	5	6	7	8	9	0
1	1	2	3	4	5	6	7	8	9	0
2	1	2	3	4	5	6	7	8	9	0
3	1	2	3	4	5	6	7	8	9	0
4	1	2	3	4	5	6	7	8	9	0
5	1	2	3	4	5	6	7	8	9	0
6	1	2	3	4	5	6	7	8	9	0
7	1	2	3	4	5	6	7	8	9	0
8	1	2	3	4	5	6	7	8	9	0
9	1	2	3	4	5	6	7	8	9	0
10	1	2	3	4	5	6	7	8	9	0
11	1	2	3	4	5	6	7	8	9	0
12	1	2	3	4	5	6	7	8	9	0
13	1	2	3	4	5	6	7	8	9	0
14	1	2	3	4	5	6	7	8	9	0
15	1	2	3	4	5	6	7	8	9	0
16	1	2	3	4	5	6	7	8	9	0
17	1	2	3	4	5	6	7	8	9	0
18	1	2	3	4	5	6	7	8	9	0

記述解答欄			
C	B	A	
			※

中京大学附属中京高等学校　2023年度

◇数学◇

※ 127%に拡大していただくと，解答欄は実物大になります。

解答番号	-	0	1	2	3	4	5	6	7	8	9
ア	-	0	1	2	3	4	5	6	7	8	9
イ	-	0	1	2	3	4	5	6	7	8	9
ウ	-	0	1	2	3	4	5	6	7	8	9
エ	-	0	1	2	3	4	5	6	7	8	9
オ	-	0	1	2	3	4	5	6	7	8	9
カ	-	0	1	2	3	4	5	6	7	8	9
キ	-	0	1	2	3	4	5	6	7	8	9
ク	-	0	1	2	3	4	5	6	7	8	9
ケ	-	0	1	2	3	4	5	6	7	8	9
コ	-	0	1	2	3	4	5	6	7	8	9
サ	-	0	1	2	3	4	5	6	7	8	9
シ	-	0	1	2	3	4	5	6	7	8	9
ス	-	0	1	2	3	4	5	6	7	8	9
セ	-	0	1	2	3	4	5	6	7	8	9
ソ	-	0	1	2	3	4	5	6	7	8	9
タ	-	0	1	2	3	4	5	6	7	8	9
チ	-	0	1	2	3	4	5	6	7	8	9
ツ	-	0	1	2	3	4	5	6	7	8	9
テ	-	0	1	2	3	4	5	6	7	8	9
ト	-	0	1	2	3	4	5	6	7	8	9
ナ	-	0	1	2	3	4	5	6	7	8	9
ニ	-	0	1	2	3	4	5	6	7	8	9
ヌ	-	0	1	2	3	4	5	6	7	8	9
ネ	-	0	1	2	3	4	5	6	7	8	9
ノ	-	0	1	2	3	4	5	6	7	8	9

マーク解答欄

解答番号	-	0	1	2	3	4	5	6	7	8	9
ハ	-	0	1	2	3	4	5	6	7	8	9
ヒ	-	0	1	2	3	4	5	6	7	8	9
フ	-	0	1	2	3	4	5	6	7	8	9
ヘ	-	0	1	2	3	4	5	6	7	8	9
ホ	-	0	1	2	3	4	5	6	7	8	9
マ	-	0	1	2	3	4	5	6	7	8	9
ミ	-	0	1	2	3	4	5	6	7	8	9
ム	-	0	1	2	3	4	5	6	7	8	9
メ	-	0	1	2	3	4	5	6	7	8	9
モ	-	0	1	2	3	4	5	6	7	8	9
ヤ	-	0	1	2	3	4	5	6	7	8	9
ユ	-	0	1	2	3	4	5	6	7	8	9
ヨ	-	0	1	2	3	4	5	6	7	8	9

	記述解答欄	※
A	[3](1)(i)	
B	[3](1)(ii)	
C	[3](2)	

	※

中京大学附属中京高等学校　2023年度

◇英語◇

※ 127%に拡大していただくと，解答欄は実物大になります。

解答番号	マーク解答欄 1	2	3	4	5	6	7	8	9	0
1	1	2	3	4	5	6	7	8	9	0
2	1	2	3	4	5	6	7	8	9	0
3	1	2	3	4	5	6	7	8	9	0
4	1	2	3	4	5	6	7	8	9	0
5	1	2	3	4	5	6	7	8	9	0
6	1	2	3	4	5	6	7	8	9	0
7	1	2	3	4	5	6	7	8	9	0
8	1	2	3	4	5	6	7	8	9	0
9	1	2	3	4	5	6	7	8	9	0
10	1	2	3	4	5	6	7	8	9	0
11	1	2	3	4	5	6	7	8	9	0
12	1	2	3	4	5	6	7	8	9	0
13	1	2	3	4	5	6	7	8	9	0
14	1	2	3	4	5	6	7	8	9	0
15	1	2	3	4	5	6	7	8	9	0
16	1	2	3	4	5	6	7	8	9	0
17	1	2	3	4	5	6	7	8	9	0
18	1	2	3	4	5	6	7	8	9	0
19	1	2	3	4	5	6	7	8	9	0
20	1	2	3	4	5	6	7	8	9	0
21	1	2	3	4	5	6	7	8	9	0
22	1	2	3	4	5	6	7	8	9	0
23	1	2	3	4	5	6	7	8	9	0
24	1	2	3	4	5	6	7	8	9	0
25	1	2	3	4	5	6	7	8	9	0

解答番号	マーク解答欄 1	2	3	4	5	6	7	8	9	0
26	1	2	3	4	5	6	7	8	9	0
27	1	2	3	4	5	6	7	8	9	0
28	1	2	3	4	5	6	7	8	9	0
29	1	2	3	4	5	6	7	8	9	0
30	1	2	3	4	5	6	7	8	9	0
31	1	2	3	4	5	6	7	8	9	0
32	1	2	3	4	5	6	7	8	9	0
33	1	2	3	4	5	6	7	8	9	0
34	1	2	3	4	5	6	7	8	9	0
35	1	2	3	4	5	6	7	8	9	0

	記述解答欄	※
A		
B		
C		
D		
E		
F		
G		

	※

中京大学附属中京高等学校　2023年度

◇理科◇

※ 127％に拡大していただくと，解答欄は実物大になります。

解答番号	1	2	3	4	5	6	7	8	9	0
1	1	2	3	4	5	6	7	8	9	0
2	1	2	3	4	5	6	7	8	9	0
3	1	2	3	4	5	6	7	8	9	0
4	1	2	3	4	5	6	7	8	9	0
5	1	2	3	4	5	6	7	8	9	0
6	1	2	3	4	5	6	7	8	9	0
7	1	2	3	4	5	6	7	8	9	0
8	1	2	3	4	5	6	7	8	9	0
9	1	2	3	4	5	6	7	8	9	0
10	1	2	3	4	5	6	7	8	9	0
11	1	2	3	4	5	6	7	8	9	0
12	1	2	3	4	5	6	7	8	9	0
13	1	2	3	4	5	6	7	8	9	0
14	1	2	3	4	5	6	7	8	9	0
15	1	2	3	4	5	6	7	8	9	0
16	1	2	3	4	5	6	7	8	9	0
17	1	2	3	4	5	6	7	8	9	0
18	1	2	3	4	5	6	7	8	9	0
19	1	2	3	4	5	6	7	8	9	0
20	1	2	3	4	5	6	7	8	9	0
21	1	2	3	4	5	6	7	8	9	0
22	1	2	3	4	5	6	7	8	9	0
23	1	2	3	4	5	6	7	8	9	0
24	1	2	3	4	5	6	7	8	9	0
25	1	2	3	4	5	6	7	8	9	0

解答番号	1	2	3	4	5	6	7	8	9	0
26	1	2	3	4	5	6	7	8	9	0
27	1	2	3	4	5	6	7	8	9	0
28	1	2	3	4	5	6	7	8	9	0

	記述解答欄	※
A	cm	
B		
C	秒	
D		

	※

中京大学附属中京高等学校　2023年度

◇社会◇

※ 127%に拡大していただくと，解答欄は実物大になります。

解答番号	1	2	3	4	5	6	7	8	9	0
1	1	2	3	4	5	6	7	8	9	0
2	1	2	3	4	5	6	7	8	9	0
3	1	2	3	4	5	6	7	8	9	0
4	1	2	3	4	5	6	7	8	9	0
5	1	2	3	4	5	6	7	8	9	0
6	1	2	3	4	5	6	7	8	9	0
7	1	2	3	4	5	6	7	8	9	0
8	1	2	3	4	5	6	7	8	9	0
9	1	2	3	4	5	6	7	8	9	0
10	1	2	3	4	5	6	7	8	9	0
11	1	2	3	4	5	6	7	8	9	0
12	1	2	3	4	5	6	7	8	9	0
13	1	2	3	4	5	6	7	8	9	0
14	1	2	3	4	5	6	7	8	9	0
15	1	2	3	4	5	6	7	8	9	0
16	1	2	3	4	5	6	7	8	9	0
17	1	2	3	4	5	6	7	8	9	0
18	1	2	3	4	5	6	7	8	9	0
19	1	2	3	4	5	6	7	8	9	0
20	1	2	3	4	5	6	7	8	9	0
21	1	2	3	4	5	6	7	8	9	0
22	1	2	3	4	5	6	7	8	9	0
23	1	2	3	4	5	6	7	8	9	0
24	1	2	3	4	5	6	7	8	9	0
25	1	2	3	4	5	6	7	8	9	0

解答番号	1	2	3	4	5	6	7	8	9	0
26	1	2	3	4	5	6	7	8	9	0
27	1	2	3	4	5	6	7	8	9	0

	記述解答欄	※
A		
B		
C	発電	
D		
E	社会	

	※

中京大学附属中京高等学校　2023年度　　◇国語◇

※127%に拡大していただくと、解答欄は実物大になります。

解答番号	マーク解答欄 1 2 3 4 5 6 7 8 9 0
1	
2	
3	
4	
5	
6	
7	
8	
9	
10	
11	
12	
13	
14	
15	
16	
17	
18	

記述解答欄

C	B	A

※

中京大学附属中京高等学校　2022年度

◇数学◇

※ 127%に拡大していただくと，解答欄は実物大になります。

解答番号	マーク解答欄 -	0	1	2	3	4	5	6	7	8	9
ア		0	1	2	3	4	5	6	7	8	9
イ		0	1	2	3	4	5	6	7	8	9
ウ		0	1	2	3	4	5	6	7	8	9
エ		0	1	2	3	4	5	6	7	8	9
オ		0	1	2	3	4	5	6	7	8	9
カ		0	1	2	3	4	5	6	7	8	9
キ		0	1	2	3	4	5	6	7	8	9
ク		0	1	2	3	4	5	6	7	8	9
ケ		0	1	2	3	4	5	6	7	8	9
コ		0	1	2	3	4	5	6	7	8	9
サ		0	1	2	3	4	5	6	7	8	9
シ		0	1	2	3	4	5	6	7	8	9
ス		0	1	2	3	4	5	6	7	8	9
セ		0	1	2	3	4	5	6	7	8	9
ソ		0	1	2	3	4	5	6	7	8	9
タ		0	1	2	3	4	5	6	7	8	9
チ		0	1	2	3	4	5	6	7	8	9
ツ		0	1	2	3	4	5	6	7	8	9
テ		0	1	2	3	4	5	6	7	8	9
ト		0	1	2	3	4	5	6	7	8	9
ナ		0	1	2	3	4	5	6	7	8	9
ニ		0	1	2	3	4	5	6	7	8	9
ヌ		0	1	2	3	4	5	6	7	8	9
ネ		0	1	2	3	4	5	6	7	8	9
ノ		0	1	2	3	4	5	6	7	8	9

解答番号	マーク解答欄 -	0	1	2	3	4	5	6	7	8	9
ハ		0	1	2	3	4	5	6	7	8	9
ヒ		0	1	2	3	4	5	6	7	8	9
フ		0	1	2	3	4	5	6	7	8	9
ヘ		0	1	2	3	4	5	6	7	8	9
ホ		0	1	2	3	4	5	6	7	8	9
マ		0	1	2	3	4	5	6	7	8	9
ミ		0	1	2	3	4	5	6	7	8	9
ム		0	1	2	3	4	5	6	7	8	9
メ		0	1	2	3	4	5	6	7	8	9
モ		0	1	2	3	4	5	6	7	8	9
ヤ		0	1	2	3	4	5	6	7	8	9
ユ		0	1	2	3	4	5	6	7	8	9
ヨ		0	1	2	3	4	5	6	7	8	9
ラ		0	1	2	3	4	5	6	7	8	9

	記述解答欄	※
A	[3](1)	
B	[3](2)	
C	[3](3)	

	※

中京大学附属中京高等学校　2022年度

◇英語◇

※ 127％に拡大していただくと，解答欄は実物大になります。

解答番号	マーク解答欄									
	1	2	3	4	5	6	7	8	9	0
1	1	2	3	4	5	6	7	8	9	0
2	1	2	3	4	5	6	7	8	9	0
3	1	2	3	4	5	6	7	8	9	0
4	1	2	3	4	5	6	7	8	9	0
5	1	2	3	4	5	6	7	8	9	0
6	1	2	3	4	5	6	7	8	9	0
7	1	2	3	4	5	6	7	8	9	0
8	1	2	3	4	5	6	7	8	9	0
9	1	2	3	4	5	6	7	8	9	0
10	1	2	3	4	5	6	7	8	9	0
11	1	2	3	4	5	6	7	8	9	0
12	1	2	3	4	5	6	7	8	9	0
13	1	2	3	4	5	6	7	8	9	0
14	1	2	3	4	5	6	7	8	9	0
15	1	2	3	4	5	6	7	8	9	0
16	1	2	3	4	5	6	7	8	9	0
17	1	2	3	4	5	6	7	8	9	0
18	1	2	3	4	5	6	7	8	9	0
19	1	2	3	4	5	6	7	8	9	0
20	1	2	3	4	5	6	7	8	9	0
21	1	2	3	4	5	6	7	8	9	0
22	1	2	3	4	5	6	7	8	9	0
23	1	2	3	4	5	6	7	8	9	0
24	1	2	3	4	5	6	7	8	9	0
25	1	2	3	4	5	6	7	8	9	0

解答番号	マーク解答欄									
	1	2	3	4	5	6	7	8	9	0
26	1	2	3	4	5	6	7	8	9	0
27	1	2	3	4	5	6	7	8	9	0
28	1	2	3	4	5	6	7	8	9	0
29	1	2	3	4	5	6	7	8	9	0
30	1	2	3	4	5	6	7	8	9	0
31	1	2	3	4	5	6	7	8	9	0

	記述解答欄	※
A		
B		
C		
D		

◇理科◇

中京大学附属中京高等学校　2022年度

※127%に拡大していただくと、解答欄は実物大になります。

解答番号	マーク解答欄 1 2 3 4 5 6 7 8 9 0	※
26		
27		
28		

	記述解答欄	※
A	cm	
B		
C		

解答番号	マーク解答欄 1 2 3 4 5 6 7 8 9 0
1	
2	
3	
4	
5	
6	
7	
8	
9	
10	
11	
12	
13	
14	
15	
16	
17	
18	
19	
20	
21	
22	
23	

◇社会◇

中京大学附属中京高等学校　2022年度

※127%に拡大していただくと、解答欄は実物大になります。

解答番号	マーク解答欄 1 2 3 4 5 6 7 8 9 0	記述解答欄	※
A			
B			
C			
D			
E			

解答番号	マーク解答欄 1 2 3 4 5 6 7 8 9 0
26	
27	
28	
29	

解答番号	マーク解答欄 1 2 3 4 5 6 7 8 9 0
1	
2	
3	
4	
5	
6	
7	
8	
9	
10	
11	
12	
13	
14	
15	
16	
17	
18	
19	
20	
21	
22	
23	

※

中京大学附属中京高等学校　2022年度

◇国語◇

※ 127％に拡大していただくと，解答欄は実物大になります。

解答番号	マーク解答欄									
	1	2	3	4	5	6	7	8	9	0
1	1	2	3	4	5	6	7	8	9	0
2	1	2	3	4	5	6	7	8	9	0
3	1	2	3	4	5	6	7	8	9	0
4	1	2	3	4	5	6	7	8	9	0
5	1	2	3	4	5	6	7	8	9	0
6	1	2	3	4	5	6	7	8	9	0
7	1	2	3	4	5	6	7	8	9	0
8	1	2	3	4	5	6	7	8	9	0
9	1	2	3	4	5	6	7	8	9	0
10	1	2	3	4	5	6	7	8	9	0
11	1	2	3	4	5	6	7	8	9	0
12	1	2	3	4	5	6	7	8	9	0
13	1	2	3	4	5	6	7	8	9	0
14	1	2	3	4	5	6	7	8	9	0
15	1	2	3	4	5	6	7	8	9	0
16	1	2	3	4	5	6	7	8	9	0
17	1	2	3	4	5	6	7	8	9	0
18	1	2	3	4	5	6	7	8	9	0
19	1	2	3	4	5	6	7	8	9	0
20	1	2	3	4	5	6	7	8	9	0

記述解答欄						
G	F	E	D	C	B	A
				廉		
				白		

中京大学附属中京高等学校　2021年度

◇数学◇

※129%に拡大していただくと，解答欄は実物大になります。

解答番号	-	0	1	2	3	4	5	6	7	8	9
ア		0	1	2	3	4	5	6	7	8	9
イ		0	1	2	3	4	5	6	7	8	9
ウ		0	1	2	3	4	5	6	7	8	9
エ		0	1	2	3	4	5	6	7	8	9
オ		0	1	2	3	4	5	6	7	8	9
カ		0	1	2	3	4	5	6	7	8	9
キ		0	1	2	3	4	5	6	7	8	9
ク		0	1	2	3	4	5	6	7	8	9
ケ		0	1	2	3	4	5	6	7	8	9
コ		0	1	2	3	4	5	6	7	8	9
サ		0	1	2	3	4	5	6	7	8	9
シ		0	1	2	3	4	5	6	7	8	9
ス		0	1	2	3	4	5	6	7	8	9
セ		0	1	2	3	4	5	6	7	8	9
ソ		0	1	2	3	4	5	6	7	8	9
タ		0	1	2	3	4	5	6	7	8	9
チ		0	1	2	3	4	5	6	7	8	9
ツ		0	1	2	3	4	5	6	7	8	9
テ		0	1	2	3	4	5	6	7	8	9
ト		0	1	2	3	4	5	6	7	8	9
ナ		0	1	2	3	4	5	6	7	8	9
ニ		0	1	2	3	4	5	6	7	8	9
ヌ		0	1	2	3	4	5	6	7	8	9
ネ		0	1	2	3	4	5	6	7	8	9
ノ		0	1	2	3	4	5	6	7	8	9

解答番号	-	0	1	2	3	4	5	6	7	8	9
ハ		0	1	2	3	4	5	6	7	8	9
ヒ		0	1	2	3	4	5	6	7	8	9
フ		0	1	2	3	4	5	6	7	8	9
ヘ		0	1	2	3	4	5	6	7	8	9
ホ		0	1	2	3	4	5	6	7	8	9
マ		0	1	2	3	4	5	6	7	8	9
ミ		0	1	2	3	4	5	6	7	8	9

	記述解答欄	※
A	[2](1)	
B	[2](2)	
C	[3](1)	
D	[3](2)	
E	[3](3)	

※

中京大学附属中京高等学校　2021年度

◇英語◇

※129％に拡大していただくと，解答欄は実物大になります。

解答番号	マーク解答欄									
	1	2	3	4	5	6	7	8	9	0
1	1	2	3	4	5	6	7	8	9	0
2	1	2	3	4	5	6	7	8	9	0
3	1	2	3	4	5	6	7	8	9	0
4	1	2	3	4	5	6	7	8	9	0
5	1	2	3	4	5	6	7	8	9	0
6	1	2	3	4	5	6	7	8	9	0
7	1	2	3	4	5	6	7	8	9	0
8	1	2	3	4	5	6	7	8	9	0
9	1	2	3	4	5	6	7	8	9	0
10	1	2	3	4	5	6	7	8	9	0
11	1	2	3	4	5	6	7	8	9	0
12	1	2	3	4	5	6	7	8	9	0
13	1	2	3	4	5	6	7	8	9	0
14	1	2	3	4	5	6	7	8	9	0
15	1	2	3	4	5	6	7	8	9	0
16	1	2	3	4	5	6	7	8	9	0
17	1	2	3	4	5	6	7	8	9	0
18	1	2	3	4	5	6	7	8	9	0
19	1	2	3	4	5	6	7	8	9	0
20	1	2	3	4	5	6	7	8	9	0
21	1	2	3	4	5	6	7	8	9	0
22	1	2	3	4	5	6	7	8	9	0
23	1	2	3	4	5	6	7	8	9	0
24	1	2	3	4	5	6	7	8	9	0
25	1	2	3	4	5	6	7	8	9	0

解答番号	マーク解答欄									
	1	2	3	4	5	6	7	8	9	0
26	1	2	3	4	5	6	7	8	9	0
27	1	2	3	4	5	6	7	8	9	0
28	1	2	3	4	5	6	7	8	9	0
29	1	2	3	4	5	6	7	8	9	0
30	1	2	3	4	5	6	7	8	9	0
31	1	2	3	4	5	6	7	8	9	0
32	1	2	3	4	5	6	7	8	9	0
33	1	2	3	4	5	6	7	8	9	0
34	1	2	3	4	5	6	7	8	9	0
35	1	2	3	4	5	6	7	8	9	0
36	1	2	3	4	5	6	7	8	9	0

	記述解答欄		※	※
A				
B				
C				
D				
E				
F	3番目	5番目		
G	3番目	5番目		
H				
I				

※129%に拡大していただくと，解答欄は実物大になります。

解答番号	マーク解答欄									
	1	2	3	4	5	6	7	8	9	0
1	1	2	3	4	5	6	7	8	9	0
2	1	2	3	4	5	6	7	8	9	0
3	1	2	3	4	5	6	7	8	9	0
4	1	2	3	4	5	6	7	8	9	0
5	1	2	3	4	5	6	7	8	9	0
6	1	2	3	4	5	6	7	8	9	0
7	1	2	3	4	5	6	7	8	9	0
8	1	2	3	4	5	6	7	8	9	0
9	1	2	3	4	5	6	7	8	9	0
10	1	2	3	4	5	6	7	8	9	0
11	1	2	3	4	5	6	7	8	9	0
12	1	2	3	4	5	6	7	8	9	0
13	1	2	3	4	5	6	7	8	9	0
14	1	2	3	4	5	6	7	8	9	0
15	1	2	3	4	5	6	7	8	9	0
16	1	2	3	4	5	6	7	8	9	0
17	1	2	3	4	5	6	7	8	9	0
18	1	2	3	4	5	6	7	8	9	0
19	1	2	3	4	5	6	7	8	9	0
20	1	2	3	4	5	6	7	8	9	0
21	1	2	3	4	5	6	7	8	9	0
22	1	2	3	4	5	6	7	8	9	0
23	1	2	3	4	5	6	7	8	9	0
24	1	2	3	4	5	6	7	8	9	0

	記述解答欄	※
A	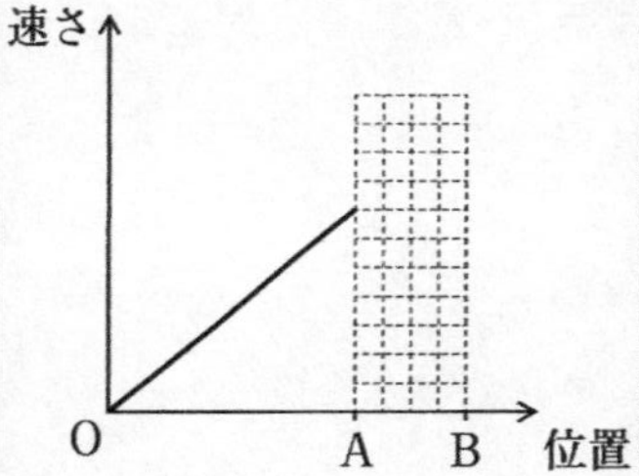	
B	Mg ： O ＝　　：	
C		
D	km	
E		

※

◇社会◇

中京大学附属中京高等学校　2021年度

※129%に拡大していただくと，解答欄は実物大になります。

マーク解答欄

解答番号	1	2	3	4	5	6	7	8	9	0
1										
2										
3										
4										
5										
6										
7										
8										
9										
10										
11										
12										
13										
14										
15										
16										
17										
18										
19										
20										
21										
22										
23										
24										
25										

マーク解答欄

解答番号	1	2	3	4	5	6	7	8	9	0
26										
27										
28										
29										
30										

記述解答欄

		※
A		
B		
C		
D		

※

◇国語◇

※133％に拡大していただくと，解答欄は実物大になります。

解答番号	マーク解答欄									
	1	2	3	4	5	6	7	8	9	0
1	1	2	3	4	5	6	7	8	9	0
2	1	2	3	4	5	6	7	8	9	0
3	1	2	3	4	5	6	7	8	9	0
4	1	2	3	4	5	6	7	8	9	0
5	1	2	3	4	5	6	7	8	9	0
6	1	2	3	4	5	6	7	8	9	0
7	1	2	3	4	5	6	7	8	9	0
8	1	2	3	4	5	6	7	8	9	0
9	1	2	3	4	5	6	7	8	9	0
10	1	2	3	4	5	6	7	8	9	0
11	1	2	3	4	5	6	7	8	9	0
12	1	2	3	4	5	6	7	8	9	0
13	1	2	3	4	5	6	7	8	9	0
14	1	2	3	4	5	6	7	8	9	0
15	1	2	3	4	5	6	7	8	9	0
16	1	2	3	4	5	6	7	8	9	0
17	1	2	3	4	5	6	7	8	9	0
18	1	2	3	4	5	6	7	8	9	0
19	1	2	3	4	5	6	7	8	9	0
20	1	2	3	4	5	6	7	8	9	0

記述解答欄					
F	E	D	C	B	A
	～				

中京大学附属中京高等学校　2020年度

◇数学◇

※129%に拡大していただくと，解答欄は実物大になります。

解答番号	マーク解答欄										
	-	0	1	2	3	4	5	6	7	8	9
ア		0	1	2	3	4	5	6	7	8	9
イ		0	1	2	3	4	5	6	7	8	9
ウ		0	1	2	3	4	5	6	7	8	9
エ		0	1	2	3	4	5	6	7	8	9
オ		0	1	2	3	4	5	6	7	8	9
カ		0	1	2	3	4	5	6	7	8	9
キ		0	1	2	3	4	5	6	7	8	9
ク		0	1	2	3	4	5	6	7	8	9
ケ		0	1	2	3	4	5	6	7	8	9
コ		0	1	2	3	4	5	6	7	8	9
サ		0	1	2	3	4	5	6	7	8	9
シ		0	1	2	3	4	5	6	7	8	9
ス		0	1	2	3	4	5	6	7	8	9
セ		0	1	2	3	4	5	6	7	8	9
ソ		0	1	2	3	4	5	6	7	8	9
タ		0	1	2	3	4	5	6	7	8	9
チ		0	1	2	3	4	5	6	7	8	9
ツ		0	1	2	3	4	5	6	7	8	9
テ		0	1	2	3	4	5	6	7	8	9
ト		0	1	2	3	4	5	6	7	8	9
ナ		0	1	2	3	4	5	6	7	8	9
ニ		0	1	2	3	4	5	6	7	8	9
ヌ		0	1	2	3	4	5	6	7	8	9
ネ		0	1	2	3	4	5	6	7	8	9
ノ		0	1	2	3	4	5	6	7	8	9

解答番号	マーク解答欄										
	-	0	1	2	3	4	5	6	7	8	9
ハ		0	1	2	3	4	5	6	7	8	9
ヒ		0	1	2	3	4	5	6	7	8	9
フ		0	1	2	3	4	5	6	7	8	9

	記述解答欄	※
A	[2](1)　(　　　,　　　)	
B	[2](2)(i)	
C	[2](2)(ii)	
D	[3](1)　r =	
E	[3](2)　　　　個	
F	[3](3)　S =	

	※

中京大学附属中京高等学校　2020年度

◇英語◇

※129%に拡大していただくと，解答欄は実物大になります。

解答番号	1	2	3	4	5	6	7	8	9	0
1	1	2	3	4	5	6	7	8	9	0
2	1	2	3	4	5	6	7	8	9	0
3	1	2	3	4	5	6	7	8	9	0
4	1	2	3	4	5	6	7	8	9	0
5	1	2	3	4	5	6	7	8	9	0
6	1	2	3	4	5	6	7	8	9	0
7	1	2	3	4	5	6	7	8	9	0
8	1	2	3	4	5	6	7	8	9	0
9	1	2	3	4	5	6	7	8	9	0
10	1	2	3	4	5	6	7	8	9	0
11	1	2	3	4	5	6	7	8	9	0
12	1	2	3	4	5	6	7	8	9	0
13	1	2	3	4	5	6	7	8	9	0
14	1	2	3	4	5	6	7	8	9	0
15	1	2	3	4	5	6	7	8	9	0
16	1	2	3	4	5	6	7	8	9	0
17	1	2	3	4	5	6	7	8	9	0
18	1	2	3	4	5	6	7	8	9	0
19	1	2	3	4	5	6	7	8	9	0
20	1	2	3	4	5	6	7	8	9	0
21	1	2	3	4	5	6	7	8	9	0
22	1	2	3	4	5	6	7	8	9	0
23	1	2	3	4	5	6	7	8	9	0
24	1	2	3	4	5	6	7	8	9	0
25	1	2	3	4	5	6	7	8	9	0

(マーク解答欄)

解答番号	1	2	3	4	5	6	7	8	9	0
26	1	2	3	4	5	6	7	8	9	0
27	1	2	3	4	5	6	7	8	9	0
28	1	2	3	4	5	6	7	8	9	0
29	1	2	3	4	5	6	7	8	9	0
30	1	2	3	4	5	6	7	8	9	0
31	1	2	3	4	5	6	7	8	9	0
32	1	2	3	4	5	6	7	8	9	0
33	1	2	3	4	5	6	7	8	9	0
34	1	2	3	4	5	6	7	8	9	0
35	1	2	3	4	5	6	7	8	9	0

	記述解答欄	※
A		
B		
C		
D		
E		
F		
G		
H		

		※
I		

中京大学附属中京高等学校　2020年度

◇理科◇

※129％に拡大していただくと，解答欄は実物大になります。

解答番号	マーク解答欄									
	1	2	3	4	5	6	7	8	9	0
1	1	2	3	4	5	6	7	8	9	0
2	1	2	3	4	5	6	7	8	9	0
3	1	2	3	4	5	6	7	8	9	0
4	1	2	3	4	5	6	7	8	9	0
5	1	2	3	4	5	6	7	8	9	0
6	1	2	3	4	5	6	7	8	9	0
7	1	2	3	4	5	6	7	8	9	0
8	1	2	3	4	5	6	7	8	9	0
9	1	2	3	4	5	6	7	8	9	0
10	1	2	3	4	5	6	7	8	9	0
11	1	2	3	4	5	6	7	8	9	0
12	1	2	3	4	5	6	7	8	9	0
13	1	2	3	4	5	6	7	8	9	0
14	1	2	3	4	5	6	7	8	9	0
15	1	2	3	4	5	6	7	8	9	0
16	1	2	3	4	5	6	7	8	9	0
17	1	2	3	4	5	6	7	8	9	0
18	1	2	3	4	5	6	7	8	9	0
19	1	2	3	4	5	6	7	8	9	0
20	1	2	3	4	5	6	7	8	9	0

	記述解答欄	※
A	倍	
B	倍	
C	午前　　時が　　g 多かった	
D	N/cm^2	
E		
F		
G		
H		
I	電池	

	※

中京大学附属中京高等学校　2020年度

◇社会◇

※129%に拡大していただくと，解答欄は実物大になります。

解答番号	マーク解答欄 1	2	3	4	5	6	7	8	9	0
1	1	2	3	4	5	6	7	8	9	0
2	1	2	3	4	5	6	7	8	9	0
3	1	2	3	4	5	6	7	8	9	0
4	1	2	3	4	5	6	7	8	9	0
5	1	2	3	4	5	6	7	8	9	0
6	1	2	3	4	5	6	7	8	9	0
7	1	2	3	4	5	6	7	8	9	0
8	1	2	3	4	5	6	7	8	9	0
9	1	2	3	4	5	6	7	8	9	0
10	1	2	3	4	5	6	7	8	9	0
11	1	2	3	4	5	6	7	8	9	0
12	1	2	3	4	5	6	7	8	9	0
13	1	2	3	4	5	6	7	8	9	0
14	1	2	3	4	5	6	7	8	9	0
15	1	2	3	4	5	6	7	8	9	0
16	1	2	3	4	5	6	7	8	9	0
17	1	2	3	4	5	6	7	8	9	0
18	1	2	3	4	5	6	7	8	9	0
19	1	2	3	4	5	6	7	8	9	0
20	1	2	3	4	5	6	7	8	9	0
21	1	2	3	4	5	6	7	8	9	0
22	1	2	3	4	5	6	7	8	9	0
23	1	2	3	4	5	6	7	8	9	0
24	1	2	3	4	5	6	7	8	9	0
25	1	2	3	4	5	6	7	8	9	0

解答番号	マーク解答欄 1	2	3	4	5	6	7	8	9	0
26	1	2	3	4	5	6	7	8	9	0
27	1	2	3	4	5	6	7	8	9	0

	記述解答欄	※
A		
B		
C		

	※

中京大学附属中京高等学校　2020年度

◇国語◇

※133％に拡大していただくと，解答欄は実物大になります。

解答番号	マーク解答欄 1	2	3	4	5	6	7	8	9	0
1										
2										
3										
4										
5										
6										
7										
8										
9										
10										
11										
12										
13										
14										
15										
16										
17										
18										
19										
20										
21										
22										
23										
24										

記述解答欄

F	E	D	C	B	A	
				∫	∫	
						※

MEMO

大切なことはメモしておこうネ！

MEMO

大切なことはメモしておこうネ！

MEMO

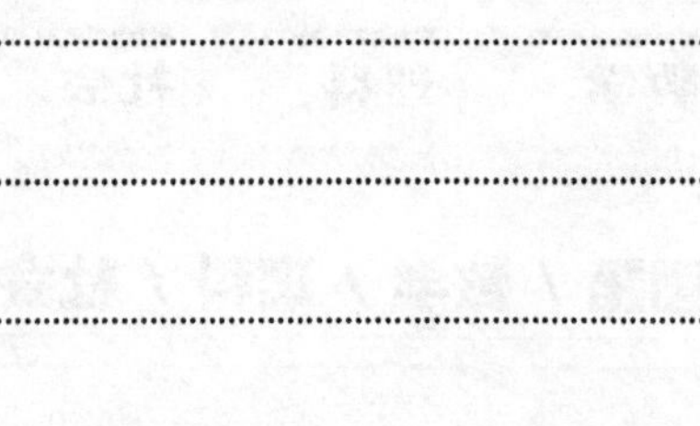

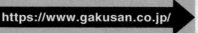

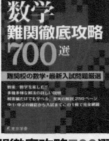

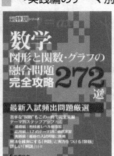

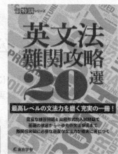

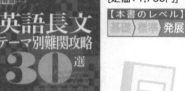

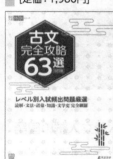

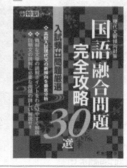

東京学参の
中学校別入試過去問題シリーズ

＊出版校は一部変更することがあります。一覧にない学校はお問い合わせください。

東京ラインナップ

あ　青山学院中等部(L04)
麻布中学(K01)
桜蔭中学(K02)
お茶の水女子大附属中学(K07)
か　海城中学(K09)
開成中学(M01)
学習院中等科(M03)
慶應義塾中等部(K04)
啓明学園中学(N29)
晃華学園中学(N13)
攻玉社中学(L11)
国学院大久我山中学
（一般・CC）(N22)
（ＳＴ）(N23)
駒場東邦中学(L01)
さ　芝中学(K16)
芝浦工業大附属中学(M06)
城北中学(M05)
女子学院中学(K03)
巣鴨中学(M02)
成蹊中学(N06)
成城中学(K28)
成城学園中学(L05)
青稜中学(K23)
創価中学(N14)★
た　玉川学園中学部(N17)
中央大附属中学(N08)
筑波大附属中学(K06)
筑波大附属駒場中学(L02)
帝京大中学(N16)
東海大菅生高中等部(N27)
東京学芸大附属竹早中学(K08)
東京都市大付属中学(L13)
桐朋中学(N03)
東洋英和女学院中学部(K15)
豊島岡女子学園中学(M12)
な　日本大第一中学(M14)
日本大第三中学(N19)
日本大第二中学(N10)
は　雙葉中学(K05)
法政大学中学(N11)
本郷中学(M08)
ま　武蔵中学(N01)
明治大付属中野中学(N05)
明治大付属八王子中学(N07)
明治大付属明治中学(K13)
ら　立教池袋中学(M04)
わ　和光中学(N21)
早稲田中学(K10)
早稲田実業学校中等部(K11)
早稲田大高等学院中学部(N12)

神奈川ラインナップ

あ　浅野中学(O04)
栄光学園中学(O06)
か　神奈川大附属中学(O08)
鎌倉女学院中学(O27)
関東学院六浦中学(O31)
慶應義塾湘南藤沢中等部(O07)
慶應義塾普通部(O01)
さ　相模女子大中学部(O32)
サレジオ学院中学(O17)
逗子開成中学(O22)
聖光学院中学(O11)
清泉女学院中学(O20)
洗足学園中学(O18)
捜真女学校中学部(O29)
た　桐蔭学園中等教育学校(O02)
東海大付属相模高中等部(O24)
桐光学園中学(O16)
な　日本大中学(O09)
は　フェリス女学院中学(O03)
法政大第二中学(O19)
や　山手学院中学(O15)
横浜隼人中学(O26)

千・埼・茨・他ラインナップ

あ　市川中学(P01)
浦和明の星女子中学(Q06)
か　海陽中等教育学校
（入試Ⅰ・Ⅱ）(T01)
（特別給費生選抜）(T02)
久留米大附設中学(Y04)
さ　栄東中学（東大・難関大）(Q09)
栄東中学（東大特待）(Q10)
狭山ヶ丘高校付属中学(Q01)
芝浦工業大柏中学(P14)
渋谷教育学園幕張中学(P09)
城北埼玉中学(Q07)
昭和学院秀英中学(P05)
清真学園中学(S01)
西南学院中学(Y02)
西武学園文理中学(Q03)
西武台新座中学(Q02)
専修大松戸中学(P13)
た　筑紫女学園中学(Y03)
千葉日本大第一中学(P07)
千葉明徳中学(P12)
東海大付属浦安高中等部(P06)
東邦大付属東邦中学(P08)
東洋大附属牛久中学(S02)
獨協埼玉中学(Q08)
な　長崎日本大中学(Y01)
成田高校付属中学(P15)
は　函館ラ・サール中学(X01)
日出学園中学(P03)
福岡大附属大濠中学(Y05)
北嶺中学(X03)
細田学園中学(Q04)
や　八千代松陰中学(P10)
ら　ラ・サール中学(Y07)
立命館慶祥中学(X02)
立教新座中学(Q05)
わ　早稲田佐賀中学(Y06)

公立中高一貫校ラインナップ

北海道　市立札幌開成中等教育学校(J22)
宮　城　宮城県仙台二華・古川黎明中学校(J17)
市立仙台青陵中等教育学校(J33)
山　形　県立東桜学館・致道館中学校(J27)
茨　城　茨城県立中学・中等教育学校(J09)
栃　木　県立宇都宮東・佐野・矢板東高校附属中学校(J11)
群　馬　県立中央・市立四ツ葉学園中等教育学校・
市立太田中学校(J10)
埼　玉　市立浦和中学校(J06)
県立伊奈学園中学校(J31)
さいたま市立大宮国際中等教育学校(J32)
川口市立高等学校附属中学校(J35)
千　葉　県立千葉・東葛飾中学校(J07)
市立稲毛国際中等教育学校(J25)
東　京　区立九段中等教育学校(J21)
都立大泉高等学校附属中学校(J28)
都立両国高等学校附属中学校(J01)
都立白鷗高等学校附属中学校(J02)
都立富士高等学校附属中学校(J03)
都立三鷹中等教育学校(J29)
都立南多摩中等教育学校(J30)
都立武蔵高等学校附属中学校(J04)
都立立川国際中等教育学校(J05)
都立小石川中等教育学校(J23)
都立桜修館中等教育学校(J24)
神奈川　川崎市立川崎高等学校附属中学校(J26)
県立平塚・相模原中等教育学校(J08)
横浜市立南高等学校附属中学校(J20)
横浜サイエンスフロンティア高校附属中学校(J34)
広　島　県立広島中学校(J16)
県立三次中学校(J37)
徳　島　県立城ノ内中等教育学校・富岡東・川島中学校(J18)
愛　媛　県立今治東・松山西中等教育学校(J19)
福　岡　福岡県立中学校・中等教育学校(J12)
佐　賀　県立香楠・致遠館・唐津東・武雄青陵中学校(J13)
宮　崎　県立五ヶ瀬中等教育学校・宮崎西・都城泉ヶ丘高校附属中学校(J15)
長　崎　県立長崎東・佐世保北・諫早高校附属中学校(J14)

公立中高一貫校
「適性検査対策」
問題集シリーズ

総合編　作文問題編　資料問題編　数と図形編　生活と科学編　実力確認テスト編

私立中・高スクールガイド
THE《ザ》 私立
私立中学＆高校の学校生活がわかる！

東京学参の

高校別入試過去問題シリーズ

＊出版校は一部変更することがあります。一覧にない学校はお問い合わせください。

東京ラインナップ

あ 愛国高校(A59)
青山学院高等部(A16)★
桜美林高校(A37)
お茶の水女子大附属高校(A04)
か 開成高校(A05)★
共立女子第二高校(A40)★
慶應義塾女子高校(A13)
啓明学園高校(A68)★
国学院高校(A30)
国学院大久我山高校(A31)
国際基督教大高校(A06)
小平錦城高校(A61)★
駒澤大高校(A32)
さ 芝浦工業大附属高校(A35)
修徳高校(A52)
城北高校(A21)
専修大附属高校(A28)
創価高校(A66)★
た 拓殖大第一高校(A53)
立川女子高校(A41)
玉川学園高等部(A56)
中央大高校(A19)
中央大杉並高校(A18)★
中央大附属高校(A17)
筑波大附属高校(A01)
筑波大附属駒場高校(A02)
帝京大高校(A60)
東海大菅生高校(A42)
東京学芸大附属高校(A03)
東京農業大第一高校(A39)
桐朋高校(A15)
都立青山高校(A73)★
都立国立高校(A76)★
都立国際高校(A80)★
都立国分寺高校(A78)★
都立新宿高校(A77)★
都立墨田川高校(A81)★
都立立川高校(A75)★
都立戸山高校(A72)★
都立西高校(A71)★
都立八王子東高校(A74)★
都立日比谷高校(A70)★
な 日本大櫻丘高校(A25)
日本大第一高校(A50)
日本大第三高校(A48)
日本大第二高校(A27)
日本大鶴ヶ丘高校(A26)
日本大豊山高校(A23)
は 八王子学園八王子高校(A64)
法政大高校(A29)
ま 明治学院高校(A38)
明治学院東村山高校(A49)
明治大付属中野高校(A33)
明治大付属八王子高校(A67)
明治大付属明治高校(A34)★
明法高校(A63)
わ 早稲田実業学校高等部(A09)
早稲田大高等学院(A07)

神奈川ラインナップ

あ 麻布大附属高校(B04)
アレセイア湘南高校(B24)
か 慶應義塾高校(A11)
神奈川県公立高校特色検査(B00)
さ 相洋高校(B18)
た 立花学園高校(B23)
桐蔭学園高校(B01)
東海大付属相模高校(B03)★
桐光学園高校(B11)
な 日本大高校(B06)
日本大藤沢高校(B07)
は 平塚学園高校(B22)
藤沢翔陵高校(B08)
法政大国際高校(B17)
法政大第二高校(B02)★
や 山手学院高校(B09)
横須賀学院高校(B20)
横浜商科大高校(B05)
横浜市立横浜サイエンスフロンティア高校(B70)
横浜翠陵高校(B14)
横浜清風高校(B10)
横浜創英高校(B21)
横浜隼人高校(B16)
横浜富士見丘学園高校(B25)

千葉ラインナップ

あ 愛国学園大附属四街道高校(C26)
我孫子二階堂高校(C17)
市川高校(C01)★
か 敬愛学園高校(C15)
さ 芝浦工業大柏高校(C09)
渋谷教育学園幕張高校(C16)★
翔凜高校(C34)
昭和学院秀英高校(C23)
専修大松戸高校(C02)
た 千葉英和高校(C18)
千葉敬愛高校(C05)
千葉経済大附属高校(C27)
千葉日本大第一高校(C06)★
千葉明徳高校(C20)
千葉黎明高校(C24)
東海大付属浦安高校(C03)
東京学館高校(C14)
東京学館浦安高校(C31)
な 日本体育大柏高校(C30)
日本大習志野高校(C07)
は 日出学園高校(C08)
や 八千代松陰高校(C12)
ら 流通経済大付属柏高校(C19)★

埼玉ラインナップ

あ 浦和学院高校(D21)
大妻嵐山高校(D04)★
か 開智高校(D08)
開智未来高校(D13)★
春日部共栄高校(D07)
川越東高校(D12)
慶應義塾志木高校(A12)
さ 埼玉栄高校(D09)
栄東高校(D14)
狭山ヶ丘高校(D24)
昌平高校(D23)
西武学園文理高校(D10)
西武台高校(D06)
た 東京農業大第三高校(D18)
は 武南高校(D05)
本庄東高校(D20)
や 山村国際高校(D19)
ら 立教新座高校(A14)
わ 早稲田大本庄高等学院(A10)

北関東・甲信越ラインナップ

あ 愛国学園大附属龍ヶ崎高校(E07)
宇都宮短大附属高校(E24)
か 鹿島学園高校(E08)
霞ヶ浦高校(E03)
共愛学園高校(E31)
甲陵高校(E43)
国立高等専門学校(A00)
さ 作新学院高校
(トップ英進・英進部)(E21)
(情報科学・総合進学部)(E22)
常総学院高校(E04)
た 中越高校(R03)＊
土浦日本大高校(E01)
東洋大附属牛久高校(E02)
な 新潟青陵高校(R02)
新潟明訓高校(R04)
日本文理高校(R01)
は 白鷗大足利高校(E25)
ま 前橋育英高校(E32)
や 山梨学院高校(E41)

中京圏ラインナップ

あ 愛知高校(F02)
愛知啓成高校(F09)
愛知工業大名電高校(F06)
愛知みずほ大瑞穂高校(F25)
暁高校(3年制)(F50)
鶯谷高校(F60)
栄徳高校(F29)
桜花学園高校(F14)
岡崎城西高校(F34)
か 岐阜聖徳学園高校(F62)
岐阜東高校(F61)
享栄高校(F18)
さ 桜丘高校(F36)
至学館高校(F19)
椙山女学園高校(F10)
鈴鹿高校(F53)
星城高校(F27)★
誠信高校(F33)
清林館高校(F16)★
た 大成高校(F28)
大同大大同高校(F30)
高田高校(F51)
滝高校(F03)★
中京高校(F63)
中京大附属中京高校(F11)★
中部大春日丘高校(F26)★
中部大第一高校(F32)
津田学園高校(F54)
東海高校(F04)★
東海学園高校(F20)
東邦高校(F12)
同朋高校(F22)
豊田大谷高校(F35)
な 名古屋高校(F13)
名古屋大谷高校(F23)
名古屋経済大市邨高校(F08)
名古屋経済大高蔵高校(F05)
名古屋女子大高校(F24)
名古屋たちばな高校(F21)
日本福祉大付属高校(F17)
人間環境大附属岡崎高校(F37)
は 光ヶ丘女子高校(F38)
誉高校(F31)
ま 三重高校(F52)
名城大附属高校(F15)

宮城ラインナップ

さ 尚絅学院高校(G02)
聖ウルスラ学院英智高校(G01)★
聖和学園高校(G05)
仙台育英学園高校(G04)
仙台城南高校(G06)
仙台白百合学園高校(G12)
た 東北学院高校(G03)★
東北学院榴ヶ岡高校(G08)
東北高校(G11)
東北生活文化大高校(G10)
常盤木学園高校(G07)
は 古川学園高校(G13)
ま 宮城学院高校(G09)★

北海道ラインナップ

さ 札幌光星高校(H06)
札幌静修高校(H09)
札幌第一高校(H01)
札幌北斗高校(H04)
札幌龍谷学園高校(H08)
は 北海高校(H03)
北海学園札幌高校(H07)
北海道科学大高校(H05)
ら 立命館慶祥高校(H02)

★はリスニング音声データのダウンロード付き。

都道府県別 公立高校入試過去問 シリーズ

- 全国47都道府県別に出版
- 最近数年間の検査問題収録
- リスニングテスト音声対応

公立高校入試対策 問題集シリーズ

- 目標得点別・公立入試の数学(基礎編)
- 実戦問題演習・公立入試の数学(実力錬成編)
- 実戦問題演習・公立入試の英語(基礎編・実力錬成編)
- 形式別演習・公立入試の国語
- 実戦問題演習・公立入試の理科
- 実戦問題演習・公立入試の社会

高校入試特訓問題集 シリーズ

- 英語長文難関攻略33選(改訂版)
- 英語長文テーマ別難関攻略30選
- 英文法難関攻略20選
- 英語難関徹底攻略33選
- 古文完全攻略63選(改訂版)
- 国語融合問題完全攻略30選
- 国語長文難関徹底攻略30選
- 国語知識問題完全攻略13選
- 数学の図形と関数・グラフの融合問題完全攻略272選
- 数学難関徹底攻略700選
- 数学の難問80選
- 数学 思考力―規則性とデータの分析と活用―

2404A

〈ダウンロードコンテンツについて〉

本問題集のダウンロードコンテンツ、弊社ホームページで配信しております。現在ご利用いただけるのは「2025年度受験用」に対応したもので、**2025年3月末日**までダウンロード可能です。弊社ホームページにアクセスの上、ご利用ください。

※配信期間が終了いたしますと、ご利用いただけませんのでご了承ください。

高校別入試過去問題シリーズ

中京大学附属中京高等学校　2025年度

ISBN978-4-8141-3044-3

[発行所] 東京学参株式会社
〒153-0043　東京都目黒区東山2-6-4

書籍の内容についてのお問い合わせは右のQRコードから　⇒

※書籍の内容についてのお電話でのお問い合わせ、本書の内容を超えたご質問には対応できませんのでご了承ください。

2024年7月4日　初版